TRANSFORMATION

copyright ⓒ 2007 Ed Silvoso
All right reserved.
Published by Regal Books From Gospel Light
Ventura, California, U.S.A.
All rights reserved.
Korean Translation Copyright ⓒ 2009 by Shekinah publications.

이 책의 한국어판 저작권은 쉐키나 출판사에 있습니다.
저작권법에 의해 한국에서 보호받는 저작물이므로 무단전재와 무단복제를 금합니다.

에드 실보소 지음 · 김주성 번역

TRANSFORMATION

우리의 소중한 친구인

그레이엄 & 로렌 파워(Graham and Lauren Power) 부부에게,

두 분은 이 책의 핵심인, 변화의 원리들을 모델적으로

보여 주고 계시는 일터 사역자입니다.

차례

1장 실제적인 사람들, 실제적인 변화 … 15

2장 당신의 부르심을 구체화시킬 4가지 질문 … 23

3장 변화를 위한 5가지 중추적인 패러다임 … 45

4장 고도(高度)와 태도(態度) … 65

5장 도대체 예수님은 무슨 일을 하러 오셨는가? … 93

6장 강단과 일터에 다리놓기 … 117

7장 일터: 변화의 광장 … 133

8장 올바른 장소에서 24시간/7일 교회 가동하기 … 149

9장 일터에서의 예배 … 177

10장 마귀에게 환상적인 시간을 제공하기 … 197

11장 구조적 빈곤 … 213

12장 초대교회와 가난 … 225

13장 가난한 자들에게 정말로 기쁜 소식 … 241

14장 통합 … 277

15장 열방의 치유 … 323

16장 바벨론 체제 … 349

17장 바벨론의 붕괴 … 381

18장 이미 시작되었다 … 403

19장 당신에 대한 하나님의 믿음 … 433

20장 당신의 남은 생애: 기념비인가 유산인가? … 455

미주 … 486

감사의 글 … 495

온 세상에 널리 퍼져 있는 하나님의 사람들이 열방을 제자 삼으라는 그분의 명령에 채널을 고정시켜 가고 있다. 공격적이고 의도적인 사회변화를 추구하려는 열정이 급속도로 일어나고 있다. 에드 실보소는 성령께서 교회들에 말씀하고 계시는 것을 분명하게 들어 온 사람이며, 이론적으로 강할 뿐만 아니라 실제적으로도 탁월한 그의 훌륭한 새 책은 우리 모두가 세상을 향한 하나님의 궁극적인 목적을 향해 큰 발걸음을 내딛기 시작하는 데 반드시 필요한 책이다.

● **피터 와그너**(C. Peter Wagner)
국제 사도 연합(International Coalition of Apostles) 의장

이 특별한 책의 특징은, 마치 놀라운 식사처럼, 모든 사람이 즐길 수 있다는 것이다. 에드 실보소는 도전적인 패러다임들이라는 '고기'(meat)로 지성에 불꽃을 튀기게 하지만 충실한 실례들이라는 '감자들'(potatoes)로 직관을 만족시킨다. 그는 우리의 성경적 편견들에 도전장을 던지면서 경건한 지혜의 타바스코 소스(Tabasco, 핫소스 중에서 미국 루이지애나 주의 에이버리아일랜드에 있는 매킬러니 사의 핫소스 상품을 일컫는 등록상표-역자 주)를 가미한 다음, 내 눈에는 눈물이 고이게 하고 내 마음에는 만족을 가져다 준 개인적인 '디저트'로 마무리한다. 이 잔치를 통해 우리는 곧바로 일터에서 사역하고 싶은 갈망을 품게 되고 신성한 유산을 물려받게 된다.

● **프랜시스 오더** 박사(Dr. Francis S. Oda)
국제 세븐티 그룹(Group 70 International) 최고경영자(CEO)
호놀룰루 새 생명 교회(New Life Church Honolulu) 담임목사
세계 ITN 회의 의장

에드 실보소는 (불가능한) 말씀을 받은 21세기의 아브라함이며 그 말씀이 성취될 수 있다는 믿음의 담대함을 가지고 있다. 성경을 관통하는 에드의 통찰력으로

인해 익히 아는 구절들이 아름다운 색채로 타오르고, 독자는 담대하게 사역하는 신자들로 넘쳐나는 일터 세계에 대한 기대감으로 충만해진다. 이 책은 단순히 한 권의 책이 아니라 용감한 자들에게는 매뉴얼이고, 신학자에게는 걸작품이며, 실업가에게는 도로지도이다.

● 필 노딘 박사(Dr. Phil Nordin)
캐나다 앨버타(Alberta) 주, 캘거리(Calgary) 시에 소재한
주빌리 크리스천 센터(Jubilee Christian Center) 교회 목사
『강력한 사고들』(Power Thoughts)의 저자

의심의 여지없이, 에드 실보소는 내가 알고 있는 가장 통찰력 있는 성경 관광 안내자이다. 이 책을 통해 독자는 오직 성령님만이 계시하실 수 있는 하나님의 생각들 속으로 여행을 하게 될 것이다. 이 책은 필독서이다!

● 교육학 박사 클리포드 도어티(Clifford E. Daugherty, Ed.D.)
캘리포니아, 산 호세에 소재한
밸리 크리스천 학교들(Valley Christian Schools)의 학장 겸 교육장

많은 이들이 변화를 이야기하고 변화를 위해 기도해 왔지만, 하나님을 위해 실제로 도시들과 나라들을 향해 나아가는 방법에 대한 실제적인 해법들이 없었다. 에드 실보소는 이 획기적인 책으로 우리 모두에게 은총을 베풀었다! 당신이 『사업을 위한 기름부으심』(Anointed for Business)을 읽었다면 이 책을 면밀히 연구해 볼 필요가 있다. 이 책은 변화를 위한 실제적 매뉴얼이다.

● 신디 제이콥스(Cindy Jacobs)
국제 기도의 장군들(Generals International) 총재 겸 공동설립자
텍사스 주, 댈러스(Dallas) 시 소재

하나님께서 세상의 나라들에 변화의 메시지를 전달할 사람을 찾고 계실 때, 에드 실보소가 일어나 "주여, 내가 여기 있나이다. 나를 보내소서"라고 응답하자 하나님께서 그를 선택하셨다. 최근에 출판된 에드의 책은 이론적이고 성경적일 뿐만 아니라 실제적이고 현실적이다.

이 책을 읽으면, 예수 그리스도께서 실제로 세상을 변화시키는 실제적인 상황들 속에서 실제적인 사람들을 사용하신다는 것을 믿는 실제적인 믿음이 생겨날 것이다. 믿음을 "장차 일어날 일에 대한 계시"로 정의하는 에드의 통찰력 있는 정의는 세상을 변화시키는 생활방식을 향해 달려나가도록 당신을 자극할 것이다. 하나님께서 의도하신 것은 그분의 모든 자녀들이 세상을 변화시키는 생활방식을 경험하는 것이기 때문이다.

● 존 이삭스(John Isaacs)
캘리포니아 주, 산 호세(San Jose)에 소재한
킹스웨이 공동체 교회(KingsWay Community Church) 담임목사
프레이 더 베이(Pray the Bay)의 설립자 겸 총재

에드 실보소는 일터에서 깊고 지속적인 변화를 위한 뼈대와 길잡이를 탁월한 기술로 제시함으로써 다시 한 번 복잡한 것들을 이해하기 쉽게 만들었다. 진실로 온 세상이 예수 그리스도께서 죽음을 통해 지상의 이 첫째 하늘에 주고자 하셨던 충만한 생명을 체험할 수 있다는 것을 알게 되면 당신은 감동받게 될 것이다. 당신은 구조적인 가난을 제거하는 것이야말로 이 땅에 하나님 나라를 임하게 하는 데 있어서 가장 중요하면서도 가장 간과되어 온 일임을 확신하게 될 것이다. 또한 목사든 정치인이든, 농부든 식량 가공업자든, 기업가든 변호사든, 의사든 사회사업가든, 당신의 삶은 달라지지 않을 수 없게 될 것이다! 이렇게 멋진 선물을 출판해 주어 고맙네, 에드!

● 더그 시벡(Doug Seebeck)
세계적 동역자들(Partners Worldwide)의 전무이사

이 책을 읽을 때, 당신은 에드가 열방을 제자삼는 사역에 대한 이해에 있어서 확실히 몇 걸음 앞서 있음을 발견하게 될 것이다. 그는 하나님의 음성과 마음에 귀를 기울이는 기름부음 받은 성경교사이다. 안전벨트를 채우고 이륙할 준비를 하라… 이 책은 틀림없이 당신을 새로운 변화의 패러다임들로 이동해 가게 할 것이다!

● 척 립커(Chuck Ripka)

리버스 인터내셔널(Rivers International) 및 립커 기업(Ripka Enterprises) 총재

『틀 밖에 계신 하나님』(God out of the Box)의 저자

일터에서의 믿음 운동은 새로운 국면으로 접어들었다. 우리는 이제 전 세계의 남녀들이 일터에서 자신의 믿음을 적용할 때 무슨 일이 일어날 수 있는지 직접적으로 보고 있다. 에드 실보소의 새 책은 일터와 도시 및 국가 변화에 관한 새로운 핸드북이다. 새로 개업하는 모든 사람이 이 책을 읽어야 할 것이다.

● 오스 힐먼(Os Hillman)

일터의 지도자들(MarketplaceLeaders) 및

국제 일터사역 연합(International Coalition of Workplace Ministries) 총재

『9/5창』(The 9 to 5 Window)의 저자

에드 실보소는 21세기의 교회에 하나님의 마음과 그리스도의 생각을 제공해 왔다. 에드가 개인적인 삶의 체험들과 더불어 성경을 토대로 나누는 진리들은 하나님 나라의 능력을 드러내어 자신의 영향력이 미치는 영역을 변화시키도록 성도들을 자극할 것이다. 이 책은 이 세상 나라들이 우리 하나님과 그분의 성도들의 나라가 되게 하시려는 그리스도의 확고부동한 목적을 성취하기 시작하는 촉매제가 될 수 있을 것이다.

● 빌 해몬 박사(Dr. Bill Hamon)

크리스천 인터내셔널 미니스트리스 네트워크(CIMN)의 감독

『성도들의 날』(Day of the Saints)의 저자

수 세기 전의 그리스도인들이 붙잡긴 했었지만, 에드 실보소가 진술하는 진리-열방을 축복하기 위한 하나님의 계획-는 그리스도를 따르는 자들에 의해 일차적인 목적으로 재확인되어야만 한다. 이 책에서, 에드는 일터 사역자들과 강단 사역자들 모두를 위해 하나님의 나라가 도시와 지역과 나라에 영향을 미치는 방법에 관한 통찰력 있는 진리들을 밝히 드러내고 있다. 그 통찰력 있는 진리들을 적용하면, 그리스도인들은 '한 주의 나머지 6.5일' 동안 자신의 부르심을 성취하는 데 필요한 도움을 얻게 될 것이며, 주변의 고통받는 세상을 위한 놀라운 유익들까지 얻게 될 것이다.

● 데이브 시버(Dave Seeba)

공인중개사(CPA) 겸 시버 & 동료들(Seeba & Associates)의 총재

실리콘 밸리 공인중개 회사

다시 한 번 에드는 우리가 하나님의 말씀에 반응할 수 있고 또 반응해야만 하도록 우리를 말씀 속으로 더 깊이 데리고 들어가 우리의 비전을 확장시켜 준다. 다섯 가지 중추적인 패러다임들(The Five Pivotal Paradigms)은 모든 그리스도인에게 주시는 출발명령이다. 그 패러다임들을 이해하고 일터에 적용시켜 보라. 그러면 도시들과 나라들이 그리스도께 돌아오는 것을 보게 될 것이다. 이 책은 필독서이다!

● 잭 세러(Jack Serra)

엠&엠 컨설팅 그룹(The M&M Consulting Group)의 설립자

『일터, 결혼, 그리고 부흥: 영적인 연결고리』(*Marketplace, Marriage and Revival:*

The Spiritual Connection)의 저자

주님께서는 우리 믿는 이들을 지금까지 뻗어나간 것보다 더 멀리 뻗어나가게 하는 다섯 가지 새로운 패러다임들-새로운 사고방식들-을 에드 실보소에게 주셨다. 우리는 부흥을 넘어 사회의 변화로, 사람들의 구원을 넘어 열방의 구원으로 나아가고 있다. 아마도 가장 놀라운 패러다임의 변화는 그리스도인들이 구조적인 가난을 제거할 것이라는 내용일 것이다. 에드 실보소의 새로운 책 『변혁』은 당신이 한 번도 본 적이 없는 것을 보고 한 번도 해본 적이 없는 것을 행하도록 도와줄 것이다.

● 릭 워렌(Rick Warren)
『하나님께 감사하라 월요일이다』(Thank God It's Monday)와
『타작마당』(The Threshing Floor)의 저자
「엘크강 이야기」(The Elk River Story)의 편집자
미네소타 주, 미니애폴리스(Minneapolis)

이 책은 당신의 삶을 올려 놓을 수 있는 다리 셋 달린 의자로, 신학적으로 건전하고, 성경적인 근거가 확실하며, 너무나 실제적이다. 아주 놀라운 책이다!

● 데이브 빌렌(Dave Beelen)
매디슨 스퀘어 교회(Madison Square Church) 담임목사
미시간 주, 그랜드 래피즈(Grand Rapids)

1장 실제적인 사람들, 실제적인 변화

Real People,
Real Change-
In Real Time

TRANSFORMATION

결혼한 지 20년된 부부가 외출해 주일 오후 드라이브를 즐기고 있다. 갑자기 빨간색 컨버터블(지붕을 따로 떼어 내거나 접을 수 있게 만든 자동차-역자 주) 한 대가 인기 절정의 록 음악을 크게 틀어 놓은 채 그들이 탄 차를 추월해 빨간 신호등에서 그들 바로 앞에 멈춰 선다. 분명 남자와 여자 두 사람의 머리가 눈에 띄는데, 서로에게 열정적인 애정표현을 하느라 마치 한 사람이 운전석을 차지하고 있는 것처럼 보인다. 활기 넘치는 삶, 쩌렁쩌렁 울리는 웃음소리, 그리고 넘치는 기쁨이 별안간 교차로를 가득 메운다.

조수석에 앉은 자신과 운전석에 있는 남편을 분리시키는 공간을 인식하자마자, 아내가 힘없이 묻는다. "도대체 우리는 왜 이렇게 된 거죠? 저들을 봐요. 너무 가깝잖아요. 그런데 우리 사이에 있는 간격을 봐요." 남편은 양손으로 운전대를 잡은 채 그녀를 바라보며 말한다. "나는 움직인 적 없거든."

어떤 사람들은 그들이 품어 온 꿈과 그들 자신 사이에 그와 비슷한 간격이 생겨 나도록 허용해 왔다. **하지만 꿈은 아직 거기 그대로 있다.** 그 꿈들은 움직인 적이 없다. 더군다나 그 꿈들을 넣어 주신 하나님도 움직이신 적이 없다. 이것이 바로 이 책의 주된 내용이다. 즉 당신이 당신의 꿈을 되찾고 당신의 부르심(destiny, 하나님이 각 사람에게 부여하신 독특한 삶의 목적을 일컫는 말-역자 주)을 성취하기 위해 당신의 마음과 생각을 새롭게 하려는 것이 이 책의 중심 내용인 것이다.

지금 세계 전역에서 뭔가 특별한 일이 일어나고 있다. 평범한 사람들이 특별한 일을 행함으로써 학교와 회사, 감옥, 도시, 그리고 심지어 나라들까지 급진적으로 변화시키고 있다. 오늘날 수백만 명의 남녀들이 일터에서 풀타임 사역자로서의 부르심을 성취해 가고 있다. 그들은 증권중개인, 변호사, 기업가, 농부, 최고운영자, 뉴스 기자, 교사, 경찰관, 배관공, 접수원, 요리사, 그리고 그밖의 아주 다양한 직업을 가지고 일한다.

자신이 이 땅에 하나님 나라를 확고히 세우는 데 필수적인 역할을 하도록 부름받았음을 이미 많은 이들이 알고 있다. 그들은 자신이 사역자라고 믿고서 자신의 직업을 사역의 매개체로 전환시켜 왔다.

아프리카의 한 파인애플 재배자는 자신의 집을 사기 전에 먼저 일꾼들에게 약간의 땅을 사주기로 결단함으로써 그의 종업원들에게 경제적인 자유뿐만 아니라 탁월한 리더십의 모델까지 제공하고 있다. 그 후에 그는 그 나라에서 가장 큰 파인애플 재배자가 된다. 뿐만 아니라 그는 현재 여러 개의 고아원에서 665명의 어린이들을 돌보고 있으며, 그의 사업에서 나오는 자금으로 운영되는 한 학교에서 에이즈에 감염된 1,531명의 학생들을 교육하고 있다.

항공사의 파산신청을 대행하는 한 미국 변호사와 채권자들을 대신해 일하는 또 다른 검사가, 한편으로는 수백만 달러의 돈과 다른 한편으로는 수천 개의 일자리가 달려 있는, 아주 어려운 상황에 대한 가장 탁월한 해결책을 찾기 위해 함께 기도하기로 합의한다. 그들은 쌍방에게 모두 유리한 해결책(win-win resolution)을 위해 기도한다. 그런데 '느닷없이'(하나님의 느닷없음!) 그 항공사를 기록적인 시간 내에 파산법정으로부터 벗어나게 하는 해결책이 발견되어 다시 시장에서 성공할 만한 상태로 복원시켜 주게 된다. 그런 기적은 도저히 무시할 수 없는 것이어서 결국 다른 변호사들도 자신의 직장에서 기도의 가치를 재평가하기에 이른다.

미네소타(Minnesota) 주에 소재한 한 석유회사의 최고경영자는 그의 경영팀이 '그들의 사업계획'(their business plan)의 일환으로 '이미' 해외에 개척한 500개의 교회에 다시 2,500개의 교회를 추가하는 방안을 논의하는 회의를 주재한다. 그의 지휘 하에, 그 단체는 구조적인 가난을 근절하는 것을 돕고, 포부 있는 기업가들에게 훈련과정을 제공하며, 그 교회들이 섬기는 나라들에 하나님 나라의 회사들을 출범시키기 위해 정기적으로, 그리고 '기쁨으로' 수십만 달러를 배당하기도 한다.

취임선서 후, 한 제 3세계 국가의 세금수입국장은 자신의 사무실에 하나님께 제단을 쌓고 하나님을 경외하는 동료들을 초청해 그녀와 함께 회계수입이 걷히는 것을 가로막아 왔던 부패에 맞서 영적 전쟁을 수행케 함으로써 탈세를 국가적인 조롱거리로 바꿔놓는다. 시간이 지나 첫 해의 연말이 되었을 때, 세금수령액은 기록적인 수준으로 증가한다. 더욱 더 놀라운 것은, 주요 상인들이 그 국장에게 와서는 탈세를 뉘우치고 오랫동안 밀린 세금을 납부하기로 동의하기 시작한다는 것이다!

회사에서 엄청난 손실 위기에 직면한 한 사업가가 초자연적인 체험을 하게 되고, 그 결과 자신의 회사를 하나님께 바친다. 그 후 8년 만에, 그는 성장률이 첫 해에는 65퍼센트, 지난 2년간은 385퍼센트 증가함과 더불어 이윤도 상상을 초월할 만큼 증가하는 것을 보게 된다. 그 덕분에 그와 그의 아내는 그들이 살고 있는 카운티(county) 인구의 5퍼센트를 먹여 살리는 데 기여할 수 있게 된다.

한때 미국 내에서 가장 높은 10대 자살률을 기록하고, 학교들은 만신창이가 되었으며, 은밀한 마약실험실이 메탐페타민(마약의 일종-역자 주)으로 시장을 가득 채웠던 미국 중서부의 한 도시가 평화와 번영의 횃불이 된다.

이유는? 교회와 일터의 지도자들과 더불어, 시장이 그 도시 내에 임하시도록 하나님을 초청하고, 매주 화요일에 하루의 절반을 주님과 함께 영적인 스태프 미팅에 상당하는 모임을 가지면서 주님의 인도와 개입이 필요한 여러 가지 문제들을 그분 앞에 올려드리기 때문이다. 그 도시의 영적인 공기가 너무나 놀랍게 개선된 나머지, 이제는 기적을 간구하는 기도가 은행들과 자동차 판매대리점, 오토바이 전시장, 의사의 진료실, 레스토랑, 그리고 법률 사무소 등에서 일상적으로 드려진다.

폭력이 난무하고 마약이 성행하는 한 고등학교의 최상급생인 학생이 하나님과의 만남을 체험한 후에, 먼저 자신의 학교를 변화시킨 다음 그 주(州)에 있는 76개의 다른 학교들에까지 영향을 미치는 운동을 시작한다. 그 결과 범죄와 징계횟수가 줄어들고, 출석률과 성적 평점평균이 향상되었으며, 학생들과 교사들 및 직원들이 새로운 희망을 얻게 되었다.

실제적인 변화

아르헨티나에서 우간다, 그리고 미국에 이르기까지 가는 곳곳마다, 나는 평범한 사람들을 만나 이렇게 특별하고 극적인 변화의 이야기들을 듣는다. 이것은 특별한 사실, 즉 하나님께서 단순히 사람들만이 아니라 일터와 도시들과 나라들에 대해서까지 뜨거운 관심을 기울이고 계신다는 사실을 발견한 결과, 실제적인 변화가 실제적인 시간 속에서 일어나고 있는 것이다.

'이런 변화의 운동이 색다른 이유'는 그것이 종교적인(religious) 것이 아니라 영적인(spiritual) 것이라는 사실 때문이다. 비록 하나님에 대한 신앙이 그 운동의 핵심 정신이기는 하지만 거기에는 어떤 종교적인 냄새도 나지 않는다.

사실, 그 운동은 예배의 집(houses of worship, 교회를 의미함-역자 주)보다는 기본적으로 일터에서 일어나고 있다. 그것은 병을 옮기는 것은 아니지만 전염성이 있다. 그것은 위압적인 것은 아니지만 강력한 능력이 있다. 그것은 개인적인 것이면서도 동시에 도시들과 나라들에까지 영향을 미치고 있다.

거룩하신 분께서 십자가에서 흘리신 보혈로 구조적인 악을 이기고 있는 사람들, 즉 **'그분의'**(His) 생명과 자신의 생명을 바꾼 사람들(계 12:11을 보라)에 의해 촉진되고 있기 때문에, 그것은 죽음을 물리치는 운동인 동시에 생명을 주는 운동이기도 하다.

이 운동에는 **'5가지 중추적인 변화의 패러다임'**(five pivotal paradigms for transformation)이 필수적인 요소인데, 그것들은 이 책의 중심내용을 구성하는 것이기도 하다. 이 패러다임을 붙잡게 되면 가장 영감 있는 영적 파노라마에 우리의 눈이 열릴 것이며, 동시에 너무나 장엄하고 광대한 능력의 근원이 열리게 될 것이다.

그 결과 우리는 우리 자신의 삶과 가정, 직장, 도시, 그리고 마침내는 세상을 변화시키기 위해 그 능력의 근원에 즉시 뛰어들지 않을 수 없게 될 것이다.

변혁(Transformation)이 이 책이 다루고 있는 내용의 핵심이다. 앞으로 살펴보게 될 이 5가지 중추적인 패러다임에는 당신을 세계를 변화시키는 주인공으로 변화시킬 만한 잠재력이 있다. 우리 믿음의 선조들에 대해서도 성경은 2000년 전에 "천하를 어지럽게 하던 이 사람들"이라고 증언하고 있다(행 17:6).

그 패러다임들을 살펴보기 전에, 당신은 당신의 부르심을 규정해 줄 4가지 질문을 가지고 철저하게 씨름해야 할 것이다.

2장
당신의 부르심을 구체화시킬 4가지 질문

The Four Questions That Will Shape Your Destiny

TRANSFORMATION

미국 독립혁명 전쟁이 한창이던 1779년 9월 23일, 해군 역사상 가장 치열한 교전 중 하나가 스코틀랜드 해안에서 벌어졌다. 스코틀랜드 태생으로, 기함(旗艦)인 **'본홈메 리처드'**(*Bonhomme Richard*)의 선장이었던 32세의 존 폴 존스(John Paul Jones)는 44개의 대포를 장착하고 있는 등 더욱 성능이 뛰어난 영국 왕실 해군 프리깃함 (1750-1850년경의 상중 두 갑판에 포를 장비한 목조 쾌속 범선-역자 주) **'세라피스'**(*Serapis*)에 맞서 싸웠다.

적군의 성능 좋은 대포에 의해 무자비한 포격이 있은 후, 존스의 배는 화염에 휩싸여 매우 불안정하게 물 위에 떠 있는 상태가 되었다. 많은 부하들이 죽거나 부상당한 채 피범벅이 된 갑판 위에서 버둥거리고 있었으며, 소수의 부하만이 피곤을 무릅쓰고 여전히 그의 곁에 서 있었다. **'세라피스'**호의 선장 피어슨(Pearson)이 존스를 큰 소리로 부르며 점잖게 물었다. "기를 내리고 항복할 준비가 되었는가?" 그 말에 존스는 이렇게 대답했다. "항복이라고요? 나는 아직 싸움을 시작하지도 않았소이다!" 그리고 그는 자신의 정예부대를 이끌고 맹렬한 반격을 쏟아 부었다. 적군은 제압되었고, **'세라피스'**호는 항복했으며, 존스가 막강한 영국 프리깃함을 지휘하게 되었다.

존스 선장이 순식간에 내린 선택은 다름 아닌 그의 혼 속에 있는 뭔가로부터 온 것이었다. 만약 그것이 불시에 그의 마음속에 떠오른 것이었다면 틀림없이 적군이 방심한 틈을 탄 것이었을 것이다. 결과적으로 그들은 영광스러운 부르심을 가진 새 나라를 탄생시키는 길목에서 결정적인 승리를 거두게 되었다.

살아 있는가(Living), 그냥 존재하는가(Existing)

이 책은 변화에 관한 책이며 또한 그것을 떠받치는 패러다임과 원리들에 관한 책이다. 변화는 진공상태에서 일어나지 않는다. 변화는 강력한 목적의식과 결단의 샘에 뛰어든 사람들에 의해 일어나는데, 그 목적의식은 무서운 감시자처럼 문을 지키고 서 있는 불길하고 위협적인 도전들을 뛰어넘을 수 있게 할 만큼 깊고 강력한 것이어야 한다. 이 책은 그런 사람들이 이웃과 일터와 전 세계 여러 나라들에서 어떻게, 그리고 왜 역사의 경로를 변화시키고 있는지에 관한 현실적인 이야기들을 다루고 있다.

존 폴 존스 선장에게 일어났던 것처럼, 부르심(destiny)의 추가 극히 불안정한 상태에 있을 때, 우리를 결단과 목적의 근원으로 인도해 줄 4가지 기본적인 질문들이 있다. 그것들은 모든 인류가 자기 인생의 어느 시점에서 고민하고 씨름하는 질문들이다. 우리가 그 질문들에 어떻게 대답하는가가 우리의 결정들을 구체화해 주고 우리의 생활방식을 결정짓게 될 것이다.

그 질문들에 대한 대답이 그냥 **'존재하는지'**(existing) 아니면 정말로 **'살아 있는지'**(living), 늪처럼 정체되어 있는지 아니면 봄의 해동기에 장엄한 산의 강처럼 거침없는 힘으로 흘러내리는지, 세상의 모습대로 변화되어 가고 있는지 아니면 세상을 변화시키는 주인공인지를 결정하게 된다. 그것들이 우리의 미래와 심지어 우리 주변에 있는 사람들의 미래까지도 결정하게 된다.

그 4가지 결정적인 질문들을 살펴보도록 하자.

질문 1: 하나님이 계시는가?

첫 번째 질문은 다른 모든 질문들의 기초를 이루는 것으로, **'하나님이 계시는가?'** 라는 질문이다.

그 질문이 처음으로 당신의 생각 속에 떠올랐던 때를 기억하고 있는가? 나는 아주 생생하게 기억하고 있다. 나는 네 살쯤 되었고 아르헨티나에서 성장하고 있었다. 그때 나는 독실한 가톨릭 신자였던 어머니께서 매일 밤 침대 곁에 무릎을 꿇고 앉아 분명히 방에 없는 누군가와 독백을 하는 장면을 보았다. 나는 어리둥절해하며 어머니께 물었다. "엄마, 누구와 얘기하고 계세요?"

매우 딱딱하게 어머니께서 대답하셨다. "하나님과 이야기하는 중이란다."

나는 계속해서 물었다. "하나님이 누군데요?"

그 질문에 어머니는 이렇게 대답하셨다. "하나님은 세상을 만드신 분이란다."

나의 아버지는 공공연한 무신론자였기 때문에 종교는 우리 집 저녁 식탁에서 인기 있는 주제가 아니었다. 그런 주제를 배제해야만 아버지의 비신앙과 어머니의 신앙 간에 휴전이 가능했기 때문이다.

나의 어린 아이다우면서도 나름대로 논리적인 네 살짜리 지성이 어머니의 말씀을 곰곰이 생각하다가 반박할 수 없는 결론에 도달했다. 그것은 '누군가가 내가 가지고 노는 장난감을 만들었다. 장난감이 자기 자신을 만든 것은 아니기 때문이다. 그러므로 누군가가 세상을 만들었음에 틀림없다. 그리고 그분은 하나님이심에 틀림없어'라는 결론이었다.

어쩌면 당신도 나와 비슷한 방식으로, 아니면 완전히 다른 방식으로 하나님이 존재한다는 것을 믿게 되었을지도 모르겠다. 하지만 더욱 높은 신에 대한 모든 관념을 인정하는 것보다 거부하는 것이 훨씬 **'더 많은'** 믿음을 요하는 것이기 때문에 대다수의 사람들은 그 질문에 긍정적으로 대답한다.

예를 들어, 당신이 남미의 아마존 정글 속에 낙하산을 타고 내렸는데, 내리자마자 정글 한가운데 따끈한 음식이 멋지게 차려져 있고, 배경음악이 부드럽게 흘러나오며, "환영합니다. 마음껏 즐기세요!"라고 우아하게 쓰여 있는 쪽지를 발견하고는 너무나 깜짝 놀랐다고 상상해 보라. 처음의 충격이 가신 후에, 틀림없이 당신의 생각 속에 떠오르는 첫 번째 질문은 **'누가 여기에 이런 것을 준비해 놓았지?'** 일 것이다.

어떤 사람이 손목시계 부품들을 공중에 던졌는데, 그 부품들이 그 사람 손목에 정확하게 떨어진 다음, 정교하게 조립되고, 알맞게 죄어져 정확한 시간을 알려 줄 수 있는 가능성이 우리가 오늘날 발견하고 있는 광대한 우주가 어떤 통제할 수 없는 폭발로 생겨났을 가능성보다 더 크다. 어린 아이였을 때, 나는 누군가가 장난감들을 만들었다는 것을 알았기 때문에, 나보다 더 큰 어떤 존재가 세상을 만들었다고 결론짓는 것이 내게는 전적으로 타당한 것이었다.

질문 2: 하나님께서 관심을 기울이시는가?

실제로 하나님이 계시다고 결정을 내리는 것은 **'그분이 관심을 기울이시는가?'** 라는 두 번째 질문으로 이끌어 간다. 오늘날 세상에서 숭배를 받는 신은 수십만에 달하는데, 그들 중 대부분은 차가운 신전에 활기 없는 모습으로 안치되어 있고, 그들의 실재도 그들을 구성하고 있는 재료 외에는 어디에도 존재하지 않는다. 본질적으로, 그 '신들'은 생명 없는 물체에 불과하기 때문에 인간과 관련된 일들에는 전혀 관심을 갖지 못한다. 그렇다면 하나님은 **'정말로'** 관심을 가지고 계시는가?

우리가 우주를 살펴보고 그것이 얼마나 놀랍게 설계되어 있고 얼마나 정확하게 움직여지는지 생각해 볼 때, 어떻게 한 계절이 완벽한 조화 가운데 다음 계절을 뒤따르는지 관찰해 볼 때, 어떻게 각각의 계절이 독특하면서도 동시에 다른 계절들을 멋지게 보충해 주고 있는지 살펴볼 때, 인간이 무자비하게 가한 피해를 땅이 어떻게 놀랍게 보충하는지 살펴볼 때, 그리고 우리의 무책임한 행동(특히 우리에게 있는 엄청난 악의 잠재력 측면에서 볼 때. 어느 날에 실제로 일어나지는 않았지만 얼마나 심각한 악행이 저질러질 수 있었을지 생각해 볼 때)으로 생겨나는 치명적인 상황에 대해 어떻게 '기적적인 치료법'이 발견되는지 생각해 볼 때, 우리는 하나님께서 실제로 자신이 창조하신 세상을 돌보고 계신다는 결론으로 이끌려 간다.

물론 비극적인 사건들은 일어난다. 역사의 강물은 악을 행하는 인간의 능력으로 인해 생겨난 치명적인 파편에 맞아 피범벅이 되어 흐른다. 그러나 이 모든 인간적 고통의 한가운데서, 여전히 하나님은 관심을 기울이고 계신다. 수많은 비극적인 사건들에도 불구하고, 오늘날 세상을 100년 전보다 더 나은 곳으로 만드는 것은 바로 그분의 능력과 변함없는 임재의 영향력이다.

이것은 끔찍한 참상을 가져오는 테러 공격들과 전 세계적인 전염병, 기념비적인 정치 재난, 그리고 전 지구적으로 치명적인 결과들을 동반하는 끝없는 인간의 어리석음 등을 능동적으로 제지하고 있는 더욱 큰 힘이 존재하고 있음을 가리킨다. 그렇지 않다면 세상은 오래 전에 종말을 고했을 것이다. 틀림없이 지구를 돌보시는 하나님이 존재한다.

질문 3: 하나님께서 나에게 관심을 갖고 계시는가?

이런 결론은 '만약 세상을 돌보시는 하나님이 존재한다면, **그분이 나에게 관심을 갖고 계시는가?**'라는 세 번째 질문으로 이끌어 간다. 설령 관심을 기울이고 계시는 하나님이 존재하더라도 그분이 '**개인적으로**' 나를 돌보신다는 것을 깨닫지 못한다면 아무런 개인적 유익도 얻을 수 없기 때문에 이 질문은 지극히 중요한 질문이라고 할 수 있다.

내가 아내인 루스(Ruth)에게 청혼하던 날, 우리는 아르헨티나 코르도바(Cordoba)의 아름다운 언덕으로 산책을 나갔었다. 서로 손을 잡고 우리는 전원풍경을 만끽하고 물 흐르는 소리에 귀를 기울이며 햇볕이 내리쬐는 아름다운 시내의 둑을 걸었다. 그 시냇물은 마치 폭포처럼 계속해서 아래쪽 돌을 향해 떨어지고 있었고, 나비들은 화려한 빛깔을 뽐내며 길 옆에 늘어선 푸른색 식물들 속의 꽃 위를 앉았다 올랐다 부지런히 반복하고 있었다. 시내의 모퉁이를 돌자 고맙게도 비밀스런 장소가 나타났다. 그래서 우리는 시내 한가운데 있는 곳으로 가기 위해 수면 위에 가까스로 드러나 있는 돌들 위를 발끝으로 걸어갔다. 거기서 루스는 큰 바위 위에 앉았고 나는 그녀 발치에 있는 좀더 작은 바위 위에 앉았다.

> 설령 관심을 기울이고 계시는 하나님이 존재하더라도 그분이 '개인적으로' 나를 돌보신다는 것을 깨닫지 못한다면 아무런 개인적 유익도 얻을 수 없다.

그녀의 아름다운 초록빛 눈동자 속에 한 번 더 빠져 들어간 후에, 내가 물었다. "루스, 나를 사랑하시오?" 나의 의심스런 생각들을 떨쳐버리려고 애쓰면서, 나는 긍정적인 대답이 나오기를 간절히 바라고 있었다.

그녀는 "꽃들과 언덕들이 너무나 사랑스러워요"라거나 "제 숙모 마조리(Marjorie)와 사촌 윌리(Willy)를 사랑해요"라든지 아니면 좀더 포괄적으로 "온 세상을 사랑해요"라고 대답할 수도 있었을 것이다. 하지만 그 순간에 나의 질문은 "**나**를 사랑하시오?"라는 아주 개인적인 질문이었기 때문에 그런 대답들 가운데 어느 것도 내게는 큰 의미가 없었을 것이다. 오직 그녀가 긍정적인 대답을 했을 때에야 비로소 다른 것들이 의미를 갖게 되었다.

"세상을 돌보시는 하나님이 당신을 '**개인적으로**' 돌보시는가?"라는 질문의 경우에도 마찬가지다. 바로 여기서 성경 속의 하나님은 부인할 수 없는 '경쟁적 우위'를 차지하고서 기대한 대로 우리에게 모습을 나타내신다. 그렇다! 하나님은 우리를 돌보고 계신다. 맨 처음부터 그분은 인간을 포함해 최선의 것들을 창조하셨다. 인간이 죄에 빠졌을 때, 인간을 구원하러 오셔서 회복의 가능성을 열어 놓으신 분도 바로 그분이셨다. 그분은 심지어 자신의 가장 귀한 아들 예수를 보내서 선을 행한 것 외에는 아무 죄도 없는 분을 범죄자처럼 십자가에 못박혀 죽게 하셨다. 그분이 오셔서 구원코자 하셨던 바로 그 사람들에 의해서. 그 잔혹한 죽음 한가운데서, 그분은 우리를 용서하신 다음 우리를 사로잡고 있던 어둠의 권세를 깨뜨리시기 위해 가장 깊은 음부에 내려가셨다. 그런 다음 그분은 빛나는 위엄의 옷을 입고 신적인 능력으로 충만해져 승리자로 돌아오셨다. 그리고 우리에게 이렇게 말씀하셨다. '**나는 너희를 사랑하며 내 사랑을 받을 만한 자격을 갖추기 위해 너희가 할 수 있는 것은 아무것도 없다.**'

그분의 사랑은 무제한적이고 무조건적이라는 메시지는 헤아릴 수 없을 만큼 강력하다. 실제로, 우리가 그분을 우리의 주와 구주로 믿을 때 우리의 이름을 천사들을 통해 생명책에 기록할 것이며 그러면 아무도 우리를 그분에게서 빼앗아갈 수 없을 것이라고 우리에게 확실하게 말씀하셨다. 하나님께서 인간들에 의해 가장 부당한 형벌을 몸소 받으신 이유는, 그분의 사랑이 무조건적이며 따라서 '**모든 것**'을 이길 수 있고 또 이길 것이라는 분명하고도 확실한 증거를 우리에게 주시기 위함이었다.

그래서 우리는 관심을 기울이시는 하나님이 계신다는 사실과 그분이 우리를 개인적으로 돌보신다는 사실을 알게 된다.

질문 4: 하나님께서 우리가 하는 일에 관심을 갖고 계시는가?

단순히 성공만이 아니라 특히 인생의 의미까지 발견하고자 한다면, '만약 나를 돌보시는 하나님이 계신다면, 그분이 내가 **하는 일에 관심을 갖고 계시는가?**'라는 네 번째 질문에 답을 해야만 한다. 그분은 나를 돌보시는 것과 똑같은 열정으로 나의 일과 직업에 관심을 갖고 계시는가? 그분은 나의 개인적인 거룩에 관심을 갖고 계시는 것과 마찬가지로 내가 직장에서 부딪히는 문제들을 해결하도록 도우시기 위해 기꺼이 그분의 능력을 나타내고자 하시는가?

불행하게도 우리는 이 질문에 항상 긍정적으로 대답하는 것은 아니다. 설령 긍정적으로 대답한다 하더라도, 어떤 식으로든 마음 깊은 곳에서 하나님께서 일터에서 우리를 돌보시더라도 온전한 마음으로 그렇게 하시는 것은 아니라는 잘못된 생각을 품는다. 그분이 우리 영혼의 행복에 관심을 갖고 계시며 우리가 영원을 그분과 함께 보내는 데 주된 관심사가 있다고 생각하기 때문이다.

하나님의 의도와 목적의 도달 범위를 이렇게 그릇되게 인식하는 것은 대단히 불행한 일이다. 왜냐하면 하나님께서 **'우리의 변함없는 영혼에 관심을 갖고 계시는 것만큼'** 우리가 하는 일, 이 땅에서의 우리의 삶, 그리고 특히 일터에서의 우리의 역할에도 관심을 갖고 계신다는 것을 알지 못한다면, 우리는 영적인 포로수용소에서 단순히 생존자로 남고자 하는 수준을 결단코 넘어서지 못할 것이기 때문이다.

이런 관점을 가지고 있을 경우, 천국에 도달하기 전 이 땅에서 우리는 지옥 같은 삶을 면하지 못할 것이다. 그것은 어처구니없을 정도로 잘못된 생각이다. 왜냐하면 우리가 포로수용소를 점령한 다음, 그곳을 다른 수용소들의 해방을 지휘할 훈련장소로 바꿔놓는 것이 그분의 계획이시기 때문이다. 그 일은 온 땅이 그분의 주권 앞에 놓일 때까지 계속되어야 하는 것이다.

이런 유형의 근시안적이고 불완전한 사고방식은 자신이 저축한 모든 돈을 투자해서 대서양을 횡단하는 호화유람선 티켓을 산 영국의 한 젊은이에 관한 이야기와 같다고 할 수 있다. 그 젊은이는 돈을 다 써버린 나머지, 승선할 때 가져간 오래된 크래커를 음식으로 먹으면서 식사를 건너뛰었다. 하지만 **그가 산 유람선 티켓 값 속에는 모든 식사비용이 포함되어 있었다!**

하나님께서 우리를 돌보시는 범위를 우리가 어떻게 잡느냐 하는 것은 우리가 교회예배에 참여하지 않는 주중 167시간 동안의 삶에 영향을 미칠 뿐만 아니라 우리 주변에 있는 세상에까지 영향을 미친다. 하나님은 우리가 교회 회중석에 앉아 있을 때만 우리와 함께 계시는 것이 아니다.

월요일에 그분은 어디 계시는가? 그리고 화요일부터 토요일까지는 또 어디 계시는가? 때때로 공공연하게 적대적으로 변하는 환경 속에서 인생의 도전들이 우리를 에워쌀 때 그분은 어디 계시는가?

우리는 깨어 있는 시간의 대부분을 일터의 어딘가에서 보낸다. 우리의 자존감과 개인적인 존재감─둘 다 인생에서의 성공에 필수불가결한 요소임─을 끊임없이 시험하고 때로는 짓밟아버리기까지 하는 환경에 직면하는 것도 바로 그곳이다.

하나님께서 우리의 직업이나 직장 환경과 같이 중요한 장소에서 '**우리와 함께**' 하실 수 없고 '**우리를 위하실**' 수 없다면, 하나님을 믿는 것이 무슨 소용이 있겠는가? 대답은 간단하다. 하나님은 편재하신다. 그분은 '**어디에나**' 계신다. **내가 이 책에서 보여 주려고 하는 것처럼, 그분은 당신에게 관심을 갖고 계시는 것만큼이나 당신이 일터에서 하는 일에도 관심을 갖고 계신다!**

신적인 역할 모델

우리는, 적어도 유아기적인 수준에 있을 때, 우리의 자연적인 아버지의 영향이나 혹은 그 영향의 부재로부터 아버지되시는 하나님이라는 관념을 끌어오게 된다. 어린 시절 나는 우리 삶에서 가장 강력한 역할 모델의 기능을 수행하는 사람이 우리가 하는 일(내 경우엔, 내가 해야 했지만 할 수 없었던 일)에 관심을 기울이고 있다는 것을 밖으로 나타내는 것이 얼마나 중요한지를 설명해 주는 경험을 하게 되었다.

내가 자라나던 시절에, 가정에서 어린 아이들이 교대로 하던 허드렛일이 있었다. 하루에 두 번씩 우리는 집 뒤에 있는 얼음창고에 가서 식사에 곁들여 마실 음료수를 가져오곤 했다. 그 음료수는 키가 크고 빽빽한 나무들이 늘어선 긴 길 끝자락에 있는 그 얼음창고의 냉장고 안에 보관되어 있었다.

나는 그 일을 밤에 하는 것이 무서웠기 때문에 항상 점심당번을 맡으려고 애를 썼지만 항상 그렇게 된 것은 아니었다. 어느 무서운 저녁 시간에, 나는 창고까지 나 있는 길 머리에서 두려움에 사로잡혀 꼼짝도 못 하고 서 있었다. 그러는 동안 가족들은 식당에서 내가 음료수를 가져오기만을 기다리고 있었다. 위협적으로 보이는 바깥 어둠 속에서, 나뭇잎을 바스락거리게 하고 나뭇가지들을 뒤흔들어 놓는 바람소리 때문에, 나는 나무들 뒤편마다 괴물이 숨어 있는 모습을 상상하게 되었다.

비교적 간단한 일인데도 시간이 너무 오래 걸린다는 것을 알아차린 아버지께서 나를 점검하시려고 밖으로 나오셨다. 길 머리에서 꼼짝도 하지 않고 있는 나를 보고서야 아버지는 무슨 일이 일어나고 있는지를 알아차리셨다. 내 눈을 바라보시면서, 부드러운 목소리로 아버지가 물으셨다. "아들아, 너 지금 무서워하고 있구나, 그렇지?"

"네," 내가 겁에 질려서 대답했다.

"어둠이 두렵니?" 아버지가 덧붙여 물으셨다.

또 다시 나는 그렇다고 대답했다.

"나뭇가지들이 너를 붙잡으려고 하는 것처럼 보이니?"

한 번 더 나는 쩔쩔매는 표정으로 고개를 끄덕였다. 나는 임무수행에 실패했다고 느꼈다. 노력이 부족해서가 아니라 내가 적대적인 환경으로 인식했던 것에 압도되었기 때문이었다. 나는 무력감을 느꼈을 뿐만 아니라 그런 상태에 있는 모습이 아버지의 눈에 띄었다는 사실에 특히 부끄러움을 느꼈다.

바로 그 순간 아버지는 내 손을 잡으시며 확고한 음성으로 말씀하셨다. "가자, 아들아. 우리 둘이 함께 하는 거야." 아버지의 손이 내 손을 감싸는 순간, 모든 두려움은 사라져버렸고, 그 순간에 나는 외적으로는 아무것도 바뀌지 않았지만, 그 일을 성공적으로 해내리라는 것을 '**알았다.**' 어둠은 여전히 거기 있었다. 위협적인 나무들도 사라지지 않았다. 바람은 계속해서 나뭇잎을 바스락거리게 했다. 얼음창고까지의 거리도 줄어들지 않았다. **하지만 나는 더 이상 두렵지 않았다.** 대신에 내가 힘을 얻은 느낌이었다. 그래서 나는 이제 나의 동반자가 된 아버지의 든든한 눈길 아래서 음료수를 저녁식탁에까지 가져올 수 있었다.

나는 항상 아버지께서 나를 돌보신다는 것을 알고 있었다. 하지만 그날 밤에 나는 아버지가 '**내가 하기로 되어 있는 일**'-나의 임무-에 대해서도 관심을 갖고 계신다는 것과, 기꺼이, 그리고 (놀랍게도) 간절한 마음으로 내 곁에 오셔서 내가 그 일을 성공적으로 해낼 수 있도록 책임져 주신다는 것을 몸소 '**체험했다**.' 너무나 많은 사람들이 혼자라는 느낌을 갖고서 무기력하게 인생을 살아간다. 그러나 실상 하나님께서는 '**그들이 하는 일**'에 관심을 갖고 계시기 때문에 처음부터 그들의 손을 잡아줄 준비를 하고서 그들 곁에 와 계신다!

하나님의 사랑의 성품과 긍휼의 속성을 계시하러 오신 예수님은 행하신 기적들을 통해 그것을 구체적으로 보여 주셨다. 요한복음 2장에서, 예수님은 결혼잔치의 손님으로 참석하셨다가 그 잔치에 포도주가 바닥나 버렸다는 것을 알게 되었다. 예수님은 물을 너무나 질좋은 포도주로 바꾸심으로써 그 문제를 즉시 해결하셨으며, 그 결과 조금 전만 해도 사람들의 조롱을 받을 위기에 직면했던 연회장이 사람들로부터 열렬한 축하를 받게 되었다.

요한복음 21장에 기록된 것처럼, 어느 날에, 베드로와 요한은 다른 형제들과 함께 배를 타고 물고기를 잡으러 나갔다가 빈 배로 귀항하고 있었다. 온 밤을 꼬박 새웠음에도 불구하고, 그들은 아무것도 잡지 못했다. 전문적인 어부들에게 그것은 큰 문제였다. 그것은 중개업자가 자신의 융자금을 갚기 위해 중개수수료가 필요한 상황에서 가장 큰 고객을 잃어버리거나 돈이 될 만한 주택판매가 수포로 돌아가버리는 것과 다를 바 없는 것이었다. 물고기를 잡지 못했다는 것은 매매를 한 건도 성사시키지 못했음을 의미하는 것이었다. 매매를 성사시키지 못했다는 것은 수입이 없다는 것을 의미했고, 그것은 다시 식탁에 놓을 음식을 전혀 얻지 못함을 의미하는 것이었다.

예수님은 어떻게 하셨는가? 더 열심히 기도하라고 말씀하셨는가?

그들의 영성을 의심하셨는가? 오히려 그 반대로, 그분은 아주 특별한 어획량을 얻으려면 정확히 그물을 어디로 던져야 하는지 그들에게 말씀해 주셨다. 이런 형태의 '일터의 기적'은 예수님께 흔한 사건이었다.

마태복음 17장은 베드로가 성전세를 내야 할 기한이 지났기 때문에 심각한 고민에 빠져 예수님께 나온 사실을 언급한다. 그것은 많은 사람들이 오늘날 직면하는 상황과 흡사하다. 베드로가 그 문제를 예수님께 가져오고자 했다는 사실만으로도 그분이 동정심 많은 공급원으로 간주되었음을 알 수 있다.

예수님의 반응은 어떠했는가? 그분은 그 문제를 영적인 것으로 해석하지 않으셨다. 베드로가 전문적인 어부임을 아셨기 때문에, 그분은 가서 물고기를 낚으라고 하셨고, 그가 잡아올리는 첫 번째 물고기의 입에서 동전을 발견할 것이라고 말씀하셨다. 실제적인 분이셨던 예수님은 베드로가 그 일을 시작하기도 전에 남은 동전으로 그분의 세금도 내라고 말씀하셨다!

하나님은 우리의 일 가운데 계신다

하나님은 우리의 정체성과 우리의 일 사이에 존재하는 인과관계 때문에 우리의 일에 관심을 기울이신다. 우리가 삶 가운데서 하는 일은 우리의 내적 존재의 영원한 표현이다. 이런 관련성 때문에, 그 두 가지 차원은 이분법적으로 나뉘어서는 안 된다. 가끔씩 이런 얘기를 할 때가 있다. '**당신이 하는 일로 당신의 존재를 규정짓지 말라.**' 이 말 속에는 약간의 독창적인 진리가 들어 있기는 하지만, 좀더 깊은 측면, 즉 '**우리의 존재가 우리가 하는 일을 규정한다**'는 사실도 이해해야 한다.

의사와 변호사, 정치인, 교육가 등 서비스 산업에 종사하는 사람들은 그 직업이 자신의 존재를 가장 잘 반영해 주는 것이기 때문에 그 특정 직업을 선택한 것이다. 그것은 하나님께서 어머니 태중에 잉태되던 시점부터 씨앗들, 즉 성장해 가면서 궁극적으로 일이나 직업, 혹은 전문직으로 자라나게 될 씨앗들을 우리 영혼의 내면 깊은 곳에 심어놓으셨기 때문이다. 하나님께서 씨앗들을 심어놓으셨기 때문에, 그 씨앗들이 제대로 자라나려면 그분의 개입은 필수적인 일이다. 바로 이런 이유 때문에, 하나님께서 **'우리의 존재에 대해 관심을 기울이시는 것 못지않게'** 우리가 하는 일에 대해서도 관심을 기울이신다는 사실을 이해하지 못하는 것은 어처구니없는 비극인 것이다.

만약 하나님께서 우리의 영혼에만 관심을 갖고 계시다면, 사역자들은 우리를 영원 속으로 더 빨리 보내기 위해 우리를 세례의 물 속에 3분 이상 집어넣고 있을 것이다! 다행히도, 그렇게 하지는 않는다! 사실, 사람들은 물에서 나올 때 **'새 생명 가운데서 행하라'**는 가르침을 받는다. 일터의 용어로 하면, 그것은 "일터에서 하나님과의 파트너십을 개발하라"고 말하는 것과 다를 바 없다. 왜냐하면 그렇게 함으로써 우리의 영혼이 그분의 형상대로 지어져 가기 때문이다. 물론 그것은 우리가 일을 처리하는 새롭고 더 나은 방법을 터득하기 위해 그분의 손을 잡고서 그분의 인도하심으로부터 유익을 얻고, 그분으로부터 능력을 공급받으면서, 그분으로부터 매일의 도전들을 해결하는 법을 배워갈 때에 가능한 일이다.

> 하나님은 '우리의 존재에 대해 관심을 기울이시는 것 못지않게' 우리가 하는 일에 대해서도 관심을 기울이신다.

우리가 교회에서 너무나 자주 듣는 새 생명의 범위는 우리 영혼 외부의 둘레를 뛰어넘는다. 우리는 자신의 영혼을 발판으로 삼고서 하나님의 새롭게 하시는 능력을 우리에게 할당된 영향권의 바깥 한계선까지 가져가되, 그것이 완전히 변화될 때까지 그렇게 해야 한다.

하나님과 포천 500 회사

이것은 현실성 없는 환상이 아니라 지금도 계속해서 일어나고 있는 일이다. 예를 들어, 나는 포천 500(Fortune 500) 회사의 고위직에 있으면서 하나님께서 자신의 직업에 관심을 가지고 계실 뿐만 아니라 자신이 일하는 회사를 향한 계획들과 목적까지도 갖고 계신다는 것을 깨닫게 된 마리사(Marissa, 가명)라는 이름의 한 직장여성을 알고 있다. 그런 확신 때문에 그녀는 이렇게 선포하게 되었다. "나는 단순히 이 회사의 간부만이 아니라 이 회사의 목사이기도 하다." 그녀는 자신의 직업을 영적인 훈련으로 보기 시작했다. 따라서 매일 아침 그녀는 회사와 고용주, 종업원들과 동료들, 그리고 일상적인 업무에 속하는 거래들과 계약들을 위해 기도하고자 시간을 따로 떼어놓는다.

어느 날 그녀가 기도하고 있을 때, 성령께서 그녀에게 최근에 이뤄진 회사인수가 잘못된 것이라는 사실을 가르쳐 주셨다. 실제로, 성령님은 그녀에게 최근에 인수된 회사의 최고경영자(CEO)가 어떻게 최종 계약과 연결되는 실사단계 동안에 감사관들을 속여 왔었는지에 관한 구체적인 정보를 제공해 주셨다.

그 날 늦게, 최고재무책임자와 대화하는 과정에서, 그녀는 폭탄 같은 정보를 폭로했다. 그 최고재무책임자는 처음에 놀라기는 했지만, 그녀가 아주 구체적이고 세부적인 정보를 제공하고 있었기 때문에, 그 정보의 출처가 얼마나 믿을 만한지 그녀에게 물었다.

"절대적으로 믿을 만합니다"라고 그녀는 대답했다. 하나님께서 정보제공자였기 때문에, 달리 뭐라고 말할 수 있었겠는가? 하지만 최고재무책임자는 정보제공자가 누군지 알기를 요구했다. 그녀가 말하기를 꺼리자, 그는 지위를 이용해서 더욱 강하게 물었다. 하는 수 없이, 그녀는 불쑥 이렇게 말해 버렸다. "하나님께서 알려 주셨죠."

그 순간에 최고재무책임자의 마음 상태는 놀람에서 충격으로 변했다. "하나님이라고요?" 그가 말했다. "하나님이 우리 회사와 무슨 관계가 있단 말이오?"

그녀는 하나님께서 사람들이 일터에서 하는 일에 관심을 갖고 계실 뿐만 아니라, 회사들이-그들의 회사까지 포함해-그분께 얼마나 중요한지를 쉬운 말로 언급하면서 내가 쓴 책 『사업을 위한 기름부으심』(Anointed for Business)을 그에게 3분가량 요약설명했다.

최고재무책임자는 이렇게 말했다. "나는 그런 건 모르겠지만, 그 문제를 좀더 세밀하게 조사해 봐야 되겠군요." 그는 기록을 검사해 보도록 검사관들을 파송했는데, 이번에는 사기꾼으로 추정되는 사람이 어떻게 사기행각을 벌였는지에 대한 청사진을 가지고 검사하도록 했다.

며칠 후에, 최고재무책임자는 그녀가 보고한 모든 것이 사실로 판명되었다는 것과, 그녀가 제공한 세부정보들이 검사팀의 성공에 결정적인 역할을 했다고 공포했다. 잠깐 동안 말을 멈춘 후에, 그는 다소 걱정스런 어조로 그녀에게 물었다. "하나님이 당신에게 말씀하신 다른 것이 있습니까? 혹시 나에 대해 말씀하신 것은 없나요?"

당신 차례

마리사의 이야기가 이상하게 들릴지 모르지만, 성경에 선례가 없는 것이 아니다. 요셉과 다니엘은 세상적 배경 속에 살며 활동했는데, 당시의 세상은 그들에게 맡겨진 신적인 계시들로부터 엄청난 유익을 얻었다. 그 계시들은 그들이 섬긴 자들에게 어마어마한 번영을 가져다주었다. 그 두 제국의 통치자들은 복잡한 일터의 문제들과 관련해 요셉과 다니엘이 제공한 특별한 통찰들에 너무나 큰 영향을 받은 나머지 결국 그들이 믿는 하나님을 믿고 경외하기에 이르렀다. 그들이 제공한 통찰들로 인해 그 나라들 내에서 삶의 질이 획기적으로 개선되었기 때문이다.

당신은 어떤가? 당신의 남은 생애를 어떻게 할 작정인가? 두려움과 부족하다는 느낌에 농락당하고, 실패할 가능성에 굴복하면서, 당신의 부르심을 향해 나 있는 길목에서 꼼짝도 하지 못하고 서 있을 셈인가? 기억하라. 위협적인 거인들이 가로막고 있는 길의 끝자락에 당신의 부르심이 기다리고 있다. 그 부르심을 성취하려면, 당신은 반드시 그 거인들을 이겨야만 한다. 그렇게 하는 길은 오직 한 가지밖에 없다. 하나님을 당신 곁에 모시는 것이다.

아직 그렇게 하지 않았다면, 지금이야말로 손을 내밀어 창조주의 손을 잡아야 할 때이다. 그렇게 할 때 그분이 당신을 만드신 목적에 도달하는 데 필요한 모든 능력을 받아 누릴 수 있게 될 것이다. 그렇다. 세상을 돌보시는 하나님이 계신다. 사실, 그분이 세상을 만드셨다. 뿐만 아니라 그분은 당신을 개인적으로 돌보신다. 그분은 **'당신의'** 창조주시다. 하지만 그분은 당신이 하는 일에 대해서도 관심을 기울이신다. 그리고 그 목적에 도달하도록 그분은 당신의 삶을 향한 장엄한 계획을 가지고 계신다.

200여 년 전, 존 폴 존스 선장의 전함과 마찬가지로, 오늘 당신의 배는 끝없는 역경의 맹공으로 손상을 입고 가라앉기 직전인 것처럼 보일지 모른다. 그렇기 때문에 당신은 두 손 두 발 들고 항복해 버리고 싶은 마음이 간절할지도 모른다. 하지만 하나님께서 '**당신에게 관심을 기울이고 계시는 것처럼 당신이 하는 일에 대해서도**' 관심을 기울이고 계신다는 것을 인식한다면, 당신은 현재의 상황을 뛰어넘어 이렇게 말할 수 있는 힘을 얻게 될 것이다. **"항복이라고? 나는 아직 싸움을 시작도 하지 않았어!"**

당신에게 권면하는 동시에 간절히 요청하건대, 바로 지금 그분의 손에 붙잡히도록 하라. 당신에 관해서, 그리고 당신을 '**위해서**' 그분이 얼마나 큰 관심을 기울이고 계시는지에 관해 그분의 말씀을 신뢰하도록 하라. 지금 이 기도를 드리도록 하라.

"주 예수님, 지금 제 마음속에 당신을 초청하오니 저의 죄를 용서해 주시고 저를 당신의 임재로 채워 주소서. 그리고 제 손을 잡아 주소서. 당신께서 결코 저를 놓지 않으실 것을 압니다. 아멘."

이제 그분을 당신 곁에 초청했으므로, 당신의 부르심을 성취하고 세상을 변화시키기 위한 여정을 시작하도록 하라!

3장
변화를 위한 5가지 중추적인 패러다임

The Five Pivotal Paradigms for Transformation

TRANSFORMATION

"음, 당신은 뇌를 검사하기 위해서는 맨 첫 줄에 섰지만… 눈을 검사하기 위해서는 맨 마지막 줄에 서셨군요." 나를 진찰하던 안과의사가 그렇게 말했을 때에야 비로소 나에게 심각한 의학적 문제가 있다는 것이 분명해졌다. 최고의 실력을 자랑하는 여러 안과 전문의들이 전에도 나를 진찰하긴 했었지만, 그들은 하나같이 '이 문제에 좀더 경험 있는 사람'에게 나를 의뢰하곤 했었다. 이제 나는 줄의 맨 끝에 서서 여섯 번에 걸친 눈 수술로 향하는 수술여정을 막 시작하려는 찰나에 있었다. 그래서 의사가 그런 농담을 무심결에 내뱉은 것이다.

다섯 번째 수술에 들어갈 무렵, 아내 루스와 나는 그 병원의 의사들과 간호사들, 접수원들, 자원봉사자들, 그리고 심지어 수위들에 이르기까지 모든 사람을 알게 되었다. 하지만 그 특별한 날, 나는 간호사가 나의 '왼쪽' 눈에 수술준비를 하고 있음을 알아차렸는데, 수술하기로 계획된 눈은 '오른쪽' 눈이었다! 하지만 그녀는 이미 내 이마 왼편에 수술할 눈을 가리키는 플라스틱 화살표를 부착해 놓은 상태였다. 나는 그녀에게 확인할 것을 요청했고, 그런 나의 이의제기는 타당한 것으로 확인되었다. 왼쪽 눈이 아니었던 것이다.

나는 이제 하나는 "이쪽 눈"이라고 적히고, 다른 하나는 "이쪽 눈이 아님"이라고 적힌 두 개의 화살표를 부착해야 한다고 주장했다. 그런 다음 나는 계속해서 나를 수술실로 데려가는 간호사와 마취의사 및 간호보조원에게도 그 문제를 언급했다. 내가 수술하는 의사에게 그 주제를 막 꺼내려는 찰나에, 그가 말했다. "알아요, 알아요. 오른쪽 눈이죠. 이 병원 10마일 반경에 있는 모든 사람이 들었습니다. 안심하세요!"

그 주제가 내게는 사활적으로 중요한 것이었기 때문에, 나는 모든 사람이 그 문제를 확실히 이해하기를 원했던 것이다. 그들은 확실히 이해했을 뿐만 아니라 기꺼이 따라 주었다. 불행하게도, 하나님께서는 그분이 아주 중요하게 여기시는 문제들과 관련해 사람들로부터 그와 동일한 수준의 협력을 항상 얻어내지는 못하신다. 성경 전체에 걸쳐 그분은 우리가 이 세상에서 관심을 집중했으면 하시는 것들-'수술'이 절박하게 필요한 도시들과 나라들-에 우리의 관심을 끌기 위해 빨간색 형광펜을 칠해 놓으셨지만 어찌된 영문인지 우리는 계속해서 다른 것들에 초점을 맞춘다.

하나님의 관점에서, 그리스도인들의 궁극적인 부르심은 은신처 설계 및 유지, 후퇴, 방어작전, 혹은 포위공격 대처 등에 뛰어난 전문가가 되는 것이 아니다. 예수님이 이끄시는 군대를 향한 하나님의 의도와 위임명령은 하나님의 영광이 민족들과 나라들에 부어질 때까지 의연하게 전진해 음부의 권세를 무너뜨리고 세상에 숨어 있는 악을 정복하라는 것이다. 이것이 성경에 너무나 명백하게 언급되어 있음에도 불구하고, 우리는 '엉뚱한 눈에 수술준비를' 하고 있는 것처럼 보인다. 이런 상황을 반전시키기 위해서는 새로운 패러다임들을 붙잡고 새로운 비전을 취해야만 한다.

우리는 렌즈와 눈을 연결지어 생각하지만 지적인 '렌즈'(lenses)라는 것도 존재한다. 그것은 일단 우리의 생각 위에 놓이기만 하면, 좋은 쪽으로든 나쁜 쪽으로든 우리의 이해력에 영향을 줄 수 있는 렌즈이다. 마찬가지로, 교회는 오늘날 무수히 많은 '시각적' 난관에 봉착해 있는데, 그 결과 특히 우리의 충만한 목적과 잠재력을 우리가 사는 사회에 변화를 가능케 하는 요인으로 보지 못하고 있다.

어떤 사람들은 기능적으로 근시안적인가 하면 어떤 사람들은 먼 곳밖에 보지 못한다. 어떤 사람들은 좁은 시야를 가지고 있는가 하면 어떤 사람들은 초점이 맞지 않거나 백내장에 걸려 있기도 하다. 예를 들어, 만약 시력 검안사(檢眼士)가 먼 곳을 볼 수 있는 안경이 필요한 사람에게 돋보기를 처방한다면, 사용자는 먼 곳에 있는 물체에 초점을 맞출 수 없을 것이다. 먼 곳을 볼 수 없다면, 환자는 결국 먼 곳 보기를 포기함으로써 큰 그림을 완전히 놓쳐 버릴 것이다.

문제는 우리가 **'바라보기는'**(looking) 했지만 그곳에 있는 모든 것을 **'보지는'**(seeing) 못했다는 것이다. 종교적인 안경으로 바라보았기 때문에, 우리는 일터를 보지 못했을 뿐만 아니라 하나님 나라에 그것이 얼마나 중요한지도 놓쳐버리고 말았다. 오로지 개개인을 제자화하는 데만 전념함으로써 우리는 좀더 높은 목표, 즉 열방에 변화를 일으켜야 하는 목표를 놓쳐버렸다. 이제 하나님 나라의 안경을 써야 할 때가 되었다. 그럴 때 우리는 교회가 일터에서 하루 24시간, 일주일에 7일 동안 기능하는 것을 볼 수 있을 것이며 진정한 목적과 진정한 적들을 볼 수 있게 될 것이다. 뿐만 아니라 열방을 제자삼을 수 있게 해주는 모든 것들이 통합되어 제공되는 것도 볼 수 있게 될 것이다.

지금까지 여기서 읽은 간단한 이야기들과 또 앞으로 읽게 될 많은 이야기들은 관련된 주인공들이 전혀 다른 사고방식으로 움직이기 때문에 일어난 것이었다. 본질을 말하자면, 그들은 더욱 분명하고 좀더 포괄적인 관점을 제공하는 새로운 패러다임을 붙잡은 것이다.

다섯 가지 패러다임

지속적인 변화를 일으키는 데 필수적인 다섯 가지 중추적 패러다임이 있다. 우리는 앞으로 그것들 하나 하나를 살펴보게 될 것이다. 그 패러다임들은 다음과 같다.

1. 지상대명령의 핵심은 단순히 사람들이 아니라 나라들을 제자삼는 것이다.

2. 일터(그 나라의 중심부)는 이미 예수님에 의해 구속받았으며, 이제 그의 제자들에 의해 되찾아져야 한다.

3. 노동은 이 땅에서 가장 으뜸가는 예배의 표현이며, 모든 신자는 사역자이다.

4. 우리의 일차적인 부르심은 교회를 세우는 것이 아니라 예수님께서 그분의 교회를 세우시도록 아직까지 어둠의 왕국이 도사리고 있는 곳으로 하나님의 나라를 가져가는 것이다.

5. 변화가 일어났음을 보여 주는 최고의 사회적 지표는 '**구조적인**'(*systemic*)

가난이 제거되는 것이다.

이 패러다임들은 과격해 보일 수 있다. 뿐만 아니라 매주 강단에서 들을 수 있는 내용이 아닐 수도 있다. 하지만 이것들은 철저하게 성경적인

> 오로지 개개인을 제자화하는 데만 전념함으로써 우리는 좀더 높은 목표, 즉 열방에 변화를 일으켜야 하는 목표를 놓쳐버렸다.

것이며 하나님의 관점을 선명하게 반영하고 있다. 그렇지만 우리가 이 패러다임들을 분명하게 볼 수 있으려면 올바른 렌즈를 끼어야만 한다. 왜냐하면 하나님의 명령을 처리할 때 우리가 대체로 근시안적인 경향을 띠기 때문이다. 즉 하나님께서 우리를 위해 예비하시고 우리를 통해 성취하기 원하시는 모든 것의 온전한 범위를 붙잡지 못하고 우리는 흔히 가까운 현재에 존재하는 것에 초점을 맞추는 경향이 있기 때문이다.

이것의 분명한 한 가지 실례가 사도행전 1장 4-8절에 나오는데, 거기서 예수님은 자신을 하늘로 데려갈 흰 구름을 기다리시면서 제자들에게 마지막 가르침을 베풀고 계신다. 그분은 제자들에게 성령으로 세례를 받을 때까지 예루살렘에 머물라고 말씀하신다. 그것은 그들이 온 세상의 나라들을 제자삼는 데 필요한 능력을 받기 위해 예루살렘에 머물러 있어야 한다는 뜻이었다. 틀림없이 예수님은 렌즈에서 원거리를 볼 수 있게 해주는 부위를 통해 바라보고 계시는 것이다.

제자들은 그 정보를 어떻게 처리했는가? 십중팔구 **'근시안적으로'** 처리했던 것 같다. 그것은 "주께서 이스라엘 나라를 회복하심이 이 때니이까"라는 그들의 질문에 드러나 있다. 결국 제자들은 이렇게 묻고

있었던 것이다. "성령이 임하시면, 우리나라 앞에서 주님의 혐의가 풀리고, 그 결과 열방이 우리에게 오면서 예루살렘이 세계의 중심이 되겠습니까?"

예수님께서 복음서에서 그들에게 나라를 약속하신 바 있었기 때문에, 그들이 약속된 성령의 충만함을 그런 나라로 접근해 들어가는 출발점으로 본 것도 무리는 아니다. 하지만 예수님의 초점은 달랐다. 그분은 그들에게 열방이 오기를 기다리지 말고 '**열방으로 가라**'고 말씀하셨다. 구체적으로 그분은 그들에게 도시(예루살렘)를 제자삼음으로 시작해 한 지역(유대)으로 나아가며, 일단 그들이 지역 제자화라는 주제에서 경험이 쌓이고 나면, 한 걸음 더 나아가 첫 번째 나라(사마리아)를 정복하고, 그런 다음에는 '**땅 끝-모든 나라들-에 이르기까지 멈추지 말라**'(행 1:8을 보라)고 지시하셨다. 얼마나 대조적인가! 결국 예수님은 당신이 주인공이 아니라 '**하나님이 주인공**'이시며 하나님의 핵심은 열방이라고 말씀하고 계셨던 것이다!

하나님께서 하나님 나라를 이스라엘에 회복시키려 하신다는 것은 명백하다. 분명 하나님은 사람들에게 성령을 부어 주시고 그들에게 초자연적인 능력을 주셔서 개인적인 문제들을 극복할 수 있게 하신다. 문제는 제자들이 좀더 큰 그림은 보지 못하고 가까운 차원에 초점을 맞췄다는 것이다. 성경이 이해되고, 그 원리들이 시대에 부합되며, 약속된 결과들이 실현되기 위해서는, 일련의 패러다임의 전환이 반드시 일어나야 한다. 즉 그리스도 구속의 역사로 능력을 부여받아 '**열방을 제자삼게**' 해주고, '**일터를 온전히 되찾게**' 해주며, '**우리의 직업으로 하나님을 예배하게**' 해주는 그런 패러다임으로 전환되어야 하는 것이다. 그럴 때 우리는 '**악이 여전히 도사리고 있는 곳으로 하나님의 나라를 가져감으로써**' 열방에 영광과 존귀를 회복시킬 수 있게 될 것이다.

주중의 교회

많은 사람들에게 있어서, 패러다임의 전환은 '**월요일에 하나님은 어디 계시는가?**' 라는 아주 실제적인 질문으로 시작되었다. 혹은 같은 원리로, 주일을 제외한 나머지 일주일간 하나님은 어디 계시는가? 사실, 점점 더 많은 사람들이 발견해 가고 있는 것처럼, 하나님은 '**항상**' 인간의 일들에 열정적인 관심을 갖고 계시며 전적으로 헌신되어 계신다. 따라서 그분은 먼저 우리의 직접적인 영향권에, 그리고 마지막에는 우리의 도시들과 심지어 나라에까지 기꺼이 자신의 임재와 능력을 나타내고자 하신다.

그런 일이 어떻게 일어날 수 있는지 몇 가지 실례들을 살펴보도록 하자.

부지사가 예수님을 환영해 낙원으로 만들다

하와이는 미국에서 가장 매혹적이고 쾌적한 주(州) 가운데 하나다. 그런 하와이에 부정적인 '최초(일등)' 꼬리표가 많이 붙었다. 최초의 낙태 시술소가 1970년대에 호놀룰루에서 문을 열었다. 최초의 동성연애 결혼 발의안이 그곳에서 제출되었다. 적어도 자살지원법안을 승인하는 두 번째 주가 되도록 하기 위해 하와이에서 강력한 자유주의적 로비가 진행되고 있다(오리건이 첫 번째 주라는 불명예를 안고 있다).

　미합중국에서 가장 자유분방한 주(州)를 이야기할 때 사람들은 대부분 매사추세츠를 거명한다. 하지만 사회적으로 말하자면, 하와이가 훨씬 더 자유분방하다. 1950년대에 주(州)로 승격된 이래, 하와이는 강력한 연맹의 원조를 받아 계속해서 좌파적인 정부에 의해 운영되어 왔는데, 그것은 2002년 선거로 뒤집힐 때까지 끊어지지 않은 줄이었다.

　2004년 12월 8일, 부지사인 제임스 '듀크' 아이오나(James 'Duke' Aiona)가 6,000명의 신자들을 이끌고 단체적인 기원행사를 진행했을 때 상황은 바뀌기 시작했다. 그 행사에서 그들은 공개적으로, 그리고 공식적으로 예수님께 하와이에 오셔서 하와이를 하나님의 주(州)로 만들어 주시도록 초청했다. 이 엄숙한 행위는 하와이 섬들 위로 펼쳐진 기도의 덮개와, 주 전역에 있는 77개의 학교 캠퍼스에서 진행된 기도행진의 절정이었다.

　그때 일어난 일은 역대하 7장 14절에 나와 있는 내용과 같았다.

　"내 이름으로 일컫는 내 백성이 그 악한 길에서 떠나 스스로 겸비하고 기도하여 내 얼굴을 구하면 내가 하늘에서 듣고 그 죄를 사하고 그 땅을 고칠지라."

　하와이에서 열린 그 기도행사는 열방을 제자삼아야 할 필요성과, 하나님 나라를 위해 일터를 회복할 권리에 대한 새로운 이해를 반영하는 것이었다.

　교회와 국가의 분리와 관련해 미국헌법을 놓고 신랄한 논쟁이 진행되었다는 것을 잘 알고 있는 사람이라면 누구나 그렇게 노골적이고 공개적인 종교행사에 참여하는 것(하와이 부지사의 경우에는 그런 행사를 이끄는 것)

이 정치적인 자살행위나 다를 바 없다는 것을 안다. 그렇지만 그 행사의 핵심은 제도적인 '**교회**'와 국가가 아니라 '**하나님**'과 주(州) 내부의 문제들이었다. 그렇기 때문에 주(州) 전체에서 진행된 기도행사 직후에 일어나기 시작한 극적이고 특별한 변화들은 많은 불신자들을 신자로 만들었으며, 심지어 세속적인 미디어까지도 호의적인 보도를 하기에 이르게 되었다.

기도의 덮개를 세운 후에, 학교 캠퍼스에서의 범죄와 징계 회부건이 극적으로 감소되었다. 어떤 학교들에서는 학점 평점평균과 졸업률이 기록적인 수준으로 높아졌다. 다른 학교에서는 10대 임신율이 눈에 띄게 떨어졌다. 무엇보다도, 많은 학교에서, 학생들의 공범으로 인해 처벌받지 않고 활동하곤 했던 캠퍼스 마약판매상들이 그 정체가 폭로되어 체포되었다.

이 모든 것들은 악이 구조적으로 구축되어 있던 영역들을 하나님의 나라가 점령하고 있다는 분명한 확증이었다. 교회들이 학교들을 '입양'(adopted)한 다음, 절실히 필요한 장비를 구입하거나 보수공사에 필요한 돈을 지불하기 위해 헌금을 드렸다. 믿는 사람들이 운동코치나 영적 조언자 및 캠퍼스 상담가로 자원했으며, 육상경기대회와 스포츠 경기 및 심지어 교수회의에서까지 기도가 일상적인 일이 되었다.

일단 기도가 캠퍼스에서 '일상적인' 활동이 되자, 학생들은 정기적으로 작은 원을 그리고 손을 잡고 모여서 교장과 선생님들 및 동료 학생들을 위해 공개적으로 기도하는 모습을 보여 주었다. 그 후 얼마 지나지 않아서, 그런 기도들에 대한 기적적인 응답의 보고들로 인해 학교 운동장에 임하시는 하나님의 임재에 대한 관심이 더욱 증폭되었을 뿐만 아니라 많은 학생들과 '**직원들**'이 예수님과 만나는 체험을 통해 완전히 삶이 변화되었다.

2005년 1월, 기도행사의 배경 속에서 하나님 나라의 사고방식을 가진 134명의 사람들이 하와이 주(州) 전역으로부터 와서 간증들을 듣고 나누며 미래를 향한 소망과 꿈들을 나눴다. 그것은 2005년 2월, 변화에 굶주린 그리스도인들 900명의 자발적인 모임으로 이어지게 되었고, 그것은 다시 5월에 2,500명의 신자들이 모인, '사업을 위한 기름부음'(Anointed for Business) 세미나로 이어졌다.

그 세미나의 마지막 시간에는 200명의 목사들이 2,300명의 교회 멤버들을 일터 사역자로 위임하는 감동적인 의식을 진행했는데, 그 의식은 새롭게 위임받은 사람들이 자신의 직업을 사역으로 전환하는 무대가 되었다.

그 다음 주에는 수십 개의 변화 그룹들이 병원과 목장, 해안지구, 가게, 은행, 자동차 판매대리점, 변호사 사무실, 학교, 그리고 호텔에서 (대부분은 점심시간을 이용해서) 출범했다. 부지사가 2004년 12월에 기도했던 것처럼, 하와이를 하나님의 하와이로 만들기 위한 기도가 모든 일터에서 드려지기 시작했다.

민주당원들과 공화당원들이 의원회관에서 함께 기도하다

그 결과 음부의 권세가 예수님의 백성들을 이길 수 없다는 것이 곧바로 입증되어 나타났다. 공화당원인 부지사와 민주당원인 지도급 주(州) 상원의원이 그들이 속한 각각의 정당을 대신해 공개적으로 용서를 구했을 때, 공화당원들과 민주당원들 간의 해묵은 적대감이 직접적인 강타를 얻어맞았다. 그 뒤를 이어, 정치계에서 영성이 입법자들과 정부 관리들 사이에서 널리 퍼지게 되었다. 적어도 50명의 사람들이 주(州) 건물에 새롭게 정착된 기도모임에 참여하게 되었다. 정치적인 분위기가 너무나 깜짝 놀랄 정도로 개선되어서 양당 모두 2006년 입법회기를 '역대최고'로 평가했고, **의원회관 내에서** 찬송가 "나같은 죄인 살리신"(Amazing Grace)을 부르면서 회기를 마무리했다!

치열한 접전을 벌인 선거가 끝난 직후에, 도시 차원에서, 호놀룰루의 시장(몰몬교도이며 민주당원인)은 그 도시를 향한 하나님의 은총을 구하고자 집무실에서 기도집회를 열면서 임기를 시작했으며, 후에는 그의 집무실에서 여러 목사들과 함께 하나님의 인도하심과 은총을 구하는 기도모임을 정기적으로 진행했다. 일 년 후에, 시장의 '연례 기도모임'으로 모인 자리에서, 그는 중보와 하나님의 은총이 지난 12개월간 그 시(市)에 괄목할 만한 도약이 일어나게 된 이유였다는 감동적인 간증을 나눴다. 그 기도모임에서, 지극히 다양한 사회적 조류와 정치적 조류를 대표하는 정부와 지역사회 지도자들은 도시와 주(州)에 하나님의 축복이 임하기를 구하면서 서로 손을 맞잡았다.

획기적인 도약이 사업계에서도 나타나기 시작했다. 유수의 자동차 판매대리점 경영에 종업원들과 고객들을 위한 기도가 도입되었다. 그것이 너무나 **'보편적인'** 일이 되었기 때문에, 사람들이 전화를 걸어 "차는 필요 없는데 기도가 필요해요. 찾아가도 될까요?"라고 묻곤 했다. 새로 문을 연 은행은 처음부터 수익의 일부를 자선단체에 기부하기로 결정했다. 범죄율이 감소되었고 살인율도 절반으로 떨어졌다.

호전되고 있는 경제는 이제 주(州) 역사상 최상의 상태가 되었다. 그리고 하와이는 현재 미국 내에서 가장 낮은 실업률을 보이고 있다. 평균수입이 한 해에 5만 3,554달러에서 5만 8,112달러로 상승한 반면, 빈곤율은 10.6퍼센트에서 9.8퍼센트로 떨어졌다. 뿐만 아니라 2007년 4월 20일에, 지역신문들은 주 헌법이 요구하는 대로 지난 2년간의 재정흑자를 납세자들에게 되돌려주고자 민주당과 공화당 입법자들 간에 오고 간 우호적인 대화를 보도했다.

하와이 전역에서, 크리스천 젊은이들이 전례없이 많은 수의 친구들을 주님께 인도하고 있고, 자발적인 예배들이 학교 캠퍼스에서 열리고 있으며, 목사들은 영적인 조언자가 되어 달라는 부탁을 받고 있다. 이제 호놀룰루의 선착장에서는 억센 하역 인부들이 문신이 가득 새겨진 팔을 들고 기도하는 모습을 보는 것이 '일상적인' 일이 되었다. 그리고 점점 더 많은 중역회의실에서는, 최고경영자들과 상급관리자들이 하나님의 인도하심을 회사의 정규 업무과정으로 간주하며 추구하고 있다.

그 주(州)에서 역사적으로 가장 가난하고 가장 희망 없는 지역 중 하나인 나나쿨리(Nanakuli) 소읍에서는, 신자들이 그 도시의 구석구석까지 기도행진을 하면서 예수님께서 그곳에, 특별히 학교 캠퍼스에 임하시도록 초청했다. 그 바로 직후에, 미국프로풋볼협회(National Football League)가 그 지역에 여러 개의 청소년센터를 짓도록 100만 달러를 기부했는데, 그 센터들은 예수님께서 임하시도록 초청을 받은 바로 그 학교들과 협력해 운영될 것이다.

거의 동시에, 근처에 있는 한 감옥의 새로 임명된 소장이 '예수님의 감옥'을 만들고자 예수님을 초청하면서 그 감옥이 급격한 변화를 경험하기 시작했다. 6개월도 못 되어, 재소자들의 절반이 신자가 되었고, 세례를 받았으며, 변화를 경험했다. 그리고 지금은 나머지 수감기간 동안 기독교 교도소를 건립하는 데 능동적으로 참여하고 있다.

> 우리가 한 번도 본 적이 없는 것을 보기 위해서는 한 번도 해본 적이 없는 일을 해야 한다. 그렇지 않으면 계속해서 늘상 보는 것만을 보게 될 것이다.

마우이(Maui) 섬에서는, 사업가인 마일즈 카와카미(Myles Kawakami)가 자기 회사의 통제권을 하나님께 넘겨드렸다. 그 사업이 번창하기 시작해 마일즈는 가난한 사람들을 축복하고 사회사업을 위해 하나님께 속한 51퍼센트의 수익에서 신실하게 수표를 작성하고 있다. 그러면서 그는 계속해서 자신의 수입이 증가하는 것을 목도하고 있다. 마일즈와 그의 아내 조이스(Joyce)는 상당히 많은 프로젝트에 자금을 제공하는 일 외에도, 수천 명의 가난한 사람들을 부양하고 있다. "매달 51퍼센트를 나누지 않는다면 어리석은 일일 것입니다. 왜냐하면 제가 취하고 있는 49퍼센트가 하나님의 특별한 축복으로 인해 과거에 취했던 100퍼센트보다 더 많기 때문이죠."

타히티: 대통령이 세례를 받다

획기적인 변화가 하와이를 넘어선 곳에까지 미치게 되었다. 논쟁의 여지는 있으나 주(州) 내 일류 건축회사라고 할 수 있는 그룹 70(Group 70)의 회장이자 최고경영자인 프랜시스 오더(Francis Oda)는 타히티(Tahiti)에서 그 섬의 수도인 파페에테(Papeete)와 해안지구의 재개발을 위한 건축경쟁에 참여하고 있었다.

프랜시스는 호놀룰루에서 건축가와 담임목사라는 이중직무 시민권을 보유하고 있다. 그 둘의 결합으로 인해, 그는 자신의 목사직이 주일에만 국한되지 않는다는 것을 알고 있다.

바로 그런 이유 때문에, 그는 그 여행의 공식적인 이유가 건축 임무이긴 했지만 자신을 하나님의 나라가 타히티에 나타나도록 하는 통로로 보았다. 프랜시스는 자신이 열방을 제자삼고 일터를 되찾도록 부르심을 받았다는 것과, 자신의 임무가 악이 여전히 강하게 자리잡고 있는 곳에 하나님의 나라를 끌어내리는 매개체가 되는 것임을 이해하고 있었다.

공식적인 모임 중에, 타히티의 대통령은 자신이 얼마 전에 중단한 공사 부지에 무엇을 세워야 할지 프랜시스의 견해를 물었다. 프랜시스는 그 주제를 최대한 잘 파악하기 위해 구체적인 질문들을 던졌고, 정보를 충분히 숙고한 후에 박물관 건축을 제안했다. 대통령은 다른 위치를 고려해 보는 것이 더 나을 것이라고 언급한 다음, 계속해서 그에게 그 이유를 제시했다.

대통령의 논지를 인정하면서 프랜시스가 말했다. "만약 그곳에 박물관을 세우신다면 공사는 성공적으로 끝날 수 있을 것입니다. 하지만 그 건물을 해안지대에 세우신다면 세계적으로 유명해질 것입니다." 그의 말이 떨어지자마자 무덤 같은 침묵이 그 모임을 엄습했다. 대통령은 갑작스럽게 주제를 바꾸었으며, 프랜시스는 타히티인들이 결코 어기지 않는 문화적인 관습이 있음을 알아차리게 되었다. 즉 대통령의 견해에, 특별히 대중 앞에서는 반박하지 않는 것이다.

그렇지만 그 후로 얼마 지나지 않아 대통령이 눈을 반짝거리며 돌아와 그에게 말했다. "선생의 아이디어가 맘에 듭니다만 그것이 내 아이디어였다고 말해도 괜찮겠소? 그리고 이틀 후에 프레젠테이션을 하실 수 있겠소?" 프랜시스는 안도의 한숨을 내쉬었으며, 그렇게 빡빡한 일정으로 시간을 낼 수 있을지 의문이었지만 어쨌든 프레젠테이션을 하기로 동의했다.

그 다음날 아침, 그가 '기도 수영'(prayer swimming)-그의 고객이 된 나라를 위해 중보하는 것-을 하고 있는 동안, 주님께서는 프랑스적인 폴리네시아의 역사를 설명해 주시면서 건물에 대한 아주 멋진 새 디자인을 그에게 다운로드해 주기 시작하셨다. 프랜시스가 수영 팬츠를 입고 있었고 사용할 수 있는 필기구도 없었기 때문에 그것은 대단히 힘든 일이었다.

하지만 옛적의 선지자들처럼 그는 모래 위에 메모하기 시작했다. 그러는 동안 함께 수영하고 있던 그의 조수가(성경에 나오는 서기관들과는 달리) 디지털 카메라를 가지러 호텔로 달려갔다. 하나님의 계시가 물결에 휩쓸려 지워지기 전에 사진으로 찍어 두기 위함이었다!

그 다음 이틀 동안, 프랜시스와 그의 동료는 문서를 시간 안에 준비하기 위해 열심히 그리기 작업에 몰두했다. 설상가상으로, 대통령과 초대받은 귀빈들 앞에서 그가 할 작업을 프레젠테이션하기로 되어 있는 저녁식사 단 몇 시간 전에, 선착장과 해변, 그리고 도심지역의 고속도로 등에 영향을 미치는 공학적인 난제를 어떻게 해결할 것인지에 관해 그의 견해를 묻는 대통령 비서의 전화를 받았다. "이 주제에 대해서도 해결책을 제시하실 수 있다면 대통령께서 매우 고마워하실 것입니다." 그 조수는 아주 당연하다는 말투로 힘주어 말했다.

두 가지 요구 모두 인간적으로는 도저히 불가능한 난제였다. 그러나 일터 사역자는 하나님의 대리인으로 임명받은 것이기에, 프랜시스에게는 창조주와의 직통전화가 준비되어 있었고, 그는 그것을 적절히 사용했다.

그가 기도하고 난 후에, 하나님께서는 그 난제를 해결하는 방법에 관한 아주 기발한 통찰력을 주셨을 뿐만 아니라 **'필요한 모든 밑그림을 작성할 수 있는 시간과 에너지까지 그에게 주셨다!'**

두 가지 프로젝트를 위해 제시된 아이디어가 너무나 특별하고 너무나 놀라운 것이었기 때문에, 대통령은 의기양양해졌으며, 프랜시스에게 어떻게 그렇게 짧은 시간에 그렇게 기발한 착상을 떠올렸는지 다시 한 번 물었다.

아주 솔직하게, 프랜시스는 "하나님이 하셨습니다"라고 말했다. 그것은 분명 놀라운 소리처럼 들렸고 또 그 발언으로 처음에는 대통령이 실제로 놀라기도 했지만 정확히 맞는 말이었다. 왜냐하면 13명의 프랑스 기술자들이 두 번째 프로젝트를 위해 6개월 동안이나 연구해 오고 있었지만 프랜시스가 설계한 것에 조금이라도 근접할 만한 어떤 것도 도출해 낼 수 없었기 때문이었다.

대화가 점점 깊어졌고, 마침내 타히티 대통령과 영부인, 프랜시스와 공동으로 작업하는 타히티 건축가 테이바 라핀(Teiva Raffin), 테이바의 동업자들, 그리고 테이바의 이란계 아내 등이 주님을 영접했다. 프랜시스가 그들에게 세례를 주었으며, 프랜시스의 안수를 받은 후에 그들은 성령의 충만을 받았다. 그 후 얼마 지나지 않아, 대통령은 이제 동료 신자가 된 테이바 라핀에게 공식적인 모임에서 타히티를 위해 기도하라고 부탁했다. 확실한 변화였다!

성경의 이야기들은 현 시대를 위한 것

이와 같은 이야기들은 그런 중추적인 패러다임들이 어린 아이 같은 믿음으로 붙잡을 때 성경에 기록된 것과 동일한 결과들을 얻게 된다는 것을 강력하게 증언한다. 물론 한 번 붙잡은 것으로 끝나는 것이 아니라 성령의 인도하심을 따라 끈질기게 주님을 의존할 때 그런 열매가 맺혀질 것이다.

그렇다. 성경은 인간사에 개입하시는 하나님의 역사에 대한 믿을 만한 기록이며, 위의 이야기들은 하나님께서 여러 나라들의 변화에 아주 깊이 관여하고 계신다는 증거이다. 성경의 이야기들은 단순히 옛 시대의 기념비로만 존재하는 것이 아니라 현 시대에도 그와 비슷한 일들을 행하는 데 필요한 발판 역할을 하는 것이다. 이제 더 이상 성경을 과거의 메아리로 볼 것이 아니라 성경을 주신 하나님의 의도대로 보아야 할 때이다. 하나님은 성경을 우리의 미래에 필요한 길잡이로 주셨다!

우리가 한 번도 본 적이 없는 것을 보기 위해서는 한 번도 해본 적이 없는 일을 해야 한다. 그렇지 않으면 계속해서 늘상 보는 것만을 보게 될 것이다. 이 다섯 가지 패러다임을 붙잡는 것이야말로 길고 영광스런 여정의 첫 단계이다.

4장
고도(高度)와 태도(態度)
Altitude and Attitude

패러다임 1:

지상대명령의 핵심은

단순히 사람들이 아니라 나라들을 제자삼는 것이다.

TRANSFORMATION

세 명의 벽돌공이 나란히 대낮의 땡볕 아래에서 벽돌과 회반죽 먼지를 온통 뒤집어쓴 채 부지런히 일했다. 등은 쑤시고 옷은 땀으로 흠뻑 젖어 있었다. 딱딱하게 굳은 손으로, 그들은 거대한 공사처럼 보이는 건물 위에 벽돌을 하나 하나 끈질기게 쌓아 올렸다.

호기심이 발동한 어떤 행인이 첫 번째 벽돌공에게 무슨 일을 하고 있는지 물었다. 화가 잔뜩 난 어조로, 그가 대답했다. "벽돌을 붙이고 있잖아요. 눈이 멀었소?" 호기심이 한층 더해진 행인은 두 번째 벽돌공에게 똑같은 질문을 던졌다. 두 번째 벽돌공의 대답은 약간 더 발전된 질문을 이끌어냈다. "벽을 쌓고 있지요"라고 그는 대답했다. 아직 만족하지 못한 그 행인은 세 번째 벽돌공에게 다가가 동일한 질문을 던졌다. 세 번째 벽돌공은 하던 일을 멈추고 이마를 쓱 문지르더니 아직 존재하지 않는 뭔가를 포착해 내고자 위를 올려다본 후에 눈을 반짝거리며 대답했다. "'**대성당**'을 건축하고 있지요!"

세 사람 모두 똑같이 고된 일을 하고 있긴 했지만, 한 사람만이 실제로 그 일을 즐기고 있었다. 왜냐하면 그의 눈은 당장에 해야 할 일이 아닌 최종적 디자인을 바라보고 있었기 때문이다. 세 사람 중 누가 아침마다 일하러 가고 싶은 의욕을 가지고 깨어났을지 추측하는 것은 쉬운 일이다. 틀림없이 상상력의 눈으로 벽돌 하나 하나를 '**아직**' 육신의 눈으로는 볼 수 없는 대성당의 일부로 바라본 사람이었을 것이다. 사실 그는 큰 비전을 가지고 있었기 때문에 평범하고 불완전한 것을 뛰어넘어 완성된 건축물의 화려한 영광을 볼 수 있었다. 그것이 바로 자칫 지루해 보일 수 있는 일에 대한 태도를 바꿀 수 있었던 이유이다. 그의 태도(態度, attitude)가 그의 고도(高度, altitude)를 결정한 것이다!

태도가 늘 우리의 고도를 결정하곤 한다. 그러나 높이 올라가기 위해서는 하나님에 의해 우리에게 얼마나 많은 것들이 위임되었는지를 마음속 깊이 알아야만 한다. 그것을 알게 될 때, 우리는 날마다 우리의 관심을 끌기 위해 시끄럽게 외쳐 대는 일상적인 업무를 초월해 볼 수 있는 눈을 갖게 될 것이다. 그때, 세 번째 벽돌공처럼, 우리 손에 들린 모든 벽돌은 단순한 벽돌을 뛰어넘어 웅장한 대성당의 필수적인 구성품이 될 것이다.

사람들만이 아니라 나라들까지

부활하신 직후에, 예수님은 천국으로 돌아가실 때가 임박한 줄 아시고 제자들에게 마지막 가르침을 주시기 위해 그들을 갈릴리에 있는 한 산으로 부르셨다. 그 중대한 순간에, 그분은 하늘에 관해서가 아니라 땅에 관해서, 구체적으로 말하자면 나라(민족)들—단순히 한 나라가 아니라 **'모든 나라들'**—에 관해서 말씀하시기로 작정하셨다. 그분의 고별설교의 핵심은 지상대명령(마 28:18-20을 보라)으로 알려져 있으며, 다음과 같이 말씀하셨다.

예수께서 나아와 일러 가라사대 하늘과 땅의 모든 권세를 내게 주셨으니 그러므로 너희는 가서 모든 족속으로 제자를 삼아 아버지와 아들과 성령의 이름으로 세례를 주고 내가 너희에게 분부한 모든 것을 가르쳐 지키게 하라 볼지어다 내가 세상 끝날까지 너희와 항상 함께 있으리라 하시니라

현대의 종교적 교훈과는 반대로, 지상대명령의 **'궁극적인'** 목표는 단순히 사람들을 제자삼는 것이 아니라 **'나라들'**(*nations*, 민족들)을 제자 삼아 가르치고 세례를 주는 것이다. 한 나라의 특징을 이루는 것은 그 나라 고유한 사람들과 문화, 그리고 정부이며, 어떤 경우에는 고유한 언어가 한 나라의 특징이 되기도 한다. 뿐만 아니라 자연적인 경계 역시 한 나라의 뚜렷한 특징을 이룬다. 예수님은 땅에서 모든 권세가 그분께 부여되었기 때문에 **'그분의 대리인들이 지구에 거주하는 열방을 제자삼는 데 그 권세를 사용해야 한다'**고 제자들에게 설명하셨다.

마치 그 임무가 그리 힘들지 않은 것인양, 예수님은 한 번도 이스라엘 밖에서 살아 본 적이 없는 제자들에게 그 임무를 위임하셨다. 그 그룹은 세계관에 있어서 너무나 배타적일 정도로 유대적이어서 다른 나라들에 대한 사랑은 고사하고 인정조차 하지 않는 부류였기 때문에 그들이 세계적인 복음의 대사로 성공한다는 것은 거의 불가능해 보였다. 게다가 그들 가운데 종교 지도자인 사람은 아무도 없었다. 몇몇은 사업가였고, 어떤 이들은 정부 관리였으며, 요한은 당시에 10대에 불과했다. 심지어 그 사회에서 비천한 신분을 가진 여인들도 있었다.

첫 번째와 두 번째 벽돌공들과 거의 비슷하게, 그 사람들은 그들의 에너지를 대부분 소진시키는 일상적인 일에 관해서는 자랑할 만한 내

용을 별로 발견하지 못했다. 그럼에도 불구하고 예수님은 그들의 일상적인 일에 의미를 제공하는 청사진을 그들에게 주심으로써 자신 있게 그들에게 그 임무를 부여하셨다. 그것은 '**너희가 나라들을 제자삼으라!**'는 것이었다.

    제자들 중 어떤 이들은 지상에서 예수님과 함께 행하며 놀라운 기적을 보았음에도 불구하고 여전히 자신의 능력에 관해 심각한 의심을 가지고 있었다. 그것은 결코 간과할 수 없는 사실이었다. 하지만 예수님은 지상대명령을 주시는 과정에서 "모든 권세를 내게 주셨으니… 볼지어다 내가 세상 끝날까지 너희와 항상 함께 있으리라"는 말씀으로 그들의 기운을 북돋우심으로써 그런 의심을 직접적으로 해결해 주셨다.

    예수님은 그들에게 그분을 통해 그 '대성당'이 건축할 만한 일이라고 말씀하고 계셨던 것이다. 그리고 '**그것이 가능하다**'는 것을 입증하기 위해, 주님은 고의적으로 가장 성공할 것 같지 않은 사람들을 선택하신 것처럼 보인다.

네 단계로 진행되는 과정

하늘로 돌아가시기 직전에, 예수님은 지상대명령을 연속적인 단계들(행 1:8을 보라)로 분류하시면서 제자들에게 단순한 단계부터 시작해서 복잡한 단계로 나아가라고 가르치셨다. 그분은 그들에게 단지 한 도시(예루살렘)를 출발점으로 삼아 '작게' 시작할 것이며, 거기서 성공을 거두면 한 지역(유대)을 향해 나아가라고 말씀하셨다. 그런 다음 그들은 거기서 한 단계 더 나아가 맨 처음 대면하게 되는 나라(사마리아)를 제자삼아야만 했다. 그렇게 한 후에, 그들은 땅 끝에 도달할 때까지 한 나라 한 나라를 정복하며 계속 나아가야만 했다. 초보자들에게는 대단히 인상적인 출발명령이다.

그 명령이 어떻게 진행되어 갔는가? 첫 번째 지표는 사도행전 5장 28절에서 발견되는데, 거기에는 반대파들이 이의를 제기하고(이것만으로도 진보가 일어나고 있다는 일반적인 표징이다!) 그들을 공공연히 비난하면서 "너희가 너희 교를 예루살렘에 가득하게 하니"라고 말했다는 내용이 기록되어 있다. 그 진술은 단 몇 주 만에 그들이 첫 번째 이정표에 도달했다는 것을 암시한다.

한 도시로서 예루살렘이 예수의 제자들에게 너무나 강한 영향을 받은 나머지, 그 도시의 거리들은 하나님의 능력이 막힘 없이 흐르는 회랑(回廊)이 되었다. 사람들은 들것에 실린 채로 사역을 받기 위해 거리에 줄을 섰으며, 많은 무리들이 제자들 안에서 나타나는 예수의 능력을 경험하고자 솔로몬 행각에 모여들었다. 하나님의 임재가 너무나 강력하게 나타난 나머지, 베드로의 그림자만으로도 기적이 일어나기에 충분했다. 한 걸음 더 나아가, 인접한 도시들에서도 병자들이 와서 일단 치유를 받고 난 후에, 그들은 한 도시가 하나님의 변화시키는 능력으로 온전히 채워질 수 있다는 기쁜 소식을 가지고 고향으로 돌아갔다.

결과적으로 우리는 사도행전의 후반부 기록에서 복음을 여러 도시들과 여러 지역들로 옮겨 가는 끝없는 팽창의 파도를 보게 된다. 그리고 마침내 사도행전 19장 10절에서는 아시아에 사는 **'모든 이들'**이 주의 말씀을 들었다는 기록을 접하게 된다. 10개 이상의 나라를 포함해

100만 명이나 되는 사람들이 로마의 속주인 아시아에 거주했던 것으로 추산된다. 그 신성한 기록은 그들 '모두'(all)가 주의 말씀을 들었음을 증명하고 있다. 열방을 제자삼는 것과 관련해 커다란 이정표가 아닐 수 없다. 또한 우리가 그 획기적인 사건의 규모와 완전함을 간과하지 않도록 하기 위해, 그 본문은 **'유대인과 이방인 모두가'** 하나님의 말씀을 들었다고 진술하고 있다. 그것은 그 운동이 회당 너머에까지 영향을 미쳤음을 보여 주는 분명한 표징이다.

분명히, 주의 말씀을 들었다는 것은 단순히 전도지 배포나 5분 복음 메시지 방송, 혹은 주간 40분 설교와 같은 엉성한 복음제시 방편을 가지고 사람들에게 다가갔음을 의미하는 것이 아니라 예수께서 제자들에게 가르치신 것을 사람들이 24시간/7일 계속해서 생생하게 목격하고 경험했다는 것을 가리키는 것이다.

열방 제자삼기의 영향

우리가 사도행전 19장에 기록된 내용을 일회적인 사건으로 추정하지 않도록 하기 위해, 로마서 15장 19절에서 바울은 "예루살렘으로부터 두루 행하여 일루리곤까지" 복음을 편만하게 전했다고 진술한다. 그것은 그가 이탈리아에서 아드리아해를 가로질러 있는 그 지역들을 복음 전파로 흠뻑 적셔 놓았음을 의미한다. 바울은 "이제는 이 지방에〔제자 삼기 위해〕일할 곳이 없고"(23절)라고 말하면서 그의 시야를 스페인이라는 **'나라'**(nation)에 두었다. 당시에는 세계 지리에 대한 불완전한 이해가 널리 퍼져 있었음을 감안할 때, 바울은 어쩌면 스페인을 알려진 세계의 한계선으로, 즉 땅끝으로 인식했을지도 모른다!

> 초기 교회는 교회 개척이 아니라 열방을 제자삼으라는 사명에 의해 이끌린 바 되었다.

사도행전에서의 복음전파에 관한 누가의 기록과, 로마서 15장에서 지역 및 나라에 초점을 맞춘 바울의 용어는 부차적이지만 대단히 중요한 요점을 강조하고 있다. 즉 초기 교회는 교회 개척이 아니라 열방을 제자삼으라는 사명에 의해 이끌린 바 되었다는 것이다. 신약성경에는 교회를 어떻게 개척할 것인가에 관한 지침은 고사하고 교회를 개척하라고 가르치는 명령이 단 하나도 등장하지 않는다. 그것은 제자들이 교회를 개척하지 않았다는 의미가 아니다. 그들은 국제적으로, 그리고 능동적으로 교회를 개척했다. 하지만 신약에서 교회 개척은 도시들과 지역들과 나라들을 제자삼고 영향을 미친 결과로 생겨나는 **'부산물'**이다. 그 순서가 뒤바뀌면 안 된다. 오늘날 우리는 좋은 교회들을 개척하긴 하지만 '열방을 제자삼는 것'을 일차적인 목적으로 삼지 못하고 있다.

어쩌면 당신은 나같이 흥분 잘하는 성격의 아르헨티나인들이, 나라들을 제자삼아 가르치고 세례받게 할 수 있다는, 얼핏 불가능해 보이는 개념을 믿기가 더 쉽다고 생각하고 있을지 모른다. 하지만 단지 나는 우리가 독서용 안경으로 너무나 오랫동안 보아 왔던 바로 그 구절들을 원거리 렌즈를 통해 읽고 있을 뿐이다. 열방은 믿음의 아버지인 아브라함에게 약속되었다. 열방은 예수님의 구속사역의 궁극적인 목적이었다. 예수님은 열방이 그분의 나라로 들어올 것이라고 하셨다(계 15:4).

교회가 오순절에 탄생하던 낙하지점에 열방이 있었고 새 예루살렘이 하늘에서 내려올 때 온 땅 곳곳에서 온 구원받은 열방이 진주문을 통과하게 될 것이다. 열방-많은 나라들, 구원받은 나라들-은 하나님의 구속 열정의 축소판이다.

이것의 분명한 증거가 계시록 21장 24-27절에 나온다. 미식축구 경기에서의 2분 경고(경기종료 전의 짧은 시간)에 상응하는 성경말씀이라고도 할 수 있는 그 단락은 **'열방(만국)이 하나님께 영광과 존귀를 가져올 것'**이며, 그 열방의 통치자들이 끝이 없어 보이는 장엄한 행렬을 이끌고 도무지 닫히지 않는 진주문을 통과해 들어올 것이라고 말씀한다. 그리고 그 열방이 구원받은 나라들이라는 것을 조금도 의심할 수 없도록 하기 위해, 그 단락은 **'어린 양의 생명책에 그 이름이 기록된'** 자들만이 그 장엄한 행렬에 참여할 것이라고 말씀하고 있다.

이것은 나라들이 **'제자화'**될 수 있고 또 **'제자화'**될 것이라는 분명하고도 강력한, 그리고 감동적인 증거이다. '제자화'란 말의 의미는 그들이 가르침을 받아 **'예수님께서 가르치신 모든 것'**을 행하게 될 것이라는 뜻이다. 뿐만 아니라 그들이 **'하나님께 자신의 영광과 존귀'**를 가져올 것이라는 말씀은 그들이 적그리스도의 아가리에서 아슬아슬하게 빼내진 후에 누더기를 걸치고 있는 나라들이 아님을 보여 준다.

그들은 자신을 하나님께 제물로 드리기에 충분할 만큼 풍성한 영광과 존귀를 가지고 있는 나라들이다. 그들은 **'구원받은'** 나라들로서, 공개적인 감사행렬 가운데서 그들의 통치자들을 따르게 될 것이다. 요컨대, 그들은 하나님을 주님으로 모신 나라들이다!

처음에 사도들에게 주어졌던 임무는 취소되지 않았다. 그것은 당신과 나에게도 동일하게 주어졌다. **'열방을 제자삼는 것은 지구상에서 우리의 일차적인 과업이다.'** 이 개념이 너무나 엄청나고 감당하기 힘든 것이어서 우리는 그것을 **'개개인'**을 제자삼는 좀더 단순한 과업으로 격하시켜 버린다. 모든 열방은 고사하고 한 나라조차 제자삼는 법을 모르기 때문이다. 그 임무를 거부하거나 축소시키기보다는, 천천히, 그렇지만 꾸준히 그 임무를 향해 발을 내디디면서 이미 알고 있는 것들만 붙잡고 있는 것이 아니라 아직 모르는 것들의 영역으로 나아가도록 하자.

누군가를 제자삼는다는 것은 그 사람을 당신이 신봉하는 가르침의 추종자로 변화시키는 것을 의미한다. 한 나라의 경우에는 그 나라가 일련의 구체적인 가치들에 동화되어 거기에 부합되는 행동을 나타내도록 그 나라의 삶에 영향을 미치는 것을 의미한다. 열방은 항상 제자화되어 왔고 또 지금도 제자화되고 있다.

로마인들은 정복을 통해 **'팍스 로마나'**(Pax Romana, 로마 지배에 의한 평화-역자 주)를 강요함으로써 나라들을 '제자화'했다. 레닌과 그의 추종자들은 공산주의 철학을 가지고 수백만 명의 삶을 조직적으로 철저하게 개조함으로써 러시아와 소비에트 연방을 '제자화'했다. 마오쩌둥도 지구상에서 가장 큰 나라인 중국에서 그렇게 했다. 호전적인 무슬림들은 나라들을 점령해 그들을 아야톨라 호메이니(이란 이슬람 공화국 최고 지도자였던 인물-역자 주)식으로 제자화한다. 그리고 비록 '제자'라는 용어는 사용하지 않을지라도, 그들은 인구 전체를 마호메트(Mohammad)의 추종자-제자-로 만들고 있다.

문제는 한 나라가 제자화될 수 있느냐 하는 것이 아니다. 왜냐하면 그런 일은 항상 일어나고 있고 또 계속해서 일어날 것이기 때문이다. 문제는, 한 나라가 **'예수의 제자'**가 될 만큼 그렇게 강력한 영향을 받을 수 있느냐 하는 것이다. 그분의 가르침이 그 나라의 국민과 그 나라의 제도에 깊이 침투해 들어간 결과, 그 나라가 그리스도의 인격을 반사해 낼 수 있겠는가? 여기서 결정적인 요인은 예수님 자신이 아니라 그분의 추종자들이 열방을 그분의 제자로 만들기 위해 기꺼이 일하려고 할 것인가 하는 것이다.

그분의 가르침이 **'국가적인 차원에서'** 받아들여질 때까지 그들이 그 가르침을 한 나라로 가져가려고 할 것인가? 그들은 마땅히 그렇게 해야 한다. 왜냐하면 그리스도인들에게는 경쟁해서 이길 수 있는 이점이 있기 때문이다. 레닌이 러시아를 점령했을 때나 무슬림들이 이란을 점령했을 때, 그들의 선생인 마르크스(Marx)와 마호메트는 오래 전에 죽은 상태였다. 결정적인 요인은 그 제자들의 담대함과 결단과 헌신이었다.

바로 이런 이유 때문에 나는 우리 그리스도인들이 결정적인 역할을 해야 한다고 역설한다. 우리에게는 슬프게도 아직까지 충분히 활용한 적이 없는 **'삼중적인 이점'**이 있기 때문이다. 첫째로, 마오쩌둥과 마호메트와는 달리 예수님은 살아 계신다. 둘째로, 그분의 가르침은, 한 그룹을 다른 그룹보다 편애하거나 한 그룹의 소멸을 다른 그룹의 문제들에 대한 해결책으로 삼는 것이 아니라, 온 세상을 괴롭히는 문제들에 대해 모두가 승리할 수 있는 건강한 해결책을 제시한다. 셋째로, 세상은 이제 증오와 계급과 종교적 갈등이 이미 한계를 넘어서 **'아무런 도움도 되지 않고 있다'**는 사실 때문에 그분의 메시지를 간절히 원하고 있다!

이기기 위해 경기하라

교회는 이제 관객으로 남아 있을 것이 아니라 이길 수 있고 또 이길 것이라는 확신을 가지고 경기에 뛰어들어야 한다. 첫 단계는 우리가 열방을 제자삼도록 부름받았고, 또 **'능력을 부여받았으며'** 그렇게 하려고 **'시도한다면'** 성공할 것이라는 사실을 깨닫는 것이다. 처음에 그렇게 하려고 시도할 경우, 커다란 방해가 뒤따라올 수도 있겠지만, 어쨌든 작은 승리들을 경험할 수 있을 것이다. 하지만 올바른 방향-열방을 제자삼는 것-으로 향하고 있는 한, 우리는 결국 승리할 수밖에 없다.

다음에 언급되는 실례들은 일단 우리가 관중석에서 나와 경기장으로 들어선다면 틀림없이 모든 일들이 **'올바른 방향으로'** 움직여 갈 것이라는 사실을 보여 준다.

버뮤다: 수상이 하나님께 부르짖다

버뮤다 출신의 일터 크리스천인 조앤 시몬즈(Joan Simmons)는 아르헨티나에서 열린 우리 컨퍼런스에서 '국가 변화'의 비전을 붙잡았다. 궁극적인 목적이 버뮤다 제자화라는 것을 확신하게 되자, 그녀는 그 목적에 도달하는 열쇠가 그 나라 최고 공직자라는 것을 깨달았다. 고국으로 돌아오자마자 그녀는 수상인 윌리엄 스콧(William A. Scott) 경(卿)과 약속을 잡았다. 그녀는 그런 만남을 시도하는 것이 하나님의 뜻임을 온전히 확신했다. 왜냐하면 나라를 제자삼는 것이 처음부터 하나님의 아이디어였기 때문이다! 아니나 다를까, 그녀에게 그 만남이 허락되었다.

그녀는 수상에게 버뮤다의 해결되지 못한 문제들이 해결되도록 하기 위해 하나님께 부르짖어야 할 필요성과 그 '**이점**'을 설명했다. 그녀는 스콧 경에게서 아무런 이의도 듣지 못했는데, 그것은 수상이 모든 정치적인 해법을 가로막는 많은 난제들이 그들에게 던져져 있음을 충분히 인식하고 있었기 때문이다. 그는 국가적인 기도의 날(National Day of Prayer)을 지정하기 위한 결의안을 의회에 제출하는 데 동의했다(나는 일터 지도자들의 실용적인 태도를 아주 좋아한다. 전기 스위치처럼, 그들에게는 ON과 OFF라는 두 가지 입장밖에 없으며, ON 상태에 있을 때, 그들은 그냥 밀어붙인다!).

그 만남이 끝났음을 표시하기 위해 수상이 자리에서 일어났을 때, 조앤은 두 번째 질문을 해도 좋은지 물었다. 수상은 좋다고 하면서 다시 자리에 앉았다. 조앤은 국가적인 기도의 날을 소집하는 것도 중요하지만 더 중요한 것은 그가 예수님을 그의 마음속에 초청하는 것이라고 설명하기 시작했다. 그렇게 할 경우 그가 담당하고 있는 직무로 인해 버뮤다를 위해 중보하고자 하나님께 직접적으로 나아갈 수 있게 될 것이라고 설명했다. 수상은 승낙의 표시를 하면서 "어떻게 해야 되죠?"라고 물었다. 조앤은 그의 손을 잡으며 말했다. "저의 기도를 따라서 하시면 됩니다." 수상은 그렇게 했으며, 바로 그곳, 자신의 집무실에서 하나님의 나라 안으로 들어갔다.

그 결의안은 양쪽 당 모두의 지원을 받아 의회에서 승인되었으며, 2005년 10월 13일에, 아내 루스(Ruth)와 나는 그 다음날로 예정된 행사에 핵심강사로 서기 위해 버뮤다에 도착했다. 스콧 수상은 공항에서 우리를 영접하도록 그의 각료 중 한 사람을 보내 주었고, 다음날 아침 그의 집무실에서 조앤과 나를 맞이했다. 그는 국가 스포츠 센터(National Sports Centre)에서 열릴 기도집회로 인해 기뻐했지만, 그가 '세례 조앤'(Joan the

Baptist)이라고 부르는 조앤으로 인해 더욱 더 기뻐했다! 우리는 그의 집무실에서 함께 기도했으며, 그날 밤 그는 버뮤다를 축복하시도록 하나님을 초청하는 선언문을 낭독하기 위해 그 집회에 참석했다.

그 다음날 그는 수상 관저(官邸)인 캄덴하우스(Camden House)에서 루스와 나를 위해 공식만찬을 열었으며, 거기에는 양당 소속 의원들과 산업계의 수장들 및 주요 성직자들이 대거 참석했다. 스콧 수상은 또 다시 '세례 조앤'을 자신에게 국가적인 문제를 위해 하나님께 부르짖어야 할 필요성을 일깨워 준 사람으로 인정했으며, 계속해서 다음과 같이 아주 솔직하게 말했다. "이제 정부와 기도가 다시 연결되어야 할 때가 왔다고 믿습니다. 그 방법을 가르쳐 주시라고 훌륭하신 강사 에드 실보소 목사님을 모셨습니다."

얼마나 놀라운 준비인가! 특히 국가적인 변화에 전적으로 헌신되어 있는 루스와 나에게는 더욱 그러했다! 나는 일어나서 주최 측에 감사를 표하고 식탁을 둘러앉은 유명인사들에게 답례한 다음, 『사업을 위한 기름부음』(Anointed for Business)에 담겨 있는 원리들을 20분으로 압축해서 설명하기 시작했다. 그리고 강의를 마무리할 때는 모든 사람에게 손을 잡고서 하나님께서 버뮤다를 축복하실 수 있도록 개인적인 죄와 국가적인 죄에 대해 용서를 구하는 기도를 따라 하도록 초청했다. 우리가 그 기도를 끝마쳤을 때, 모든 사람의 얼굴이 밝아졌다. 하나님께서 그 건물에 계셨고 그들이 그것을 느낀 것이다!

버뮤다가 변화되기 위해서는 아직도 머나 먼 길을 가야만 한다. 하지만 조앤이 수상을 국가 변화의 출발점으로 선택한 것은 참으로 지혜로운 것이었다. 왜냐하면 최고 공직자로서 정치적인 해법을 가로막는 문제들로부터 가장 큰 압박을 느끼고 있던 사람이 바로 그 수상이었기 때문이다. 그래서 그는 조앤의 메시지에 마음을 열 수밖에 없었던 것이다. 그러나 그녀의 선택은 '**나라가 제자화되어야 한다**'는 개념을 가지고 했던 고심의 직접적인 결과였다. 만약 그녀가 계속해서 사람들만을 제자삼는 낡은 패러다임으로 행했다면 과연 그 일을 밀어붙였을지 미지수다.

변화를 위한 운동이 이제 막 버뮤다에서 출범되었다. 이제는 스콧 경이 수상은 아니지만, 그의 반응과 행동은 하나님께서 자신이 책임지고 있는 나라를 돌보신다는 소식을 세상이-특별히 정치 지도자들이-얼마나 듣고 싶어하는지 명백하게 보여 준다.

필리핀: 목사들이 회개하고 대통령이 믿게 되다

이처럼 하나님께서 나라들의 문제에 개입해 주시기를 바라는 깊은 관심-'**갈망**'(thirst)이라 말해도 좋을 것이다-을 2000년에 필리핀에서 분명하게 볼 수 있었다. 그때 나는 에스트라다(Estrada) 대통령을 향한 지독한 적대감을 회개하는 공개적인 회개집회에서 3,000명의 목사들을 이끄는 특권을 가졌다.

광범위하게 퍼진 그 분노-어떤 경우에는 끓어오르는 격분으로까지 나타나는-의 주된 원인들 중 하나는 국가의 현 정상이 지난 대통령 선거에서 거듭난 하나님의 용사를 누르고 승리한 사실로 인해 기독교 지도자들 사이에 광범위하게 퍼져 있던 실망감이었다. 거기에 대통령궁과 관저에서 공공연한 유흥과 밤새도록 열리는 술파티에 대한 끊임없는 보도들이 합쳐져 상황이 더욱 악화되었다. 여러 번의 불명예스런 결혼 전력을 가진 과거 영화배우이자 여성들에게 인기 있는 남자라는 평판이 붙은 에스트라다 대통령은 공개적으로나 사적으로나 자신이 신앙심 있는 사람이 아니라는 것을 숨기지 않았다. 결과적으로, 그에 대한 기독교 지도자들의 적대감은 고통스러울 정도로 뚜렷했다.

그 회개운동을 촉발시킨 것은 내가 기도 가운데 받은 경고였다. 목사들과 모임을 갖기 전 아침 시간에, 주님은 대통령을 향한 그들의 분노 때문에 그들의 손이 깨끗하지 않다(깨끗한 손이란 디모데전서 2:1-10에서 요구하는 것처럼 분노와 다툼이 없는 손을 말한다)는 사실을 나에게 일깨워 주셨다.

설상가상으로, 그들은 동일한 본문에서 하나님께서 약속하신 것처럼, 그 나라가 모든 경건과 단정한 중에 고요하고 평안한 생활을 할 수 있게 하기 위해 국가의 권위에 있는 자들을 위해 기도하라는 하나님의 명령에 순종하지 않은 상태였다.

바울이 그 말씀을 기록할 당시에는, 시저(Caesar)와 그의 사악한 이교도 관리들이 대단히 불의한 통치그룹을 형성하고 있던 상태였으며, 그에 비하면 필리핀 대통령은 비교적 괜찮은 편이었다(그는 로마인들처럼 자신의 권력을 이용해 그리스도인들을 처형하거나 박해하지 않았기 때문이다).

하나님의 경고 때문에 나는 메시지를 바꿔 디모데전서 2장 말씀에 대해 설교했다. 하나님께서 강력하게 역사하셨다. 내가 회개하도록 초청했을 때, 3,000명의 목사들 모두가 무릎을 꿇었다. 그런 결과를 예상했기 때문에, 나는 주최 측에 부탁해서 종이 3,000장과 연필 3,000개를 준비해 둔 상태였다. 그 종이와 연필은 빠른 속도로 지급되었고, 목사들은 대통령을 위해 정기적으로 기도하겠다는 약속과 함께 대통령께 보내는 사과편지를 쓰라는 안내를 받게 되었다. 놀랍게도 그 목사들 전원이 사과편지를 썼으며, 그런 다음에는 강단 곁에 그 편지들을 쌓아놓기 위해 앞으로 나아왔다. 너무나 엄숙한 순간이었다!

하지만 목사들과 정부 사이의 불화 때문에, 아무도 대통령과 교통할 방도를 찾지 못하는 것 같았다. 그러나 분명히 청중들은 그런 상황에 대해 뭔가 조치를 취하기를 열망하지는 않았을지 모르지만 마음만은 열려 있었다. 처음에는 모든 것이 불확실했지만, 얼마 후 정치가이면서 퇴역 장군인 한 사람이 그 모임에서 일어난 일을 대통령에게 알리겠다고 제의했다.

그 다음날 경기장에 걸어들어갈 때, 나는 여성 각료 한 사람에게 소개되었는데, 그녀는 편지들을 모아오고 청중에게 감사하도록 대통령이 보낸 사람이었다. 모두가 깜짝 놀랐다! 그 전날 일어난 일에 대해 대통령이 감사할 것이라고 기대했던 사람은 분명 그리 많지 않았기 때문이다. 우리는 그 관리에게 청중을 향해 한마디 해달라고 요청했다. 감사를 표시한 후에, 그녀는 대통령을 대신해 '목사님들에게 드리는 기도 부탁'을 전달하게 해달라고 말했다. 바로 그 순간, 우리는 한편으로는 그런 말이 전달되고 있다는 흥분된 감정 때문에, 그리고 다른 한편으로는 '심각한 죄인'인 대통령에게서 선한 것이 나올 수 없다는 믿음 때문에 생겨난 긴장된 분위기를 느낄 수 있었다.

나는 목사들이 이제 막 전달되려고 하는 말 한마디 한마디를 귀담아 들을 준비를 하고서 의자 끝에 걸터 앉아 있는 모습을 볼 수 있었다. 그런데 그녀는 다음과 같은 말로 모든 사람을 다시 한 번 놀라게 만들었다. "대통령께서는 현재 나라를 괴롭히고 있는 악의 세력들로부터 이 나라를 보호해 주시도록 여러분의 기도를 부탁하셨습니다. 왜냐하면 여러분의 도움이 없으면 대통령은 그런 세력들에 맞설 만한 아무런 힘이 없기 때문입니다." 그 전날까지만 해도 영적인 공공의 적 1번으로 보였던 사람이 지금은 같은 팀에서 경기할 수 있기를 원하면서 보내온 그런 요청은 상상을 초월하는 것이었다. 그러나 그런 일이 바로 우리 눈앞에서 일어나고 있었기 때문에 도저히 부인할 수 없었다.

우리는 목사들 가운데 대표그룹을 강단으로 불러내 자신을 대신해 사자(使者)를 보내 온 대통령을 위해 기도해 주도록 했다. 그것은 아주 특별한 순간이었다. 기도를 끝마쳤을 때, 나는 그녀에게 이렇게 말하라는 감동을 받았다. "예수님께서 그의 마음과 대통령궁 문에 서서 안으로 들어오시라는 초대를 기다리고 계신다고 대통령께 전해 주세요. 그리고 안으로 들어오시라는 초대를 받으면, 예수님께서는 들어가셔서 모든 것을 좋은 방향으로 바꿔놓으실 거라고 전해 주세요."

기름부음이 손에 잡힐 듯이 너무나 강력했기 때문에 그녀는 강단 위에서 뒤로 넘어졌다. 하나님의 능력에 눌린 것이 분명했다. 강단을 내려가면서 그녀는 이렇게 소리쳤다. "저는 그런 메시지를 전달하기에 합당한 자가 아니에요. 저는 죄인입니다!" 나는 그녀에게 어쨌든 그렇게 하라고 친절하게 권유했으며, 그녀는 처음에는 주저하다가 결국 그렇게 하기로 승낙했다. 후에 나는 그녀가 가톨릭 수녀였다가 조직화된 종교에 환멸을 느낀 나머지 수녀서약을 철회한 다음 좌파 정치인이 되었다는 사실을 알게 되었다. 그날 그녀는 자신의 삶에서 하나님의 능력과 임재를 다시 한 번 느꼈기 때문에, 그분께 등을 돌렸음에도 불구하고 자신에게 그렇게 중요한 임무를 맡기신다는 사실에 너무나 감격했다.

교회가 지상대명령의 온전한 측면에 대해 직무유기를 해왔다는 사실을 깨닫고 적극적으로 나라를 제자삼으려는 방향으로 단순한 순종의 발걸음을 내디딘 지 단 24시간 만에 일어난 일은 너무나 놀라운 것이었다. 하지만 훨씬 더 놀라운 일이 그 직후에 일어났다. 그 다음날 아침, 대통령의 여동생으로 여겨질 만큼 대통령과 아주 가까운 한 여성이 나를 찾아왔다. 그녀는 경기장에서 일어난 일에 대해 나에게 감사를 표하기 위해 왔는데, 나에게 기도를 받도록 하기 위해 대통령의 딸과 손녀를 데려왔다. 나는 그들에게 기도 이상의 것을 해주었다. 나는 그들을 주님께 인도했고, 그들에게 대통령을 위해 중보자가 되는 법을 가르쳐 주었으며, 가정에서 중보의 제단을 쌓는 데 필요한 내용들을 꼼꼼하게 알려 주었다.

며칠 후, 내가 귀국하기 위해 비행기에 막 오르려는 순간, 대통령궁과 접촉이 있는 정치인이 숨을 헐떡거리며 달려와서는, 대통령이 나의 메시지를 받았으며 우리가 필리핀에 돌아올 때 루스와 나를 식사에 초대하고 싶어 한다는 말을 전해 주었다. 그 후에 상황이 훨씬 더 좋아졌다. 한 달쯤 후에 나는 대통령으로부터 자신의 마음과 정부에 예수님을 영접했음을 알리는 편지 한 통을 받았다.

루스와 내가 필리핀에 돌아갔을 때 대통령과 그의 가족 및 가까운 친구들과 함께하는 사적인 식사 자리에 초대받았다. 대통령은 그 나라 남부에서 발생한 갑작스런 군사적 위기로 인해 그 자리에 올 수 없었다. 그래서 대통령의 부인이 저녁 식사를 접대했다. 그의 자녀들은 나의 가르침에 따라 자신들이 쌓은 기도제단을 우리에게 자랑스럽게 보여 주면서 대통령이 그날 아침 읽은 성경구절을 가리켰다.

그날 밤은 우리가 참석한 모든 사람을 주님께 인도했기 때문에 마치 부흥집회와 같았다. 대통령의 아들이 얼마나 멋진 시간을 보내고 있는지 전해 주려고 전화했을 때, 대통령은 우리에게 자신을 위해 기도해 줄 것을 요청했다. 그것을 좀더 생생하게

> 교회가 과녁을 높이 들어 나라에 초점을 맞추게 되면 하늘로부터는 강력한 은혜를, 그리고 땅에서는 마음을 열고 받아들이는 청중을 항상 발견하게 될 것이다.

하기 위해, 그의 아들이 대통령의 큰 사진 하나를 가져왔다. 그래서 우리는 그 사진에 손을 얹고 기도했고 그의 부인은 전화로 기도내용을 하나 하나 그에게 전해 주었다.

우리가 그날 밤 보았던 일이 기하급수적으로 증가되어 국가를 변화시키는 데까지 발전해 갔더라면 좋았을 텐데, 아쉽게도 얼마 후에 에스트라다 대통령은 정치적 격변 속에서 대통령직을 사임해야 했다. 그의 후임으로 부통령이었던 글로리아 마카파갈 아로요(Gloria Macapagal Arroyo) 여사가 대통령이 되었다. 그렇지만 대통령직에 오른 직후에, 아로요 여사는 동일한 목사들 몇 명에 의해 그리스도께 인도되었다.

그 후에 마닐라를 방문했을 때, 나는 대통령궁에 초대를 받아 아로요 대통령과 함께 기도하게 되었다. 그녀는 성령으로 충만받기를 원했으며 나라가 안정되기를 절박하게 바라고 있었다. 얼마 전에, 모반을 기도한 일단의 고위급 군 장성들을 그녀가 감옥에 집어넣은 일이 있었기 때문이다. 그렇지만 아로요 여사를 위해 기도해 온 영적 지도자들은 그 장성들까지 그리스도께 인도해 그들을 제자로 훈련하기 시작했다. 세계에서 가장 훌륭한 국민 축에 속하는 사람들이 거주하는 아름다운

나라지만 구조적인 부패로 얼룩진 필리핀에서 그런 영적 움직임의 '**직접적인**' 결과가 어떻게 나올지는 아직 미지수다. 하지만 분명하게 드러난 사실은 이것이다. 즉 비록 일시적이라 하더라도, 교회가 과녁을 높이 들어 '나라'에 초점을 맞추게 되면 하늘로부터는 강력한 은혜를, 그리고 땅에서는 그에 따라 마음을 열고 받아들이는 청중을 항상 발견하게 될 것이다.

필리핀과 버뮤다의 경우가 좋은 실례이다. 불행하게도 두 나라 모두 최종적인 목적에까지는 완전히 도달하지 못했다. 그 주된 이유는, 세계의 다른 지역에서와 마찬가지로, 교회가 나라를 제자삼아야 하는지 아직 확신하지 못하고 있기 때문이다. 그래서 단순히 영혼들만을 구원하려는 낡은 패러다임 속으로 쉽게 빠져들어가는 것이다. 하지만 그것은 난파선의 희생자들은 충실하게, 그리고 용기 있게 구조하려고 하면서도 가라앉고 있는 배는 포기해 버리는 잘못을 범하는 것과 같다.

나라들은 변화될 수 있다

두 번째 요인은 교회가 단순히 율법과 선지자만이 아니라 하나님 나라의 복음을 전하는 법을 배워야 한다는 것이다. 누가복음 16장 16절은 이렇게 말씀한다. "율법과 선지자는 요한의 때까지요 그 후부터는 하나님 나라의 복음이 전파되어 사람마다 그리로 침입하느니라." 왜 '**사람마다**' 하나님 나라로 '**침입**'하려고 하겠는가? 글쎄, 그러지 말아야 할 이유가 무엇이겠는가? 하나님의 나라는 의와 평강과 희락과 능력(롬 14:17; 고전 4:20을 보라)으로 이루어져 있는데, 그것이야말로 지구상에 있는 모든 사람과 모든 나라가 간절히 원하고 있는 것이다. 우리는 그 축복들을 개개인에게 제공하는 데는 빨랐지만 나라들을 향해서는 그렇게 하지 않았고 나라의 지도자들에게도 그렇게 하지 못했다. 특별히 그들이 기독교인들이 아니라면 더 말할 것도 없었다.

우리는 하나님의 아들들의 나타남을 간절히 기다리고 있는(롬 8:19을 보라) 나라들을 향해 자유케 하고 회복시키는 하나님의 능력을 드러내 보여 주기보다는 율법의 명령들을 가지고 죄인들과 맞서는 것을 훨씬 더 편안해하는 것 같다.

다음의 간증은 나라들이 변화를 경험할 수 있다(적어도 초기 단계에서)는 사실을 증언하는 것으로, 한 사람이 단순히 사람들을 제자삼는 차원을 뛰어넘으라는 부르심을 붙잡은 후에 하나님 나라의 복음을 전파함으로써 얼마나 엄청난 일을 성취할 수 있는지 보여 주고 있다.

우크라이나: '영혼들을 위한 하나님의 기름' 프로그램

1999년에, 켄 보드리(Ken Beaudry)는 예수님의 신실한 제자였지만 여전히 낡은 패러다임 가운데 행하고 있었다. 그때 그와 그의 아내 캐리(Carrie)는 국가 변화를 주제로 한 우리의 국제 컨퍼런스에 참석하고자 아르헨티나로 갔다. 거기서 그들은 자신이 목사님과 마찬가지로 사역자이며 일터에서의 직업은 도시들과 나라들을 제자삼기 위한 사역의 매개체라고 말하는 원리들로 가득 채워지게 되었다. 그들은 새로운 패러다임으로 행하기로 결단하고서 집으로 돌아왔다. 그때 이후로, 그들의 회사(보드리 정유회사)를 사역의 매개체로 사용해, 그들은 우크라이나와 인근의 네 나라에 500개 이상의 교회를 개척했다.

최근에 켄은 나에게 이런 편지를 보내 왔다.

"저는 처음에 기독교 직업윤리를 가르치도록 1999년 우크라이나에 가라는 권유를 받았습니다. 그리고 아르헨티나를 방문해 온갖 종류의 일터의 역학을 새롭게 다운로드받았습니다. 일터와 교회에 대한 그 새로운 관점을 가지고 저는 사업계의 사람들을 가르치러 갔습니다."

그의 사역은 얼마 전까지만 해도 무자비한 무신론의 지배를 받던 나라 안에서 일어나기 시작한 하나님의 주권적인 운동과 맞아떨어졌다. 켄과 그의 팀은 그리스도인들이 하나님의 능력과 임재를 일터로 옮겨가면서 놀라운 결과들을 보게 되었다. 그는 이렇게 말했다. "우리는 사람들이 사역을 받을 수 있도록 공공 기도박람회와 연결해 기도 부스를 세웠습니다. 뿐만 아니라 신자들은 자기 집 근처에서 기도행진을 하고 가까운 공원에서 복음전도 활동을 하기 시작했습니다. 그 결과 우리는 한 달에 한 교회를 개척해 가고 있었습니다."

그 다음에 일어난 일을 설명하기에 가장 합당한 말은 '영적인 폭발'이라는 표현이다. 교회 개척의 불이 우크라이나 전체에서 타올랐다. 심지어 새로 구원받은 할머니들조차 사람들에게 자기 집 근처에서 기도행진하는 법을 가르치고 복음을 전하기 위해 여러 마을로 들어갔다. 4년 내에 500개의 교회가 개척되었으며, 지역 지도자들은 키르기스스탄, 아르메니아, 아프가니스탄 및 이란으로 들어가기 시작했다.

하지만 그것은 시작에 불과했다. 2001년에 성령께서는 켄에게 "너는 더 할 수 있다"라고 말씀하셨다. 그 당시에 우크라이나에는 죄수들을 먹여야 할 절박한 필요가 있었는데, 한 주에 평균 50명의 재소자들이 결핵으로 죽어 가고 있었다. 켄은 그 무덤을 본 적이 있었다. 켄과 그의 동역자들은 여러 교도소에 음식을 제공하고 사역팀을 보내기로 공동 결의했다.

일년 내에, 300명의 교인을 가진 교회가 첫 번째 교도소 내에 개척되었다. 당국자들은 변화의 바람이 가장 거친 재소자들에게까지 영향을 주고 있었기 때문에 감명을 받았다. 소문이 퍼져나갔고, 얼마 지나지 않아 다른 교도소들이 문을 열어 주었다. 현재 11개의 교도소 안에 온전한 기능을 수행하는 교회들이 있는데, 그 중에는 석방될 경우 목사가 되도록 재소자들을 훈련하고자 성경학교를 운영하는 교회도 있다.

주님께서는 우크라이나와 주변 국가 제자화를 그 회사의 '사업계획'의 일부로 삼도록 보드리 정유회사를 인도해 오셨다. 그렇기 때문에, 2007년 1월 5일, 개인기도 시간에 성령께서 켄에게 다음 단계로 나아가라고 하시면서 "이스라엘에 교회를 개척해야 한다"고 지시하신 것은 결코 놀라운 일이 아니었다. 따라서 보드리 정유회사는 현재 이스라엘에 살고 있는 자들 가운데 러시아어를 사용하는 100만 명의 유대인들 사이에 교회를 개척하려는 종합적인 계획을 가지고 있다.

켄과 그의 동료들은 전통적인 교회 개척을 새로운 패러다임과 연결지어 진행한다. 새로운 패러다임이란 일터에 초점을 맞추고, 사업계 인사들이 자신의 사업을 사역으로 보도록 훈련하며, 정부 관리들에게 다가가고, 인근 지역에서 기도행진을 할 뿐만 아니라 구조적인 가난을 공격하고, 나라들을 제자삼는 비전을 던지는 것 등이다. 켄은 그것을 다음과 같이 설명한다.

"우리에게 교회는 공군 전투기와 같습니다. 스마트 폭탄(Smart bombs, 목표물을 향해 진로를 유도하는 장치를 부착해 적의 대공포의 사정거리 밖에서 투하한 뒤 그 유도장치에 따라 표적에 명중하도록 만들어진 폭탄-역자 주)과 열 감지 미사일 및 최첨단 무기가 없으면 그것은 평범한 제트기에 불과하지만, 완전 무장을 갖추면 놀라운 성능을 발휘하게 되죠. 그렇기 때문에 우리가 개척하는 교회들이 일터와 정부와 기타 영향력을 미칠 만한 다른 영역을 향한 비전을 갖도록 훈련시킵니다. 나라들이 제자화되는 것을 보기 위함이죠."

켄이 다섯 가지 중추적인 패러다임을 붙잡고 있다는 것은 아주 놀라운 확증이라고 할 수 있다. 처음부터 그는 하나님께서 일터를 구속하셨기 때문에 노동을 예배로 볼 수 있다는 것을 깨달았고 그렇게 가르치기 시작했다. 그 후에 그의 제자들은 그 원리들을 적용하면서 사회 속에 악이 견고히 자리잡고 있는 영역으로 하나님의 나라를 가져갔다. 그 악의 문들이 무너질 때, 수많은 사람들이 예수를 믿게 되었고 그 결과 수백 개의 교회들이 개척되었다. 교도소 내에 교두보가 세워진 결과 구조적인 가난이 제거되었다. 이 모든 일들의 결과로, 나라들을 제자삼으려는 믿음이 켄의 마음속 깊은 곳에 자리잡게 되었다.

더 높은 단계

친구여, 기차가 정거장을 떠나려 하고 있다. 당신은 그 기차에 올라탈 마음이 있는가? 그것이 나의 질문이다. 하나님께서 당신의 나라를 출발점으로 주실 것을 담대히 믿으라. 그곳이 바로 하나님께서 당신을 주권적으로 심어 놓으신 자리이기 때문이다. 계시록 21장 24-27절에 묘사되고 있는 날이 이를 때, 수백만 명도 더 되는 사람들이 '**존귀와 영광을 영원 영원히**'라고 노래하고 있는 가운데, 하나님 앞에 엎드려 절하고 있는 고결한 지도자들의 인도를 받으며, '**당신의**' 나라가 성령의 바람 속에 깃발을 나부끼고 있는 모습을 보고 싶지 않은가?

믿음은 들음에서 나며 들음은 하나님의 말씀으로 말미암는다. 당신은 '**바로 지금**' 하나님의 말씀을 (읽음으로써) 듣고 있다. 성령께서 당신에게 믿음, 곧 나라들을 향한 믿음을 부어 주시도록 그분께 마음을 열라. 그것은 당신이 현재 어떤 영역에서 변화의 역사를 행하고 있든지 그 일을 가능케 하는 믿음과 동일한 믿음이다. 하지만 '**더 높은 단계**'의 믿음이다. 우리가 올바른 렌즈를 착용할 때 시야가 훨씬 더 선명해진다는 것은 대단히 놀라운 사실이다!

세 벽돌공의 이야기로 돌아가자면, 비록 세 명이 똑같은 일을 했지만, 한 사람만이 눈앞의 일을 뛰어넘어 볼 수 있는 눈을 가지고 있었다. 그는 삽에 담긴 거친 시멘트나 자신의 손가락에 묻은 짜증스런 먼지를 바라본 것이 아니라 벽돌이 하나 하나 쌓여 올라갈 때마다 믿음으로 대성당이 세워지고 있는 모습을 보고 있었다.

'**지금**' 당신에게 말씀하시는 성령의 음성을 들으라. 그분이 당신에게 보여 주시는 지상의 나라들을 바라보고 그들을 제자삼으라는 당신의 부르심을 붙잡으라. 그분이 항상 그러시는 것처럼, 당신도 높은 곳을 겨냥하라.

5장

도대체 예수님은 무슨 일을 하러 오셨는가?

What on Earth Did Jesus Come to Do?

패러다임 2:

일터(그 나라의 중심부)는

이미 예수님에 의해 구속받았으며,

이제 그의 제자들에 의해 되찾아져야 한다.

TRANSFORMATION

여러 해 전에, 루스와 나는 세계를 여행하는 길에 대단히 고귀한 젊은 여성 한 분을 데리고 갔다. 그녀는 대단히 활기넘치는 사람이어서 우리 아이들을 돌보는 데 많은 도움을 주었다. 우리는 꼼꼼하게 계획을 세워 두었고, 비교적 괜찮은 호텔에 머물며 쾌적한 레스토랑에서 식사하기에 충분한 돈을 비축해 놓은 상태였다. 하지만 루스와 나는 그녀가 레스토랑에서 빵만 먹는 모습을 발견했다. 그리고 첫째 날 우리가 호텔에서 체크아웃하고 있을 때, 그녀는 아직 내려오지 않고 있었다. 늦게 내려오는 이유를 알아보러 갔을 때, 놀랍게도 그녀는 침대를 정돈하고 욕실을 청소하고 있었다. 내가 그렇게 하는 이유를 묻자, 그녀는 아주 솔직하게 대답했다. "목사님이 돈을 더 지불하시지 않게 하려구요. 그래서 음식도 다 먹지 않았고 또 이렇게 방을 치우고 있는 거예요."

모든 비용은 이미 지불되었고, 그녀는 우리에게 전혀 짐이 되지 않으며, 그 여행을 온전히 즐기는 데 필요한 모든 것이 준비되었다고 그녀를 납득시키는 데 한참이 걸렸다.

하나님과 교회의 관계에서도 마찬가지다. 우리는 더 큰 목적을 위한 비용이 이미 지불되었다는 사실을 알지 못하거나 확신하지 못하기 때문에 더 큰 목적을 향해 나아가기보다는 그저 망설이고 있거나 비천한 허드렛일에만 매달리는 잘못을 범하는 경우가 너무나 많다. 이미 준비되어 있는 공급물자에 당신의 마음과 생각을 열라. 당신의 삶은 이제 곧 변화될 것이다.

우리는 '한 국가나 도시가 제자화될 수 있을까?'라는 질문을 던져 왔다. 지상대명령을 액면 그대로 믿는다면, 그에 대한 확실하면서도 심금을 울리는 대답은 **'예스'**(Yes)이다! 이 지점에서 시작한다면, 이제 두 가지 질문만이 남는다. 첫째, 그들이 **'어떻게'** 제자화될 것인가? 둘째, **'우리가'** 그 부르심을 붙잡을 것인가? 이 책의 나머지 부분에서 나의 의도는 당신이 큰 힘을 얻을 수 있도록 첫 번째 질문에 대답하는 것이다. 그리고 **'당신이 차지해야 할 모든 것을 위해 그분이 값을 온전히 지불하셨음을 알고서 그 일에 과감히 뛰어들고자 하는'** 비전을 당신에게 불어넣는 것이다!

'어떻게'를 발견하는 것이 대단히 힘든 주제이기 때문에, 우리에게 익숙한 주제인 구원에 초점을 맞추어 그 문제에 접근해 보자. 우리는 어떻게 구원을 얻는가? 기본적으로, 하나님의 능력이 우리의 마음—우리 존재의 중심부—을 만지시고 우리를 변화시키는 그분의 임재가 그곳에 거처를 정하신다. 도시들이나 나라들의 경우에도 마찬가지다. 그들의 '심장'(중심부)이 변화를 받아야 하는데, 도시들과 나라들의 심장은 **'일터'**(marketplace)이다.[1] 사람이 심장 없이 살 수 없는 것과 마찬가지로, 도시들과 나라들은 일터 없이 존재할 수 없다. 그러므로 일터야말로 구원이 소개되어야만 하는 영역이며, 그럴 때 도시들과 나라들이 구원을 받게 될 것이다.

도시가 일터를 통해 영향을 받은 생생한 실례들 가운데 하나는, 누가복음 19장에 기록된 바와 같이, 예수님께서 여리고를 방문하셨을 때 일어난 사건이다. 그 지역의 세리장이었던 삭개오는 모든 사람이 증오했던 사기꾼이었다. 그는 평판이 아주 좋지 못했는데, 그것은 지극히 당연한 일이었다.

삭개오의 직업은 대체로 불명예스러웠고 대부분의 재산도 부정한 방법으로 모은 것이었다. 그가 로마군을 등에 업고 동족을 착취해 혐오스런 압제자들의 돈궤를 채워 주었기 때문에, 그의 이웃들은 그를 반역자로 간주했다. 그 당시 사람들의 눈에, 삭개오는 어떤 올바른 행동도 할 수 없을 것 같은 사람이었으며, 결과적으로 그의 사회적 평판은 비열한 것이었다.

그럼에도 불구하고, 그가 마더 테레사에게나 합당한 행동을 함으로써 다름 아닌 예수님의 칭찬을 받을 수 있게 된 것은 무엇 때문이었는가? 더욱 당혹스러운 것은, 어떻게 구원받은 지 얼마 되지 않은 삭개오가 당시의 교양 있는 신자들이 꿈속에서도 생각지 못할 일을 할 수 있었단 말인가? 자신이 가진 재산의 절반을 가난한 자들에게 나눠 주고 손해를 끼친 것에 대해서는 형벌을 대신해서 400퍼센트의 벌금을 지불하겠다고 제안하다니!

그에 대한 해답은 누가복음 19장 10절에 나오는 예수님의 말씀에서 찾을 수 있다. "인자의 온 것은 잃어버린 **자**(*that*)를 찾아 구원하려 함이니라"(강조는 저자가 덧붙인 것). 이 구절이 무슨 뜻이냐는 질문을 받을 경우, 대부분의 사람들은 예수님께서 잃어버린 자들을 찾아 구원하러 오신 것이라고 대답한다. 성경적으로 말해서 그것이 사실이긴 하지만, 그것만이 그 구절이 가르치고 있는 의미의 전부는 아니다. 그보다 훨씬 더 많은 의미가 담겨 있다.

잃어버린 것 세 가지

예수님은 특별히 잃어버린 '것'을 구원하러 오셨다고 언급하셨다. 이 문장에서 '것'이란 단어는 사람들이나 영혼들을 뛰어넘는 어떤 대상을 가리킨다. 그것이 무엇인지 알고자 한다면 죄가 처음 세상에 들어왔던 에덴동산에서 잃어버린 것이 무엇인지 검토해 보아야 한다(창 3:1을 보라). 내가 보기에는 명백히 세 가지를 잃어버렸다.

첫 번째로, '**우리와 하나님 사이의 직접적이고 친밀한 관계가 상실되었다.**' 아담과 하와(그리고 그들의 뒤를 이은 자손들)가 원죄의 결과로 그분의 임재 가운데 거할 수 없게 되었기 때문이다. 이것은 경천동지할 만한 계시가 아니다.

두 번째로, '**남자와 여자 사이의 조화로운 관계가 망가졌다.**' 이것은 특히 결혼관계 속에서 일어난 상실이다. 타락 이후에, 아담과 하와는 더 이상 완전한 동반자로서 행하거나 기능할 수 없게 되었다. 왜냐하면 하와가 아담을 사모하고 그에게 복종해야 했기 때문이다. 다시 말해서, 아담에게는 하와를 다스릴 권한이 주어졌는데, 그것은 하나님께서 처음에 그 둘을 하나로 묶으신 의도와는 다른 것이었다. 그리고 비록 아담이 그 죄의 공범이긴 했지만, 하와의 행동이 사탄의 계략을 거들었기 때문에, 하나님은 그녀에게 더 가혹한 형벌을 내리셨다.

하나님은 분명 마귀의 파괴적인 행위에 대해 진노하셨다. 그렇기 때문에 아담과 하와에 대한 그분의 엄격한 형벌은 속이는 자에 대한 가혹하면서도 4중적인 심판보다 더 크지 않았다. 첫째, 그분은 사탄의 지위를 떨어뜨리셨다. "네가 모든 짐승보다 더욱 저주를 받아." 둘째로, 그분은 말하자면 그의 운전면허증을 없애 버리셨다. "너는 더 이상 걷지 못할 것이요 이제부터는 배로 다닐 것이다"-현대적으로 말하자면, 자가용을 운전하는 대신 버스를 타야만 하는 것이다. 셋째, 하나님은 그의 음식을 망쳐 놓으셨다. "너는 종신토록 흙을 먹을지니라." 그러나 가장 가혹한 형벌은 넷째, 마지막 형벌이었다. "내가 너로 여자와 원수가 되게 하고 너의 후손도 여자의 후손과 원수가 되게 하리니."

그 다음으로, 하나님은 여자의 승리를 예언하시면서 재시합을 선언하셨다. 그분은 이렇게 말씀하셨다. "사탄은 머리가 깨져 그녀의 후손 아래 엎드러질 것이다"(창 3:14-15을 보라). 마귀는 하나님의 말씀이 진리임을 알기 때문에 자신의 패배로 끝이 날 재시합이 반드시 일어날 것을 알고 있다(바로 이런 이유로 나의 책 『여성-하나님의 비밀병기』[Women-God's Secret Weapon]에서, 나는 예수님께서 그 재시합에서 승리할 수 있도록 양성의 조화를 회복시키러 오셨다는 사실을 세부적으로 다루었다).

세 번째로 잃어버린 것은, 이 책의 중심주제에 해당되는 '일터' (marketplace)였다. 타락이 사업과 정부 및 교육에 어떤 영향을 끼쳤는지 관찰해 보라. 사업의 영역은 땅이 더 이상 풍성한 열매를 맺지 못하면서 무력화되고 말았다. 결국 인간은 자기 이마의 땀과 땅의 열매를 교환해야만 했다. 반역이 피조세계를 가득 채우게 되자 정부의 영역이 부정적인 영향을 받게 되었으며, 결국 피조세계에 대한 인간의 지배권은 계속해서 힘겨운 일로 남게 되었다. 그리고 하나님께서 피조물들을 가르치고 피조물과 교제하기 위해 오후의 서늘할 때 내려오시기를 중단하셨을 때는 신적인 영감이 불어넣어졌던 교육의 영역이 방해를 받게 되었다.

예수께서 모든 것을 구속하심

예수님은 단순히 '**영혼들**'만을 구원하시기 위해(그것이 중요하고 가치 있는 일이긴 하지만) 오신 것이 아니라 잃어버린 '**모든 것**'을 찾고, 발견하고, 회복하시기 위해 오셨다. 이 사실은 속죄의 온전한 측면을 붙잡는 데 필요한 핵심적 통찰을 제공하는 것으로, 골로새서 1장 20절에 의해 확증된다. "그의 십자가의 피로 화평을 이루사 '만물' 곧 '**땅에**' 있는 것들이나 '**하늘에**' 있는 것들을 그로 말미암아 자기와 화목케 되기를 '**기뻐하심**'[하나님께서 마지 못해서가 아니라 의도적으로, 그리고 기쁨으로 그렇게 하셨음을 의미함]이라"(강조는 저자가 덧붙인 것). 이 마지막 문장은 주님에 의해 성취되는 화해의 완전함을 강조한다. 하늘과 땅은 우주 전체를 포함하는 것이다.

이것은 에베소서 1장 7-10절에 의해 확증되는데, 거기서 우리는 비슷한 말씀을 발견한다. "우리가 그리스도 안에서 그의 '**은혜**'의 풍성함을 따라 그의 '**피**'로 말미암아 '**구속**' 곧 죄 사함을 받았으니… 하늘에 있는 것이나 땅에 있는 것이 다 그리스도 안에서 통일되게 하려 하심이라"(강조는 저자가 덧붙인 것). 이 구절에 사용된 3개의 핵심단어는 모든 것을 포괄하는 그 화해가 확실히 예수님의 구속사역에 있어서 중심이 되는 것임을 강조한다. 그 세 단어는 '구속', '피', 그리고 '은혜'이다. 만약 어떤 사람이 '커피, 베이컨, 그리고 달걀'이라고 말한다면, '아침식사'라는 한 단어가 즉시 튀어나온다. 맞지 않은가? 그렇다면 "구속, 피, 그리고 은혜"라는 말을 들을 때는 어떤가? '**십자가**'이다! 예수께서 이루신 구속은 모든 것을 포괄하는 것이며 잃어버린 '**모든 것**'의 회복이 그 목적이었다.

바디매오라는 한 눈먼 거지가 예수님과의 만남을 통해 변화되었을 때, '**모든 사람**'이 하나님을 찬양했다는 것은 역설적인 사실이다. 그러나 여리고의 도널드 트럼프(Donald Trump, 미국의 유명한 부동산 재벌)-강력한 일터 지도자인 삭개오-가 비슷한 경험을 했을 때는 '**모든 사람**'이 분노했다. 심지어 삭개오가 자기 재산의 50%를 가난한 자에게 주고, 문제가 해결될 때까지 자기 재산을 기탁금으로 내놓아 손해를 끼친 부분에 대해서는 4배나 갚겠다고 말한 후에도 그랬다.

여리고인들은 삭개오에 대한 강한 반감으로 인해 그에게 실제로 얼마나 깜짝 놀랄 만한 일이 일어났는지를 보지 못하고 말았다. 예수님은 삭개오가 경험한 구원의 특별한 측면에 대해 그들을 일깨워 주시고자 누가복음 19장 10절의 말씀을 언급하셨다. 왜냐하면 그 구원이 단지 삭개오만이 아니라 '**그의 집에까지**' 영향을 주었기 때문이다.

삭개오가 예수님과 아주 짧은 시간을 같이하고 난 후에, 잘 훈련받고 적절한 제자훈련 과정을 거쳐 성숙해진 신자들이 절대로 하지 않는 행위-즉 자기 재산의 50%를 가난한 자들에게 나눠 주는 것-를 할 수 있었던 이유는 무엇인가? 대답은 9절에 나오는 예수님의 말씀에서 찾아볼 수 있다. "오늘 구원이 '**이 집**'에 이르렀으니"(강조는 저자가 덧붙인 것), 구체적으로 그분은 구원이 단지 삭개오만이 아니라 '**그의 집**'에도 영향을 주었다고 언급하신 것이다.

성경에서 '집'이나 '집안'은 단지 개인과 그의 확대가족만이 아니라 일터까지 포함하는 것이다. 왜냐하면 대다수의 주민이 자신의 집에서 일을 했기 때문이다. 세리는 집에서 징세업무를 처리했다. 어부들은 바닷가에 살았다. 농부는 자기가 거주하는 땅을 경작했다. 의사는 자기 집에서 환자들을 돌보았다. 의복업자도 집에서 일했다. 게다가 농부들과 어린 아이들, 그리고 심지어 손자·손녀들까지도 같은 일을 함께하면서 가정과 사업을 동일선상에 놓았다.

예수님에 따르면, 자기 재산을 경건한 목적을 위해 사용하겠다는 삭개오의 자발적인 결정(8절을 보라)은 구원이 **'그의 사업에 임했다'**는 사실을 분명하게 만든 것이었다. 그리고 그렇게 중요한 요점이 상실되지 않도록 하기 위해, 예수님은 곧 바로 자신이 잃어버린 **'것'**을 찾아 구원하러 오셨다고 말씀하셨다. 예수님은 그분이 삭개오와 **'그의 사업'**을 찾아 회복하셨기 때문에 삭개오와 그의 사업 모두 구원을 경험한 것이라고 설명하고 계신 것이었다. 그리고 그 결과 사회적 스펙트럼의 양쪽 끝에 있는 사람들 모두-그가 돕기로 선택한 가난한 자들과 그가 보상하기로 제안한 동료 상인들-가 영향을 받고 있었다.

일터에서의 하나님 나라

예수님이 누가복음 19장 10절에서 삭개오 역시 **'아브라함의 자손'**(9절을 보라)이라는 언급으로 말씀을 시작하신 것 역시 계시적인 말씀이다. 아브라함은 하나님께서 그가 **'열국'**의 아비가 될 것(창 12:2을 보라)이라고 말씀하셨을 때 하나님을 믿었기 때문에 믿음의 조상이 되었다. 하나님은 열방을 찾고 계시며, 여리고에서 예수님의 목적도 바로 그것이었다. 하나님의 나라가 먼저 삭개오와 그의 사업에 임했으며, 그 결과 도시 내의 사람들이 그 놀라운 영적 체험의 직접적인 수혜자가 되는 혜택을 누리게 되었다.

사람들의 마음을 완벽하게 읽을 수 있었던 예수님은 자신이 가르치는 것을 무리가 따라오지 못하고 있음을 간파하셨다. 우리는 11절에서 청중이 그분의 요지를 이해하지 못했음을 알 수 있다. 그것은 그들이 하나님의 나라가 그들 자신의 도시(여리고)나 다른 도시들이 아니라 오직 한 곳, 즉 예루살렘(누가복음 19:11을 보라)에 임하기만을 기대하고 있었기 때문이다.

하나님 나라의 점진적인 나타남과, 하나님 나라가 '**모든**' 장소에 임할 것이라는 사실, 그리고 특히 삭개오 같은 일터의 사람들이 그 과정에서 담당하게 될 핵심적인 역할에 관한 그분의 요지를 사람들이 이해할 수 있도록 하기 위해, 예수님은 계속해서 므나의 비유를 가르치기 시작하셨다.

므나(mina)는 대략 일용 노동자의 100일치 품삯에 해당하는 화폐단위이다. 이 비유의 내용을 보면, 한 귀인이 왕위를 얻으려고 길을 떠나는데, 자신이 없는 동안에 투자밑천으로 쓰도록 10명의 종에게 각각 한 므나씩을 맡긴다. 그들에 대한 그의 당부는 아주 구체적인 것으로, '**장사를 하라**'였다. 그것은 분명 일터에서 일어나는 것이다. 귀인이 없는 동안에, 그의 원수들이 나라(거기엔 일터도 포함됨)를 장악했지만, 그의 종들은 새로운 적대적 환경에도 불구하고(어쩌면 적대적 환경 때문일 수도 있다) 장사를 계속했다. 돌아오자마자 그는 모든 이들에게 회계를 요구했다. 한 종은 열 므나를 남겼다고 보고했고, 다른 종은 다섯 므나를 남겼다고 보고했으며, 세 번째 종은 전혀 이윤을 남기지 못했다고 보고했다.

앞의 두 종에게, 그는 투자에서 얻은 수익률에 정비례해 '**도시들을 다스리는 권세**'를 주었다. 그의 종들이 도시들을 다스리는 권위의 자리에 세워졌을 때, 그 왕은 원수들을 제거해 나라를 '**완전히**' 장악했다(누가복음 19:11-27을 보라).

그런 맥락에서, 지상에 임하는 하나님 나라의 충만함–하늘에서 내려오는 새 예루살렘의 모습 속에 담겨 있는–은 우리 주님께서 땅을 '**완전히**' 장악하는 절정의 순간을 특징짓는 것임을 강조하는 것이 중요하다. 그때 열방은 주님의 통치를 환영하는 청중으로 서게 될 것이다(계 21:24-27을 보라).

계시록에는 하나님의 나라가 땅에 있는 마귀 제국의 모든 잔재를 제거했을 때의 더없이 영광스러운 순간이 묘사되어 있다. 그것은 본질적으로 '**도시들이 하나 하나 그분의 권위와 돌봄에 복종해 나가는 과정의 절정**'이다. 그리고 그런 복종은 하나님 나라의 사고방식을 가진 종들이 '그 도시들의 일터'를 되찾아가는 활동으로 인한 것이다.

이 비유에서 '**사업**'과 '**권위**' 및 '**도시들**' 사이의 연결고리를 놓치지 않는 것이 필수적이다. 거기에 비현실적인 것은 아무것도 없다. 모든 것이 전적으로 현실적인 것이다. 그 귀인은 그의 종들에게 성공(이윤을 남기라)에 대한 분명한 기대를 가지고 장사하라고 지시했다. 그럴 때 그들은 하나님의 나라가 '**그들을 통해 그 도시들**'에 임하도록 하기 위해 도시들을 다스리는 권위를 부여받게 될 것이다.

이 비유는 또한, 단순히 한 도시(예루살렘)만이 아니라 지구상에 있는 모든 영역에 하나님 나라를 점진적으로 확립하는 일에 삭개오 같은 사람들–일터에서 사역하는 신자들–이 왜 핵심적인 존재인지를 설명해 준다. 그 종들이 예수님이 떠난 후에 삭개오를 기다리고 있던 환경과 비슷한 적대적 환경에서 사업을 해야만 했다는 사실은 원수가 강탈해서 더럽힌 영역을 그의 제자들이 변화시키기를 기대하시는 예수님의 갈망을 보여 준다.

하나님의 관점에서 하나님 나라의 입구에 해당하는 지점은 분명히 개인이지만, 그는 구원을 경험하자마자 초점을 자신의 영향권으로 확장시켜 나가야 한다. 그것은 그 영향권을 발판으로 삼아 도시들과 나라들을 포함해 잃어버린 '**모든 것**'을 되찾기 위한 것이다. 계시록 21장 24-27절에서 나라들과 리더들이 자신의 존귀와 영광을 하나님께 가져오는 그림이 실제로 일어나기 위해서는 그런 일은 필수적이다. 계시록의 그 대목은 '**하나님의 의도대로**' 종말을 계시한다!

구속과 되찾음

하나님 나라가 언제 땅에 임할 것으로 예상하느냐는 질문을 받을 때, 오늘날 대부분의 신자들은 이렇게 대답할 것이다. "새 예루살렘이 신랑을 위해 예비된 신부같이 땅으로 내려올 때죠." 런던과 뉴욕, 샌프란시스코, 그리고 베이징 같은 도시들에 무슨 일이 일어날 것인지 자세히 설명해 보라는 질문을 받으면, 그들은 아주 솔직하게 이렇게 대답한다. "그 도시들은 모두 연기 중에 올라갈 것입니다. 불에 타 없어질 운명이죠." 그렇게 대담하게 주장하는 이유를 말해 보라고 재촉을 받을 경우, 그들은 점잖은 인상을 주는 어조로 이렇게 대꾸한다. "오! 우리는 하나님이 세우시고 건축하신 도시를 기대하고 있답니다!"

이런 대답들은 두 가지 심각한 신학적 오해를 드러내고 있다. 첫째로, 보편적 교회인 우리가 '**도시들의 구원**'에 대한 신학을 전혀 가지고 있지 않다는 것이다. '**사람들이 구원받는 것**'을 제외하고, 우리는 나라들은 고사하고 도시들에 대한 아무런 희망도 가지고 있지 않다.

둘째로, 우리는 하나님 나라의 복음이 '**모든 지역에**'에 전파된 '**후에야**' 마지막이 올 것이라는 예수님의 가르침을 간과하고 있다. 마태복음 24장 14절은 다음과 같이 말씀한다. "이 천국 복음이 모든 민족에게 증거되기 위하여 [먼저] 온 세상에 전파되리니 그제야 끝이 오리라." '**하나님 나라**'의 복음을 전파하기 위해서는, 모든 집의 대문 밑에 복음 소책자를 놓아 둔다거나 혹은 하루 24시간, 일주일 내내 복음전도적인 프로그램으로 지구를 뒤덮기 위해 라디오 시간대를 사는 것과 같은 기초적인 복음전파 형태를 훨씬 뛰어넘는 뭔가가 필요하다.

하나님 나라의 복음을 전파한다는 것(선포하거나 알게 한다는 것)은 왕되신 하나님의 뜻을 진술하고 또 집행하는 것을 의미한다. 성경시대에는 주권자가 칙령을 선포하도록 사자(使者)를 보낼 경우, 선포행위가 끝나자마자 군주의 뜻은 그 지역에서 곧 법이 되었다. 그것은 현대판 대법원 판결에 해당한다. 대법원의 판결은 선언되자마자 곧 나라의 법이 되어 그것에 반대되는 모든 것을 능가하는 우선권을 갖게 된다. 그렇기 때문에 '**모든 나라에 하나님 나라의 복음을 선포하는 것**'은 다름 아닌 하나님의 뜻이 집행되고 있는 것으로 이해되어야 한다. 므나 비유에서 왕의 종들에게 통치 권위가 주어졌던 것과 유사하다.

내 생각으로, '하나님 나라의 복음'을 선포할 때 도시들과 나라들이 하나님께 돌아오리라는 것을 우리가 쉽사리 이해하지 못하는 주된 이유는, 그런 선포는 마음이 거의 닫혀 있는 이교도들을 향해 종교적인 배경 속에 있는 성직자들에 의해 행해져야 한다는 잘못된 생각을 받아들였기 때문이다.

하지만 성경에 언급된 실례들을 보면 복음은 일터에 있는 사람들에게 전해진다. 일터의 사람들은 복음이 그들의 실제적인 필요를 충분히 충족시켜 주기 때문에 복음을 쉽게 받아들인다. 도시의 중심인 일터에 다가가게 되면, 그 도시가 영향을 받게 된다.

올모스 교도소: 천국이 지옥을 덮칠 때

이런 유형의 변화가 아르헨티나, 부에노스 아이레스(Buenos Aires) 지역에 있는 교도소들만큼 눈에 띄게 나타나는 곳은 거의 없다. 1980년대 올모스(Olmos) 교도소는 재소자들이 살인적인 갱단에 가담하고 사탄 교회가 정기적인 예배–동물 제사를 포함–를 드리면서 악과 타락으로 가득찬 시궁창으로 변해 갔다.

올모스 교도소 안에 존재하는 악마적 조직은 그리스도인들이 그곳에서 일자리를 찾거나 목사들이 그 교도소 울타리 내에서 사역하는 것을 고의적으로 불가능하게 만들었다. 재소자들 가운데 신자가 한 명도 없었기 때문에, 그 교도소는 비기독교적이고 적그리스도적인 견고한 진이 되어버렸다. 누가복음 19장에서처럼, 나라가 악한 자들에 의해 점령되었지만, 하나님께서는 그곳에서 **'하나님 나라의 원리들을 가지고 사업을 하도록'** 후안(Juan)이라는 이름을 가진 사람을 보낼 계획을 세워 놓고 계셨다.

가까운 소읍의 목사인 후안 주카렐리(Juan Zuccarelli)는 그 교도소 안에서 전도집회를 열 수 있게 해달라고 당국에 요청했다. 하지만 여지없이 거절당하고 말았다. 하나님께서는 그에게 간수직에 지원함으로써 그 사탄적인 영역을 "침투해 들어가라"고 말씀하셨다. 그래서 그는 간수직에 지원했지만 또 거절당했다. 그럼에도 불구하고, 그는 당국자들이 마지못해 그의 지원서를 처리하는 과정을 거치기로 결정할 때까지 포기하지 않았다. 당국자들은 그가 계속 버틸 경우 신체적인 고통을 가하겠다고 협박했고, 모든 불리한 여건에도 불구하고 간수직에 발탁될 경우 죽여 버리겠다고 위협했다.

그것은 쉽지 않았다. 후안이 계속 버티는 것은 대단히 위험한 일이었다. 왜냐하면 그는 계획적으로 불려 나가 다른 후보자들 앞에서 모욕과 위협을 당했기 때문이다. 그러나 그를 가장 괴롭혀 왔던 관리가 갑자기 천식성 발작증세를 보이며 호흡곤란에 빠지기 시작했을 때, 그는 하나님에 의해 만들어진 절호의 찬스를 얻게 되었다. 모든 사람이 꼼짝 못 하고 있는 동안, 후안은 그 관리를 괴롭히고 있는 귀신들을 꾸짖으며 신유를 행하고자 그에게 손을 얹었다. 하나님께서는 그 자리에서 축사(逐邪)를 행하심으로써 후안의 기도에 응답하셨다. 결과적으로, 그 관리는 대적자에서 옹호자로, 그리고 마침내 멘토로 변화되었다.

후안은 간수직을 얻게 되었고 그 직후에 교도소 역사상 처음으로 전도집회를 열었는데, 그 집회에서 수백 명의 재소자들이 주님을 영접했다. 그때부터 시작해 수년 내에 결국 60퍼센트의 재소자들이 신자로 변화되었다. 그 사이에 갱단은 흔들리기 시작했고, 사탄교회는 구성원들의 극적인 회심에 의해서나 혹은 내부 투쟁의 결과로 인한 죽음에 의해 무력화되고 말았다. 한때 그곳에 가득했던 구조적인 악이 의로움으로 대치되었다.

이것은 후안이 자신의 직업을 사역으로 보고, 감옥에서 그의 위치를 마귀의 역사에 대적해 하나님의 능력이 흘러나가는 통로로 보았기 때문에 가능한 것이었다. 므나 비유에 나오는 종들처럼, 후안은 **'장사를 했다.'** 그의 경우에, 그 장사는 처음에 간수로 일하는 것이었다. 그런 다음, 그는 하나님의 영감으로 교도소의 뿌리 깊은 문제들에 대한 해결책을 발견함으로써 그 문제들을 성공적으로 처리해 나갔다. 그렇게 거둔 성공으로 인해 그는 권위를 얻게 되었고, 마침내 교도소 관리국장의 조정자와 조언자가 되었다.

올모스 교도소에서 일어난 극적인 변화들에 자극받은 당국은 부에노스 아이레스 지방에 있는 다른 교도소들에서도 비슷한 프로그램을 실행하도록 요청하게 되었다. 그 결과 교도소에서 변화되어 복음전도의 열정으로 충만해진 재소자들이 변화의 과정을 시작하도록 조직적으로 다른 감옥들로 전출되기 시작했다. 얼마 지나지 않아, 비슷한 획기적 변화들이 사방에서 눈에 띄기 시작했다. 그런 변화들이 너무나 광범위하게 일어난 결과, 2002년에 당국은 후안에게 그 나라 최초의 기독교 교도소를 설립해 운영하라고 부탁했다.

그렇게 해서 '그리스도 유일한 소망 교도소'(Christ the Only Hope Prison)라는 공식 명칭을 가진 '유닛 25'(Unit 25)가 탄생해 간수들과 재소자들이 함께 기도하는 장소가 되었다. 죄수들은 일주일 내내 하나님의 말씀을 배운 다음, 가족 방문일에 그것을 가족들에게 가르쳐 준다. 좀더 자유로운 이동을 위해 감방의 창살 대신 매력적인 커튼이 설치되었으며, 수익을 창출해 내는 작업장 덕분에 재소자들은 가족들을 부양할 수도 있다. 게다가, 죄수들은 일주일에 이틀을 금식한다. 그렇게 해서 절약

하는 음식과 그들이 제공받는 보호물자 가운데서 십분의 일을 드려 가까운 빈민굴의 어린이들을 먹인다. 무엇보다도, 상습적 범죄율이 50퍼센트에서 5퍼센트 이하로 떨어졌다.[2]

이와 같은 수준의 **'특별한'** 성공은, 구원이 한 사람의 집에 임할 때 그가 미치는 영향권과 그 너머까지도 구원을 경험하게 된다는 것을 입증하면서 다른 여러 나라의 교도소에도 영향을 미치고 있다.

여러 기관들과 도시들 및 나라들이 일터를 통해 변화된다는 것은 정치인들에게 낯선 개념이 아니다. 그들은 일터에 영향을 미치고, 경제를 향상시키며, 법령을 개정하고, 교육을 개선하는 등의 일을 하기 위해 항상 이 원리에 입각해 기민하게 움직인다. 그래서 선거 때가 되면 그들은 재선되기 위해 최대한 좋은 모습을 보인다. 일터가 열쇠다.

이런 일은 복음전도의 영역에서도 가능하다. 왜냐하면 아르헨티나에는 죄인들이 지옥에 가는 것이 아주 어려운 도시들이 있기 때문이다. 예를 들어, 부에노스 아이레스 근교의 아드로그(Adrogué)에서는 나의 멋진 친구 목사 에두아르도 로렌조(Eduardo Lorenzo)가 여러 해 동안 변화의 비전을 선도해 오고 있다. 오늘날 죄인이 굳이 지옥 가기를 고집한다면 결국 지옥에 갈 수는 있겠지만, **'먼저 그곳에서 천국과 같은 시간을 보내지 않고는'** 불가능하다. 그 이유는 교회들이 **'일터 곳곳에서'** 하루 24시간, 일주일 내내 활동하고 있기 때문이다. 집들이 들어선 구획마다 모든 거주자를 위해 기도하며 그들을 대상으로 기도하도록 임명된 목자가 있다. 모든 사업체와 학교 캠퍼스는 기도 가운데 선택되어 왔다. 정부의 핵심 공직자들에게는 그들을 위해 중보하는 사람이 있다. 교회가 일터를 장악해 왔으며, 넓게는 도시 전체를 장악해 왔다.

과테말라: 일터를 되찾도록 신자들을 동원함

이 원리를 붙잡지 못하면, '비록 대다수의 인구는 마지막에 천국에 갈 수는 있겠지만,' 불필요하게 우리의 도시들과 나라들을 마귀에게 넘겨 주는 비극을 초래하게 될 것이다! 그런 분명한 실례가 과테말라에서 발견된다. 라틴 아메리카에서 상당히 많은 수의 거듭난 인구를 가진 모든 나라들 중에서, 과테말라는 단연 정상에 있다. 인구의 47~52퍼센트가 복음주의 신자들로 추산되며, 거듭난 가톨릭 신자들이 더해질 경우, 그 비율은 쉽게 75퍼센트에 달할 수 있다. 이것은 과테말라 국민 4사람 중 3사람이 구원받은 자임을 의미한다. 더군다나, 그 나라에는 나라를 향해 열정적으로 복음을 전파한 두 명의 거듭난 대통령이 있었다. 복음적으로 말하자면, 과테말라는 실현된 꿈의 나라이다.

라틴 아메리카에 있는 나라들 중에서 종합적인 확신 등급을 측정하게 될 경우, 과테말라는 줄곧 밑바닥 근처에 위치하며, 가까스로 아이티(Haiti)를 앞지른다. 인구의 대다수가 거듭난 자들로 구성된 나라가 어떻게 그렇게 낮은 등급에 위치할 수 있으며, 주술에 깊이 빠져 그것의 지배를 받는 나라인 아이티를 어떻게 가까스로 이길 수 있단 말인가? 그에 대한 대답은, 비록 과테말라 교회가 **'사람들'**을 제자삼는 데는 뛰어날지 모르지만 **'나라'**를 제자삼고 있지는 못하다는 증거를 보여 준다. 비록 지도급 인사들이 그쪽 방향으로 의미심장한 진보를 보이고 있긴 하지만, 과테말라에서는 아직 그 패러다임의 전환이 이뤄지지 않은 것이다.

변호사 신분으로 과테말라에서 가장 영향력 있는 교회들 중 하나를 개척한 해롤드 카발레로스(Harold Caballeros)는 일터를 되찾도록 신자들을 동원해 무장시켜 오고 있다. 최근에 그는 교육을 되찾기 위해 대학을 설립했으며, 대통령 선거에 출마할 것을 진지하게 고려하고 있다. 해롤드는 변화의 과정에서 일터가 담당해야 할 중추적인 역할을 보지 못했더라면 그런 일 가운데 어떤 것도 하지 않을 것이다. 지도에 전혀 나와 있지 않은 미지의 바다를 기꺼이 항해하려고 하는 그의 의지와 용기는 탄복할 만한 것이다.

동일한 무기 사용권한

구속의 온전한 측면을 이해하는 것이 핵심이다. 그럴 때 '회중석에 앉아 있는' 사람들은 목사님들이 주일날 강단에 설 때 보유하고 있는 것과 동일한 기름부음과 동일한 신적 승리의 확신을 자신도 가지고 있음을 확신하면서 월요일마다 일터로 나아갈 마음의 준비를 하게 될 것이다. 목사가 된다는 것은 쉬운 일이 아니다. 특히 그들 자신과 회중들을 향해 악한 자의 혹독한 공격이 집중된다는 측면에서 볼 때 더욱 그렇다. 그들은 음부의 권세가 결코 교회를 이길 수 없다는 것을 온전히 확신하고 있다. 그리고 바로 그런 이유 때문에, 교회가 공격을 당할 경우, 목사들은 확신을 가지고 굳게 서서 **'악한 자가 달아날 때까지'** 기도하고, 설교하고, 가르치고, 권면하며 충고를 멈추지 않는다. 목사는 자신의 회중을 결단코 원수에게 넘겨 주지 않는다. 왜냐하면 승리가 속죄 그 자체의 능력과 범위에 의해 이미 보증된 것임을 알기 때문이다.[3]

반면에, 예수께서 자신의 죽음과 부활을 통해 성취하신 것을 불완전하게 이해하고 있는 일터의 그리스도인들은 종종 너무 쉽게 패배에 굴복해 버린다. 그들은 마귀가 자신의 일을 엉망으로 만드는 것을 보고 기도한 후에 즉각적인 변화를 보지 못하면 낙담에 빠져 이렇게 선언해 버린다. "하나님의 뜻대로 하소서." 왜 그런가? 그것은 그들이 목사들과 동일한 영적 병기고에 출입할 수 있는 권한을 가지고 있다는 것을 확신하지 못하기 때문이다. 그들은 자신을 돌보시는 하나님은 믿지만 **'자신의 일'**을 돌보시는 하나님은 믿지 못한다!

구원이 '그의 집'에 임한 후 삭개오의 사업은 완전히 달라졌다. 한때는 악의 소굴이었지만 이제는 의의 횃불로 변했으며 빈부를 막론하고 여리고의 모든 주민이 영향을 받았다. 구원은 빛과 같아서, 일단 받아들이고 나면 모든 것에 영향을 미칠 때까지 계속적으로 확장되어 간다.

하나님의 은행과 「뉴욕 타임스」(New York Times) 지(誌)

척 립카(Chuck Ripka)는 최근까지만 해도 미네소타 주(州), 엘크 리버(Elk River)에 있는 리버뷰 커뮤니티 뱅크(Riverview Community Bank)의 수석 부총재로 일했던 일터 사역자이다.[4] 그 은행이 2003년에 문을 열기 전날 밤, 척과 최고경영자는 시설물 주위를 돌면서 기도하고 책상과 컴퓨터에 안수했으며, 예수님께서 들어오시도록 그 은행의 문을 열어 두었다.

머지 않아 모든 종업원들이 그리스도를 자신의 구주로 영접하게 되었다. 그런 다음 척은 그들이 하나님의 사역자라는 것과 그 은행이 그들의 사역지이며 고객들이 그들의 양떼라는 것을 설명하기 시작했다. 그 순간부터, 고객들은 정기적인 기도를 '무료 뱅킹 서비스' 중 하나로 제공받았다. 2년여가 지나자, 영업시간 동안에 60건 이상의 기적이 일어난 것으로 기록되었고, 그 기적들로 인해 100명 이상의 사람들이 주님께 돌아왔다. 기도가 일반 대중에 의해 은행과 너무나 밀접한 것으로 인식된 나머지 어느 날에는(「에드 실보소와 함께 하는 일터에서의 변화」라는 DVD에 나오는 것처럼) 한 여성이 나타나서 다음과 같이 말한 적도 있었다. "제 결혼생활이 끝장나 버려서 너무나 두려워요. 그래서 기도하러 은행에 왔는데요."[5]

「뉴욕 타임스」(New York Times) 지(誌)가 그 은행에 관한 기사를 쓰려고 기자 한 명을 보냈다. 처음에, 그 기자는 직업에 걸맞게 회의적이고, 심지어 냉소적이기까지 했다. 하지만 많은 이들의 삶과 가정과 사업이 변화되었다는 진실한 이야기를 들으면서 하나님의 임재가 머무는 은행을 드나드는 동안 그는 영적인 질문을 던지기 시작했다. 결국 그는 주님을 영접하게 되었고 '하나님의 은행'이라는 제목의 탁월한 글을 쓰는 데까지 나아갔다. 그리고 그 글은 2004년 10월 30일자 「뉴욕 타임스 잡지」(New York Times Magazine)의 커버 스토리가 되었다.

그 잡지의 글이 끼친 전 세계적인 영향의 결과로, 프랑스와 일본과 같은 먼 나라에서 영화 제작자들이 그 은행을 불시에 방문해 하나님의 손길을 경험한 기관들과 인생들 및 심지어 도시에 관한 매혹적인 텔레비전 프로그램을 제작했다. 다른 나라뿐만 아니라 다른 주에서 온 사람들은 그 은행에 전화를 걸어 이렇게 묻곤 했다. "거기가 하나님의 은행인가요? 맞으면 제 돈을 그곳으로 옮기고 싶군요." 그런 움직임들로 인해 그 은행은 첫 2년 동안 한 주에 거의 100만 달러의 비율로 성장할 수 있었으며, 그 결과 미네소타 주(州)와 미국 내에서 가장 빠르게 성장하는 지역 은행들 가운데 하나가 되었다.

만약 척이 전통적인 수단을 사용했더라면 그 절반에 해당하는 인상을 심어 주는 데만 전 생애가 걸렸을 것이다. 하지만 구원이 **'은행에 임했기'** 때문에, 2000년 전 삭개오의 사업과 마찬가지로, 그 은행도 예수의 생명과 능력의 혜택들을 경험하게 되었다. 구원이 단순히 한 영혼만이 아니라 한 집에까지 임하게 될 때 얼마나 많은 것들이 성취될 수 있는지 놀라울 따름이다!

지상대명령의 범위를 온전히 붙잡으려면, 예수님께서 단지 영혼들만이 아니라 일터를 포함해 잃어버린 **'모든 것'**을 위해 대가를 지불하셨다는 것을 이해해야 한다. 그 결과, 일터에서 사역하는 자들은 그의 나라를 위해 일터를 되찾을 수 있는 능력과 **'기대'**를 함께 받게 되는 것이다!

6장

강단과 일터에 다리놓기

Bridging the Pulpit and the Marketplace

TRANSFORMATION

'사역'(ministry)에 관해 말할 때, 우리는 대개 설교자들과 복음전도자들, 선교사들, 청소년 목사들 및 기독교 교육 책임자들, 즉 교회와 소위 '패러처치'(선교단체들처럼 지역교회와는 다른 구조를 가지고 사역하는 단체들을 통칭함-역자 주) 기관 내에서 우리와 다른 사람들을 섬기는 데 자신의 삶을 헌신하고 있는 사람들을 생각한다. 나는 이 책에서 일터의 사람들이 자신의 영향권 내에서 사역할 수 있도록 하나님께서 부여하신 부르심과 기름부음에 관해서도 힘주어 강조해 오고 있다. 그렇지만 강단과 일터 사이에 반드시 연결되어야 하는 간격이 존재한다는 사실이 아주 분명해졌다.

우리는 교회 내의 사역과 강단에서 섬기도록 부름받은 이들에 대해서는 잘 이해하고 있지만, '목사'나 '…님'(reverend, 성직자에 대한 경칭-역자 주), 혹은 '선교사'로 불리지 않는 사람이 어떻게 충분한 자격을 갖춘 사역자가 될 수 있는지, 그리고 그 **사역**이 어떤 형태를 띠게 될 것인지 이해하는 것은 좀더 어려운 일이다. 변화가 일어나는 것을 보고자 한다면, 우리는 그 간격을 메워야 할 뿐만 아니라 하나님께서 양쪽에 부어 주신 능력과 은혜를 끌어당기기 위해 그 간격을 지혜롭게 이용하는 법도 배워야 한다.

회중을 이끄는 목사로 세우시는 하나님의 부르심이 분명히 존재하는데, 그것은 내가 '강단 사역'(pulpit ministry)이라는 용어로 일반화하고 있는 부르심이다. 밤낮으로 우리를 대상으로 사역하는 데 자신의 삶을 바치고 있는 헌신된 남녀들이 없다면 오늘날 우리가 어디에 있을 것 같은가? 강단으로의 부르심은 신성한 것이지만 그것이 사역으로의 유일한 부르심은 아니다.

성경은 모든 신자가 제사장이라고 말씀한다(엡 4:12, 계 1:6, 5:10, 20:6을 보라). 제사장들은 사역자들이기 때문에, 일터에서도 사역으로의 부르심이 있어야 한다는 결론이 나온다. 왜냐하면 그곳이야말로 대부분의 교인들이 날마다 일하는 영역이기 때문이다. 직장을 그만두는 것이 '사역에 들어가기 위한' 필수 조건이라는 잘못된 생각을 내려놓고, '**노동이 가장 탁월한 예배의 표현**'이라는 것을 우리가 이해할 때, 그것은 훨씬 더 중대한 요소가 된다.

수직적인 사역과 수평적인 사역

오늘날 우리가 직면한 가장 이행하기 어려운 난제는 사역의 수직적인 측면과 수평적인 측면을 통합하는 것이다. 이 난제를 극복하기 위한 첫 단계는 좀더 적합한 용어를 만들어 내는 것이다. 과거에 우리는 목사를 '성직자'(clergy)라고 부르고 교인들을 '평신도'라고 불렀다. 새로운 패러다임에서, 나는 그 둘을 '강단 사역자들'(pulpit ministers)과 '일터 사역자들'(marketplace ministers)이라고 언급한다. 둘 다 동일한 부르심을 가지고 있지만 영향권과 전문성에 있어서는 아주 다르면서 동시에 전략적인 상호보충 관계에 있다.

강단 사역자들

강단 사역자들은 당연히 삶의 수직적인 차원에 초점을 맞춘다. 그들은 하나님의 인격, 죄의 본질과 결과, 그리고 속죄의 근본적인 속성 등을 신학적인 용어로 설명하는 데 필요한 성경지식을 습득하기 위해 계속적으로 시간과 에너지를 쏟아 왔다. 반면에 일터 사역자들은 직업이라는 수단을 통해 기본적으로 삶의 수평적인 측면에 몰두한다. 그들은 하나의 행동이 다음 행동에 영향을 끼침으로써 일터에서의 삶을 구성하는 여러 가지 과정들을 만들어 내고 유지한다는 것을 끊임없이 인식하고 있다. 그들의 최종결론은 고객과 후원자들 및 제자들과 관련 있는데, 그들 모두는 상호작용과 관계들을 중심으로 세워지는 것이다.

대부분의 강단 사역자들은 교회 직원을 관리하면서 얻을 수 있는 경험이나 교회 직원에 소속되어서 얻을 수 있는 경험, 그리고 자신의 회중에 속한 사람들과 교제함으로써 얻을 수 있는 경험을 제외하고는, 수평적인 측면과 관련된 경험이 제한돼 왔다. 사역을 진행하는 과정에서, 그들은 분명 일터와 서로 영향을 주고받긴 하지만, 그런 상호작용은 기본적으로 '우리'와 '그들'의 사고방식에 기초한 것일 뿐, 결코 일터를 사역의 필수적인 부분으로 여기지는 않는다.

그런 경직성은 교회 건물 밖에서의 효율성을 제한하는 것으로, 특히 교인들이 그들의 가르침을 매일의 상황 속에 적용하도록 구체적인 방법을 고안하고 전달하려 할 때 더욱 그러하다. 바로 이런 이유로, 일터 사역자들은 강단 사역자들이 그 전날 대단히 설득력 있게 가르쳐 준 것들을 월요일에 어떻게 실행에 옮겨야 할지 몰라 혼란을 겪는 경우가 빈번하다.

일터 사역자들

대다수의 일터 사역자들은 일터에서 다양한 관계들과 통로들을 통해 다른 사람들에게 영향을 미치도록 부르심을 받았다. 내가 쓴 책, 『사업을 위한 기름부으심』(Anointed for Business)의 목적은 그런 사람들이 그 부르심을 즐겁게 이해하고 부끄럼 없이 붙잡을 수 있도록 돕는 것이었다.

일터 사역자들은 세상과 세상 사람들 및 세상 체제와 빈번하게 접촉하고 있다(그리고 그것들에 의해 두들겨 맞고 있다). 그런 과정에서 그들은 흔히 생명력 있는 수직적 차원을 놓쳐 버리곤 한다. 하지만 그런 수직적 차원은 그들에게 매일의 삶을 위한 신적인 능력을 불어넣어 주는 것으로, 그들에게는 필수불가결한 것이라 할 수 있다. 결과적으로 그들은 주일마다 너무나 물을 그리워하는 생존 모드로 교회에 나타나 소화전에까지 컵을 들어 올린다. '강단'은 물의 압력을 최대한 높이려고 최선을 다하지만 그 간격은 좀처럼 메워지지 않는다.

교회를 탈선케 하는 4가지 잘못된 믿음

이 두 가지 차원은 반드시 통합되어야만 한다. 강단의 수직적인 기름부음에서 흘러나오는 계시적인 이해는 그에 상응하는 일터의 수평적 흐름과 연결되어야 한다. 그것이 바로 도시와 나라 전체에 퍼져 있는 그리스도인들의 일상적 삶 속에 변화가 적용될 수 있는 방법이기 때문이다. 그런 일이 일어나지 않는다면, 우리는 교회를 탈선시켜 건축자되신 하나님의 목적들을 성취하지 못하게 만든 **'중요한 4가지 잘못된 믿음'**을 계속 부채질하게 될 것이다.[1]

첫 번째 것은 '성직자와 평신도 사이에는 하나님께서 정하신 구분선이 있다'는 것이다. 이런 관념 속에는 한쪽이 다른 쪽에 종속된다는 의미가 내포되어 있다. 그러나 그런 구분은 성경적인 것이 아니다. 성직자와 평신도 두 단어 중 어느 것도 성경에 나오지 않기 때문이다(가장 가까운 단어는 '사람들'이란 기본 의미를 가진 '라오스'[laos]이다).

첫 번째 잘못된 믿음은 자연히 두 번째 잘못된 관념을 낳게 되는데, 그것은 '**교회는 기본적으로 종종 성전이라 불리기도 하는 건물 내에서 운영되며, 그것도 대부분은 주일에 운영되도록 고안되었다**'는 관념이다. 이렇게 교회를 건물과 동일시하는 것은 신약에 등장하는 교회 활동과 무관한 것일 뿐만 아니라 교회라는 용어 자체의 의미와도 상충된다. '교회'(Church)는 모임이나 집회를 의미하는 헬라어 '에클레시아'(ecclesia)에서 유래한 단어이기 때문에 건물이 아니라 사람들을 묘사하는 말이다. 교회를 일주일에 한 번 모이는 건물에 국한시키는 것은 일터 사역자들이 자신의 부르심을 실행할 수 있는 모든 가능성을 닫아 버리는 것이다.

세 번째 잘못된 믿음은 '**일터 사역자들은 대부분 일터에서 직업을 가지고 있기 때문에 강단 사역자들만큼 영적이지 않다**'는 것이다. 그런 관념 속에는 세속적인 일에 연루된 자들은 영적인 문제들을 이해하는 데 필요한 순수함이 부족하다는 가정(수도원적인 근원을 가진)이 깔려 있다. 몇 번이고 나는 교회 성도들이 "에드 목사님, 저는 사역자가 아니에요. 단지 평신도에 불과해요"와 같은 말을 하면서 자신을 저주하는 것을 목도해 왔다. 마치 자기를 평신도로 강등시키는 것으로는 불충분하다는 듯이, 그들은 '단지'라는 수식어를 집어넣음으로써 자기비하적 태도를 한층 더 강화시킨다. 내가 '평신도'가 무슨 뜻이냐고 물으면, 그들은 마치 어떤 잘못된 죄라도 고백하는 것인 양, 부끄러움이 역력한 어조로 이렇게 대답한다. "글쎄요, 저는 생계를 위해 일을 하거든요."

성경 전체를 살펴볼 때, 일터에서 일하는 것은 사람들이 영성을 획득하거나 신적인 계시를 받는 데 플러스가 되었을 뿐, 결코 마이너스가 아니었다. 아브라함은 그의 직업을 그만두고 산을 구입한 다음, 그것을 믿음의 조상이라는 지위를 얻는 법을 묵상하면서 남은 생애를 보낼 수 있는 기도원으로 개조함으로써 믿음의 조상이 된 것이 아니었다. 오히려 그는 **'일터에서'** 부름을 받았으며, 남은 생애 동안 그의 믿음을 끊임없이 매일의 상황 속에 적용함으로써 믿음을 키우고 단련시키면서 **'일터에서'** 그 부르심을 성취해 나갔다. 히브리서 11장에 열거된 믿음의 영웅들은 오늘날의 용어로 **'일터 사역자들'**이다. 직업을 갖는 것이 영성에 걸림돌이라고 추정할 만한 아무런 성경적 근거도 없다. 오히려 그 반대이다.

한 걸음 더 나아가, 이방인들이 구원을 받고자 한다면 그 전제조건으로 먼저 유대교로 개종할 필요가 없다는 가장 혁명적인 신학적 진리를 초대교회 가운데 도입하실 때가 왔을 때, 하나님께서는 초자연적으로 일터 지도자들의 모임을 지휘하심으로써 그 목적을 달성하셨다. 그 일터 지도자들은 고넬료(고위급 군인)와 베드로(가죽제품을 판매하는 시몬을 고객으로 둔 어획회사의 동업자)였다. 그런 맥락 속에서 그런 경천동지할 만한 계시가 임한 것이었다.

네 번째 잘못된 믿음은 **'일터에 있는 그리스도인들의 기본적인 역할은 강단 사역자들의 비전에 투자할 만한 돈을 버는 것'**이라는 것이다. 이런 신념은 극단으로 끌고 갈 경우 일종의 영적인 노예계약서가 될 수 있다. 즉 아무런 기준 없이 영적으로 낮은 신분에 속한 것으로 여겨지는 사람들이 특권 계층에 속하는 사람의 유익을 위해 일하는 것이 당연시되는 것이다.

계속해서 교인들은 강단으로 부름받지 않았다는 사실로 인해 어떤 식으로든 열등한 대우를 받는다는 느낌과, 그들에게 남겨진 유일한 선택은 다른 누군가의 비전을 지원할 자원들을 얻기 위해 위험을 무릅쓰고 냄새 고약한 일터의 세계로 뛰어드는 것뿐이라는 느낌을 가지고 있다. 이중적인 위험성은 그들의 지원을 받고 있는 사역이 그들이 돈을 벌고 있는 작업환경에 영향을 미칠 가능성이 거의 없다는 것이다. 이런 그림에는 뭔가 중요한 것이 빠져 있는 것이 분명하다.

일터로의 부르심의 중요성

처음의 두 가지 잘못된 관념들(성직자와 평신도 사이에는 하나님이 정하신 구분이 있다는 것과, 교회는 기본적으로 주일에, 건물 안에서 기능해야 한다는 것)은 일터 사역자들을 가혹하리만큼 차별한다. 이것도 나쁘지만, 훨씬 더 나쁜 것은 세 번째와 네 번째 잘못된 믿음이 전달하는 메시지(그들은 영적인 깊이를 알 수 없고, 따라서 재정 후원자들의 역할만을 맡아야 한다는 것)이다. 그것은 이런 잘못된 믿음이 그들을 사역과는 전혀 무관한 사람으로 만들기 때문이다. 그런 잘못된 관념은 그들에게 영성은 출입금지 영역이라는 확신을 심어 줌으로써 하나님의 능력에 다가가는 데 필요한 확신을 빼앗아 간다. 그러

> 우리가 성공하기 위해서는 영적 자원들을 끌어오는 법을 배워야 한다는 것은 의심의 여지가 없다. 따라서 우리가 종사하는 직업의 영적인 차원을 붙잡는 것은 필수적인 일이다.

나 하나님의 능력이야말로 일터에서 변화가 일어나는 데 반드시 필요한 능력이다.

이런 잘못된 관념들은 능력의 균형을 마귀에게 유리하도록 돌려놓는 치명적인 무기들이다. 왜냐하면 교회가 성령의 능력을 받아 성취해야 할 임무를 성취하려면 모든 신자가 제사장이라는 말의 수평적이고 수직적인 차원이 하나로 통합되어야 하기 때문이다. 거기에 필요한 주된 열쇠는 영성이 일터에서 가능할 뿐만 아니라 **'반드시 필요한'** 것이라는 사실을 이해하는 것이다!

영적인 해법들

이것은 결코 작은 문제가 아니다. 왜냐하면 영적인 문제들은 영적인 해법을 필요로 하기 때문이다. 일터에서 우리에게 주어지는 임무와 위치가 본질적으로 영적인 것이라면, 세속적인 훈련만으로는 영적인 차원과 영적인 뿌리를 가지고 있는 문제들을 해결하는 데 충분치 않을 것이다. 모든 것에는 영적인 차원이 있다. 그러므로 '세속적인' 것과 '신성한' 것을 이분법적으로 분리하는 낡은 패러다임은 효력을 발휘하지 못한다.

예를 들어, 성경에서 하나님께서 인간과 대면하실 때마다, 그 주제는 항상 하늘에 계신 하나님의 뜻으로부터 빗나가 있는 문제였다. 그리고 그 만남은 대개 그 문제를 해결하는 데 필요한 지시사항을 사람들에게 전달하도록 하기 위해 하나님에 의해 주선되었다.

우리가 성공하기 위해서는 영적 자원들을 끌어오는 법을 배워야 한다는 것은 의심의 여지가 없다. 따라서 우리가 종사하는 직업의 영적인 차원을 붙잡는 것은 필수적인 일이다. 우리의 일은 곧 하나님의 일이다. 일터에서 효율적으로 하나님의 일을 할 수 있는 유일한 길이 있는데, 그것은 바로 하나님의 영에 '**의해**', 그리고 하나님의 영을 '**통해**' 하는 것이다. 만약 다른 방식으로 할 경우에는 필연적으로 부정적인 결과들과 때로는 비극적인 결과들까지 뒤따르게 될 것이다.

구약에서 하나님께서 그분의 임재를 머물게 하시고자 두 개의 건축물을 짓도록 명령하셨을 때 그런 일이 일어났다. 첫 번째 임무는 모세에게 맡겨졌는데, 그에게는 언약의 장막을 건축하라는 명령이 내려졌다. 두 번째 임무는 솔로몬에게 맡겨졌는데, 그에게는 성전을 건축하는 임무가 할당되었다. 두 사람 모두 자신의 임무를 성공적으로 완수했지만 결과는 정반대로 나타났다. 즉 모세는 하나님께 더욱 가까이 다가갔지만 솔로몬은 영적으로 타락해 버리고 말았던 것이다.

그렇게 신성한 임무를 맡은 사람들이 어떻게 그렇게 다른 운명을 맞이할 수 있단 말인가? 하늘에서 하나님에 의해 기안된 설계도를 이 땅에서 실행하면서 어떻게 모세는 점점 강해진 반면 솔로몬은 점점 약해졌을까? 그에 대한 대답은 사람들이 자신에게 맡겨진 임무를 수행하는 과정에서 누구를 의지했느냐에서 발견된다. 모세는 브살렐(Bezalel)을 의지했는데, 그는 기술공이었으며, 성경에서 처음으로 하나님의 영으로 충만함을 입었다고 기록된 인물이다(출 31장을 보라). 브살렐은 역량 있는 장인이었지만 성령으로 충만함을 입은 후에야 하나님의 충만한 능력으로 자신의 임무를 수행할 수 있었다. 단지 천연적인 힘과 능력으로만 일한 것이 아니었다. 브살렐이 직업학교에서 배웠던 모든 것(성경시대의 관습대로라면 필시 그의 아버지로부터 배웠을 것이다)은 그에게 머물러 계시는 하나님의 영에 의해 초자연적인 고지로 끌어올려졌다.

반면에, 솔로몬은 하나님의 집을 건축하는 데 이교도 출신의 성전 건축가들(주로 레바논의 왕이자 그의 이교도 친구인 히람으로부터 온 사람들)을 고용했다. 그것은 지극히 불행하고 치명적인 영적 실수였다. 왜냐하면 하나님은 삼중적으로 거룩하신 분인데 솔로몬이 그분의 성소를 땅에 세우는 일에 신앙심 없는 사람들을 고용했기 때문이다.

솔로몬이 그렇게 하게된 동기는 십중팔구 히람의 사람들이 당시 성전 건축가들 중 최고였기 때문이었을 것이지만, 그들은 하나님의 영으로 충만하지 못했다. 가장 뛰어난 성전 건축가들이었기 때문에, 그들은 하나님의 능력이 아니라 자기 자신의 능력만을 전적으로 의지했다. 설상가상으로, 그들은 불신자였기 때문에 솔로몬의 왕국 안으로, 그리고 궁극적으로는 솔로몬의 개인적인 삶 속으로까지 악을 들여오는 통로 역할을 했다.

앞에 나온 장(章)들에서, 우리는 처음의 비전이 모양을 형성해 확실한 실체가 될 때까지 하나님의 인도하심을 따르는 평범한 사람들에게 하나님께서 어떻게 자신의 뜻을 계시해 주셨는지 함께 나눴다. 이것은 본질적으로 **'평범한 사람들이 초자연적으로 사는 법을 배웠다'**는 것이었다.

구약의 장인 브살렐처럼, 그 이야기들 속의 주인공들은 이미 평범한 수준의 훈련과 전문기술을 가지고 있었다. 하지만 **그들은 자신을 그것**

에게 자신이 심각한 췌장암 판정을 받았으며 살 날이 얼마 남지 않았다고 말했다. 우리는 그날 밤 그를 위해 기도했으며, 얼마 후에 그는 암이 사라졌다고 알려 왔다.

우리가 오늘 그 레스토랑에서 볼 수 있는 것은 모두 그 기적 덕분이다. 그 웨이터들은 모두 기적이 일어난 환경에서 구원을 받았기 때문에 기적을 베푸시는 하나님을 믿었다. 나는 그곳이 축복이 곁들여진 음식을 주문할 수 있는 레스토랑이라고 말하고 싶다!

바울이 고린도에서 이교도들로부터 받은 환영은 우리가 세상에서 얻을 것이라곤 오로지 적대감뿐이라는 해묵은 믿음에 반하는 것이다. 그것보다 더 진리에서 동떨어진 것은 없다. 핍박을 예상할 순 있지만 대대적인 거절은 아니다. 왜냐하면 로마서 8장 19절은 모든 피조물이 하나님의 아들들(자녀들)의 나타남을 간절히 기다리고 있다고 말씀하고 있기 때문이다. 세상이 높은 수준의 간절함으로 우리를 기대하고 있다고 말씀하고 있기 때문에 상당히 고무적인 선언이다.

화평케 하는 자들은 적대적일 수 없다

그렇다면 우리가 세상으로부터 환영받지 못하는 이유는 도대체 무엇인가? 나는 그것이 우리가 마태복음 5장 9절에 적혀 있는 원리를 위반하기 때문이라고 믿는다. "화평케 하는 자는 복이 있나니 저희가 하나님의 아들(자녀)이라 일컬음을 받을 것임이요." 우리는 대개 화평케 하는 자들로 세상에 접근하지 않는다. 그와는 완전히 반대로, 우리는 정죄의 복음을 전파하는 경향이 있다.

세상의 적대적인 상황이 질병이든, 결혼문제든, 눌림이든, 구조적 가난이든, 혹은 일터에서의 재정적 난관이든 관계없이, 우리가 하나님의 능력을 나타냄으로써 그런 상황에 종지부를 찍을 때마다, 우리는 화평케 하는 자들로 인정받게 된다. 왜냐하면 그것이 바로 화평케 하는 자들이 하는 일이기 때문이다. 즉 그들은 적대적인 태도에 종지부를 찍는 것이다.

우리가 부에노스 아이레스의 그 레스토랑에서 치유기적을 위해 기도한 후에 바로 그런 일이 일어난 것이다. 당시 그 레스토랑의 주인은 죽음을 눈앞에 두고 있었고 종업원들은 곧 직장을 잃을 위험에 처해 있었는데, 영적으로 말해서 대단히 적대적인 상황에 있었다.

고린도는 구조적인 이교적 악령숭배의 지배를 받았던 도시로, 바울이 자신의 장막 제조회사를 사역의 근거지로 전환함으로써 그의 작전 본부를 일터로 이동시켰기 때문에 하나님의 자유케 하는 능력을 경험할 수 있게 되었다.

로널드 레이건 대통령이 죽었을 때, 관습과 의전에 따라, 국가 차원의 장례식이 허용되었다. 25명의 국가 수장들과 11명의 과거 지도자들, 살아 있는 4명의 미국 전 대통령들, 그리고 180여 명의 대사들과 외국 각료들이 기회가 있을 때마다 복음이 제시되는 것을 제외하고는 세속적인 의식으로 끝났을 법한 장례식에 참석했다.

성경 읽기와 찬송가 및 전 대통령의 간증이 캘리포니아에서 워싱턴 D. C.로 갔다가 다시 캘리포니아로 돌아오는 한 주간 행사의 면면에 스며들었다. 전 세계의 대중매체들은 그 엄숙하고 영감어린 행사를 텔레비전과 라디오, 신문, 잡지, 그리고 인터넷을 통해 쉬지 않고 보도함으로써 그 장례식을 국제적인 행사로 만들었다.

그 행사의 절정은 캘리포니아에 있는 레이건 도서관에서 열린 마지막 순간이었다. 태양이 태평양 위로 장엄하게 지고 있을 때, 찰스 황태자와 마거릿 대처, 미하일 고르바초프, 브라이언 멀로니, 그리고 기타 다른 수백 명을 포함해 세계에서 가장 저명한 지도자들이 한 자리에 모여 레이건 대통령의 아들 마이클(Michael)이 그 지도자들로서는 한 번도 들어보지 못했을 법한 가장 분명한 복음의 메시지를 증거하는 동안 주의 깊게 귀를 기울이고 있었다. 그것은 지구상의 모든 나라에 방송되었으며, 그밖에 수백만 명이 그 메시지를 듣고 그리스도의 사랑을 느꼈다.

전문적인 복음전도자들이 그만한 청중에게 다가가려면 **'수십억'** 달러가 소요되었을 것이다. 그럼에도 불구하고 그 일은 자연스럽게, 그리고 아주 멋지게 일어났다. 무엇보다도, 그 장례식은 **'일터에서'** 기획되고 진행되었기 때문에 교회와 가장 무관한 청중에게 다가가는 기회가 되었다! 그 일터야말로 잃어버린 영혼들이 있는 곳이며, 따라서 **'비록 어두울지라도'** 우리가 잃어버린 영혼들을 찾아 나서야 하는 곳이기도 하다!

8장

올바른 장소에서 24시간/7일 교회 가동하기

Doing Church 24/7 in the Right Place

TRANSFORMATION

모순어법(oxymoron)이란 가능한 어떤 신뢰성도 배제함으로써 그 자체를 무효로 만드는 모순적인 진술이다. 예를 들어, 환관이 개발해 낸 신혼여행 매뉴얼을 상상할 수 있겠는가? 그 말 자체는 모순이다. 'Oxy'는 '날카로운'을 의미하지만 'moros'는 '무딘'을 의미한다. 그럼에도 불구하고, 많은 모순어법들이 우리의 일상 어휘들 속으로 파고들어왔다. 예를 들면, "모든 신중한 속도를 다해"(with all deliberate speed)나 '초대형 새우'(jumbo shrimp), 혹은 '꽤 못생긴'(pretty ugly) 등이다.

진실을 알리자면, '일터 사역자'라는 용어가 사용되었을 때, 그것은 당혹스러울 정도로 '귀청이 터질 것 같은 침묵'을 유발하곤 했다. 하지만 일터에서의 사역이 지금은 교계에서 놀라울 정도로 신뢰성을 얻고 있다는 사실은 대단히 고무적인 일이다. 그 어느 때보다 더 많은 그리스도인들이 자신을 사업과 교육 및 정부의 영역에서 실행 가능한 사역자로 본다. 점점 더 많은 목사들이 일터 사역을 월요일부터 금요일까지 교회의 자연스런 표현방식으로 보기 시작하고 있다. 그것은 놀라울 정도로 모순적이지 않은 것이다.

이런 현상이 점점 확산되어 가는 것처럼, 일터 사역을 출범시키는 법을 알아야 할 필요성과 갈망도 점점 확산되고 있다. 결과적으로, 점점 더 많은 단체들이 이제 그 서비스를 제공하는 데 시간과 자원을 투

> 일터 사역은 일터에서 일어날 때까지는 일터 사역이 아니다.

자하고 있다. 우리는 이 모든 관심과 에너지로 인해 기뻐할 수 있다. 하지만 나는 지역교회에 **'기반을 둔'** 일터 사역이 궤도를 선회하는 위성을 위한 주차장만큼이나 모순되고 역기능적인 모순어법이라는 중대한 경고를 발하고 싶다.

변화는 일터 사역을 **'지역'** 교회 프로그램의 일부로 만듦으로써 일어나는 것이 아니다. 그것이 일터에서 일어나지 않으면 일터 사역이 아니다. 일터 사역이 제대로 일어나기 위해서는 교회가 건물이 아니라 도시 전역에 24시간/7일 동안 능동적으로 포진해 있는 사람들이라는 것을 이해해야 한다.

두 번의 좌절과 두 번의 승리

안디옥에서 목사로 가르치다가 로마의 속주인 아시아에서 영적 변화의 건축가로 변신하게 된 그 16년의 세월 동안, 바울은 두 번의 커다란 좌절과 두 번의 결정적인 승리를 경험했다. 그런 사실은 사역의 작전 기지를 교회에서 일터로 옮기는 것의 전략적인 가치를 부인할 수 없을 만큼 명백하게 입증해 준다. 물론 그렇게 하지 않을 경우에 겪게 될 위험성도 명백하게 입증되고 있다. 만약 내가 판사와 배심원 앞에서 소송사건을 처리하는 변호사라면, 그런 전제에 맞도록 다음과 같이 나의 주된 변론을 구성할 것이다.

첫 번째 좌절: 비시디아 안디옥

첫 번째 좌절은 비시디아 안디옥에서 일어났다. 그것은 고통스러울 정도로 실망스러운 일이었다. 왜냐하면 그로 인해 겨우 두 주일 만에 그 도시만이 아니라 주변 지역에까지 영향을 주었던 아주 가능성 있는 부흥의 엔진이 멎어버렸기 때문이다. 사도행전 13장 44절과 49절은 "온 성이 거의 다 하나님 말씀을 듣고자 하여 모이니… 주의 말씀이 그 지방에 두루 퍼지니라"고 기록되어 있다.

시작은 더할 나위 없이 좋았다. 성읍에 도착하자마자, 바울과 바나바는 안식일에 회당에서 설교하기 시작했는데, 그것이 너무나 강력한 영향을 끼쳤기 때문에, 외적으로 볼 때 일주일에 한 번 모이는 유대적 전통에 제한받지 않았던 이방인 개종자들은 계속해서 그 주간 동안 가르침을 받았던 것으로 보인다(사도행전 13:43 하반부를 보라). 결과적으로, 그 다음 안식일에, 거의 도시 전체가 사도들의 설교를 듣기 위해 모였다. 그것은 거대한 영적 돌파였다. 왜냐하면 바울과 바나바가 전에 사역했었던 유대인들과 하나님을 경외하는 이방인들 외에, 실질적으로 성읍 내에 있는 모든 사람이 이 복음을 듣고 있었기 때문이다.

불행하게도 유대 지도자들은 시기심에 가득차서, 이제는 환영하는 이방인들에게 집중하기 위해 작전 기지를 회당 밖으로 옮긴 사도들을 더 이상 환영하지 않았다. 그런 반대에도 불구하고, 즉각적인 성공이 그들에게 찾아왔는데, 그것은 "이방인들이 듣고 기뻐하여 하나님의 말씀을 찬송하며 영생을 주시기로 작정된 자는 다 믿었기"(행 13:48) 때문이었다. 복음의 메시지 역시 "주의 말씀이 그 지방에 두루 퍼졌기"(행 13:49) 때문에 그 도시를 초월해 환영을 받았다.

바울이 자신에 대해 기술하는 것처럼, 유대인 중의 유대인에게 있어서, 종교적 배경을 회당에서 이방인들의 이교도적 환경으로 바꾸는 것은 아주 과격한 이동이었다. 그럼에도 불구하고 바울은 하나님께서 그에게 다음과 같이 말씀하신 것을 인용해 그것을 정당화했다. "내가 너를 이방의 빛을 삼아 너로 땅 끝까지 구원하게 하리라"(행 13:47). 예수님께서 지상에 살아 계시는 동안 그분을 실제로 대면해 본 적이 한 번도 없었지만, 분명히 그는 지상대명령을 잘 알고 있었으며 '땅 끝'이 지상대명령의 마지막 목적임을 잘 알고 있었다.

선교여행을 시작한 후 그토록 빠른 시간 내에 땅끝을 지향하게 하면서 비시디아 안디옥과 주변 지역에 영향을 미쳤던 들불 같은 부흥의 소용돌이 한가운데 있을 때 바울과 바나바가 느꼈을 만족을 그려보는 것은 어려운 일이 아니다. 불행히도, 그 부흥은 "유대인들이 경건한 귀부인들과 그 성내 유력자들을 선동하여 바울과 바나바를 핍박케 하여 그 지경에서 쫓아냈기 때문에"(행 13:50) 오래 가지 못했다. 현존 권력자들이 반대해 일어나 바울과 바나바를 성읍에서 쫓아냄으로써 막 일어나기 시작한 부흥의 불을 꺼버리는 데 성공을 거두었다. 우리는 그토록 가능성 있는 영적 각성의 꺼져 가는 연기를 뒤에 남기고 떠나면서 그들이 느꼈을 실망감을 마음속으로만 그려볼 수 있을 뿐이다.

두 번째 좌절: 데살로니가

두 번째 좌절은 "그중에 어떤 사람 곧 경건한 헬라인의 큰 무리와 적지 않은 귀부인도 권함을 받고 바울과 실라를 좇은"(행 17:4) 데살로니가에서 일어났다. 다시 한 번 우리는 도시와 특히 도시 내의 주요 시민들에게 영향을 미치는 변화의 운동이 꽃피는 것을 본다. 하지만 또 다시 현존 권력자들이 바울을 대적해 그를 방해했다. "그러나 유대인들은 시기하여 저자의 어떤 괴악한 사람들을 데리고 떼를 지어 성을 소동케 하여"(행 17:5). 그로 인해 바울은 도망을 쳐야만 했으며, "밤에 형제들이 곧 바울과 실라를… 보냄으로써"(행 17:10) 또 다른 부흥이 시들어 버리고 말았다.

현존 권력자들은 그들을 비시디아 안디옥과 데살로니가에서 쫓아내는 데 성공을 거두었을 뿐만 아니라 두 개의 다른 성읍들로 종교적 보안대를 파송할 만큼의 대담성까지 발휘해 비슷한 결과를 거두었다. 첫 번째는 루스드라였는데, 거기서는 "유대인들이 안디옥과 이고니온에서 와서 무리를 초인하여 돌로 바울을 쳐서 죽은 줄로 알고 성 밖에 끌어 내치니라"(행 14:19). 두 번째는 베뢰아였는데, 거기서는 많은 유대교 지도자들이 "그중에 믿는 사람이 많고 또 헬라의 귀부인과 남자가 적지 아니하"(행 17:12)였다. 처음에 믿는 자들의 높은 사회적 지위는 커다란 돌파가 그곳에서 일어나고 있었음을 암시하지만 **데살로니가**(Thessalonica)**에 있는 유대인들이 바울이 하나님 말씀을 베뢰아에서도 전하는 줄을 알고 거기도 가서 무리를 움직여 소동케**"(행 17:13, 진한 부분은 저자의 강조). 그로 인해 사도들은 또 다시 도망쳐야만 했으며, "형제들이 곧 바울을 내어 보내어 바다까지 가게 하였다"(행 17:14).

우리가 여기서 보는 것은 바울이 반대 세력에게 허를 찔리고 도시 지도자들의 영리한 조종으로 인해 도시를 떠날 수밖에 없게 된 것이다. 뿐만 아니라 바울은 대다수 인구의 호의적인 반응에도 불구하고 영향력있는 집단의 군중 선동으로 인해 도망쳐야만 했다.

그의 대적들이 그렇게 할 수 있었던 이유는 우리가 결코 간과할 수 없는 중요한 교훈을 제공하는데, 그것에 대해서는 바울이 경험한 두 번의 커다란 승리를 검토한 후에 이야기하도록 하겠다.

첫 번째 승리: 고린도

변화를 일으킴에 있어서 바울이 거둔 첫 번째 성공은 고린도에서 일어났다. 거기서 그는 처음에 시간을 나눠 아굴라 및 브리스길라와 함께 장막을 제조하기도 하고, 안식일에는 회당에서 복음을 선포하기도 했다. 겉보기에는 후자(안식일에 회당에서 복음을 선포하는 일)가 몹시 감당하기 벅찬 일로 바뀌어 갔음에 틀림없다. 최근에 도착한 두 명의 동료(실라와 디모데를 지칭함-역자 주)가 그로 하여금 자유롭게 복음을 전파하도록 하기 위해 그 사업에 동참한 것이 그 사실을 입증해 준다(행 18:5을 보라).

그러나 바울이 아무리 전 시간을 헌신해 열정적으로 선포하더라도 종교 권력자들을 설득하는 데는 역부족이었다. 왜냐하면 "저희가 대적하여 훼방하거늘 바울이 옷을 떨어 가로되 너희 피가 너희 머리로 돌아갈 것이요 나는 깨끗하니라 이 후에는 이방인에게로 가리라"(행 18:6)고 말했기 때문이다. 바울은 회당을 떠나 "하나님을 공경하는 디도 유스도라 하는 사람의 집, 즉 회당 옆에 있는 그 집으로 들어갔다"(행 18:7). 우리가 이미 살펴본 것처럼, 그 이후 얼마 지나지 않아 그리스보의 회심이 다른 회심 사건들의 수문(水門)을 열었다.

그렇지만 예상한 것처럼, 반대세력이 공격을 가하기까지는 시간이 그리 오래 걸리지 않았다. "유대인이 일제히 일어나 바울을 대적하여 재판 자리로 데리고 와서"(행 18:12). 다시 한 번 바울은 강제로 법정에 출두하게 되었지만, 예전에 비시디아 안디옥과 데살로니가에서 경험한 것과는 달리 이번에는 최고 재판장이 "저희[바울의 고소자들]를 재판 자리에서 쫓아내었다"(행 18:16). 재판장은 자기 나라 말로 그 소송을 기각시키고 바울 편을 들어 주었다. 그 결과 바울은 큰 담대함을 얻어 아무런 제지도 받지 않고 사역하면서 그 도시에 일 년 반 동안 머물렀으며, 이내 그 지역 전체에까지 영향을 끼치게 되는 변화의 운동을 출범시키게 되었다.

두 번째 승리: 에베소

두 번째 돌파는 에베소에서 시작되어 빠른 속도로 지역 전체로 퍼져나갔다. "아시아에 사는 자는… 다 주의 말씀을 듣더라"(행 19:10). 그 운동의 특징은 하나님의 능력이 특별한 방식으로 나타난 것이었다. "하나님이 바울의 손으로 희한한 능을 행하게 하시니"(행 19:11). 바울의 사역은 피해자들을 주술로부터 자유케 하는 수준을 뛰어넘어 그 배후에 존재하는 악의 체계를 무력화시키는 데까지 나아갔다. "또 마술을 행하던 많은 사람이 그 책을 모아 가지고 와서 모든 사람 앞에서 불사르니"(행 19:19). 그 운동이 너무나 강력해서 어떤 장애물도 그것을 막을 수 없었으며, "주의 말씀이 힘이 있어 흥왕하여 세력을 얻으니라"(행 19:20).

다시 한 번, 반대세력이 그 모습을 드러내는 데 오랜 시간이 걸리지 않았다. 얼마 지나지 않아, "적지 않은 소동이 일어나"(행 19:23) 성난 군중이 그 도시를 요란함으로 가득 채웠으며, 바울의 동료 두 사람을 잡은 다음 그들을 살해하려는 의도를 가지고 "일제히 연극장으로 달려들어 갔다"(29절). 그 폭동이 지역의 주요 산업(주술)에서의 경제적 붕괴에 대한 두려움으로 더욱 가열되었기 때문에, 경제적인 위협을 느낀 그 지역 '상공회의소' 회원들은, 다른 도시들의 경우와 마찬가지로, 새롭게 일어나는 그 운동을 말살하고 싶어했다.

그렇지만 이번에는 뭔가가 달랐다. 아시아의 관원들이 바울의 친구가 되어 있었다(행 19:31을 보라). 상황에 대한 보고를 들은 후, 그들은 그에게 연극장으로 가지 말라고 권유했다. 그곳에서 바울의 동료 두 명이 폭행을 당하고 살해당할 위험에 처해 있었기 때문이다. 분명히 아시아의 관원들은 상황을 어떻게 처리해야 할지 알고 있었다.

왜냐하면 뒤따라 나오는 기록에는 서기장이 무리를 안돈시키고 군중에게 그들이 아무런 까닭도 없이 흥분하고 있다고 충고해 바울의 동료를 풀어 주도록 권유했을 뿐 아니라, 만약 해산하지 않을 경우 명예훼손혐의로 고소당할지도 모른다고 설득해 그 모임을 해산시켰기 때문이다(행 19:35-40). 그 후로 그 지역의 상황이 안전해졌기 때문에 바울은 자신이 마게도냐로 사역여행을 다니는 동안 그곳에 막 세워지고 있는 교회를 홀로 놓아두어도 괜찮다고 느끼게 되었다.

일터에 기반을 둔 사역의 결정적인 가치

사도행전에 나오는 이 이야기들은 네 도시가 부흥에 휩쓸렸지만, 두 도시는 그것을 거절해 멈추게 한 반면, 다른 두 도시는 그것을 붙잡아 확장시켜 나갔다는 아주 교훈적인 이야기들이다. 그런 패배와 승리의 이유는 무엇이었는가?

둘씩 짝지어진 두 경우를 비교해 볼 때, 내가 발견하는 현저한 차이는, 비시디아와 데살로니가에서 바울이 일반 주민과 특정 당국자들에게 종교적인 메시지를 가진 외인으로 보였다는 것이다. 그 메시지는 그 도시 전반에 분열을 야기시키고 도움이 되지 않는 것이거나 대수롭지 않은 것이라는 인상을 주었다.

그렇게 비쳐진 이유는 두 도시에서 바울이 회당을 관심의 초점과 작전의 근거지로 삼았기 때문이다. 이방인들과 그의 교제는 회당에 이끌려오는, 하나님을 경외하는 사람들에게 국한되었다. 그러나 회당에 끌리는 이방인들은 전형적인 이방인들이 아니었다. 결과적으로, 중요한 비유대적 시민들에 대한 그의 영향력은 기껏해야 최소한이었다.

반면에, 고린도와 에베소에서 바울의 대중적 이미지는 두 가지 이유로 도시의 핵심에 더 가까웠다. 첫째, 그의 작전 기지가 상업의 중심인 일터에 있었다. 그리고 둘째, 바울은 탄탄하고 평판 좋은 사업을 가진 장막 제조업자(말하자면 지역 상공회의소 회원)로서 대부분의 시간을 지역사회에서 보냈기 때문에 '그들 중 한 사람'이었다. 그는 자신의 사업을 그 지역사회를 유익하게 하는 통로로 바꿔 놓았다.

> 우리의 초점이 오로지 종교적인 것뿐이라면 사회는 우리를 환영하지 않을 것이며 공동체 일반에 아무런 유익도 산출해 내지 못하는 우리의 사역이 어떤 식으로든 성장하거나 확장되는 것을 반기지 않을 것이다.

아시아의 관원들이 왜 바울에게 동조하면서 기꺼이 바울의 친구로 알려지고자 했겠는가? 어쨌든 그 사람들은 가장 우선적으로 로마의 체제에 충성을 맹세한 이교도들이었다. 로마의 정책은 종교적 불안-이것 때문에 그들은 자연히 기독교에 대해 불쾌한 감정을 갖게 됨-을 용납하는 것은 말할 것도 없고 한 종교를 다른 종교보다 장려하지 않는 것이었다. 왜 그들은 그 지역 내에서 가장 강력한 연맹에 의해 선동된 폭동에 맞서 바울을 변호하고자 했을까? 그들은 바울이 '**단순히 교회에만이 아니라 그들이 감독하는 도시와 지역에도 가치 있는 존재**'였기 때문에 그를 위해 정치적인 강제력을 동원했을 것이다.

우리는 나중에 바울이 교회를 영적으로 준비시키기 위해 일터에서 자신의 위치를 어떻게 사용했는지 자세히 얘기할 때 그 증거를 보게 된다. "유익한 것은 무엇이든지 공중 앞에서나 각 집에서나 꺼림이 없이 너희에게 전하여 가르치고"(행 20:20). 그의 가르침의 폭넓은 범위에 대한 언급에 주목하라. "유익한 것은 **무엇이든지**." 그리고 사역이 일터에서 진행되었다는 언급에도 주목하라. "공중 앞에서나 각 집에서나… 가르치고." 회당에서의 사역은 공중 앞에서 한 것이 아니라 유대인들과 유대교 개종자들에 국한된 것이었다. 앞서 설명한 것처럼, '집'(house)이란 단어는 은연중에 일터를 암시한다.

다음으로, 바울은 그의 사업이 안락한 생활수준을 즐길 수 있을 만큼 수익성 있는 것이었다고 설명한다. "너희 아는 바에 이 손으로 나와 내 동행들의 쓰는 것을 당하여." 그것은 사회적 필요를 위해 재정을 내놓을 수 있을 만큼 충분한 잉여수익을 제공했다(행 20:34-35을 보라).

바울이 여기서 언급하고 있는 것은 궁핍한 자들에게 이따금씩 제공하는 기부금 같은 주변적인 자선행위가 아니라 훨씬 더 깊고 훨씬 더 구조적인 차원의 자선행위이다. 왜냐하면 그가 다름 아닌 주 예수의 말씀을 기준으로 언급하고 있기 때문이다. "주 예수의 친히 말씀하신 바 주는 것이 받는 것보다 복이 있다 하심을 기억하여야 할지니라"(행 20:35).

바울은 그의 많은 제자들이 그를 본받도록 하기 위해("범사에 너희에게 모본을 보였노니") 그의 사업을 사회적 필요를 충족시키기 위한 변화의 모델로 사용했다. 그것은 단지 사람들만이 아니라 사회-경제 체제에까지 영향을 주기 위해 계획된 과정의 일부였으며, 그 결과 도시 안팎의 상황이 호전되었고, 바울은 아시아의 관원들에게 호의를 입게 되었다. 그래서 '**그들이 바울을 그 지역의 자산으로 보게 된 것**'이다.

요즘 목사들은 그들의 회중에게는 아주 귀중한 자산이지만 그 회중들이 계속 활동하는 도시에서는 전혀 아쉬운 존재가 아니다. 왜냐하면 대개 그들이 하는 수고의 초점과 '**열매**'가 주로 그들의 회중을 중심으로 하고 있기 때문이다.

우리가 알고 있는 목사들 중에서 주지사나 시장 혹은 경찰청장의 '**개인적**' 친구로서, 그들의 사역이 지역의 심각한 이해관계로 인해 공격을 받을 때 그런 관리들의 지지를 받을 정도로까지 그들과 가까운 친구관계를 맺고 있는 목사가 과연 몇 사람이나 되는가? 아마도 극히 희박할 것이다.

우리의 초점이 오로지 종교적인 것뿐이라면, 사회는 우리를 환영하지 않을 것이며 '**공동체 일반에 아무런 유익도 산출해 내지 못하는 우리의 사역이 어떤 식으로든 성장하거나 확장되는 것을 반기지 않을 것이다.**' 이것은 성장하는 교회들이 건축허가나 사용허가를 놓고 시청과 논쟁에 휘말릴 때 분명해진다. 혹은 세속적인 미디어가 '**도시의 일상**

생활과 관련해서' 종교 뉴스에서 아무런 의미도 발견하지 못하기 때문에 더 이상 종교 뉴스를 보도할 가치를 느끼지 못한다는 사실에서 더욱 분명해진다.

정부에서 영향력 있는 친구들의 가치

만약 사역자들이 도시에서, 혹은 아르헨티나의 교도소와 같은 기관들에서 곤경에 처한 자들을 돌본다면, 당국은 그들이 공격을 당할 때 그들을 단호하게 옹호해 줄 것이다.

'그리스도 유일한 소망'(Christ the Only Hope) 교도소라 불리는 유닛 25(Unit 25)는 설립과 동시에 거세게 일렁이는 부패의 바다에서 의의 섬으로 자리잡았다. 그토록 거친 바다에서 부패의 물결이 얼마나 높은지는 국가의 도급자(都給者, 어떤 공사의 완성 날짜·양·비용 따위를 미리 정하고 도맡아 진행하는 사람-역자 주)들이 일상적인 식량배달을 위해 새 교도소에 오던 첫날 분명히 드러났다. 정육점 주인과 제빵업자 및 조류 판매상들이 제각기 **'정부가 지급하는'** 공급물자 중에서 얼마나 많은 분량이 그 도시 내에 **'교도소장이 은밀하게 소유하고 있는'** 가게로 들어와야 되는지(추적하기 힘든 부정행위) 물었다. 그것이 그 시스템 내에서 관행이 되어 있었던 것이다.

교도소장이 유닛 25는 기독교 교도소라는 것과 재소자들에게 할당된 모든 것이 제대로 배달되어야 한다고 설명했을 때, 공급업자들은 그가 자신을 보호하기 위해 겉으로만 그렇게 말하는 것으로 생각했다. 그래서 그들은 부소장에게 다가갔으나 부소장도 그와 똑같이 대답했다. 당혹스런 나머지 그들은 감사관에게 달려갔지만 그도 역시 그리스도인이었다. 감사관은 그들에게 부패행위를 멈추고 공급물자들을 규정대로 배달하라고 요구했으며, 그렇지 않을 경우 공급자가 아니라 항구적인 교도소 거주자가 될 위험을 감수해야 할 것이라고 말했다!

그 상인들은 자신의 행위를 회개하고 결국 그리스도인이 되었다. 하지만 그 이야기의 결말은 재소자들이 마침내 풍성한 음식을 공급받게 되었으며 그것을 선하게 사용하게 되었다는 것이다.

재소자들은 일주일에 두 번씩 금식을 했기 때문에, 쓰지 않고 아껴둔 것과 가족들이 보낸 물품꾸러미의 십일조를 합해, 근처의 빈민가에 있는 어린이들에게 음식을 제공하기 시작했다. 그들이 제공하는 무료 급식차는 그 도시에서 가장 잘 운영되는 사회사업으로 특별한 인정을 받게 되었다.

도전적인 측면은 유닛 25의 정직성이 다른 교도소들의 구조적인 부패를 폭로했다는 것이었다. 다른 교도소들에서는 범죄자들이 즉각적으로 책임을 맡은 그리스도인들에게 위협을 가했는데, 그것은 책임을 맡은 그리스도인들이 구조적인 부패를 가능케 하는 침묵의 규약을 깨고 정직성의 표본이 되었기 때문이었다.

그리스도인들이 굳건히 서자, 그들의 평판을 훼손하기 위해 거짓 참소들과 치밀하게 계획된 소문들이 조작되었다. 그렇지만 상황이 막바지에 이를 때는 당국자들이 그리스도인들을 옹호했다. 아시아의 관원들처럼, 그들은 그리스도인들이 그 조직에 얼마나 큰 자산인가를 깨닫게 되었다.

승리의 전략

에베소에서 바울의 전략은 네 부분으로 이루어졌다. 즉 '**곤경에 처한 (가난한) 자들을 돕기 위한**' 자원을 창출하기 위해 (일터에 있는 사업에서) '**열심히 일하라**', 그리고 그렇게 하면서 (사회에 의해) '**빼앗는 자가 아니라 주는 자**'로 인식되기 위해 '**그리스도를 본받으라**'는 것이었다. 실제로 바울이 15년의 사역 후에 마침내 발견하게 된 것은 초대교회가 태어나던 첫 날에 자연스럽게 행했던 바로 그것이었다. 그것은 사도행전 2장 44-47절에 기록되어 있다(강조는 저자의 첨가).

> 믿는 사람이 다 함께 있어 '**모든**' 물건을 서로 통용하고 또 재산과 소유를 팔아 '**각 사람**'의 필요를 따라 나눠 주고 날마다 마음을 같이 하여 성전에 모이기를 힘쓰고 집에서 떡을 떼며 기쁨과 순전한 마음으로 음식을 먹고 하나님을 찬미하며 또 '**온 백성**'에게 칭송을 받으니 주께서 구원받는 사람을 날마다 더하게 하시니라

위의 말씀을 좀더 면밀히 살펴보도록 하자. 초대교회는 성도들의 자원을 모아서 필요한 자들과 나눴다. 전통적으로 우리는 그것이 오직 교회 성도들의 유익만을 위해 내적으로 행해진 비공식적인 행위였다고 해석한다. 그렇지만 본문은 수혜자들을 분명히 하기 위해 "모든"과 "누구든지"이라는 단어를 사용한다. 그 두 단어는 제한적인 단어가 아니라 포용적인 단어이다.

그 다음 구절에 매일의 공적인 식사와 활동이 실외에서, 성전에서,

그리고 집집마다에서(일터) 진행되었다고 묘사된 것은, 그것이 단지 교회 성도들만이 아니라 그 이상의 대상들에게 혜택을 주기 위해 행해졌음을 강력히 암시하는 것이다.

이것을 더욱 분명하게 확증해 주는 문장이 47절에 나오는데, 거기엔 교회가 "온 백성"에게 칭송을 받았다고 되어 있다. 여기서 "백성"이라는 용어는 회중 바깥에 있는 사람들을 묘사한다.

왜냐하면 그 다음 문장이 그들 중 많은 사람들이 "날마다 '**교회에**' 더해졌다"고 설명하고 있기 때문이다. 그러므로 45절의 '모든'이라는 단어를 47절의 '온 백성'과 연결시키면 초대교회가 그 자체 내의 멤버들만이 아니라 가난한 사람이면 '**누구든지**' 돌보았다는 것이 훨씬 더 분명해진다!

교회가 '**온 백성**'에게 '**칭송을 받았다**'는 진술은 바울이 에베소인들에게 받았던 은총과 유사한 것이며, 그런 은총은 그들 중 많은 이들이 교회에 합류하는 데 큰 역할을 수행했다. 복음전도자로서, 나는 새로운 신자들이 '**하나님의 지휘하심으로 날마다 더해졌다**'는 그 이야기에 대단히 큰 자극을 받았다. 왜냐하면 복음전도자를 몰아가는 것은 수많은 무리들이 교회에 더해지는 모습을 보고자 하는 열정이기 때문이다. 그 본문은 주님께서 구원받을 자들(복수)을 날마다 더하셨다고 구체적으로 기록한다.

가장 낮은 복수는 숫자 2이다. 만약 하나님께서 1년 365일 동안 날마다 교회에 하루 최소 2사람씩 더하신다면, 일년에 730명씩 회중이 증가할 것이라는 합리적인 결론이 나온다. 그것은 오늘날 평균과는 거리가 먼 수치이다.

은총 베푸는 행위의 기하급수적인 가치

외인들에게 '은총을 받는 것'이 그런 일이 일어나게 하는 열쇠처럼 보이기 때문에, 나는 주님께 사도행전 2장 47절에 언급된 것과 같은 은총을 얻는 비결이 무엇인지 물었다. 솔직히 내가 아주 멋들어진 설명을 찾고 있었다고 고백해야 할 것 같다. 그렇기 때문에 나는 주님께서 그 비결이 얼마나 간단한지 보여 주셨을 때 깜짝 놀랐다. 즉 사람들에게 은총을 받기 위해서는, '**우리가 사람들에게 은총을 베풀어야 한다**'는 것이었다. 그리고 우리가 '**온 백성에게**' 은총을 베푼다면 '**그들 모두에게**' 은총(확신, 충성, 감사, 개방 등)을 얻게 될 것이다. 그것이 바로 초대교회가 생활방식으로 삼았던 것이며, 그럼으로써 회심사건을 흥미롭고 매력적인 것으로 느껴지게 하는 환경을 조성했다.

한 걸음 더 나아가, 그 본문은 초대교회가 '**매일의**' 업무에 열려 있었다는 사실을 보여 준다고 주님께서 나에게 지적해 주셨다. 왜냐하면 식사는 교회모임의 공적인 표현이었기 때문이다. 아마도 주님께서는 오늘날 많은 교회들이 일주일에 딱 한 번, 그것도 단 몇 시간만 열려 있다고 생각하실 것이다. 그리고 대담하게 그런 종교집회에 나오는 소수의 방문자들에게 주님을 영접할 기회를 제공하기 위해, 그 짧은 시간들이 설득력 있는 복음제시에 사용되는 경우는 극히 드문 일이다. 매년 그렇게 교회 안으로 들어오는 사람이 그토록 적은 것도 놀라운 일이 아니다. 비록 그런 사람이 있긴 하지만 말이다!!

위의 본문에서 우리는 또한 초대교회가 한 가지 차원이 아니라 두 가지 차원으로 가동되었음을 본다. 그것은 "하나님을 찬미하는 것"(그들을 하나님과 연결시키는 '**수직적인**' 차원)과 "온 백성에게 칭송을 받는 것"(그들을 도시와 연결시키는 '**수평적인**' 차원)이었다. 이 두 가지 차원이 서로 협력해 가동됨으로써 하나님께서 지휘하시는 매

> 사람들에게 은총을 입기 위해서는 우리가 사람들에게 은총을 베풀어야 한다.

일의 증가가 가능케 된 것이었다. 일반적으로 오늘날의 교회는 찬양의 영역에서는 상당히 잘해 나가고 있다. 그것은 찬양이 프로그램의 중추적인 부분이기 때문이다. 하지만 수평적인 차원에서는 기준(교회 밖의 사람들에게 칭송을 받는 것)에 미치지 못하는 경향이 있다. 그 이유는 간단하다. 교회 밖의 사람들이 그들의 계획적인 은총의 대상이 아니기 때문이다.

바울은 자신의 사업을 강단 사역자들과 일터 사역자들 사이의 간격을 메우기 위한 매개체로 전환했기 때문에 회당 밖에서 변화의 과정을 시작하고 유지할 수 있었다. 그 결과 그는 복음의 메시지만이 아니라 일터에 24시간/7일 동안 '**변화를 일으키는 복음의 생활방식**'을 보여줌으로써 모델적인 리더가 되었다. 뿐만 아니라 그가 가난한 자들을 돌보는 데 대단히 적극인 모습을 보여 주었기 때문에, 신앙 없는 사람들은 그것을 통해 경건의 실제적인 가치를 볼 수 있게 되었다. 그는 하루하루 생존해 나가는 데 필요한 원동력을 공급하고 있었던 것이다. 결과적으로, 그는 도시 내에서 칭송을 받게 되었는데, 특히 도시의 지도자들에게 칭송을 받았다. 그것이 바로 반대세력들이 그를 도시 밖으로 몰아내려고 했을 때 그에게 가장 큰 도움으로 작용했던 것이었다.

새롭게 일어나는 그 운동을 무너뜨리기 위한 새로운 공격들은 종교

지도자들이 아니라 일터에서 가동되고 있는 시스템과 그 시스템의 산물인 조합에 의해 촉발되었다. 복음이 단순히 건물 내에서가 아니라 **'일터에서'** 확산되어 그 지역의 경제에 영향을 미쳤기 때문에, 마귀가 경제적인 요소들과 악한 영적 요소들을 지역 경제의 조직 속에 합병시켜 넣음으로써 그 지역 위에 세워 놓았던 구조적인 견고한 진의 실체가 드러나게 된 것이다. 바울과 그의 동료들은 도시의 중심인 일터에 작전본부를 세운 결과 내부에서부터 바깥으로 그 문제를 다뤄 나갈 수 있었다.

간격을 어떻게 메울 것인가

이와 같은 일터로의 전환을 설명할 때 비록 내가 바울의 기록에 초점을 맞추긴 하지만, 그런 전환의 책임이 강단 사역자들에게만 국한되어서는 안 된다는 점을 분명히 할 필요가 있다. 성공하기 위해서는 강단 사역자들과 일터 사역자들 양측이 함께 움직여야 할 것이다. 일터 사역자들은 자신의 직업을 사역의 교두보로 전환하는 데 적극성을 발휘해야 한다. 그런 이유로 나는 전통적인 목사들에게 **'일터에 있는'** 성도들 한 사람 한 사람을 찾아가는 일상적인 목회심방을 좀더 늘리고, 그들에게 실제적인 일터 목회 훈련을 제공하라고 끊임없이 권면한다.

 이것을 오늘의 실정에 적용해 보자면, 우리는 강단과 일터 사이의 긴장을 완화해야 할 필요가 있다. 강단(회당)만을 통해서 나아갔더라면 바울은 결코 아시아를 복음화하지 못했을 것이다. 그것은 오늘날에도 마찬가지다. 아시아와 라틴 아메리카, 그리고 아프리카에 아주 큰 회중을 목회하는 사역자들이 있는 것은 축복된 일이다. 아주 뛰어난 재능을 가진 이 특별한 지도자 그룹은 수많은 사람들을 그리스도에 대한 믿음으로 이끌었으며, 많은 지도자들이 수십만 명의 회중(특히 어떤 지도자는 등록교인 200만 명에 근접하고 있음)을 보유하고 있다. 하지만 **그들 중 아무도 아직 도시를 변화시킨 적이 없으며 나라는 말할 것도 없다.** 그 이유는 아주 간단하다. 도시나 국가의 변화는 강단만으로는 성취될 수 없기 때문이다.

전략적인 협력

그렇게 말하긴 했지만, 회당의 역할이 없었더라면 바울이 아시아를 복음화할 수 없었을 것이라는 사실을 인정함으로써 그 말에 균형을 잡아야 할 필요가 있다. 즉 매주 성경이 낭독되는 곳인 회당이 하나님의 신탁의 영적 전초기지 역할을 한 것이다. 오늘날에는 오로지 사회적인 연구 결과로만 얻어진 결론들을 널리 보급시킴으로써 교회의 관련성을 무가치한 것으로 치부하는 것이 위험할 정도로 유행하게 되었으며, 심지어 그것을 즐기기까지 하게 되었다. 사실 사회적인 연구 결과로만 얻어진 결론들은 교회에 대한 사망선고나 다름없는 것들이다.

어떤 이들은 '낡은' 교회로부터 단절된 '새로운' 교회의 출현을 옹호하는 데까지 나아간다. 하지만 현대판 **'회당들'**이 없으면 세상을 복음화할 수 없다는 것을 곧 발견하게 될 것이다. 우리는 교회를 무시할 것이 아니라 강단과 일터 간의 긴장을 완화시켜야 한다. 둘 중 어느 하나를 선택한 다음 나머지 하나를 배제해 버릴 것이 아니다.

그렇게 하기 위해서, 나는 다음과 같은 네 단계를 제안한다.

1. 도시나 나라를 변화시키기 위해서는 일터가 변화되어야 한다.

2. 일터를 변화시키기 위해서는 일터 사역자들이 인정을 받아야 한다.

3. 일터 사역자들을 인정하기 위해서는 강단 사역자들(사도행전 18장과 19장의 바울과 같은)이 그들에게 다가가 그들과 동역해야 한다.

4. 일터 사역자들을 전략적으로 배치함으로써 '회당'(지역교회)에 있는 영적인 부를 일터로 끌어와야 한다.

하와이에서, 이런 협력과정에서의 전환점은 '사업을 위한 기름부음' 세미나의 끝시간에 300명에 가까운 목사들이 대략 2,300명의 일터 사역자들을 임명했을 때 일어났다. 그것은 강단 사역자들이 공개적으로, 그리고 공식적으로 일터 사역자들을 사역의 동료로 인증하는 순간이었다. 나는 그 의식에 참여하는 특권을 누렸는데, 그것은 내가 지금까지 경험해 보지 못했던 가장 뜻깊은 사역 경험들 가운데 하나였다.

먼저, 강단 목사들은 평신도와 성직자를 구분함으로써 비성경적인 교회 개념을 지속시켜 온 것에 대한 용서를 구하기 위해 청중 앞에 무릎을 꿇었다. 다음으로, 일터 사역자들은 하나님께서 자신에게 부여해 주신 사역의 위치를 감당하지 않기 위해 낡은 고정관념 뒤에 숨어 있었던 것에 대한 용서를 구했다. 양측 모두 눈물이 비오듯 쏟아져내렸다.

마지막으로, 강단 사역자들은 호텔과 레스토랑, 학교, 병원 등 자신에게 주어진 영향권에서 목회하도록 일터 사역자들에게 안수해 파송했다. 모든 사람이 그 시간의 신성함을 절감했다. 마치 미세한 안개가 그 집회에 내린 것 같았다. 강단 사역자들과 일터 사역자들이 서로를 끌어안고서 하와이 민족이 구원받을 때까지 함께 일할 것을 공적으로 서약했을 때 그 의식은 절정에 달했다.

그때 이후로, 무수히 많은 소규모 변화의 그룹들이 일터에서 생겨났으며, 그 결과 하와이는 점점 더 놀라운 수준의 변화를 경험하고 있다.

목표는 '**회중석**'이 아니라 세상이다

핵심은 하나님의 나라를 '이방인들에게'-교회에 나오지 않는 자들, 우리의 종교적인 가치를 갖고 있지 않으며 행동으로 우리의 관심을 끌지 못하는 사람들-가져가기 위해 의도적으로 '**강단과 일터를 연결시키는 것**'이다. 여기서 핵심 단어는 '**가져가다**'이다. 왜냐하면 그 단어는 그들이 우리에게 오기를 기다릴 것이 아니라 우리가 '**가야 한다**'는 것을 강조하기 때문이다.

이처럼 세상 속으로 돌격해 들어가는 것은 우리가 지금까지 훈련받아 온 것에 반하는 것이기 때문에 그것을 뒤집기 위해서는 의도적인 노력이 필요할 것이다. 간헐적인 복음전도 활동을 제외하면 우리의 전통적인 초점은 일터가 아니라 기본적으로 회중석에 맞춰져 있기 때문이다. 이것은 신학교의 훈련이 불신자들-도시나 나라는 고사하고-이 아

> 핵심은 하나님의 나라를 교회에 나오지 않는 자들에게 가져가기 위해 의도적으로 강단과 일터를 연결시키는 것이다.

니라 신자들을 목회할 사역자들을 준비시키기 위해 고안되었다는 사실에 기인한다.

나는 언젠가 유력한 기독교 잡지에서 큰 신학교를 홍보하는 전면광고를 본 적이 있다. 그 광고는 감동적인 설교자의 활동 사진을 크게 부각시켰다. 그 설교자의 사진 아래에는 "우리의 열정은 회중석에 있는 사람들입니다"라는 제목이 쓰여 있었다. 그때 나는 큰 소리로 이렇게 물었던 기억이 있다. "회중석에 있지 **'않은'** 사람들, 즉 스테인드 글래스로 장식된 교회 울타리 안에 발을 들여 놓으려 하지 않는 다수의 사람들은 어떻게 할 것인가?" 그렇게 제한적인 관점으로 인해 생겨나고 북돋워진 무력증 속에서 다스린다는 것은, 이 책에서 설명하고 있는 것과 같은 급격한 패러다임의 전환이 없으면, 불가능하지는 않을지 모르지만 지극히 어려운 일이다.

문화적인 무력증의 무게

바울의 직접적인 경험으로부터 우리는 전통이 행사할 수 있는 파괴적인 영향력에 관해 유익한 통찰을 얻을 수 있다. 사역으로 부름받은 것에 대해 아그립바 왕에게 설명하는 과정에서, 바울은 하나님께서 자신을 이방인들에게 보내셨다고 명백하게 진술했다. "내가 네게 나타난 것은… 너로 사환과 증인을 삼으려 함이니 이스라엘과 이방인들에게서 내가 너를 구원하여 저희에게 보내어 그 눈을 뜨게 하여 어두움에서 빛으로, 사탄의 권세에서 하나님께로 돌아가게 하고 죄사함과 나를 믿어

거룩케 된 무리 가운데서 기업을 얻게 하리라"(행 26:16-18).

자신이 이방인들에게 보냄받았다는 바울의 이해는 베드로가 할례자(유대인)에게 보냄받은 것과 같이 자신은 무할례자(이방인들)의 사도로 세우심을 입었다고 그가 갈라디아인들에게 설명하는 과정에서 재차 언급했던 것이다(갈 2:7-9을 보라).

그렇지만 바울과 바나바가 안디옥에서 처음 파송받았을 때는 '**회당에서**' 설교하기 시작했다고 기록되어 있는데(행 13:5을 보라), 그가 만약 이방인들에게로 부르심을 받았다면 그곳은 설교하기에 합당치 않은 장소였다. 그것이 **그가 회당을 떠나 자신이 원래 부름받은 일을 할 때까지**-이방인들에게 가는 것(고전 18:6을 보라)-도시나 지역의 변화를 목도하지 못한 주된 이유였을까?

나는 바울이 16년간 자신의 직접적인 사역의 대상을 좇는 데서 벗어난 것이 문화적인 무력증에서 기인했다고 믿는다. 그의 종교적인 훈련이 새롭게 임한 영적 계시와 정확한 하나님의 지시를 짓밟아버렸기 때문에 그가 그것을 극복하는 데 그토록 오랜 시간이 걸린 것이다. 이것은 오늘날 수많은 지도자들의 경우에도 그대로 적용된다. 대부분의 사역자들은 잃어버린 자들에 대한 열정 때문에, 아니면 적어도 잃어버린 자들에 대한 강렬한 사랑 때문에 강단으로의 부르심에 응답했다. 그들은 많은 사람들이 주께 돌아오는 것을 보고자 하는 강렬한 열망에 자극되어 사역에 입문했다.

하지만 그 여정의 어느 지점에선가, 그들은 원래의 길에서 벗어나 이제 99퍼센트나 혹은 그 이상의 시간을 신자들과 함께 보내는 방향으로 나아가게 되었다. 그 결과 너무나 많은 사역자들이 좌절을 경험한 것도 결코 놀랄 만한 일이 아니다. 그렇지만 그들이 자신들의 회중을 목자가 필요한 양으로 보기를 멈추고 그들을 훈련해 목자로 파송하기 시작할 때 문제는 해결된다. 그래서 그들을 도시 내에서 우리의 '회당' 바깥에 거주하는 양들(이방인들)의 목자가 되게 하는 것이다.

하나님께서 어떻게 그것을 역전시키고 계시는지 실례를 들어보겠다. 우리 팀이 텍사스 주(州), 포트 워스(Fort Worth)에 있는 한 경찰서에서 「일터에서의 변화」(Transformation in the Marketplace) DVD 시리즈에 필요한 자료를 촬영하고 있을 때, 케네스 플린(Kenneth Flynn) 서장과 마크 쏜(Mark Thorne) 경사가 그 지역의 목회자 및 경찰 연합단체(Clergy and Police Association)인 CAPA에 대한 이야기를 해주었다.

플린 서장은 전에 목회자들과 경찰관들이 협력했을 때의 긍정적인 효과를 본 적이 있었다. 그래서 양측이 도시 내에 있는 새로운 초소에서 연합할 때, 그는 일터에서 목회하는 것을 도와줄 목사들을 모집하도록 쏜 경사를 보냈다. "만약 그들을 제 순찰차에 태울 수만 있다면, 저는 그들을 교회의 벽 바깥으로 데려가 도시를 볼 수 있게 할 수 있지요." 쏜 경사가 말했다.

12명의 목사들로 시작한 모임이 5년도 되지 못해서 120명의 목사를 포함하는 단체로 성장했다. 결과는 손에 잡힐 만한 것이다. 오늘날 몇몇 조사에 따르면, 포트 워스는 미국 내에서 가장 안전한 10대 도시에 속하게 되었는데, 그것은 상당 부분 CAPA의 노력으로 성취된 업적이다. CAPA 회원들은 포트 워스 경찰/소방 훈련 센터에서 열리는 '사역자를 위한 경찰학교'(Minister's Police Academy)에 참석한다. 목사들은 이렇게 고백하고 있다. "전에는 한 번도 우리 지역사회의 내부를 진실하게 들여다본 적이 없었죠. 하지만 이제는 들여다볼 뿐만 아니라 지역사회를 위해 뭔가를 할 수도 있게 되었습니다."

2005년에 허리케인 카트리나(Katrina)와 리타(Rita)로 인해 9만 명의 이재민이 멕시코만에서 포트 워스로 왔을 때, CAPA는 중대한 구호를 제공하기 위해 단 몇 시간 만에 회원들을 동원했다. 그 도시는 교회가 등록교인들을 위한 집회를 갖는 것 이상의 훨씬 더 많은 일을 할 수 있다는 것을 보았다. 플린 서장은 다음과 같이 속내를 털어놓았다. "저는 이 경찰서의 서장이 되는 순간 사역에 **들어갔습니다.**"

비디오를 촬영하는 동안, 한 여성이 절박한 심정으로 경찰서에 전화를 걸었다. 쏜 경사가 전화를 받았는데, 몇 분 후에는 전화로 그녀와 함께 기도하고 있었다.

또 다른 경우, 한 지역사회 모임에서 기도를 인도하고 난 후였는데, 어떤 사람이 쏜 경사에게 말했다. "경사님, 아무래도 경사님의 부르심을 놓친 것 같은데요. 경사님은 목회자가 되셨어야 하지 않나 싶습니다." 그는 정중하게 대답했다. "아뇨, 저는 부르심을 놓치지 않았습니다. 저는 실제로 목회자입니다. 포트 워스 경찰서에서 섬기는 일터 사역자 말예요."[1]

'**양들을 목회하는**' 사역에서 '**사역자들을 준비시키는**' 사역으로 전환하기 위한 열쇠는, 에베소서 4장 11절에 따라, '**다른 사람들**'로 사역의 임무를 수행할 수 있도록 준비시키는 것이 강단 사역자들의 부르심임을 기억하는 것이다. 이런 전환을 통해 그들은 일터에 초점을 맞추게 될 것이다. 이것은 윈-윈의 연합이다. 왜냐하면 목사들은 자신이 훈련시키는 자들을 통해 엄청난 수의 사람들이 그리스도께 돌아오는 것을 목도하게 될 것이며, 그럼으로써 자신의 원래적인 비전을 성취하게 되기 때문이다.

일터 사역자들은 자신의 업무 시간의 대부분을 보내는 일터에 변화를 가져오게 될 것이며, 그럼으로써 그곳을 **'진정한'** 예배장소로 바꿔 놓게 될 것이다. 무엇보다도, 도시들과 지역들, 그리고 결국에는 나라들이 절박하게 필요한 변화를 경험하게 될 것이다. 아시아에서 바울을 통해 그런 일이 일어났었다.

9장

일터에서의 예배

Worship
in the
Workplace

패러다임 3:

노동은 예배이며 모든 신자는 사역자이다.

TRANSFORMATION

미네소타 주(州), 엘크 리버(Elk River)에 소재한 보드리 정유회사(Beaudry Oil)의 최고경영자인 켄 보드리(Ken Beaudry)는 언짢은 소식을 받았다. 그의 최고 판매사원 중 한 사람이 경쟁 회사에 입사하기 위해 사직서를 제출했다는 것이었다. 비록 그것이 켄에게 달가운 소식은 아니었지만, 그럼에도 불구하고 그는 그 상황에 변화의 원리를 적용해 경영팀에게 이렇게 공표했다. "노동이 곧 예배이기 때문에, 우리는 그 사람에게 안수해 '**우리 경쟁 회사에서**' 예배할 수 있도록 그를 파송할 것입니다."

일터에서의 예배는 우리가 '**그분의**' 임재 가운데 있는 것만이 아니라, 우리의 일상적인 활동이 진행되는 일터 한가운데서 그분이 '**우리의**' 임재 가운데 계시다는 사실을 깨닫는 것과도 관계가 있다.

하나님께서 중역회의에 참석하셔서 주의 깊게 귀를 기울이시며 시의적절하고 노련한 조언을 제공하시는 모습을 상상해 보라. 공장의 야간근무시 그분이 야간근무조 부조장으로 나타나셔서 모든 것을 잘 돌아가게 하고 당신을 훌륭한 관리자로 보이게 하려는 임무를 수행하시는 모습을 상상해 보라. 캠퍼스에서는 모두가 존경하는 상징적 인물로, 학생들과 교수진 모두에게는 선생님으로, 모든 사람의 친구로, 그리고 조직 내에서는 예상을 뛰어넘는 상담가로 활약하시는 그분을 상상해 보라. 아니면 그분이 입법부의 회기 때마다 발코니에 앉아 계시거나 혹은 의회의 홀을 거니시면서 어깨 위에 국가의 부담을 짊어지고 있는 사람들에게 심오한 정치적 통찰력과 지혜의 금덩어리들을 던지고 계시는 모습을 상상해 보라. 그리고 만약 우리가 하나님께서 우리의 일상적 업무들과 책임들 하나 하나에 얼마나 깊이 관여하시고 임재하실 수 있는지 이해한다면 그것들을 얼마나 다르게 바라보게 될 것인지 상상해 보라.

슬프게도, 많은 그리스도인들이 전적으로는 아닐지라도 기본적으로 하나님을 천상의 배경에서 생각하도록 프로그램되어 왔기 때문에 하나님께서 그렇게 실제적인 상황 속에 계시는 모습을 상상하지 못한다. 마치 지상의 일들은 전혀 그분의 관심을 끌지 못하는 것처럼 생각하는 것이다. 대부분의 신자들이 기도를 통해 일터에서 하나님의 도우심을 구할 수 있다고 말할지 모르지만, 하나님께서 지속적으로 그렇게 역사하시는 모습을 실제로 상상할 수 있는 사람은 극소수에 불과하다.

그렇지만 위에서 언급한 시나리오들은 우리의 일상적인 일들과 무관한 것이어서는 안 된다. 에덴동산에서는 매일같이 하나님께서 동산의 관리책임을 맡은 관리자들과 함께 거니시며 대화하시기 위해 오후의 서늘한 시간에 내려오셨다. 그분은 에덴동산에 있는 아담과 하와를 방문하셔서 그들의 일터 한가운데서 그들과 의미 깊고 생산적인 교제를 나누셨다.

가장 편안한 날씨 속에서(오후의 서늘할 때에) 그렇게 하셨다는 사실은 하나님께서 그 시간을 유쾌한 시간이 되게 하려는 의도였음을 암시한다. 그런 방문의 시간 동안 무엇이 논의되었는지에 대한 완전한 기록은 없지만, 적어도 결혼과 자녀들, 원예농업, 가축, 토지관리, 동물에게 이름 붙이는 법, 그리고 음식물 등이 그 주제들에 포함되었을 것이다.

　'매일의' 방문사건들은 기본적으로 아담과 하와를 위한 것인 동시에 그들이 할당받은 일을 위한 것이기도 했다. 하지만 그것은 양방향 도로와 같은 것이었다. 왜냐하면 할아버지 · 할머니들이 손자 · 손녀들과 교제하면서 얻는 기쁨과 비슷하게, 하나님께서도 거기서 큰 기쁨을 수확하셨을 것이기 때문이다. 그것은 어린 아이들이 할아버지 · 할머니를 위해 할 수 있는 일 때문이라기보다 뭔가를 함께함으로써 할아버지 · 할머니들이 **'만족을 얻는다'**는 사실 때문이다. 손자 · 손녀들이 노인들에게 영광인 이유는 그들이 자신의 확장이기 때문이다.

　아담과 하와도 하나님께 그와 마찬가지였다. 하나님께서는 **'일하는 현장 속에서'** 그분 자신의 형상대로 창조된 사람들과 교제할 수 있음으로 인해 만족을 얻으셨다. 아담은 무슨 노동을 하든지 그것을 예배와 관련지었다. 왜냐하면 그것이 바로 하나님께서 바라보시는 관점이었기 때문이다.

　성경의 기록에 따르면, 하나님의 방문사건 동안 주제는 항상 지상에 관한 것이었다. 죄가 피조물을 더럽힌 후에도, 하나님의 명령은 인간의 노동에 대한 땅의 임박한 적대적 반응과, 자녀를 출산하는 일과 고통이 어떻게 뒤얽히게 될 것인지, 그리고 남편과 아내 간 관계에서의 부정적인 변화 등을 중점적으로 다루었다. 영적인 동력이 죄로 인해 근본적으로 바뀌긴 했지만, 천국도 지옥도 처리해야 할 항목에 올라 있지 않았다. 모든 주제는 **'땅에서의'** 문제들과 관련되었다.

　이것은 성경에 나오는 비슷한 만남사건들 속에서도 마찬가지였다. 아브라함이나 요셉, 모세, 여호수아, 기드온, 혹은 베드로와 바울과 제자들이든지, 하나님과 인간들 사이의 만남의 이유는 항상 땅에서의 상황이었고, 또 거기에 대처하는 데 필요한 하나님의 명령과 능력과 기름 부음의 분배였다. 어떤 인간도 천국에서, 혹은 천국을 위해서 뭔가를 하라는 요구를 하나님께 받은 적이 없었다.

오늘날에도 마찬가지다. 예수께서 십자가에서 구속하신 일 덕분에, 하나님은 일터에서 지극히 개인적으로 우리와 다시 연락을 주고받으실 수 있다. 왜냐하면 노동이 예배의 위치로 회복되었기 때문이다.

사역으로서의 노동

하나님의 계획은 우리를 그분의 사역자로 만드는 것이었다. 오늘날 '사역하다' 라는 단어는 오로지 종교적이고 전례적인 문제들과만 연관되어 있다. 하지만 사역자는 단순히 어떤 사물이나 사람을 돌보고, 보호하며, 간호하는 사람이다. 웨이터와 의사, 변호사, 혹은 택시 운전사는 그들이 제공하는 서비스를 통해서 사람들의 필요를 **'섬기기'** 때문에 사역자이다. 하나님께서 부여하신 임무를 수행함으로써, 인간은 그분을 섬기는 동시에 그런 일로부터 유익을 얻는 사람들—지구 자체를 포함해—을 섬긴다.

하나님의 피조물로서 우리의 궁극적인 목적이 그분을 예배하는 것이기 때문에, 노동이 **'가장 첫째 가는'** 예배의 표현으로 재발견되어야 한다. 바울은 다음과 같은 말씀에서 그것을 암시하고 있다.

"무슨 일을 하든지 마음을 다하여 주께 하듯 하고 사람에게 하듯 하지 말라"(골 3:23). 만약 우리가 노동을 균형 있게 바라보지 못한다면, 지구상에서 예배는 삶의 수평적인 차원에 거의 아무런 영향도 미치지 못하는, 간헐적이고 천상에 속한 활동으로 축소되어 버린다.

창세기의 앞 부분에 나오는 몇 개의 장들 속에는 예배에 대한 분명한 언급이 없는데, 그것은 예배가 노동을 통해 일어났기 때문이다. 그것은 사람이 하나님을 예배하도록 창조되었다는 우리의 믿음에서 볼 때, 얼핏 이상하게 보일지 모른다. 하지만 그것은 우리가 노동과 예배를 이분화할 때에야 가능하다. 왜냐하면 하나님께서 아담과 하와에게 하나님(창조주)과, 서로(서로를 양육하면서)와, 그리고 다른 존재들(동물들과 식물들)에 대한 사역으로 에덴동산을 돌보라고 말씀하셨기 때문이다. 따라서 노동과 예배는 상호 교체가 가능하게 되었다.

그것은 구약성경 전체에서 명백히 볼 수 있다. 구약에서 하나님의 사람들은 예배의 한 표현으로 제단에 드리기 위해 노동의 열매(동물들, 농산물, 곡식 등)를 가져오라는 명령을 받았다. 그것은 인간이 행한 일의 열매에 의존하는 행위였다. 그런 상황을 염두에 둘 때, 노동과 예배가 얼마나 중추적으로 연결되어 있는지 깨닫지 못한다는 것은 불가능한 일이다.

실제로, 히브리어에서 두 단어는 동일한 어근을 갖고 있다. 히브리어 '**아바드**'(avad)는 '일하다,' '섬기다,' 그리고 '예배하다' 라는 의미를 가지고 있다. 그 동사의 의미 중 하나님을 '예배한다' 는 의미는 자신의 일 안에서, 자신의 일을 가지고 하나님을 섬긴다는 개념이 확장된 것이다. 음악과 노래는 수백 년이 지나 다윗의 통치 기간이 될 때까지는 예배(적어도 단체적이고, 공적이고, 조직화된 예배)의 주된 요소가 되지 못했다. 다윗의 통치기에 이르러서야 레위인들과 음악가들이 음악을 연주하며 노래를 인도하도록 세우심을 받았다.

'교회'라는 용어가 하나님의 사람들이라기보다는 우리가 출석하는 건물이라는 것으로 혼동되었던 것과 마찬가지로, 종교음악이 예배로 간주되기 시작하면서 **다른 형태의 예배는 배제되거나 격하되었다.** 결과적으로, 주일마다 영감 있는 음악의 곡조에 맞춰 하나님을 예배하는 대부분의 그리스도인들은 주중에 그들이 하는 일 또한 예배가 되어야 하는 것이 하나님의 의도임을 깨닫지 못하는 잠재적인 경향을 가지고 있다. 그로 인한 끔찍한 부작용은 그들이 월요일부터 금요일까지의 활동 속에는 영적인 실체나 의미가 전혀 없는 것으로, 더 심하게는 그런 주중의 활동이 영성을 대적하는 것으로까지 간주하기 쉽다는 것이다.

일터에서의 예배에 음악을 필수불가결한 것으로 간주하는 것은 대부분의 경우에 비현실적이고 주제넘은 것이며 오히려 방해가 되고 역효과를 내는 것이다. 공탁이 진행 중인 변호사 협의실에 어떻게 음악에 기반을 둔 예배 표현을 도입할 수 있겠는가? 상업용 비행기의 조종실에는 어떤가? 또 분주한 공항의 항공교통 제어탑 안에서는 어떤가?

일터의 그리스도인들에게 있어서 예배시간은, 일상적인 업무가 진행되는 동안 음악을 사용할 수 없음으로 인해, 꼭 그렇지 않은 경우도 있긴 하지만, 하루 몇 번의 개인적 시간들로 축소되어 버리곤 한다.

> 주일마다 영감 있는 음악의 곡조에 맞춰 하나님을 예배하는 대부분의 그리스도인들은 주중에 그들이 하는 일 또한 예배가 되어야 하는 것이 하나님의 의도임을 깨닫지 못한다.

노동=예배

우리는 예배인 것과 예배가 아닌 것, 그리고 예배가 하는 일과 하지 못하는 일 사이의 차이점을 간파해야 한다. 그럴 때 우리는 예배의 초자연적인 중요성을 깨달을 수 있게 된다. 신약에서의 예배는 구약과 판이하게 달랐다. 구약의 예배를 이해하는 열쇠는 종교적인 의식들이 제사장들과 옛 언약의 제사들, 그리고 성전과 관계가 있었고 또 그것들을 중심으로 이루어졌다는 것이다. 예수 그리스도의 몸 안에서, 그 의식들은 단회적으로, 그리고 영원히 성취되었다.

구약의 신자들이 하나님과의 관계 속에서 가질 수 없었던 가깝고 영원한 관계가 이제는 예수 그리스도를 통해 가능하다. 그분은 대제사장(히 3:1; 4:14을 보라)이시고, 궁극적이고 완전한 희생양(히 9:14, 26; 요 1:29을 보라)이시며, 참된 성전(요 2:21; 고전 6:19을 보라)이시다. 십자가에서 그분의 속죄적인 희생의 죽음을 통해, 하나님과 대면하는 것을 가로막았던 장벽(우리의 죄)이 제거되었으며, 이제 우리는 '**항상**' 하나님과 친밀하고 인격적인 관계를 누릴 수 있게 되었다!

그러므로 신약에서 예배의 초점은 물리적인 성전에서 예수님으로 이동된다. 신자들은 이제 예수님을 예배하고, 그들 안에 거하시는 예수님과 그분이 보내시는 성령(요 2:21; 고전 6:19을 보라)을 '**통해**' 예배한다. 그렇기 때문에 바울은 이렇게 기록한다. "그러므로 형제들아 내가 하나님의 모든 자비하심으로 너희를 권하노니 너희 몸을 하나님이 기뻐하시는 거룩한 산 제사로 드리라 이는 너희의 드릴 영적 예배니라"(롬 12:1). 따라서 기독교의 예배는 단순히 교회의 모임에서 하나님을 찬양하는 행위-그것은 분명 예배의 일부이긴 하지만-가 아니다(엡 5:19을 보라). 오히려 기독교의 예배는 지속적인 삶의 태도와 행동, 즉 **'생활방식'**이 되어야 한다.

만약 그리스도인들이 자신이 사역자라는 것과 자신의 노동이 정말로 예배라는 것을 깨닫는다면, 상황은 극적으로 바뀌게 될 것이다. 이제 어느 대학생이 **'하나님의 영광을 위해'** 맥도날드에서 햄버거를 서빙하는 모습을 상상해 보라. 어떤 여성이 **'하나님의 영광을 위해'** 호텔에서 방을 청소하고 침대를 준비하는 모습을 마음속에 그려 보라. 그리고 한 걸음 더 나아가 손님들이 체크인하고 방에 들어올 때 하나님의 임재가 그들을 맞이하도록 하기 위해 그녀가 하나님을 그 방에 초청하는 모습을 상상해 보라.

아니면 택시 운전자가 고객들을 위해 쾌적한 속도로 달리면서 '기도 운전'을 하고, 또 고객들이 택시를 타려고 수신호로 그를 멈춰 세우자마자 그들을 축복하는 모습을 상상해 보라. 혹은 월 스트리트(Wall Street)의 거물이 주님을 최고의 증권 중개인으로 고백하고 그분께 자신의 유가증권 명세표를 맡기는 모습을 상상해 보라. 또는 어떤 판사가 자신의 법정에 날마다 최고 변호자되신 주님의 임재를 기원하는 장면을 그려 보라. 모든 신자가 마음을 다해 '주께 하듯' 자신의 일을 한다면, 예배가 도시 전역에서 24시간/7일 일어나게 될 것이다. 그들의 업무 또한 탁월하게 수행됨으로 인해 삶의 질이 놀라울 정도로 향상되리라는 것은 두말할 필요가 없다.

문제는 새롭게 배치하는 것이 아니라 활성화이기 때문에 그것은 보기만큼 그리 어렵지 않다. 왜냐하면 교회는 '이미' 일터에서 24시간/7일 존재하고 있기 때문이다. 문제는 일터 교회에 속한 자들이 **'예배 스**

위치'를 '끄기' 상태로 두고 있다가 주일날 교회 건물에 들어갈 때만 '켜기' 상태로 돌린다는 것이다. 하지만 노동이 곧 예배라는 사실을 그들이 깨닫는다면, 찬양이 도시들 속으로 널리 퍼지게 될 것이며, 그 결과 하나님의 임재와 능력이 길거리에서 흐르게 될 것이다. '하나님은 자기 백성의 찬송 중에 거하시기 때문이다.'

일터에서의 예배

노동의 신성함과 가치를 깨닫기 위해서는 패러다임의 전환이 일어나야 한다. 그 결과 예수님께서 이미 일터를 구속하셨으며 우리에게 일터를 되찾는 임무가 주어졌다는 것을 이해해야 한다. 내가 말하는 일터는 실제 호텔과 은행, 학교, 레스토랑 등 우리가 일하는 장소들이다.

이것은 우리 몸의 지체들이 그리스도와의 첫 만남에 의해 영향을 받는 방식과 비슷하다. 과거에 우리는 모든 종류의 악을 위해 우리 몸의 지체들을 사용해 왔었다. 하지만 그리스도께서 우리 마음에 들어오실 때, 전에는 죄의 도구들이었던 것이 의의 도구들로 바뀌게 되었다. 도둑질하는 데 사용되었던 손이 이제는 하나님을 찬양하기 위해 위로 올라가고, 또 빈궁한 자들을 돕는 일에도 사용된다.

바울은 로마서 6장 13절에서 그것을 아주 탁월하게 표현하고 있다. "또한 너희 지체를 불의의 병기로 죄에게 드리지 말고 오직… 너희 지체를 의의 병기로 하나님께 드리라." 일터에서 행해지는 우리의 일에 대해서도 그렇게 해야 한다.

법정에서의 세례

바바라(Barbara)는 훌륭한 표본이다. 그녀는 세계 가운데서 무신론적인 정치 체제가 지배하는 지역의 판사이다. 얼마 전에 나는 그녀에게서 아주 만족스런 전화를 받았다. 그녀는 "에드 목사님, 방금 동료 판사 한 사람에게 세례를 주었습니다"라고 말했다. 바바라가 판사의 권한을 행사하는 체제의 제한적인 속성을 감안할 때 그것이 얼마나 중요한 일인지 알았기 때문에, 나는 좀더 자세히 얘기해 보라고 부탁했다. 그녀는 나에게 그 세례가 '**판사실**'에서 진행되었다고 말해 주었다! 그 특별한 행위에 내가 얼마나 놀랐는지 알지 못한 채, 그녀는 계속해서 세례 직후에 그녀와 동료들이 새로운 회심자가 성령으로 충만케 되도록 안수한 다음, 찬양과 경배에 몰입했으며 마지막에는 성만찬을 진행했다고 설명해 주었다. **그 모든 일이 법원에서 일어난 것이다!**

바바라는 전에 어둠 가운데 있던 장소에 구원을 가져오고 그곳을 예배장소-그 예배가 주일날 우리에게 익숙한 것과는 다르긴 하지만-로 바꿔 놓는 통로가 되었다. 그녀가 직무를 수행하는 법원에는 이제 하나님의 임재를 사법시스템 한가운데로 임하게 하는 신자들과 판사들 및 직원들이 점점 늘어가고 있다.

바바라는 자신이 사역자라는 것과 법정이 자신의 강단이라는 것을 깨달았을 때 이 과정을 시작했다. 그녀는 자기 직전의 판사가 '펭 슈이'를 신봉했기 때문에 가구의 배치를 바꿈으로써 그 과정을 시작했다. 펭 슈이라는 것은 영적인 세력들이 인간사에 영향을 미칠 통로를 만들고 그 통로를 타고 흘러들어올 수 있도록 가구를 '일렬로 배치하는' 신앙의 한 체계였기 때문이다. 그런 변화가 있은 직후에, 바바라는 사무실의 영적 분위기가 눈에 띄게 좋아진 것을 체험했다. 그녀의 행동은 엘리야가 "무너진 여호와의 단을 수축"(왕상 18:30)했던 것과 유사한 것이다. 왜냐하면 그녀가 계속해서 더럽혀져 왔던 자신의 법정을 수리가 필요한 사역으로 보았기 때문이다.

다음으로, 그녀는 자신의 법정을 주님께 올려드리면서 예수님께서 그곳에 거주하시도록 초청했다. 뿐만 아니라 그녀는 자신에게 배당되는 모든 사건을 위해 기도하는 것을 습관으로 하고 있다. 그때 이후로, 소송사건의 50% 이상이 해결조건에 합의를 봄으로써 해결되고 있는데, 그것은 오늘날 법정에서 너무나 만연되어 있는, 이기는 자가 다 빼앗아가는 접근방식과는 대조적인 것이다.

그녀의 법정에서 일어난 가장 극적인 경험들 중 하나는 수많은 여성들을 성매매로 몰아넣은 어느 악인과 관련된 것이었다. 그가 그 여성들을 너무나 학대했기 때문에 바바라는 그들이 법정에서 그와 용감히 맞설 수 없을까 걱정이 되었다. 그 사람이 자신을 변호하기 위해 약삭빠른 변호사들을 고용했다는 것과 그 여성들의 자존감이 수년간의 정서적, 성적 학대로 인해 완전히 고갈된 상태였다는 사실이 문제를 훨씬 더 어렵게 만들었다. 정의가 승리하기 위해서는 그들이 진실을 말할 수 있어야 하는 것이 매우 중요했다.

특히 피고가 전에 비슷한 사건으로 재판을 받았지만 그들과 유사한 피해자들이 법정에서 그에게 당당히 맞설 수 없음으로 인해 무죄판결을 받은 적이 있었기 때문에 그것은 더욱 더 중요했다.

바바라는 그녀의 기도 전사들 몇 사람과 함께 연속중보 시스템을 가동했는데, 이내 기적이 일어나기 시작했다. 증인들이 증언을 하는 동안

방청석에 있는 대중의 눈에 띄지 않도록 차단막 뒤에 배치되어야 한다는 발의가 제기되었고(놀랍게도, 피고 측 변호인에 의해) 받아들여졌다. 피고 측 변호인의 신청에 따라, 바바라는 미디어가 그들의 이름도 누설할 수 없다는 판결을 내릴 수 있었다.

그로 인해 그들은 두려움이나 거북함 없이 증언할 수 있었고 과거에 일어났던 끔찍한 일들을 상세히 폭로할 수 있었다. 그 재판은 그 여성들을 보호하는 방식으로 다뤄졌다. 결국 피고는 유죄판결을 받고 투옥되었으며 후에 제기된 그의 항소는 모두 기각되었다. 정의가 충족되었다. 하지만 무엇보다 공의가 승리한 것이었다.

그런 행위들이 하나님을 얼마나 영화롭게 하는지, 그분의 이름이 불신자들 사이에서 얼마나 높임을 받으시는지, 바바라가 자신의 일을 사역으로 전환한 결과 일터에서 어떻게 예배가 행해지고 어떻게 찬양이 드려지는지 깨닫지 못한다는 것은 불가능한 일이다. 목사가 예배 없는 교회 사역을 결코 상상하지 않는 것과 마찬가지로, 일터의 그리스도인들이 사역자의 정체성을 깨달을 때, 예배는 그들의 일상적인 일 속에 가장 자연스런 형태로 통합된다.

예배의 존재 목적은 사람들 사이에서 하나님을 기쁘시게 하고 그분을 높이는 것이다. 바바라의 행동은 그 둘 모두를 성취했다.

의사 사무실에서의 기적

다니엘 첸(Daniel Chen)은 텍사스의 건강 개업의(醫)이다. 나의 책 『사업을 위한 기름부음』(*Anointed for Business*)을 읽은 후, 첸은 자신이 사역자이며 자신의 환자들이 교구민들임을 깨달았다. 그때부터 첸은 모든 진료예약을 단순히 제공해야 할 서비스만이 아니라 사역해야 할 기회로 보기 시작했다.

어느 날, 첸은 그의 환자들 중 한 사람인 새 신자가 근심어린 표정을 하고 있음을 목격했다. 첸이 왜 그런지 물었을 때, 그 환자는 재정적인 어려움 때문에 많은 일꾼들을 일시 해고해야 하고 자신의 회사도 곧 무너질 것이라고 설명했다. 첸 박사는 새 신자에게 그가 사역자라는 것과 예수의 피가 그의 회사를 구속하셨다는 것, 그러므로 이제 그에 따라 행동해야 한다는 것을 설명해 주었다.

첸은 그에게 예수님을 회사의 수장으로 인정하는 법과 모든 일과를 범회사적인 기도로 시작하는 법을 가르쳐 주었다. 한 걸음 더 나아가, 내가 『사업을 위한 기름부음』에서 제시한 개인적인 모델을 따라, 그에게 사무실의 한 의자를 '예수님 의자'로 구별해 놓고 필요가 생길 때마다 인도하심을 구하는 자리로 삼으라고 말해 주었다. 첸의 새 제자는 모든 사항을 즉시 이행했으며, 그 결과 영적인 분위기와 재정적인 상황이 놀랍게 변한 나머지 아무도 해고할 필요가 없게 되었다.

나중에 다시 찾아온 그의 환자는 큰 거래건을 위해 크라이슬러 회사(Chrysler Corporation)와 함께 입찰서를 제출했는데, 경쟁상대가 훨씬 더 큰 회사이기 때문에 그 계약이 낙찰되지 못할 것 같다고 털어놓았다. 바로 그 자리에서, 첸 박사는 주님께서 개입해 주실 것을 간구했다. 그 후 머지 않아, 그는 그토록 바라던 계약을 낙찰받았다. 그것은 시작에 불과했다. 그는 계속해서 나이키(Nike)와 나비스코(Nabisco) 같은 유수의 회사들과 더 큰 계약을 체결해 나갔다. 그런 추세가 너무나 놀랍게 계속되었기 때문에 이제 더 이상 불쾌한 해고 가능성을 잘 헤쳐 나갈 힘을 달라고 기도할 필요가 없었고, 다음에는 누구를 고용할 것인지에 관한 지혜를 주시라고 기도하게 되었다. 현재 그는 89명의 종업원을 보유하고 있다!

이처럼 노동을 예배로 바라보는 새로운 관점으로 인해 첸 박사는 개인적인 핸디캡을 장점으로 바꿔놓았다. 첸은 나에게 이렇게 말했다. "영어가 저에게는 제 2의 언어이기 때문에, 저는 백인 환자들과 대화하는 것이 불편하게 느껴집니다. 그들과 대화하는 대신에, 저는 그들을 치료하는 동안 조용히 찬송가를 부르죠. 제가 그렇게 할 때, 제 안에 계신 하나님의 임재가 그들을 만지십니다. 하루에만 4명의 환자가 제가 치료과정 속에 집어넣은 찬송가 소리를 들은 후 주님을 영접한 적이 있습니다."

의료행위를 하나님의 임재가 충만히 임하는 예배의 자리로 전환하는 것은 심지어 그런 영성을 달가워하지 않는 사람들에게까지도 긍정적인 영향을 미치게 되어 있다. 첸 박사는 게리(Gary)라는 이름의 한 젊은이가 정해진 기한에 돈을 지불하지 못해서 마약상의 손에 두들겨 맞은 결과 코가 깨지고 갈비뼈가 부러진 채 자신의 진료실로 들어왔다고 얘기했다. 그는 자기 어머니를 대동하고 찾아왔다.

이제는 아예 습관이 되어 있었기 때문에, 첸 박사는 의료행위를 하기 전에 그 일을 어떻게 진행해야 할지 주님께 물었다. 다음은 그의 이야기다. "주님은 나에게 그 젊은이가 그의 마약중독이 그 가정에 끼친 수치에 대해 무릎을 꿇고 자기 어머니께 회개해야 한다고 가르쳐 주셨습니다."

첸 박사가 그렇게 말했을 때, 그 젊은 마약 중독자는 몹시 화를 냈다. 그 젊은이는 의사에게 자기는 의학적인 치료를 받으러 왔지 설교를 들으러 온 것이 아니라고 말했다. 첸 박사는 단호하게 그에게 충고했다. "나는 지금 자네에게 영적인 심폐소생술을 제공하고 있네. 만약 거부한다면 자넨 죽은 목숨이나 다름없다네. 왜냐하면 다음번엔 그들이 갈비뼈만 부러뜨리는 데 그치지 않을 테니까." 어떤 설교자도 그보다 더 설득력 있게 말할 수는 없었을 것이다. 그 젊은이는 마지못해 시키는 대로 했고, 첸은 그의 상처를 치료해 주었다. 그런 다음 그 젊은이는 분명 화가 난 상태로 그곳을 떠났다. 첸 박사는 다시는 그를 만나지 못하리라고 확신했다.

놀랍게도, 다음날 첸 박사는 마지못해 시키는 대로 했던 그 젊은이로부터 가능하면 빨리 만나줄 것을 부탁하는 전화를 받았다. 이번에는 아버지와 함께 나타나서는 첸 박사에게 그의 코가 치유되었을 뿐만 아니라 갈비뼈도 통증이 전혀 없다고 하면서, 무엇보다도 그 특별한 약에 대해 좀더 알고 싶다고 말했다. 첸 박사는 그 젊은이를 주님께로 인도했고 그에게 아버지께도 회개하라고 말했다. 그는 그렇게 했다.

당신도 알 수 있으리라 확신하지만, 그런 일은 의사의 진료실에서 일반적으로 일어나는 일이 아니다. 하지만 이야기는 훨씬 더 흥미로워진다. 몇 주 후에 그 젊은이는 자기 아내를 데리고 첸 박사를 만나러 왔다. 그의 아내가 몹시 화가 나 있었고 그가 과거에 저지른 실패를 용서하고 싶어하지 않았기 때문에 그는 '결혼상담'을 필요로 하고 있었다. 첸 박사가 그 젊은이에게 지시했다. "자, 이제 어떻게 해야 될지 알죠. 무릎 꿇고 회개하세요!" 그 아내는 처음에 잘 받아들이지 못했지만 결국 그를 용서하고 그들의 관계는 회복되었다. 그 후 얼마 되지 않아서 그 두 사람은 아이들과 함께 첸 박사의 교회에 왔다. 예배 후에, 아빠는 용서를 구하기 위해 아이들 앞에 무릎을 꿇었다(그때쯤엔 그것이 첸 박사에 의해 처방된 표준적인 과정이 되어 있었다).

그 이야기가 지금까지만 해도 특별한 것이지만, 이야기는 거기서 멈추지 않는다. 몇 달 후에 그 젊은이는 마약과 씨름하고 있는 한 무리의 친구들과 마약 판매상들을 기도모임에 데려왔고, 첸 박사는 그들을 하나님 나라로 이끌 수 있었다.

하나님은 일터에서 영광을 받으신다

첸 박사를 주인공으로 하는 이 인간 모험담이 상연될 때, 매번 하나님께서 찬양과 경배를 받으셨다는 것은 분명한 사실이다. 하지만 전통적이고 의식적인 의미(성가대와 독창자, 앙상블, 그리고 밴드에 의한)에서가 아니라 의사가 자신의 진료행위를 하나님을 영화롭게 하는 사역으로 전환했다는 사실에 의해 그렇게 된 것이다. 하나님을 영화롭게 한다는 것은 그분께 영광을 드리거나 돌리는 것을 의미한다. 그것이 예배의 핵심 구성 요소이다. 그것이 바로 천사들이 밤낮 쉬지 않고 하는 것이다. 그들은 하나님의 능하신 역사를 보면서 그분을 찬양하고 경배한다. 첸의 행위들은 그 자체로 하나님을 찬양하는 것이다. 하지만 그것들은, 한 걸음 더 나아가 다른 사람들로 그분을 찬양케 한다!

예수님은 "너희 빛을 사람 앞에 비취게 하여 저희로 너희 착한 행실을 보고 하늘에 계신 너희 아버지께 영광을 돌리게 하라"(마 5:16)고 가르치셨다. 그분은 소경을 치료하시면서 그것을 증명해 보이셨다. "곧 보게 되어 하나님께 영광을 돌리며 예수를 좇으니 **백성이 다 이를 보고 하나님을 찬양하니라**"(눅 18:43, 강조는 저자가 첨가함).

땅에서 선한 일을 행하는 것과 그분께 영광과 찬양을 돌리는 것 사이의 인과관계에 주목하라. 베드로 역시 그것에 대해 다음과 같이 기록했다. "너희가 이방인 중에서 행실을 선하게 가져 너희를 악행한다고 비방하는 자들로 하여금 너희 선한 일을 보고 권고하시는 날에 하나님께 영광을 돌리게 하려 함이라"(벧전 2:12). 여기 묘사된 행위들은 불신자들에게 영향을 미치기 위한 것이다. 따라서 그 행위들은 우리의 종교집회의 골방 속에서가 아니라 불신자들이 많은 일터에서 행해져야 한다.

당신의 정원을 가꾸라

아담과 하와와는 달리, 우리는 정원이 아니라 도시에 살고 도시에서 일한다. 그리고 나무나 식물의 열매가 아니라 회사들에서 나온 수입으로 생계를 유지한다. 그런 의미에서 우리는 우리의 첫 부모(First Patents, 아담과 하와를 지칭함-역자 주)와는 다르다. 그러나 다른 면에서는 여러 가지가 비슷하다. 아담과 하와는 식물들과 동물들에게 주의를 기울임으로써 피조물을 돌보았는데, 그것은 정원 내 동식물의 건강이 공익과 삶의 질에 절대적으로 필요한 것이었기 때문이다.

우리의 도시는 정원에 해당하고, 도시 내의 회사들은 식물들에 비유할 수 있다. 최초의 커플은 나무가 손상을 입거나 동물이 상처 입은 모습을 보았을 경우, 그 나무나 동물을 돌봐주었다. 왜냐하면 그것이 바로 창조주에 의해 그들에게 할당된 신적인 임무이자 그들의 사역이었기 때문이다.

바꾸어야 할 패러다임은 바로 이것이다. 노동이 하나님의 영광을 위해 행해질 경우 그것이 곧 예배이다. 모든 신자가 사역자이기 때문에, 노동이 가장 뛰어난 예배 표현으로 보이기 위해서는 그의 직업이 사역으로 전환되어야 한다. 왜냐하면 그것이 하나님과 우리 자신 및 우리의 동료들을 섬기는 것이며, 그럼으로써 '**하나님**을 사랑하고 **우리의 이웃**을 **우리 자신**처럼 사랑하라'는 가장 큰 두 계명을 떠받치는 세 개의 기둥을 포함하는 것이기 때문이다.

10장 마귀에게 환상적인 시간을 제공하기

Giving the Devil a Heaven of a Time

패러다임 4:

우리는 어둠의 왕국이 있는 곳으로

하나님의 나라를 가져가도록 부르심을 받았다.

TRANSFORMATION

상륙훈련과 해상에서 육지로의 상륙 작전은 핵심적인 한 가지를 제외하면 비슷하다. 전자는 아군의 영토에서 행해지고 적군의 위치에 아무런 영향도 미치지 못한다. 후자는 적군의 영토로 쳐들어가 그 위치를 파괴하도록 계획된 것이다.

우리의 도시들과 나라들을 자유케 하기 위해, 이제 교회가 주일에만 벌이는 행렬을 일터에 구축된 어둠의 왕국의 참호들에 대한 전면적인 공격으로 대치해야 할 때가 되었다.

일터에서의 예배가 흥미진진한 것이긴 하지만, 그 예배는 단지 내적인 영향만을 끼치기 위한 것이 아니다. 오히려 그것은 마귀와 그의 사악한 제국에까지 강력한 부수적 영향을 끼쳐야 한다. 원수는 아직까지도 주님께서 그의 보배로운 피로 값주고 사신 것의 많은 부분을 물고 늘어진다.

앞에서 상세히 설명했듯이. 인간의 역사는 완벽한 환경에서 하나님을 섬기는 아담과 하와로부터 시작되었는데, 그곳에서는 하나님의 뜻이 온전하게 이행되었다. 죄가 들어왔을 때, 하나님과 피조물 사이의 교제는 깨어졌고 마귀는 땅에 있는 생명을 완전히 더럽힐 수 있는 자유로운 권한을 획득했다. 곧바로 질투가 첫 번째 살인을 유발했으며, 그 순간부터 폭력이 전에는 평화로웠던 세상을 엉망으로 만들어 버렸다.

하나님은 회복을 한 번도 포기한 적이 없으셨다. 타락 직후에 그분은 마귀에게 장차 재대결이 있을 것이며 그때는 사탄이 패자가 될 것이라고 경고하셨다. 즉 사탄이 머리를 짓밟힌 채로 바닥에 쓰러질 것이라고 경고하셨다!

그 순간부터 성경의 모든 이야기는 사람들과 손을 잡고서 그들에게 능력을 부여해 오신 하나님의 모습을 보여 준다. 하나님께서 사람들에게 부여하신 능력은 세상을 하나님께로 돌아오게 하는 과정을 먼저 시작하게 하고 더 나아가 그 과정을 지속할 수 있게 해주는 능력이었다.

하나님께서 땅을 관할하도록 처음에 아담과 하와에게 위임해 주신 청지기 직분에는 아주 광범위한 '위임권한'이 수반되었다. 즉 그것은 땅을 관할하는 것과 관련된 것으로, 그들의 죄를 통해 결국 마귀에게 넘어가버린 관할권이었다.

따라서 하나님께서 법적 권리를 회복하기 위해 법적으로 구속력 있는 계획을 고안해야 할 필요가 있게 되었는데, 그것은 곧 그분이 갈보리에서 실행하신 계획이었다.

세기의 대결

처음에는 예수께서 발가벗겨진 채 십자가에 매달렸기 때문에 패배에 가까운 것처럼 보였다. 그분은 자신의 제자 중 한 사람에게 배신당했고, 다른 사람들에게 버림받았으며, 아버지께로부터도 일시적으로 버림받았다. 뿐만 아니라 군중들은 그분을 저주했다. 그것은 하나님의 아들에게 있어서 완전한 무능의 현장이었고 마귀는 그것을 알고 있었다.

마귀가 예상할 수 없었던 것은, 예수께서 가장 연약한 순간이 사실은 그분이 모든 시대를 통틀어 가장 날쌘 강타를 날려 마귀를 녹아웃시키는 순간이라는 것이었다.

골로새서 2장 13-15절은 우리에게 그 운명의 날에 일어났던 일을 단계적으로 설명한다. 그 말씀은 마귀가 빚문서라고 이야기되는 것, 즉 우리를 거스리는 판결들을 담고 있는 문서를 가지고 예수님을 조롱했다고 설명한다(골 2:14을 보라).

그것은 모든 인간이 저지른 죄에 대한 포괄적인 목록으로서, 하나님으로부터의 영원한 단절을 규정하고, 그 결과 인간에 대한 마귀의 합법적인 권리를 증명하는 문서였다. 결국 마귀는 예수님께 이렇게 떠들고 있었던 셈이었다.

"네가 죄가 없기 때문에 나는 너를 어떻게 할 수는 없다. 하지만 내 손에 쥐고 있는 문서에 따라, 네 어머니를 포함한 나머지 모든 사람은 내것이다. 왜냐하면 네 아버지가 죄를 범하는 영혼은 반드시 죽을 것이라고 규정하셨기 때문이다. 그런데 너를 제외한 모든 사람이 죄를 범했다. 결국 너는 혼자 죽고 있는 것이다!"

어마어마하게 고통스러운 그 몇 초의 역사적 순간에, 예수님은 인간을 구속하고 인간이 잃어버렸던 것을 회복하시기 위해 영원의 무게를 짊어지고 계셨다.

만약 우리가 그곳에서 일어나고 있었던 일을 낱낱이 해부하고 붙잡을 수 있다면, 우리는 이것을 보게 될 것이다. 즉 가장 가까운 동료들로부터 버림받았던 예수님은 위로와 우정이 가장 절박하게 필요한 순간에 아버지의 침묵마저 견뎌야 했다는 사실이다.

이땅에서 생활하는 모든 날마다, 예수님은 목수의 작업장에서 성전에 이르기까지, 그리고 그 중간의 모든 곳에서 아버지를 만나고 그분과 완벽한 교제를 가질 수 있으셨다. 하지만 이제 그분은 완전히 혼자였고, 성난 군중은 그분을 향해 저주를 퍼붓고 있었으며, 마귀는 자신이 절대 패배할 수 없는 합법적 소송으로 간주하는 사건의 기록들을 그분께 거만하게 자랑하고 있었다.

그때 예수님은 아버지의 얼굴 보기를 간절히 원하면서 하늘을 향해 눈을 드셨지만… 아무것도 보지 못했다. 절망의 구렁텅이 맨 밑바닥에서 그분은 부르짖었다. "**아버지, 아버지!**" 하지만 아무도 대답하지 않았다. "**어찌하여 나를 버리셨나이까?**" 그분은 고통스럽게 외치셨다. 아버지께서 먼저 행하시는 것을 보지 않으면 그 어떤 것도 행한 적이 없었던 예수님은 이제 처음으로 아무것도 없는 화면을 응시하고 계셨다. 전원이 끊겨 있었고, 결과적으로 예수님은 완전한 무능력 상태가 되었다.

마귀는 그것을 알고서 움직이기 시작했다. 마귀는 다시 한 번 그의 무기, 그 빚문서를 휘두르며 훨씬 더 가까이 다가와서는 원한 섞인 어조로 이렇게 외쳤다. "너는 혼자 죽고 있는 것이다! 모든 사람은 내 것이야. 네 아버지가 정한 규칙에 따라 범죄하는 영혼은 반드시 죽어야 하기 때문이지!"

하지만 마귀가 승리를 완전히 확신했던 바로 그 순간에, 골로새서 2장 14절은 예수님께서 인류를 고발하는 그 문서를 나꿔채서 십자가에 못박은 다음, 그 표면에 자신의 보혈로 '**소멸되다!**'(*CANCELLED!*)라고 새겨 넣으셨다고 우리에게 증언한다.

하나님의 아베 마리아 연극

마귀가 무너지는 순간을 조금 생생하게 설명해 보려고 하는데, 양해해 주기 바란다. 방금 일어난 사건으로 충격을 받은 사탄의 모습을 상상해 본다. 그는 지금 입에 게거품을 물고서 씩씩거리고 있다.

"그럴 순 없어! 그 목록에 있는 모든 사람이 죄를 범했기 때문에 영원히 하나님의 임재로부터 추방되고 저주를 받아 지옥에서 나와 함께 영원을 보내야 한단 말이야. 그게 네 아버지가 세운 규칙이란 말이야! 네가 그 규칙을 깨뜨릴 순 없어!"

하지만 그때 성부 하나님께서 천국에서 천둥처럼 말씀하시는 음성이 들린다. "방금 규칙을 바꿨노라. 이제 새로운 규칙이 있다."

그 말에 마귀는, 하나님의 도덕적 불변성과 완전한 권위를 정확히 알고 있기 때문에, 씁쓸함과 당혹스러움으로 이렇게 내뱉는다. "당신이 말하는 새로운 규칙이 뭔데요?"

"그것은 **은혜**(*GRACE*)라고 불린다."

"왜 나는 그것을 한 번도 들어본 적이 없죠?" 사탄이 분을 이기지 못하고 날카롭게 소리친다.

"왜냐하면 내 아들 안에 감춰져 있었기 때문이지." 다시 하나님의 천둥소리가 들린다. "그의 거룩한 피가 흘려질 때 모든 인간의 죄를 사하는 은혜가 풀려나도록 네가 그를 십자가에 매달기만을 기다려 온 것이다. 죄가 없는 자가 죄를 범한 모든 사람을 대신해 방금 빚을 갚은 것이다. 그리고 그 결과 그 목록에 있는 모든 사람이 용서를 받은 것이다. 그것을 '**은혜**'라고 부른다."

그때 갑자기, 마귀가 어떤 반응을 나타낼 수 있기도 전에, 예수님은 그 대결을 극적으로 종결짓는다. 자신의 매맞은 몸과 부서진 영혼에 아직까지 남아 있는 혼신의 힘을 모아, 그분은 폭풍 같은 승리의 함성을 외친다. "다… 이루… 었다!"

바로 그 순간에, 에덴의 시점 이후로 상실되었던 모든 사람과 모든 피조물이 구속되었다. 예수의 생명이 그 목록에 있는 모든 사람을 대신해 속량물로 드려졌기 때문이다. 우리에게 부여된 사명의 영적 합법성은 바로 그 드려짐 위에 기초한다. 즉 그 피로 구속받은 자들(교회)이 예수님께서 값을 지불하신 모든 것을 되찾을 합법적 권리가 있는 것이다. 그렇기 때문에 우리는 넘치는 확신을 가지고 교회가 예수님께서 이미 **'구속하신'** 것을 **'되찾도록'** 보내심을 받았다고 이야기할 수 있다.

그분이 값비싼 거래를 처리하셨다. 그분은 온 세상을 위한 구속의 대가를 전부 지불하셨다. 그것을 인식하고서, 우리는 이제 한 번에 한 **'기관'**씩 그것을 되찾아야 한다. 학생은 예수님이 자신의 학교를 위해 죽으셨다는 것을 알아야 한다. 사업가는 확신을 가지고 하나님을 위해 자신의 회사에 대한 영적 권리를 주장해야 한다. 정부 관리들의 경우에 마찬가지다. 악의 세력들은 정부 기관들에 내재한 힘을 알기 때문에 그 기관들을 물고 늘어지기를 좋아하지만 그들에게는 아무런 법적 권세도 없다. 그들은 영적인 무단 거주자들이다. 완전한 대가가 지불되었으며, 그것이 하나님의 자산임을 입증하는 새로운 신임장이 발부되었다. 하나님은 그것을 알고 계시며, 마귀도 그것을 안다. 이제 우리가 그것을 알아야

> 교회는 예수님께서 이미 구속하신 것을 되찾도록 보내심을 받았다.

하며 '**그것에 따라 행해야**' 한다.

그리스도인들이 잃어버린 모든 것을 되찾을 권리가 우리에게 있다는 것과 하나님께서 우리를 지지하실 거라는 사실을 아는 것은 근본적으로 중요하다. 보안관이 퇴거명령을 집행하는 것과 흡사하게, 우리가 법적 구속력이 있는 명령을 충족시킬 때 하나님의 대리인인 천사들도 그렇게 할 것이다.

엘 세레소(El Cereso) 교도소: 마귀의 감옥이 하나님의 처소가 되다

멕시코, 시우다드 후아레즈(Ciudad Juárez)의 목사인 판초 무르구이아(Poncho Murguia)는 이것을 깨닫고서 자신이 살고 있는 치후아후아(Chihuahua) 주(州)에서 가장 악명 높은 교도소인 엘 세레소를 되찾는 일에 그것을 충분히 사용했다. 시우다드 후아레즈는 텍사스, 엘 파소(El Paso)에서 국경 바로 너머에 있는, 인구 150만의 도시로서, 북미자유무역협회(NAFTA, North America Free Trade Association)로 향하는 관문이다. 수백만 달러에 달하는 상품이 미국의 중심부로 진출하기 위해 날마다 그 문들을 통과한다. 시우다드 후아레즈에서의 부패는 모르는 바가 아니다. 대부분의 사람들은, 특히 마약에 관한 한 부패가 만연되어 있다고 말할 것이다.

여러 해 동안, 판초는 성장 가도를 달리고 있는 성공적인 회중의 목사로서, 최고의 K-12학교(유치원생부터 고등학교까지 체계적으로 학습할 수 있는 다양하고 풍부한 콘텐츠와 커리큘럼을 가지고 교육하는 교육기관-역자 주)와 대학 및 최신 건물을 보유하고 있었다. 그는 교인들의 사랑을 받았기 때문에 은퇴할 때까지 순조로운 길을 걸어갈 수 있었을 것이다. 그러나 하나님은 판초에게 도시 변화를 향한 열정을 주셨으며, 그로 인해 그는 더 이상 계속해서 성장하는 회중으로 인해 천국의 아름다움에 빠져 즐거워하는 것으로 만족할 수 없게 되었다. 그러는 동안에도 그가 속한 도시는 지옥을 향해 더 가까이 움직이고 있었기 때문이다.

하나님은 그에게 그 직무를 사임한 다음 시우다드 후아레즈에서 의(義)가 승리하도록 21일간의 공개 금식을 시작하라고 명하셨다. 그것은 당시의 만연된 도덕적 부패를 감안할 때 결코 쉬운 명령이 아니었지만, 판초는 순종했다.[1]

그는 도시 입구에 있는 큰 공원에 천막을 치고서 3주 동안 다른 시민들의 눈에 분명히 보이도록 하나님께 부르짖었다. 대중매체는 그 소문을 듣고서 매일 기자를 보내 똑같은 질문을 반복했다. "오늘은 하나님께서 당신에게 도시에 대해 뭐라고 말씀하시는가요?" 그런 다음 그들은 판초가 하나님의 메시지라고 밝힌 내용을 공표했다. 대중매체가 그 특별한 예언적 행동을 도시에 알리고, 그 지역을 위해 기도하는 성도들의 기도가 천상의 영역으로 점점 증가되어 올라가면서, 사람들이 그곳에 모습을 나타내기 시작했다.

그중 판초의 영적인 여정에 동참하려는 사람은 소수였지만 기도를 받으러 오는 사람은 많았다. 결국 4,000명에 달하는 사람들이 그의 텐트 주위로 모여들었다. 판초는 그들을 위해 기도해 주었고, 많은 이들이 자유케 되었다. 그는 음부의 문이 도처에서 역사하고 있음을 알았지만, 동시에 자기 안에 계신 분이 시우다드 후아레즈를 망쳐 놓고 있는 자보다 더 크신 분이라는 것도 알았다.

천상의 영역에서 능력의 균형이 그에게 유리하게 기울었다는 증거가 금식이 끝나갈 무렵에 나타났다. 즉 시우다드 후아레즈의 새로 선출된 시장이 3,000명 이상의 재소자들을 수용하고 있는 엘 세레소 교도소를 도와달라고 판초에게 전화를 걸어 온 것이다. 그 교도소의 재소자들 중 92퍼센트가 여전히 마약을 하고 있었고 그곳의 안전요원 중 80퍼센트가 마약거래에 연루되어 있었다. 사실 더 좋고 더 싼 마약을 시우다드 후아레즈 시(市)의 거리에서보다 그 교도소에서 구입할 수 있었다.

이전부터 엘 세레소를 정화시키려는 많은 노력들이 시도되어 왔지만 구조적인 부패로 인해 모든 시도가 실패로 끝났다. 하지만 새로운 시장은 판초의 영적 권위를 인식하고서 그에게 그 교도소를 맡아 달라고 요청했다. 충분한 영적 보호를 확보한 후에, 판초와 시장은 엘 세레소를 되찾기 위한 계획을 고안했다.

교도소 직원들에게 아무런 사전 공지도 하지 않고, 700명의 병력을 배치해 교도소를 장악하고 부패한 관리들을 몰아낸 다음 그곳을 봉쇄하도록 했다. 그 다음 30일 동안은 아무것도 들어가거나 나오지 못했다. 그러는 동안 수천 명의 재소자들은 의사들과 간호사들, 그리고 그들을 대상으로 사역하는 목사들의 도움을 받아 마약금단 기간을 거쳤다. 작전이 끝났을 때, 엘 세레소는 정화되어 있었고 마약 카르텔은 붕괴되었다.

본질적으로 보건대, 하나님의 백성이 그 도시로 하나님의 나라를 가져가자 음부의 문이 붕괴된 것이다. 결과적으로 변화의 바람이 사업계에서 일어나기 시작했으며, 그로 인해 여러 회사들 전체와 많은 학교들, 출입국센터들, 그리고 무수히 많은 사람들이 하나님의 나라로 들어오게 되었다! 그 시장은 이제 교회가 구조적인 악을 제거할 능력과 권세를 가지고 있다는 증거를 가지고 있으며, 지금도 도시의 많은 지역에서 동일한 일을 행하도록 교회에 요청해 비슷한 결과를 얻고 있다.

필리핀의 매음굴이 변화의 중심지가 되다

킹 플로어스(King Flores)는 하와이의 프랜시스 오더(Francis Oda)처럼 이중적 사역자의 신분을 가지고 있는 필리핀 크리스천이다. 왜냐하면 그는 마닐라에 있는 국제적인 재무대체 서비스 회사의 최고경영자인 동시에 강단 사역자이기 때문이다. 그는 『기도전도』(Prayer Evangelism)와 『사업을 위한 기름부음』(Anointed for Business)을 처음 읽었을 때 그 원리들을 즉각 실행에 옮기기로 결심했다. 당시에 그는 8개의 사업체를 소유하고 있는 사람의 컨설턴트로 일하고 있었다. 그 사업체들 중 하나는 8개의 건물과 1,600개의 방이 있고 2,000명의 직원을 고용하고 있는 모텔 체인이었다. 하지만 각 방은 3,000명의 매춘부들에 의해 하루 평균 5번씩 사용되었다. 그 매춘부들은 관리자들과 공모해 약 1만 5,000명의 고객들을 '조사 분류' 해 놓고 있었다.

킹은 자신의 고용주를 우리가 개최한 세미나에 데려왔다. 그 세미나에서 그 사장은 자신이 사역자이고 종업원들은 제자들이라는 것과, 그의 사업은 그의 사역이고 고객들은 그의 회중이라는 것을 깨달았다. 그는 또한 구원이 자기에게 임했던 것과 마찬가지로 그의 회사에도 임할 수 있고 임해야 한다는 진리도 붙잡았다. 세미나 직후에, 그는 중역회의실로 들어가 이렇게 선언했다. "하나님의 나라가 내 사업에 임했으므로 음부의 문이 이기지 못하리라." 2,000명이나 되는 그의 종업원들에게 목양이 절박하게 필요하다는 사실을 인식하고서, 그는 30명의 목사들을 고용해 킹 플로어스의 리더십 아래 있게 하면서 그들에게 기발한 임무를 부여했다. 그러면서 그는 이렇게 말했다. "여러분이 설교하지 않는 데 대한 대가를 제가 지불하겠습니다."

그 말의 의미는 그들이 '**기도전도**'를 실행해야 한다는 것이었다. 기도전도란 내가 사용하는 용어로서, 나는 그것을 함축적으로 "잃어버린 자들에게 하나님에 관해 말하기 전에 하나님께 잃어버린 자들에 관해 이야기하는 것"[2]이라고 설명한다.

누가복음 10장 2-9절은 그것을 실행하는 네 단계에 대한 예수님의 가르침을 기록하고 있는데, 그것이 바로 내가 『기도전도』(Prayer Evangelism)란 책에서 가르치는 것이다. 그 방법론은 특별한 임무를 위해 선택된 70명의 제자들에게 주신 그분의 가르침에서 끌어낸 것이다. 그들에게 부여된 특별한 임무란, 잃어버린 자들을 '**축복하고**', 그들과 '**교제하며**', 그들에게 '**사역하고**', 그런 다음 하나님 나라가 그들에게 가까웠다고 '**전파하는**' 것이었다.

따라서 네 부분으로 구성되는 기도전도의 핵심은 (1) 축복하라, (2) 교제하라, (3) 사역하라, 그리고 (4) 전파하라(설교하라)는 것이다. 그러므로 설교가 그 순서의 맨 마지막에 위치해 있기 때문에, 킹의 고용주가 설교하지 않는 목사들에게 보수를 지급하겠다고 언급한 것이다. 그것은 그들이 다른 단계들을 먼저 실행해야 한다는 의미였다.

그 목사들 중 그들에게 부과된 훈련을 감당할 수 없었던 세 명이 그의 지시를 어기고 '**너무 성급하게**' 설교했을 때, 그가 그 문제를 얼마나 심각하게 여기고 있었는지가 분명하게 드러났다. 그들은 즉각 해고되었고 그 임무를 엄격하게 지킬 의지가 있는 다른 목사들로 대치되었다.

30명의 목사들은 2,000명의 종업원들과 연결되어 모텔 체인의 일상적인 가동에 필요한 다른 기동부대들에 참여하게 되었다. 그런 배치 덕분에 목사들은 잃어버린 자들을 향해 조용히 그앞을 선포할 수 있었다. 교제할 수 있는 문이 열릴 때, 그들은 우정을 도모했다. 그 우정이 깊어졌을 때, 종업원들은 목사들과 개인적인 문제들을 나누기 시작했고, 목사들은 즉각적으로 그들을 위해 기도해 주었다. 아주 빠른 시일 내에, 그 기도들에 대한 응답이 나타났으며, 그 결과 하나님의 나라가 그 모텔 체인에 임했다고 선포할 수 있는 설득력 있는 강단이 마련되었다. 그것이 너무나 강력했기 때문에 2년 3개월 후에는 2,000명의 종업원들 중 대다수가 주님을 영접하게 되었다.

　그러는 사이에, 소유주는 거리의 매춘부들이 쉽게 접근할 수 없도록 모텔들을 호화로운 상태로 업그레이드하기 위해 새로운 자본을 투자했다. 뿐만 아니라 그는 각 모텔마다 기도채플을 지은 다음, 그 모텔에서 밤을 보냈거나 당일날 그렇게 할 예정인 모든 사람들을 위해 월요일과 수요일 및 금요일에 기도할 중보자들을 모집했다.

　개선된 영적 분위기는, 점점 더 많은 종업원들이 주님께 돌아오고 자신을 사역자로 보기 시작해 자신의 직업을 사역의 매체로 전환해 가면서 한층 고조되었다. 손님들이 체크인할 때 하나님의 임재가 그들을 맞이하도록 기도하는 종업원들의 모습을 그려볼 수 있겠는가? 새로운 투숙객들이 혹시라도 불법적인 커플이라면, 그들이 방에 들어갈 때 맞이하

> 사탄이 어떤 기관을 점령한 곳마다, 하나님의 자녀들은 마귀가 떠나지 않을 수 없다는 것을 알고서 그것을 되찾기 위해 움직여 나가야 한다.

게 되는 하나님의 임재가 그들의 정욕을 누그러뜨리는 효과를 발휘했음에 틀림없다. 부드럽게 표현하자면 그렇다는 것이다! 하지만 가장 두드러진 특징은 손님들에게 원하는 사람은 누구든지 기도를 받을 수 있다고 알려 주는 것과 그 특별한 호텔 서비스를 어떻게 이용할 수 있는지 가르쳐 주는 것이었다.

그 영적인 전략은 너무나 멋지게 들어맞아서 18개월이 지난 후에는 1만 명 이상의 고객들이 주님을 영접하게 되었다. 기도에 대한 기적적인 응답으로 다른 많은 사람들이 영향을 받은 것은 말할 것도 없다. 엘크 리버(Elk River)의 은행에서 일어났던 것과 비슷하게, 일단 구원이 모텔 체인에 임하자, 그 모텔들은 사역의 일을 하기 시작했다. 그것이 바로 주님께서 신자들에게 기대하시는 바이며 능력을 주시는 목적이다.

여기서 핵심 사역자는 소유주였는데, 그는 신학적인 훈련을 정식으로 받은 적도 없고 안수받은 적도 없으며 강단에서 설교하는 사람도 아니었다. 하지만 킹 플로어스의 고용주가 자신이 사역자라는 것을 깨닫고 일터에서 자신의 목회적 부르심을 성취하기로 결단했을 때, 전통적인 목사라면 두 평생이나 혹은 그 이상이 소요되고 많은 돈이 들어갔을 법한 일이 아주 자연스럽게, 빠른 속도로 일어나게 되었다. 그것은 누군가가 전에는 악이 아무런 제지도 받지 않은 채 지배했던 곳에 하나님의 나라를 가져감으로써, 마귀에게 24시간/7일 동안 환상적인 시간(역설적인 표현-역자 주)을 제공하기로 결단했기 때문이다. 전에는 죄의 소굴이었던 곳이 이제는 하나님의 영광을 증명하는 곳이 되었다.

이 이야기들과 이와 비슷한 많은 이야기들은 그날 획득한 결정적인 평결이 시간의 시험을 통과했음을 확증해 준다. 산업체에 속한 것이든 교도소에 속한 것이든, 혹은 은행에 속한 것이든, 사탄이 어떤 조직을 점령한 곳에, 하나님의 자녀들이, 예수님의 죽으심으로 확보된 법적 지배권으로 무장하고 그분의 대리인이 되어, 마귀가 떠날 수밖에 없다는 것을 알고서 그 조직을 되찾기 위해 전진해 나아가야 한다. 그러면 어둠의 왕국은 **달아날 것이다!**

# 11장

구조적 빈곤

Systemic Poverty

패러다임 5:

국가적 변화는 눈에 띄는 것이어야 하며,

그런 변화의 가장 큰 사회적 증거는

구조적 빈곤이 제거되는 것이다.

TRANSFORMATION

오늘날 세계에서 구조적 빈곤이 드러나는 곳보다 더 어둠의 왕국이 견고히 구축된 곳은 어디에도 없다. 구조적 빈곤은 성경에서 주변적인 문제가 아니다. 가난을 없애는 것은 복음적인 구속 메시지의 핵심이다. 그런 이유로 빈곤이 없어지는 것은 성경에 기초한 참된 변화의 부산물인 동시에 가장 현저한 사회적 지표이기도 하다.

예수님은 가난한 자들에게 기쁜 소식을 선포하심으로 자신의 사역을 시작하셨다. 그리고 초대교회는 구성원 속에 빈궁한 자들이 없었다(이것에 대해서 상세히 보여 주도록 하겠다). 그리고 계시록은 그 정점(頂點)에서 건강하고 부유한 나라들이 하나님께 자신의 영광과 존귀를 가져오는 행렬로 끝이 난다.

구조적 빈곤의 제거는 급진적인 말처럼 들릴지 모르지만, 전적으로 성경적인 것이므로 잘 붙잡기만 한다면, 오늘날의 교회에 엄청난 영향을 끼칠 뿐만 아니라 우리 주변의 세상에 대해서는 훨씬 더 크고 위대한 영향을 끼치게 될 것이다.

오늘날 우리의 신학은, 특히 우리의 종말론은 이상할 정도로 빗나간 결과 이 패러다임을 붙잡는 것은 고사하고 고려조차 하기 어려운 지점에 이르게 되었다. 미래에 대한 우리의 견해는 거의 전적으로 '**죄로 병든**' 이 세상을 회피하는 데 초점을 맞추는 경향이 있다. 그 결과 전체적으로 이 땅에서 일어나는 일들을 개선할 가능성과, 특히 가난한 자들의 곤경을 해결할 잠재적 가능성을 배제해 버린다. 하늘에 속한 것을 추구하는 사고방식에는 잘못된 것이 전혀 없다.

우리는 "위엣 것을 생각하고 땅엣 것을 생각지 말라"(골 3:2)는 명령을 받고 있다. 그러나 이 성경적 권고의 의도는 땅에서의 문제들을 회피하라는 것이 아니라 그것들에 효과적으로 대처할 수 있는 영원의 관점을 얻으라는 것이다.

이런 경향은 선한(훌륭한) 일을 행할 것을 강조하는 사회복음에 오염될지도 모른다는 두려움으로 인해 한층 더 강화된다. 사회복음은 사회악을 중점적으로 다루는 과정에서 영원과 관련된 영혼의 문제들을 배제해 버리기 때문이다. 그런 경향은 또한 소위 **'뭐든지 주장하기만 하라'**는 신학에 오염될지 모른다는 두려움으로 인해서 한층 더 강화된다. 그것은 얄팍한 신학과 왜곡된 해석에 기초한 간편한 해결책으로 대치함으로써, 진정한 변화를 일으키기 위해 필요한 하나님의 강력한 은혜를 방해하는 신학이다.

이 새로운 패러다임을 올바른 위치에 두기 위해서는 세 가지가 언급되어야 한다. 첫째, 나는 지금 천상적이거나 '영적인' 지표가 아니라 **'사회적'** 지표를 언급하고 있는 것이다. '사회적'이란 말은 사회 속에서 반추되면서 측정할 수 있고 기록될 수 있는 것을 의미한다. 예를 들면, 범죄율이 내려가고, 1인당 수입이 올라가며, 더 많은 학생들이 졸업하고 있다는 것이다. 이런 것들이 측정 가능한 사회적 지표들이다. 둘째, 내가 논하고 있는 빈곤은 개인적 빈곤이 아니라 **'구조적'** 빈곤이다. 그리고 셋째, **'개인적'** 빈곤의 원인은 다양하며, 대개는 게으름이

나 중독 또는 미루는 버릇 등에 의해 스스로 초래한 것이다.

'구조적' 빈곤은 대부분의 사람들이 태어나면서부터 맞닥뜨리는 것이며 그들의 운명이 그것에 의해 지시되고 지배된다는 점에서 **'개인적'** 빈곤과 다르다. 그런 운명 속에 태어나지 않은 자들이라 할지라도 결국 그런 운명 속으로 끌려들어 갈 목표물이 된다. 그렇기 때문에 구조적 빈곤은 제거되어야 하는 것이다. 왜냐하면 구조적 빈곤은 악마적인 의도를 가지고 사악한 방법으로 성취되는 책략을 반영하고 있기 때문이다. 구조적 빈곤은 노동의 열매를 탈취해 그들을 사회적 불행 속에 묶어 둠으로써 대다수의 사람들에게서 일용할 양식을 빼앗아간다.

빈곤이란 무엇인가?

온라인 백과사전인 위키피디아(Wikipedia)는 '빈곤'을 '어떤 사람이나 공동체가 복지와 생활의 최저수준을 빼앗기거나, 최저수준을 유지하는 데 필요한 필수적 요소들이 결여된 상태'라고 정의한다. 따라서 빈곤의 본질은 품위 있는 생활에 필수적으로 필요한 자원들의 부족이다.

그렇다면 구조적 빈곤이란 무엇인가? 그것은 사람들로 가난한 상태에 있게 하는 사회-경제 구조로서 모든 것을 포괄하는 것이다. 그것은 쌍을 이뤄 움직이는 두 가지 악한 전제들, 즉 (1) 어떤 사람들은 다른 사람들보다 더 많은 기회를 받을 만한 자격이 있으며, (2) 그렇게 널리 퍼진 사회적 부조리에 대해 할 수 있거나 해야 할 일은 거의 없다는 전제들을 정당화하는 고착화된 태도로 인해 존재하게 된다. 과거에 노예제도가 정당화된 방식과 유사하다. 이 악은 구조적인 것이기 때문에 단순히 작은 차원에서 개인들을 돌보거나 큰 차원에서 대량원조를 제공한다고 해서 근절되지 않을 것이다. 뿌리를 뽑아야만 한다.

예를 들어, 노예해방 전에 미국 남부에는 노예들을 잘 돌보는 동정심 많은 백인들이 있었지만 그들의 행동은 노예제도를 없애지 못했다. 그들은 다만 소수의 상태를 누그러뜨렸을 뿐이다. 노예제도가 법적으로 중단되는 데는 남북전쟁이 필요했고 (남북전쟁 전의) 옛 남부가 해체되어야만 했다. 그리고 국가 정신에서 노예제도의 문화적 습관과 흔적이 사라지는 데는 또 다른 100년의 세월과 시민권운동이 필요했다.

이제 '**빈곤**'의 측면에서 그 용어에 대한 정의를 살펴보도록 하자.

빈곤의 지표들에는 여러 가지 종류가 있다. 경제학자들은 충분한 생활수준을 획득하는 데 필요하다고 여겨지는 최소 수준의 수입을 설명하기 위해 '빈곤선'이란 표현을 사용한다. 그리고 주민들을 그 선 위에 있거나 그 선 아래 있는 것으로 분류한다. 하지만 미국에서 가난하다고 여겨지는 것이 제 3세계 국가들에서는 대부분 부유한 것으로 여겨질 것이기 때문에 단순한 화폐기준으로는 불충분하다.

빈곤은 음식과 안전한 식수 및 은신처와 같은 물질적 자원의 부족이나, 혹은 정보사용 권한, 교육, 건강보호, 사회적 지위, 정치권력, 또는 사회 내의 다른 사람들과 의미 깊은 관계를 형성할 수 있는 기회 등과 같은 사회적 자원의 부족으로도 이해될 수 있다.

이 책의 목적을 위해, 나는 '**빈곤**'을 '우리의 일용할 양식이 부족한 것'으로, 그리고 '**구조적 빈곤**'을 '그런 부족을 영구화시키는 구조'로

정의한다. 주님의 기도에서 추출해 낸 이 정의는 비록 단순하긴 하지만 위키피디아의 편집자들이 제공하는 정의만큼이나 포괄적이다.

요점을 좀더 자세히 설명하기 위해, 핵심 단어 하나 하나를 살펴보도록 하자. '우리의,' '일용할' 그리고 '양식.' '우리의' 라는 용어는 삶의 단체적 차원을 가리킨다. 공급이 필요하긴 하지만 단지 '**나**'만을 위해서가 아니라 내가 속한 공동체를 구성하고 있는 '**다른 사람들**'을 위해서도 필요하다. 더군다나, 이 공급은 연속성이 있어야 하고, '**매일의**' 사건이어야 한다.

주님의 기도에서 나오는 정확한 단어들은 "**오늘날** 우리에게 **일용할 양식을 주옵시고**"(마 6:11, 강조는 저자가 덧붙인 것)이다. 주님의 의도는 그것이 '**예측 가능한**' 매일의 사건이 되는 것이다. 혜택을 받는 사람은 내일이라는 날이 위기가 닥쳐오는 날이 아니라 오늘 받은 혜택이 연속되는 날임을 알아야 하며, 적어도 그런 희망을 가져야 한다.

그리고 마지막으로, '**양식**'은 물질과 영양분을 가진 음식을 말한다. 주기도문의 좀더 넓은 맥락은 사랑의 하나님을 '하늘에 계신 우리 아버지'로, 즉 모든 것의 근원으로 묘사하고 공급품을 선물("우리에게… 주옵시고")로 묘사한다.

네 종류의 빈곤

이런 견해를 토대로, 나는 네 종류의 빈곤을 발견한다. 그것은 영적인 빈곤, 관계적 빈곤, 동기적 빈곤, 그리고 물질적 빈곤이다.

1. **'영적 빈곤'**(Spiritual poverty)은 하나님이 자기 아버지라는 것을 모르는 자들을 괴롭힌다.

2. **'관계적 빈곤'**(Relational poverty)은 자신이 속한 공동체를 희생시키고 자신에게 초점을 맞추는 자들을 포위한다.

3. **'동기적 빈곤'**(Motivational poverty)은 내일의 난관에 맞서 싸우기에 충분한 수단이나 방법(혹은 확신)이 없는 자들을 삼키는 절망의 상태이다.

4. **'물질적 빈곤'**(Material poverty)은 기본적으로 생활을 유지하는 데 필요한 물품들이 없는 자들에게 영향을 미친다.

이런 네 가지 차원의 빈곤을 뒤집으면 영적, 관계적, 동기적(희망으로 가득찬), 그리고 물질적 **'부유함'**이 된다.

왜 우리 주님께서 음식(양식)을 그렇게 핵심적인 문제로 만들고자 하셨는가? 그것은 음식공급이 일터에서 가장 변동이 심한 요소이기 때문이다. 나의 책 『기도전도』(Prayer Evangelism)에서 나는 이렇게 기술했다.

일터에서는 거의 어떤 것이라도 잘못될 수 있다. 예를 들면, 인플레이션이나 정치적 타락, 그리고 심지어 자연재해 같은 일들이 일어날 수 있는 것이다. 그리고 도시(혹은 국가)는 그것을 견디며 마침내 회복할 것이다. 그러나 음식공급이 위태로울 정도로 불충분하게 되면, 혁명이 일어나고, 통치자들은 목이 달아나며, 질서가 회복될 때까지 혼돈이 잇따르게 된다.

먼저 음식공급에서의 질서가 회복되어야 하고, 마지막에 가서는 일터의 다른 모든 영역에서의 질서가 회복되어야 한다. 음식공급의 비참한 붕괴는 사회적인 심장발작이라고 할 수 있다.

이것은 개인의 경우에도 마찬가지다. 사람들은 음식과 공기와 물을 제외한 모든 것이 없어도 살 수 있다. 하지만 음식은 활기찬 생산성을 유지하는 데 필요한 에너지를 공급해 주는 요소이다.

선교사들과 도심 사역자들은 굶주린 사람들의 배고픔을 먼저 다루지 않고는 그들에게 복음을 전하기가 어렵다는 사실을 잘 알고 있다. 그와 같은 깨달음은 성령의 인도를 받은 초대교회의 전략에서 결정적인 요소였다. 초대교회는 굶주린 자들을 위한 음식공급을 사역의 필수적인 부분으로 삼았다. 왜냐하면 그 영역이 영적 눌림과 그로 인한 손실이 가장 눈에 띠게, 가장 고통스럽게 느껴지는 영역이기 때문이었다.

이런 사회적 질병은 추상적인 것이 아니라 오히려 그 반대다. 빈곤과 그로 인한 배고픔은 해소되지 않은 채 방치될 경우 매우 실제적인 기아(飢餓)를 초래하게 될 것이다. 구약 전체를 통틀어 우상숭배에 대한 형벌은 기근과 전염병 혹은 가뭄의 형태를 띠었다. 그런 심판의 예봉은 일터에서, 특히 사람들의 배에서 항상 느껴졌다. 음식이 부족해지다가 결국 불충분한 상태가 되었다.

반면에 역대하 7장 14절은 우리가 하나님께 바로 서게 되면 그분은 우리의 죄를 용서하신 후에 땅을 고치실 것이라고 가르친다. 그 속에 담긴 의미를 어찌 놓칠 수 있겠는가! 즉 생산이 충분하지 못했던 땅이 다시 한 번 풍성한 음식을 생산해 낼 것이라는 의미인 것이다.

두 가지가 그런 불충분함의 원인이 될 수 있다. (1) 죄의 결과로 임하는 하나님의 심판, 혹은 (2) 소수의 사람들이 다수를 희생시키면서 자원들을 독차지할 수 있게끔 하는 악한 체제. 이것이 바로 스스로 초래한 가난과 구조적 빈곤의 차이다.

첫 번째 경우를 해결하려면 개인적이고 단체적인 회개가 필요하며, 그럴 경우 하나님께서 개입하실 수 있는 문이 열리게 된다. 두 번째 경우는 교회에 의해 제거되어야 하는데, 먼저는 교회의 구성원들 내에서 사고방식이 바뀌어야 하고 행동에 변화를 가져오는 패턴이 확고히 세워져야 한다. 그런 다음에는 사회에 변화가 일어날 때까지 사회 속으로 침투해 들어가야 한다. 후자의 경우는 가능할 뿐만 아니라 바람직한 것이기도 하다. 하나님은 그런 일이 일어나기를 원하시며, 여러 국가의 지도자들은 그 일에 문을 활짝 열어 놓고 있다. 왜냐하면 가난은 그것을 겪는 자들에게 재난일 뿐만 아니라 그것을 해결할 수 없었던 자들에게도 해악이기 때문이다.

바라건대, 내가 부의 재분배를 강요하는 사회주의적 접근방식을 옹호하지 않고 있다는 사실에 주목하라. 내가 언급하고 있는 것은, 남아도는 소유를 너무 많이 가지고 있으면서도 가진 것이 전혀 없는 자들에게 아무런 관심도 주지 않음으로 인해 하나님의 나라에 들어오지 못하는 현대판 '부자 청년 관원들'의 사회적, 영적 무지이다.

그들은 자신의 재산 중 상당 부분을 일터의 자본으로 다시 흘려보내 공익을 증진시킴으로써 다른 사람들을 크게 도울 수 있다. 그렇게 하기를 꺼려하는 바로 그 태도 때문에, 마태복음 19장 22절에 언급된 그 젊은 관원은 자진해서 예수님께 나아와 들어가기를 구했던 그 나라에 들어갈 수 없었던 것이다. "그 청년이 재물이 많으므로 이 말씀을 듣고 근심하며 가니라." 예수님께서 그 젊은 부자 관원에게 그의 소유를 팔아 그 돈을 가난한 자에게 주라고 요구하지 않았다는 사실에 주목하라. 그분은 그에게 "네 소유를 팔아 가난한 자들에게 주라"(21절)고 말씀하셨다. "주라"와 "에게" 사이에 "그것을"이 없다.

일반적으로 사람들은 부자가 가난한 자들을 어떤 식으로 돕기를 기대하는가? 부자 자신이 가난하게 됨으로써가 아니라, 가난한 자들의 곤경을 완화시킬 이윤을 얻고 상품을 개발하며 일자리를 창출할 목적으로, 남아도는 자본(소유물이나 재산)을 일터로 이동시킴으로써 그렇게 하기를 기대하는 것이다. 두려움에서든, 이기심에서든, 불안정함에서든, 혹은 그 모든 것들을 합한 이유에서든, 그런 재산을 일터로 흘러들어가지 못하게 하는 것은 새로운 자본을 창출할 기회를 차단함으로써 경제(넓게는 도움을 가장 필요로 하는 사람들)에 부정적인 영향을 미칠 것이다.

요지는 이것이다. 빈곤은 **'뭔가의 부족'**일 뿐만 아니라 **'뭔가가 부족할 것에 대한 두려움'**이기도 하다. 가난한 사람들이 계속해서 가난한 한 가지 이유는, 일터를 통제하는 자들이 비록 물질적으로는 부유할지 모르지만, 스스로 감정적이고 영적인 빈곤 속에 살기 때문이다. 충분함이 그들에게는 결코 충분함이 아니기 때문에, 그로 인한 두려움이 정신적인 결핍을 초래하는 것이다.

결과적으로 부자들은 축재(蓄財)를 통해 더욱 더 부유해지지만 더 행복해지거나 더 성취감을 느끼지 못한다. 그러면서 가난한 자들은 절망의 사슬에 묶이게 되는 것이다. 따라서 그 나라의 미래가 저당잡히게 되는데, 그것은 그 나라의 주된 자산인 사람들이 속박에 매여 있기 때문이다.

예수님께서 비유들과 기적들을 통해 너무나 빈번하게 돈이나 재산과 관련된 문제들과 상황들을 언급하신 것은 바로 그런 이유 때문이 아닐까? 그분은 구조적인 문제들을 다루고 계셨던 것이다. 복음서와 사도행전에 나오는 거의 모든 기적들이 도시의 경제구역(일터)에서 일어난 것은 결코 우연의 일치가 아니다. 하나님께서 새로운 사업방식을 중점적으로 다루고 계셨던 것이다.

내가 언급하고 싶은 것은, 구조적 빈곤의 제거와 관련된 내용이 성경 속으로 너무나 깊이 얽혀 들어간 나머지, 우리는 그것을 가능성으로 붙잡는 것은 고사하고 아예 발견조차 하지 못했다는 것이다. 본질적으로 구조적 빈곤의 제거라는 주제와 성경을 분리한다는 것은 불가능하기 때문이다. 그것을 질서 있게 다루기 위해, 앞으로 나올 여러 개의 장(章)에서 그 논의를 네 부분으로 나눠 구성했다. 즉 **'성경적 기초,' '초대교회의 경험,' '개인의 사례,'** 그리고 **'다가올 단체적 표본'** 등이다.

12장

초대교회와 가난

The Early Church and Poverty

TRANSFORMATION

하나님은 세상을 창조하실 때 인간들이 삶을 즐기고 영양을 공급받는 데 필요한 모든 공급품이 있는 동산을 배치하셨다. 가난은 본래적인 의도에 포함된 것이 아니었다. 가난은 타락의 첫 사회적 결과였는데, 그 이유는 죄의 유입으로 인해 생산성이 감소되었으며, 그 결과 땅이 더 이상 풍성한 수확을 내지 못하게 되었기 때문이다. 따라서 인간은 이마에 땀을 흘려야만 땅의 소산을 먹을 수 있게 되었다.

가시와 엉경퀴는 불가시적인 죄의 가시적인 결과로 생겨나게 되었다. 즉 죄가 그들의 공급의 원천이었던 땅에 대한 저주를 가져왔던 것이다. 아담과 그의 자손들은 새로운 엉경퀴가 자라나는 광경을 목도할 때마다 저주와 그로 인한 구조적 결과들이 실제라는 것을 기억하게 되었다. 즉 저주에 모든 피조물이 포함되며 그로 인한 결과가 모든 피조물의 내적인 구조 속에 깊이 뿌리박히리라는 것을 깨닫게 된 것이다.

그렇지만 갈보리에서 예수님은 그분의 피가 그 저주를 제거하기 위해 흘려졌다는 표징으로 이마에 가시 면류관을 쓰셨다. 뿐만 아니라, 예수님께서 지상에서의 사역을 시작하시면서 처음 하셨던 "주의 성령이 내게 임하셨으니 이는 가난한 자에게 복음을 전하게 하시려고 내게 기름을 부으시고"(눅 4:18)라는 말씀은 가난한 자들에게 실제적인 복지를 제공하시겠다는 과격한 약속을 의미한다. 왜냐하면 가난한 자들에게 기쁜 소식이란, 지상에서 모든 것을 빼앗긴 삶을 살고 난 후 가난이 없는 천국에서 영원을 보내는 것일 리가 없기 때문이다. **'가난한 자들에게'** 기쁜 소식은 적어도 **'지상에 있는 동안'** 공급받는 삶을 살도록 자유케 되는 것을 포함해야만 한다!

예수님의 말씀에 대한 확증으로, 초대교회의 모습을 보여 주는 첫 번째 스냅사진 중 하나는 "그 중에[그 구성원들 중에] 핍절한[가난한] 사람이 없었음"(행 4:34)을 보여 준다. 사도행전 19장 10-11절은 바울의 손을 통해 하나님이 행하시는 특별한 기적을 보는 가운데 아시아에 사는 **'모든 사람들'**이 주의 말씀을 들었다고 증언한다.

나중에, 그 지역 인구 전체에 그렇게 광범위한 영향을 끼친 이유를 적어도 부분적으로나마 암시적으로 언급하면서, 바울은 가난을 다룬 것이 그의 사역철학의 중심이었다고 설명했다. "**'범사'**에 너희에게 모본을 보였노니 곧 **'이같이'** 수고하여 약한(가난한) 사람들을 돕고 또 주 예수의 친히 말씀하신 바 주는 것이 받는 것보다 복이 있다 하심을 기억하여야 할지니라"(행 20:35, 강조는 저자가 덧붙인 것).

바울은 사도직이 의심받을 때 베드로와 야고보와 요한으로 구성된 심사단의 점검을 받았다. 그는 예측불가능한 심사단이 제기할 수 있는 모든 질문들에 대한 대답을 생각해 내면서 출두 전날 밤을 보냈을 것이다. 왜냐하면 그의 합법적인 사도성이 극히 불안정한 상태에 놓여 있었기 때문이다.

하지만 점검자들은 만장일치로 그의 부르심을 확신하면서 그에게 단 한 가지만을 요구했다. "가난한 자들을 돌보시오." 그런데 그것은 바울이 어떤 식으로든 "힘써 행하던" 것이었다(갈 2:10을 보라).

가난을 다루는 것은 사도직의 표지이다

초대교회 지도자들이 '가난한 자들을 돌보는 것'에 부여했던 중요성으로 인해, 그것은 복음의 임무에서 중심적인 것으로 자리잡았다. 그것은 사도적 리더십의 자격이 있는지 없는지를 판명하는 표지로서, 오늘날 좀더 깊은 주의를 기울여야 할 필요가 있는 요소이다.

계시록 21장 24-27절로 넘어가 보면, 하나님께 자신의 존귀와 영광을 가져오는 나라들의 장엄한 행렬이 등장한다. 그 나라들이 하나님께 드릴 존귀와 영광을 가지고 있다는 사실은 그들이 가난하지도 핍절하지도 않다는 것을 보여 준다. 그들은 오히려 구원받은 나라들이다. 왜냐하면 "오직 어린 양의 생명책에 기록된 자들"(계 21:27)만이 그 화려한 행사에 참여할 수 있기 때문이다. 뿐만 아니라 그들은 건강한 나라들이기도 하다. 왜냐하면 계시록 22장 2절에 생명나무의 잎사귀들이 그들을 치유했다고 기록하고 있기 때문이다. 하나님께서 그들의 왕이시며 하나님 나라 안에는 구조적 빈곤이 없다. 이것은 가난을 없애는 것이 예수님과 초대교회가 전한 메시지의 핵심이라는 결정적인 증거이다.

당신은 **'만약 예수님이 마귀의 일과 가난을 멸하려고 오셨다면 왜 아직까지 존재하고 있는가?'**라고 질문할지 모른다. 거기에 대한 해답을 얻으려면 죄와 허물 사이의 차이점을 이해해야 한다. 죄는 불순종의 행위지만, 허물은 죄의 영향을 받거나 죄로 더럽혀진 것 위에 남겨진 흔적이다. 허물은 진흙탕에서 빠져나온 후에도 신발에 의해 남겨진 자국처럼, 그런 잘못의 결과이다. 예수님은 신발은 제거하셨지만 그 자국은 교회가 지워야 할 일로 남았으며, 그것은 곧 그분이 명령하신 모든

> 열방의 죄는 갈보리에서 해결되었을지 모르지만, 여전히 그 죄의 결과들은 다루어지고 취소되어야 한다.

것을 가르치라는 위임명령에 속하는 것이다(마 28:20을 보라). 그것이 바로 예수님께서 지상대명령을 내리실 때 염두에 두고 계셨던 것이다. 예수님은 지상에서 그분께 위임된 권위 때문에 그의 제자들에게 잃어버린 것을 되찾을 능력이 있다고 말씀하셨다.[1] 그리고 우리가 그 임무의 모든 측면을 붙잡을 때, 열방을 제자삼는 방향으로 직행하게 되어 있다.

'열방을 제자삼는다'는 표현은 처음에는 이해하기 힘들지만, 기본적으로 그것은 한 나라가 하나님의 선하심을 붙잡고 그리스도의 인격을 드러낼 수 있도록 하기 위해 예수님께서 우리에게 가르쳐 주신 것을 그 나라에 가르친다는 것을 의미한다. 다시 말해서, 핵심은 열방의 '죄'가 갈보리에서 해결되긴 했지만, 여전히 그 죄의 결과들이 다뤄지고 취소되어야 한다는 사실을 깨닫는 것이다. 죄는 그 본질상, 그리고 그 속성상 눈에 보이지 않으며 회개를 통해서 다루어진다. 그렇지만 죄의 결과는 실체적인 것이며 보상과 재결심-제자화의 범주 내에 포함되는 요소들을 통해 다루어져야 한다.

예를 들어, 윤리적으로 말하자면 노예제도는 죄이다. 오늘날 노예제도의 죄는 미국에서 더 이상 시행되지 않지만, 노예제도의 허물-편견과 고통, 그리고 그에 따라 오는 정치운동-은 아직까지 분명하고 고통스럽다. 아프리카계 미국인들과 토착 미국인들은 사람의 가치를 떨어뜨리는 왜곡된 사회적, 경제적, 그리고 윤리적 기준들로 얼룩진 체제 아래서 갈등하고 있는데, 그런 기준들은 또 다시 다른 민족 집단들에게 영향을 주게 된다. 이것은 노예제도라는 죄의 자국('신발자국')이 아직 사회에서 완전히 지워지지 않았기 때문이다. 하지만 예수님께서 그에 대한 대가는 이미 지불하셨다.

그것은 훨씬 더 포괄적인 형태의 노예제도인 구조적 빈곤의 경우에도 마찬가지다. 왜냐하면 그것이 영적이고, 동기적이며, 관계적이고, 물질적인 삶의 차원들을 포괄하기 때문이다. 예수님의 속죄의 피가 사탄이 인류로부터 탈취한 약속어음에 '완전한 대가 지불'(PAID IN FULL)이라는 신적 도장을 찍었기 때문에, 사탄은 이제 더 이상 그가 에덴동산에서 기만을 통해 획득한 것에 대한 권리를 가지고 있지 않다. 그 어음은 '**구속되었다**'. 그리고 그에게는 설상가상이겠지만, 그가 속박하고 있던 바로 그 사람들이 이제는 갈보리에서 법적으로 회복된 것을 '**되찾으라는**' 위임명령을 부여받았다.

초대교회의 선구적인 실례

사도행전에서, 우리는 교회가 가난한 자들을 돌볼 때 자연스럽고 특별한 숫자의 증가가 따라왔던 여러 번의 실례를 발견한다. 그런 돌봄의 결과, 지금 논하고 있는 4중적 가난으로 인해 생겨난 사회적 상처, 즉 사회적 허물이 제거됨으로써 사람들로부터 은총을 덧입게 되었기 때문이다.

사도행전 2장 44-46절에서, 부자들과 가난한 자들 사이의 특별한 화해를 보게 되는데, 그것은 분명 구조적 빈곤에 가해진 큰 타격이었다.

"믿는 사람이 다 함께 있어 모든 물건을 서로 통용하고 또 재산과 소유를 팔아 각 사람의 필요를 따라 나눠 주고 날마다 마음을 같이 하여 성전에 모이기를 힘쓰고 집에서 떡을 떼며 기쁨과 순전한 마음으로 음식을 먹고."

위의 본문을 연구하는 동안, 나는 먼저 부자들이 가난한 자들에게 아낌없이 주었다는 사실에 끌리게 되었다. 그것은 그들 편에서의 극적인 변화를 반영하는 것으로, 자신의 부와 능력을 지배하는 데 쓰지 않고 경건한 복종을 보여 주는 데 사용하게 된 것이다.

주님은 나의 관심을 그보다 훨씬 더 큰 기적, 즉 "믿는 사람이 다 함께… 집에서 떡을 떼며 기쁨과 순전한 마음으로 음식을 먹었다"는 기적으로 끌어가셨다. 서로 반대되는 집단 사이의 차별선이 더 이상 존재하지 않았으며, 그 둘이 '함께'라는 단어로 설명되는 새로운 공동체를 구성하게 되었는데, 그 공동체의 특징은 모든 구성원들 안에 자리잡은 **'기쁨'**과 **'순전한 마음'**이었다.

그들이 날마다 집에서 교제했다는 사실은 그것이 생활방식이었지, 간헐적으로 참여하는 의식이 아니었음을 보여 준다. 이 모델은 지배적인 사회체제 속에서 바뀔 수 없다고 여겨져 왔던 계급 간의 구분과 억압을 취약하고 무너뜨릴 수 있는 것으로 드러내 놓았다.

부자들과 가난한 자들에게 점수 매기기

나는 가난을 영적이고, 관계적이며, 동기적이고, 물질적인 것으로 설명해 왔다. 부자들과 가난한 자들이 상대방 집단은 잘 성공을 거두지 못하는 두 가지 범주에서 어떻게 성공을 거두는지를 지적하는 것이 도움이 될 것이다.

일반적으로 말해서, 가난한 자들은 영적이고 관계적인 차원에서 더 높은 득점을 올린다. 왜냐하면 하나님에 대한 믿음이 그들을 집어삼키는 절망에서 살아남을 수 있는 유일한 희망의 원천인 경우가 많고, 관계들이 그 생존과정에서 절대적으로 중요한 부분을 차지하기 때문이다.

반면에 부자들은 물질적이고 동기적인 측면에 더 큰 강점을 보인다. 그들은 절망적인 마음으로 미래를 향해 나아가지 않도록 그들을 지탱해 줄 자원들과 마음가짐과 노하우를 가지고 있지만, 관계에 있어서는 점수가 더 낮은 경향이 있으며, 하나님에 대한 그들의 믿음은 대개 인격적이라기보다 '직업적'이다. 그것은 십중팔구 그들이 일을 경영함에 있어서 가난한 자들에 비해 그분을 덜 의존한다는 사실 때문일 것이다.

함께 연합함으로써, 두 그룹은 각각의 필요한 영역에서 서로를 섬길 수 있었다. 부자들은 가난한 자들의 탄력 있는 믿음으로 인해 고무되고 동료의식을 얻게 된 반면, 가난한 자들은 부자들에 의해 제공된 물질적인 것과 희망적으로 미래를 바라보는 그들의 감각에 의해 유익을 얻게 되었다. 그 모든 것의 열쇠는 마음이었다. 그들은 새로운 사회 프로젝트, 즉 일반적인 지역사회를 향해 자발적으로, 그리고 아낌없이 손을 내미는 프로젝트를 산출해 내는 **'순전한 마음'**으로 모든 것을 함께했다. 그 결과 그들은 누구에게 무엇이 필요하든지 자신의 소유를 모두와 함께 나누었으며, 그로 인해 모든 사람들의 칭찬을 받게 되었다. 그리고 그런 분위기 속에서 하나님은 날마다 구원받는 자들의 수를 교회에 더해 주실 수 있었다(행 2:27을 보라).

사회적으로 용인된(혹은 자신의 지위에 따라 용납된) 상태에서, 계급 간의 구분과 그로 인한 압제를 통해 빈곤을 영구화하도록 고안되어 있는 체제를 그들 가운데서 몰아냄으로써, 초대교회는 그런 체제에 지배당하는 사회에 영향을 미쳤으며, 무시하기 힘든 기쁜 소식 때문에 많은 이들을 '**날마다**' 교회로 들어오게 만들었다. 의심의 여지없이 교회는 예루살렘에서 가장 인기 있는 단체였다!

우리는 그것이 일회적으로, 고립된 상태에서 일어난 사건이 아니었음을 안다. 왜냐하면 사도행전 4장 32절은 "믿는 무리가 한마음과 한뜻이 되어 모든 물건을 서로 통용하고 제 재물을 조금이라도 제 것이라 하는 이가 하나도 없더라"라고 진술하고 있기 때문이다. 또 다시 우리는 영적인 연합(한마음과 한뜻)과 부(富)가 지극히 자유롭게 나눠지면서 공동의 재산이 되고 있음을 본다. 결과적으로, "그 중에 핍절한 사람이 없으니 이는 밭과 집 있는 자는 팔아 그 판 것의 값을 가져다가 사도들의 발 앞에 두매 저희가 각 사람의 필요를 따라 나눠 줌이러라"(행 4:34-35).

그렇지만 이 단락의 정중앙에는 얼핏 보기에 합당치 않아 보이는 표현이 있다. "사도들이 큰 권능으로 주 예수의 부활을 증거하니 무리가 큰 은혜를 얻어"(33절). 큰 권능으로 증거했다는 것은 (예수께서 살아 계시다는) 증거가 능력 있게 전달되었기 때문에 믿어졌다는 것을 의미한다. 그리고 그런 권능의 원천은 사도들이 말씀을 선포하면서 보여 준 담대함과 하나님께서 그들을 통해 행하신 기적들뿐만 아니라 부자들과 가난한 자들이 자신의 옛 사회적 정체성을 같은 뜻과 마음을 가진 사람들의 정체성과 바꾸었다는 사실까지도 포함하는 것이었다.

결과적으로, 비그리스도인들은 사회적 영역에서 목도하는 것을 통해 부활의 증거를 볼 수 있었다. 그들이 목도한 것은, 소유와 그로 인해 균형을 상실한 사회적 지위로 규정되는 것이 아니라 사랑으로 규정되는 새로운 공동체였다. 그리고 그것은 물질적이고 동기적인 빈곤의 노예가 되어 있는 자들에게는 대단히 호소력 있는 대안이었으며, 믿음과 관계적 기쁨이 결여된 부(富)가 가져다 주는 파괴적 둔감함에 사로잡혀 있는 자들에게도 아주 매력적인 대안이었다.

구성원들이 하나님과의 인격적인 관계뿐 아니라 서로와의 풍성한 교제, 미래에 대한 절대적인 희망, 그리고 물질적인 공급을 누렸던 예루살렘 교회가 영적, 관계적, 동기적, 그리고 물질적 부를 누렸다는 것은 명백한 사실이다. 예루살렘 교회를 잃어버린 자들에게 그토록 매력적인 단체로 보이게 만든 것은 바로 그 4중적인 차원이었다.

예루살렘 교회의 크기가 대단히 컸다는 사실을 감안할 때 그것은 작은 규모의 실험이 아니라 사회적 변화의 거대한 본보기였다. 사도행전에는 예루살렘 교회가 얼마나 컸는지에 관한 구체적인 데이터가 없긴 하지만, 10만 명을 넘을 수도 있었을 것이라고 추정하는 것은 합리적이다. 첫 날 3,000명의 남자들이 믿었다는 것을 생각해 보라(행 2:41을 보라). 그 후 하나님은 그 수를 '**날마다**' 더하셨다(47절을 보라). 그런 다음엔 5,000명이 추가로 더해졌으며(4:4을 보라), 곧바로 '**허다한**' 남녀가 너무나 엄청난 규모로 '**계속해서**' 그 새로운 공동체에 더해진 나머지, 병자들이 사역을 받기 위해 침상과 요를 깔고 눕혀져야만 했다. 그것은 그들을 수용할 만큼 충분히 큰 집회장소가 없었다는 것과, 그 집단의 크기로 인해 개인적인 방법에서 대중적인 방법으로의 전환이 일어났음을 암시하는 것이다(15절을 보라).

빈궁한 사람이 없었던 그 새로운 공동체는 당시의 권력기구를 뒤흔들 수 있을 만큼 큰 규모였다. 그것은 종교지도자들이 그 사태를 처리하면서 보여 준 깊은 우려와 아슬아슬한 당혹감 속에 암시되어 있다. 그렇기 때문에 종교지도자들은 그 단체를 짓눌러 없애 버릴 방도를 찾기 시작했던 것이다(행 4:13-18을 보라). 여기서 실제로 일어나고 있는 모습에 대한 묘사는 사도행전 6장에 이르면 훨씬 더 깜짝 놀랄 만한 모습으로 바뀐다. "그 때에 제자가 더 많아졌는데 헬라파 유대인들이 자기의 과부들이 그 '매일' 구제에 빠지므로… 원망한대"(1절, 강조는 저자가 덧붙인 것임). 여기서 우리는 엄청난 수의 사람들이 검증되지 않은 리더십에 의해 양식과 돌봄을 받는 모습을 본다. 그들의 사역을 떠받치고 있는 하부조직이 충분히 성숙하지 못한 결과, 위기가 초래되었다. 즉 이방인 과부들이 매일의 빵 배급에서 누락되고 있었던 것이다. 가난한 자들에 대한 식량 배급은 '**매일의**' 활동이었으며, 위기를 초래한 것은 '**교인 수의 추가적인 증가**'였다.

"우리가 하나님의 말씀을 제쳐 놓고 공궤를 일삼는 것이 마땅치 아니하니"(행 6:2)라는 베드로의 진술은 그가 이것을 부차적인 문제로 간주했음을 의미하는 것이 아니다. 오히려 그 반대다. 리더십이 문제를 인정하고 회중을 소집해 그 문제에 대처하는 데 필요한 과정을 개략적으로 진술했다는 사실은 매일의 빵 배급이 얼마나 '**중요한**' 문제였는지를 보여 주는 것이다. 실제로, 베드로의 제안은 전 회중의 즉각적인 승인을 얻었을 뿐만 아니라(행 6:5을 보라), 결과적으로 빵 배급 문제를 장차 일어날 교회의 영적 DNA에서 결코 빠질 수 없는 부분으로 확증하게 되었다.

좀더 앞으로 나아가기 전에, 아주 중요한 두 가지 요점을 놓치지 않도록 하자. 무엇보다도, 우리가 여기서 붙잡게 되는 것은 하나님과 교회 사이의 협력이다. 왜냐하면 주기도문에서 우리에게 가르치는 것은 우리의 일용할 '**만나**'(*Manna*)가 아니라 우리의 일용할 '**양식**'(*bread*. 빵)을 구하라는 것이기 때문이다.

후자(양식 혹은 빵을 가리킴-역자 주)는 하나님이 제공하신 씨앗들의 열매를 경작하고 추수하고 가공한 결과이다(고후 9:10을 보라). 전자(만나를 가리킴-역자 주)는 하늘로부터 내려온 것으로, 최소한의 노력만을 요하는, 즉 기본적으로 매일 아침 그것을 거둬들이기만 하면 되는 것이다. 우리가 광야에 있을 때에는 하나님께서 만나를 비같이 내려 주실 수도 있지만, 그런 경우는 예외적인 것이며 일반적인 경우는 아닐 것이다.

둘째로, 사도행전에는 예루살렘 교회가 빵 굽는 사업을 시작했다는 언급이 없다. 우리가 읽은 내용에 기초해 볼 때, 그들은 밀가루를 쌓아둘 창고도 짓지 않았고 그렇게 많은 빵을 구울 큰 오븐을 만들지도 않았으며, 교회에 의해 운영되는 제과점에서 일할 어떤 사람도 고용된 적이 없었다. 당시에 진행된 일은 풀뿌리 차원에서 일어난 일이었다.

그것은 모든 사람이 열의를 품고 한 집에서 다른 집으로 나누었던, 사람들 간의 운동이었다. 열두 사도의 개입은 무수히 많은 개인적 활동들을 통합하기 위해서가 아니라 상황을 좀더 효율적인 수준으로 '**조직화**'하기 위해 필요한 것이었다. 베드로가 회중에게 더 많이 드리라고 권유하지 않았다는 사실에 주목하라. 그는 단순히 '**이미**' 교회생활의 일부분이 되어 있는 배급활동을 관리하기 위한 좀더 효율적인 시스템의 밑그림을 그렸을 뿐이다.

그것은 예루살렘에서만 일어난 일이 아니었다. 왜냐하면 수년 후에 바울의 제자들이 그와 유사한 활동을 했다는 놀라운 진술을 바울이 했기 때문이다. 고린도인들에게 편지를 쓸 때, 바울은 그들이 외인들(불신자들을 의미함-역자 주)과 나누기를 간절히 원했다고 묘사했다. 그들이 풍성한 뿌림과 거둠의 원리를 실천했기 때문에 바울은 그들의 풍부한 선물에 대해 자랑할 수 있었다. 그들은 하나님께서 기쁨으로 베푸는 자들을 사랑하신다는 것을 알았고 또 그런 자들이 되었기 때문에 '**모든 것에 있어서**' 충분함을 누렸을 뿐만 아니라 다른 사람들을 유익하게 하려는 선한 행실을 위해 그 풍성함을 사용하는 법까지 배웠다.

그 본문에서, 바울은 시편 112편 9절을 인용함으로써 하나님을 역할 모델로 언급한다. "저가 [널리](abroad, 영어성경에는 있지만 한글개역성경에는 빠져 있음-역자 주) 흩어 가난한 자들에게 주었으니 그의 의가 영원토록 있느니라"(고후 9:9). 여기에 나타난 그림은 씨를 '널리' 흩어 뿌리는 사람에 대한 그림으로, '널리' 라는 말은 '오래 지속되는 의를 염두에 두고서, 가난한 자들의 유익을 위해, 바로 이웃한 영향권을 뛰어넘어' 라는 의미를 내포하고 있는 용어이다.

단어들의 선택에 유의해 보라. '흩뿌리다' 는 엄격히 제한된 베풂과는 정반대 의미를 암시한다. 가난한 자들에게 베푸는 일이 씨를 낭비하는 것으로 인식되기 때문에 인색하게 이뤄지는 경우가 너무나 많다. 하지만 바울은 그와 정반대의, 그러면서도 훨씬 더 심오한 점을 강조하고 있다. 우리가 널리, 즉 명백히 '**다른 사람들**'을 유익하게 하려는 의도를 가지고, 우리 자신의 영역들의 한계를 초월해 흩어 뿌릴 때 빵으로 전환시킬 씨를 가난한 자들에게 제공하게 된다. 그것은 가난한 자들에게 뭔가를 남겨 주기 위해 들판의 구석에 있는 것들은 거둬들이지 말라는 레위기 19장 9절의 명령과 일맥 상통한다. "너희 땅의 곡물을 벨 때에 너는 밭 모퉁이까지 다 거두지 말고 너의 떨어진 이삭도 줍지 말며." 그러면 하나님의 의와 풍성하심이 눈에 보이도록 드러나기 때문에, 이제는 그분이 우리 자신의 씨 공급량을 배가시키겠다고 약속하신다. 그럴 때 우리는 모든 것에 넘치도록 풍성하게 될 것이다.

바울에 따르면, 그렇게 의로운 행위에 의해 생겨난, 하나님에 대한 감사의 풍조는 성도들뿐만 아니라 외인들 사이에서도 풍성한 찬양을 불러일으킬 것이다. 바울이 씨와 양식을 언급하고 있긴 하지만, 그 본문은 그렇게 기본적인 수준에서 관대함을 표현하면 더욱 높은 수준에서 풍성함을 거두게 된다는 사실을 암시한다. "너희가 모든 일에 부요하여 너그럽게 연보를 함은 저희로 우리로 말미암아 하나님께 감사하게 하는 것이라"(고후 9:11).

바울은 그리스도의 제자로서 우리가 자신의 최선을 내어 주신 분을 본받아야 한다는 것을 상기시키기 위해 "말할 수 없는 그의 은사를 인하여 하나님께 감사하노라"(15절)라는 열정적인 말씀으로 본문을 마무리한다.

분명히, 신약의 교회는 '베풂의 생활방식'을 가지고 있었으며, 그들 가운데서와 너머에서까지 배고픔-구조적 빈곤의 가장 현저한 모습-을 없애는 문제를 매우 진지하게 받아들였다. 그리고 그들이 그 일에 힘썼던 방식으로 인해 사회적 체제가 뒤바뀌었으며, 이 세대에 나라들을 제자삼는 부르심의 한 부분으로서 다시 한 번 본받아야 할 필요가 있는 생생한 모델이 탄생하게 되었다.

13장

가난한 자들에게 정말로 기쁜 소식

Really Good News to the Poor

TRANSFORMATION

신약의 두 가지 중추적 사건들을 연결하는 선을 그어 볼 수 있다.

(1) 예수께서 지상 사역을 시작하던 맨 처음에, 가난한 자들에게 좋은 소식을 선포하셨던 순간(눅 4:18을 보라)과,

(2) 계시록 21장과 22장에서 인류 역사의 맨 마지막에 부유한 나라들이 하나님께 존귀와 영광을 가져오리라고 묘사된 절정의 순간이다.

바로 그 순간이야말로 하늘에서의 하나님의 뜻이 지상에서 온전하게 반영될 때이다.

천국에는 가난이 없다. 그리고 그날에 지상에서도 가난이 없을 것이다(나는 지금 단순히 물질적인 결핍만이 아니라 앞장들에서 설명한 4중적인 차원의 가난을 표현하기 위해 '가난' 이라는 용어를 사용하고 있다).

첫 번째 순간에서 두 번째 순간으로 나아가는 방법은 무엇인가? 그 질문에 답하기 위해, 나는 개인과 산업들 및 기관들의 삶 속에서 변화의 '과정 중에 있는' 실례들을 제시하고자 한다.

그 실례들이 보여 주는 것은 구조적 가난을 부채질하는 절망의 소용돌이를 깨뜨릴 수 있다는 것과, 과거의 희생자들을 변화 모델의 주인공들로 변화시킴으로써 구조적 가난을 뿌리뽑는 데 필요한 희망을 받아들일 수 있다는 것이다.

개인적 실례들

구조적 빈곤을 제거하려고 함에 있어서 주된 장애물 가운데 하나는 가난한 자들을 돌보기에 충분한 자원이 없다는 인식이다. 그것은 전혀 사실이 아니다. 첫째로, 가능한 모든 관점에서 그 주제를 중점적으로 다루고 있는 인터넷의 넘치는 자료들을 대충 훑어보기만 해도, 아직 개발되진 않았지만 새로운 부의 창출을 통해 만들어 낼 수 있는 자원의 원천이 있다는 사실이 명백히 드러난다. 새로운 부의 창출은 현존하는 자원들을 현재 현대판 '부자 관원들'(눅 18:18-25을 보라)에 의해 탐욕과 두려움의 감옥에 갇혀 있는 상태로부터 자유케 함으로써 가능한다.

둘째로, 그런 인식은 현재 문제가 되고 있는 대다수의 가난한 사람들이 해답으로 변화될 수도 있다는 것을 예견하지 못한다. 그러나 나는 그 일이 가능하다고 믿으며, 그런 일이 일어나면 그것은 사회적 저온핵융합(cold fusion)에 해당하는 놀라운 일이 될 것이다.[1]

새로운 부의 창출에 대해서는 나중에 심도 있게 다루기로 하고, 지금으로선, 만약 우리가 다른 사람들에게 축복의 통로가 되고자 한다면, 하나님께서는 우리의 자산을 증식시키는 일과 관련해 대단한 적극성을 가지고 계신다고만 언급하고 넘어가도록 하자.

시편 41편 1-4절은 가난한 자들을 돌보는 것이 사회적으로 가난과 경제적 재앙, 대적의 탈취, 그리고 질병의 재앙 등을 예방하는 보험을 취득하는 것과 같다는 사실을 계시한다. 그 시편에 설명되어 있는 유익들을 숙고해 보라.

"빈약한 자를 권고하는 자"를 주님께서는,

- 재앙의 날에 그를 건지실 것이다.
- 그를 보호하실 것이다.
- 그를 살게 하실 것이다.
- 그를 세상에서 복받게 하실 것이다.
- 그를 그 원수의 뜻에 맡기지 않으실 것이다.
- 그를 쇠약한 병상에서 붙드시고 그의 건강을 회복시키실 것이다.

'만약' 우리가 곤핍한 자들을 돌본다면, 이런 일련의 약속들은 과거와 현재, 그리고 미래를 포괄하는 것이다. 아무도 하나님보다 더 많이 줄 수 있는 사람은 없다.

한 걸음 더 나아가, 예수님은 "하나님의 나라를 위하여 집이나 아내나 형제나 부모나 자녀를 버린 자는 금세에 있어 여러 배를 받고 내세에 영생을 받지 못할 자가 없다"(눅 18:29-30)고 우리에게 분명히 말씀하셨다. 예수께서 약속하시는 자원들의 증식이 지상에서(현세에), 그리고 내세에서 영생을 얻는 것에 **'더하여'** 일어날 것이라는 점에 주목하라. 이 두 구절은 지상에서 하나님 나라의 비전을 붙잡는 자들에 의해, 그리고 그런 자들을 위해 새로운 자원들이 초자연적으로 창출될 것이라고 암시적으로 진술하고 있다.

이제 가난한 자들이 가난에 대한 해답이 될 수 있다는 좀더 도전적인 개념으로 발걸음을 내디뎌 보자. 비록 가난이 문제긴 하지만 가난한 사람들이 문제는 아니기 때문에 그것은 가능한 일이다. 성경에 따르면, 그들이 '가난을 없애는 데 필요한' 가장 큰 (아직까지 개발된 것은 아니지만) 자원들이기 때문이다.

그 원리는 에베소서 4장 23절에서 발견된다. "도적질하는 자는 다시 도적질하지 말고 돌이켜 빈궁한 자에게 구제할 것이 있기 위하여 제 손으로 수고하여 선한 일을 하라." 이 구절은 도둑이 구제하는 자로 변화되는 특별한 사회적 변화를 묘사하고 있다. 즉 범법자가 더 이상 도둑질하지 않고 일하기로 결심하면서, 자신을 돌볼 뿐만 아니라 빈궁한 자들에게까지 나눠 줄 만큼 충분한 돈을 벌고자 올바른 거래를 배우게 되는 변화이다. 놀랍지 않은가!

이 말씀에 기술된 과정의 모든 단계 하나 하나에 숫자적인 가치를 부여함으로써, 우리는 그 주체가 어떻게 -1에서 +6으로, 빼앗는 자에서 주는 자로, '자원의 소비자에서 창출자로' 나아가게 되는지 볼 수 있다.

"도적질하는 자는"(명백히 부정적인 행동임) **'빼앗는 자'**를 말하기에 -1.

"다시 도적질하지 말고" 는 부정적인 것들을 중화시키고 있지만 긍정적인 것으로 대체하지 않고 있기 때문에 그의 점수는 0.

"수고하여" -주체가 더 이상 놀고 있지 않기 때문에 한 계단 올라가 +1.

"제 손으로" 는 항상 사용이 가능한 직업과 같은 도구를 말하는 것. 그래서 한 계단 더 올라가 +2.

"선한 일" -그는 이제 유익한 존재가 되었다. 그래서 그의 점수는 +3.

"…것이 있기 위하여" (여분)-그가 이제 도달한 점수는 +4.

"구제할" 이란 표현은 사심 없음을 반영하고 있기 때문에 그의 점수는 +5.

"빈궁한 자에게" 는 자비로운 태도를 보여 주기 때문에 +6.

그는 이제 **'주는 자'**가 되었다.

마이너스에서 플러스로(Minus to Plus)
엡 4:28

```
● 주는 것 ------- +40
    ● 갖는 것 -------- +30
  ● 손으로 ---------- +20
 ● 일 -------------- +10
● 더 이상 ---------- 0
● 훔치다 ---------- -10
```

법집행과 정의시스템은 범죄자를 체포해 감옥에 가둠으로써 -1에서 0으로 이동시킬 수는 있지만 그의 마음속에 일하거나 직업을 배우려는 욕구를 불어넣어 줄 수는 없다. 그리고 그가 자신의 생계를 해결하게 되었을 때 자기 안으로만 커가는 것이 아니라 되갚을 능력이 없는 불행한 사람들을 향해 자선을 베푸는 생활방식을 터득하도록, 그에게 성공에 필요한 태도를 갖게 해주는 것은 더 더욱 불가능하다. 오직 하나님의 능력만이 그렇게 할 수 있다.

마약 판매상에서 사업가로

빈스(Vince)는 자선 사업가로 변화된 도둑의 좋은 실례이다. 지금으로부터 몇년 전까지 그는 하와이, 호놀룰루에 있는 차이나타운(Chinatown)의 사악한 뒷골목에서 활동하는 마약 판매상이었다. 하지만

2006년경 그는 비범한 사업능력 때문에 「스타 불레틴」(*Star Bulletin*, 하와이의 주요 신문 중 하나)의 첫 페이지에서 대서특필했던 레스토랑을 소유하게 되었다. 그는 현재 마약 중독자들을 회복시키는 데 헌신하고 있는데, 그것은 그들을 자기 사업을 가진 자들로 세워 주기 위함이다.

결혼해서 세 명의 아이를 가진 아빠로서, 빈스는 마약을 판매하는 그의 부정직한 사업으로부터 가족을 보호하기 위해 집에서 살지 않기로 작정했다. 그는 간헐적으로 샤워하러 집에 가곤 했다. 어느 날 그는 활동범위를 광범위하게 확장시키기로 결심했다. 그는 아주 거대한 마약 꾸러미를 확보하기 위해 그의 모든 자원들을 공동 출자하고 가능한 한 많은 돈을 빌렸다. 그는 그 마약을 상당히 많은 이윤을 남기고 팔 작정이었다. 동시에 그는 배달과정에서 마약을 강탈할 음모까지 꾸몄다.

그는 마약계의 큰손 축에 들기 위해 충분한 현금뿐 아니라 마약까지도 모두 차지하려고 했던 것이다.

도덕적으로 빗나가긴 했지만 대부분의 마약 판매상들이 뛰어난 사업가들이라는 사실을 잠시 생각해 보라. 그들은 시장을 아주 잘 읽어 낸다. 그들은 어떻게, 그리고 언제 신용판매를 하고, 언제 효율적인(잔혹하긴 하지만) 수금작전을 벌일 것인지, 어떻게 이윤을 저울질하는지, 그리고 어떻게 모험을 감행하는지를 안다. 그중 어느 것도 합법적으로 이루어지는 것은 없지만, 그들이 활동하는 부정직한 세계에서 그들은 그런 사업가적인 차원으로 인해 그 계통의 지존이다. 빈스도 예외가 아니었다.

빈스는 거래를 위한 시간과 장소를 신중하게 선택했고, 관련된 당사자들에게 정확한 지침을 전달했다. 구매자와 판매자, 그리고 강도들,

즉 '그의 강도들'이 배치되었다. '그의 아내가 우연히 차를 몰고 가다가 그를 발견할 때까지는' 모든 것이 잘 진행되고 있었다! 공교롭게도, 그의 아내는 하나님의 음성을 듣는 중보자이다. 그런데 그 특정한 날 하나님께서 그녀를 도시의 그 구역을 운전해 지나가도록 인도하신 것이었다.

그녀는 길가에 차를 대고서 빈스에게 집에 가자고 간청했다. 그는 거절했지만 그녀는 완강히 졸라 댔다. 논쟁이 계속되었고 목소리가 높아졌다. 빈스가 결코 원하지 않았던 것은 대중의 눈에 띄어 경찰이 들이닥치거나 거래가 예기치 않은 방향으로 악화되는 것이었다. 아내를 진정시키기 위해, 그는 여러 당사자들에게 거래를 연기한다고 통지했다. 그런 다음 그는 아내와 함께 집으로 돌아왔으며, 그로부터 네 시간 동안 그들은 말다툼만을 계속했다.

그녀는 빈스에게 길을 수정하라고 간청했지만 그는 번번이 거절했다. 절망적인 심정으로 그녀는 하나님께 달려가 울부짖기 시작했고, 빈스가 죄악된 삶을 중단하게 해달라고 온 열정을 다해 그분께 간구했다. 빈스는 자기를 생각하는 그녀의 헌신된 마음과 그녀의 열정적인 중보에 깊은 감동을 받았다. 비록 하나님(아니면 적어도 인격적인 하나님)을 믿진 않았지만, 그는 자기가 그런 헌신을 받을 만한 자격이 전혀 없다고 느껴졌다. 어떻게 대처해야 할지 모르는 상황을 피하기 위해, 그는 샤워를 하기로 결심했다.

일단 물 속에 들어간 후에, 그리고 완전한 절망의 순간에, 그는 하나님께 이렇게 부르짖었다. "만약 하나님, 당신이 계신다면, 나를 변화시켜 주든지 아니면 나를 죽이시든지 해주세요. 하지만 그 둘 중 하나여야 합니다. 제가 달라지든지 아니면 죽든지 하고 싶습니다."

그 다음날 아침, 빈스는 자신의 '얼음' (결정체로 된 메탐페타민 마약의 속칭-역자 주) 파이프가, 여전히 마약이 가득 채워진 채로, 그가 샤워하러 들어가기 전에 놓아 두었던 곳에 그대로 놓여 있다는 것을 갑자기 깨닫게 되었다. 그것은 아주 특별한 일이었다. 왜냐하면 그가 매일 아침에 첫 번째로 하는 일이 눈을 뜰 수 있기 위해 그 파이프에 담긴 마약을 흡입하는 것이었기 때문이다. 하지만 지금 그 파이프는 손 대지 않은 채로 놓여 있었고 그의 느낌도 달라져 있었다. 마약에 취하고 싶은 충동이 더 이상 사라지고 없었던 것이다!

바로 그 순간에, 빈스는 하나님께서 자신을 마약중독에서 초자연적으로 건져내시면서 그를 변화시켜 주셨음을 깨달았다. 그는 가족을 올바르게 부양할 수 있는 직업을 찾기로 결심했다. 그것은 가혹하지 않은 일이었다. 그는 수없이 많은 지원서를 제출하고 수없이 많은 면접을 보았지만 모두 거절당했다. 근본적으로 마약 중독자라는 기록과 마약 판매상이라는 경찰의 전과기록 때문이었다.

절망적인 상황 속에서 빈스는 다시 한 번 하나님의 인도하심을 받고자 부르짖었다. 그러자 하나님께서는 그에게 레스토랑을 시작하라고 말씀하셨다. 빈스는 요리하는 법도 모른다고 하면서 하나님과 논쟁을 벌였지만 하나님은 흔들리지 않으셨다. "하라" 그것이 하나님의 말씀이었다.

빈스는 자본도 없었고 자금을 확보할 수단도 없었다. 그러나 하나님께서는 그를 어떤 크리스천 형제에게로 인도하셨는데, 그 형제는 빈스도 몰랐던 대출관리였다. 그 사람이 스스로 보증인이 되어 빈스에게 돈을 빌려 주었다.

빈스는 한 번도 레스토랑을 경영한 적이 없었지만, 새로 발견한 기도의 능력과 더불어 그의 사업가적인 측면이 도움이 되었다. 하나님께서 그에게 어떻게 해야 할지, 그리고 언제 해야 할지를 보여 주셨으며, 그렇게 레스토랑이 문을 열었다. 그 후 곧바로, 한 지역 신문이 그의 이야기를 입수해 그 레스토랑에서 빈 자리를 찾기가 어렵다고 보도했다.

전에는 도둑질을 일삼았던(그리고 그보다 더 나쁜 일을 했던) 빈스가 더 이상 도둑질하지 않고, 자신의 가족을 부양하며 다른 사람들을 돕기 위해 선한 일을 하면서 자기 손으로 일하고 있다.

모든 사람이 –1의 수준에서 시작하는 것은 아니지만(대부분의 사람들이 도둑은 아니기 때문에), 구조적 빈곤의 노예가 되었던 사람들의 대다수가 +4의 수준(여분으로 사용하기에 충분한 돈을 벌 수 있는 수준)에 도달하지 못한다. 기본적으로 그들은 생존모드에 영구적으로 붙잡혀 있으며, **'가난이 먼저 그들의 생각과 마음에서 제거되지 않는다면'** 그 상태에 머물러 있을 수밖에 없다.

빈스는 4차원적인 가난, 즉 영적, 지적, 관계적, 그리고 물질적 가난을 뛰어넘었다. 그는 하나님에 대한 믿음을 가지고 있다. 그는 시장성있는 지식을 습득했다. 그는 풍성한 관계를 유지하고 있으며, 다른 사람들과 공유할 빵을 가지고 있다. 그리고 그에게는 희망과 비전의 결핍도 없다.

그는 나에게 말했다. "제 목표는 사람들과 호놀룰루의 중심가가 변화되는 것을 보기 위해 100개의 사업체를 시작하는 것입니다." 그는 어떻게 가난한 자들이 가난에 대한 해답이 될 수 있는지, 그 **'진행상태를 보여 주는'** 고전적인 모델이다.

부엌에서 통상회의소로

아직 개발되진 않았지만 또 다른 강력한 해답의 원천은 가정주부들인데, 특히 남편들로부터 들어오는 수입이 불충분하거나 전무한 결과, 부담이 가중된 상태에서 가정의 일상적 행복이 그들의 몫으로 돌아가는 것이 사회적 규범처럼 되어버린 문화권에서는 더 더욱 그러하다. 이런 제약의 사이클은 파쇄될 수 있다.

제니퍼 므웨시크이(Jennifer Mwesigyee)는 범죄자도 아니고 실업자도 아니었다. 우간다의 한 마을에 사는 가정주부였던 그녀는 남편의 수입을 보충하기 위해 가정에서 재봉사로 일했지만 한 번도 수입과 지출이 균형을 이루는 것처럼 보이지 않았다. 그래서 그녀는 빈스가 -1 수준에 있었던 도표에서 +2 수준(자기 손으로 일하는)에 머물러 있었다.

그런데 제니퍼에게 뛰어난 기독교 소액대출 기관인 '오퍼튜니티 인터내셔널'(Opportunity International)을 통해 171달러의 대출금이 제공되었다. 그 덕분에 그녀는 재봉틀을 구입할 수 있게 되었고, 그 결과 더 많은 일을 더 빠르고 더 뛰어나게 할 수 있게 됨으로써 일의 능률이 극적으로 상승되었다. 머지 않아 그녀는 다른 사람들을 고용할 수 있게 되었고, 웨딩드레스 시장에서 명성을 얻기 시작했다.

자신감을 얻은 그녀는 이제 그 지역사회에 값이 적정하고 신뢰할 만한 교통수단이 필요하다는 것을 간파했다. 오토바이 한 대와 운전자 한 사람으로 시작해 그녀는 점차 수송단을 세웠으며, 그렇게 함으로써 다른 가정들을 부양하는 데 절대적으로 필요한 직업들을 창출해 냈다. 그때 이후로 그녀는 임대재산에 투자했고, 부동산을 매입했으며, 50마리의 건강한 소를 가지고 농업을 시작했다!

'오퍼튜니티 인터내셔널'(Opportunity International)에 따르면, "재봉사에서 지주로, 농부로, 지역사회 리더로 나아간 제니퍼의 여정은… 가

> 가난한 사람들은 문제가 아니다. 구조적 빈곤이 문제다!

난한 사업가들이 그들 자신의 변화를 위한 도구가 주어질 때 나타낼 수 있는 능력을 보여 준다. 그러나 제니퍼와 다른 많은 사람들에게서 보여지는 열정은 한 가지 중심적인 핵, 즉 자신의 가족들을 부양하려는 욕구에서 비롯된다.

그리고 그 열정은 제니퍼의 남편 윌리엄(William)과 일곱 자녀들의 범위를 뛰어넘어 간다. 그 열정은 그녀가 자신의 가정으로 데려온 4명의 에이즈 환자인 고아들에게까지 뻗어 가며, 말할 것도 없이 그녀의 종업원들의 가족들에게까지도 뻗어 간다. 모두 합쳐서, 제니퍼의 사업은 57명의 사람들을 부양하고 있다"고 한다.

정직하게 열심히 일하는 사람들이 **'가난의 구조'**(a system of poverty)에 얽매여 노예가 되어 있는 것처럼, 제니퍼도 +2 수준인 그냥 일하는 상태에 고착되어 있었다. 그렇지만 대출금 덕분에 그녀는 효율성을 높여 주는(+3) 재봉틀을 살 수 있었고, 더 큰 수익성(+4)을 창출했으며, 가난한 자들(+6)과 나눌 수 있게 되었다. 그녀는 가난한 수납자에서 아낌없이 주는 자의 자리로 옮겨갔는데, 그 모든 일이 단 171달러의 씨앗 자금으로부터 시작된 것이었다! 그녀는 자기 자신만이 아니라 다른 많은 사람들의 가난에 대해서도 해답을 제시하는 자로 변화되었다.

다시 말하건대, 가난한 사람들이 문제가 아니라 구조적 가난이 문제다!

이 세상의 체계들

사회전문가들은 세계 10억 명의 사람들이 하루에 1달러나 그 이하로 살아간다고 말한다. 그 다음 20억 명은 1달러보다 약간 더 많은 돈으로 살아간다. 이것은 '**세계인구**'의 절반이 하루에 2달러 이하로 생존하고 있음을 의미한다. 안 좋은 소식은 사람들이 너무나 적은 돈을 번다는 것이다. 그러나 좋은 소식은 그 장벽이 낮기 때문에 수입을 증가시키는 것이 쉬울 것이라는 사실이다.

만약 우리가 가난을 생존에 필수적인 자원들의 부족으로 정의할 경우, 오늘날 세계에는 가난한 나라가 없다고 결론을 내려도 무방할 것이다. 그 이유는 아주 간단하다.

가난한 나라는 결국 사라질 운명을 가지고 있기 때문에 오랫동안 세상에 존재하지 못할 것이다. 마치 전기가 끊긴 병원에서 생명을 유지하고 있는 환자와 마찬가지다. 오늘날 세상에 존재하는 것은 '**가난의 구조**'를 가진 나라들이다. 그 나라들은 충분한 식량(혹은 그 잠재력)을 가지고 있지만, 하부구조를 포함한 자원관리와 자원분배가 공익을 위해서가 아니라 다수가 희생된 소수의 유익을 위해 설계되어 있다.

잠깐만 시간을 내서 위의 단락을, 이번에는 천천히, 다시 읽으면서 그 의미를 깊이 되새겨 보지 않겠는가? 위의 내용은 내가 나중에 언급하게 될 몇 가지 도전적인 진술의 토대이며 기초이다.

우리는, 일반적으로 말해서, 자본주의 그 자체 내에는 '**본래 아무런 사회적 양심이 포함되어 있지 않다**'는 것을 이해해야 한다. 지금 자본주의자들이 사회적 양심을 가질 수 없다고 말하는 것이 아니다. 왜냐하면 그들 중 많은 이들이 사회적 양심을 가지고 있기 때문이다. 내가 말하려는 것은 '**자본주의**'가 사회적 양심을 가질 수 없다는 것이다.

자본주의가 창의적인 사업가들이 부를 창출하고 성공하는 데 필요한 구조와 수단을 제공하긴 하지만 '**구조적인 악의 의도적 제거를 통해 불우한 자들의 몫을 능동적으로 향상시킴으로써 사회의 악을 제거하는 것**'을 우선순위와 핵심가치로 가지고 있지는 않기 때문이다.

그렇게 되는 경우는 일종의 트리클다운(trickle-down, 정부투자 따위로 대기업의 성장을 촉진하면 간접적으로 중소기업과 소비자에게 미쳐 경기를 자극하게 된다는 이론-역자 주) 효과로서 일어나는 경우이다. 즉 위에 있는 자들이 이익을 얻는 정도만큼, 아래에 있는 자들이 '**약간의 혜택**'을 얻게 되는 것이다. 하지만 본질상 자본주의는 '**근본적으로**' 자본가를 이롭게 하도록 설계되어 있다.

자본주의의 유익들과 손해들

시어도어 루스벨트(Theodore Roosevelt) 대통령의 조각상이 사우스 다코타(South Dakota)의 유명한 러쉬모어 산(Mount Rushmore, 그의 인격과 대통령직에 대한 찬사의 표시로) 위에 나타나는 이유들 중 하나는 그가 19세기의 탐욕스런 시장터의 귀족들을 고용하면서 '힘없는 사람'의 편을 들어 주었기 때문이다. 만약 제지를 받지 않았더라면, 미친 듯이 날뛰던 그 자본가들은 새로 도착한 다수의 이주민들을 착취해 사회적으로 노예화함으로써 미국의 특성을 왜곡시켰을 것이다. 뿐만 아니라 그 이주민들이

나 그들의 자녀들을, 20세기 상반기에 세계를 휩쓸었던 마르크스주의 태풍에 극도로 취약한 상태로 만들어 버렸을 것이다.

사회적 양심을 가진 것처럼 위장하고 있는 그 악하고 흠많은 체제인 공산주의가 최고조에 달했을 때, 자본주의는 소유를 빼앗긴 대중에 대한 마르크스주의의 세계적인 확산에 대항하기 위해 사회적 양심 분야에서 더 열심히 노력해야 했다.

사회적 양심의 여러 가지 표현들은, 한편으로는, 병원들과 학교들을 세움으로써 일반 사회에 투자하는 형태로 나타났다. 다른 한편으로는, 우선대출, 적정금액의 주택공급, 그리고 회사의 종업원들에 대한 의료보호 등과 같이, 노동인구에 대한 특정 서비스들을 제공하기도 했다. 문제는 **'사람들이 회사를 위해 일을 계속하는 경우에 한해서만,'** 혹은 그런 자선행위들이 그 회사의 공적인 이미지를 개선시키는 경우에만 그 혜택들 대부분이 유효하다는 것이었다.

하지만 그런 일이 자본주의 사회에 저절로 일어난 것은 아니었다. 그 증거가 바로 노동조합의 출현이다. 노동조합의 출현은, 그것이 없었더라면 불가능하지는 않을지라도 획득하기가 어려웠을 **'기본적인'** 급료와 서비스를 확보하기 위해 경영진에 맞서 싸우는 격렬한 전투의 맹공격을 불러일으켰다.

그러나 일단 공산주의가 약화되어(1989년 소비에트 붕괴 후에) 세계 대부분의 지역에서 더 이상 대항세력의 기능을 수행하지 못하게 되자, 제3세계에서 자본주의는 노동자들과 일반 사회, 그리고 심지어 나라 전체를 희생시켜 가면서까지 더욱 더 이윤을 추구하게 되었다.

차를 훔친 다음 분해해서 부품을 팔아먹는 깡패들처럼, 몇몇 유력한

다국적 기업들은 종종 미개발 국가들의 전통적인 산업들을 손에 넣은 다음, 운영을 개선한다는 명목으로 그것들을 해체해 팔아먹거나 가장 수익성 있는 부서만 살려 놓고 나머지는 폐쇄해 버리곤 했다. 아무런 주의('**통찰력**'은 고사하고!)도 기울이지 않고, 그들은 제거 가능한 모든 부분을 마음껏 저당잡히게 한 다음, 각 부분이 모두 제거된 상태에서 덩치가 너무 커서 움직일 수 없는 녹슨 골격만을 남긴다.

자본주의와 성경적 가치들

개인적으로, 나는 켄 엘드레드(Ken Eldred)와 같은 많은 기독교 사상가들의 견해에 동의한다. 그는 "인류 역사 속에 존재했던 다른 어떤 경제체제와 달리, 자본주의는 필요한 물품과 서비스를 생산해 세계의 생활수준을 개선하고 있다"[2]고 믿는다.

엘드레드는 계속해서 이렇게 단언한다. "자본주의는 개인적 자유와 책임이라고 하는 성경적 원리에 기초를 두고 있다. 인간은 마음대로 자신의 은사를 사용할 자유가 있다. 인간은 하나님의 인도하심을 따라 직업을 추구할 자유가 있다. 뿐만 아니라 자본주의는 하나님께서 에덴동산에서 '그것을 다스리며 지키라'(창 2:15)고 하신 명령을 더욱 더 효과적으로 성취하기도 한다."[3]

그러나 성경적인 제어장치를 상실하게 될 경우, 자본주의는 파괴적인 것으로 돌변할 수 있다. 엘드레드는 이렇게 설명한다. "한 국가의 사업 행태를 특징짓는 도덕적 태도에는 세 가지가 있는데, 그것은 부도덕성과 무도덕성, 그리고 도덕성이다."[4]

부도덕한 사업 행태는 보편적으로 받아들여지는 도덕적 원리들을 노골적으로 거스려 이뤄지는 것들이다. 가장 일반적인 왜곡은 마약 카르텔, 교도소 노동, 어린이들을 성노예로 팔아 착취하는 행위, 그리고 인간 장기 판매 등이다. 하지만 그런 부도덕한 사업 행태들은 널리 확산될 경우에도 그리 큰 '**직접적인**' 위협은 가하지 못한다. 왜냐하면 그런 행태들의 원색적인 도덕적 결함이 그 자체를 일반적으로 혐오스럽게 만들기 때문이다.

그렇지만 위험성은 사업 내에 존재하는 '**무도덕성**'의 영역 안에 아련히 그 모습을 드러낸다. 엘드레드는 다시 한 번 우리를 일깨운다.

"무도덕성은 종종 현대 서구의 사업에서 발견되는 태도이다. 그 핵심은 다음과 같은 말로 요약될 수 있다. 이윤을 극대화하라. 도덕과 무관한 사업은 도덕적 원리들에 관심을 갖지 않는다. 문제는 '옳으냐 그르냐'가 아니라 '합법이냐 불법이냐'이다. 법규가 도덕성을 대신한다."[5]

엘드레드는 계속해서 다음과 같이 진술한다. "여러 가지 면에서, 미국은 무도덕성의 기준을 채택하고 있다." 다시 말해서, 자본주의는, 유대-기독교 문화-자본주의의 윤리적 나침반의 근원이 되는-가 제공하는 도덕적 중추가 없다면, 결국 세상을 "돌보라"(창 2:15을 보라)는 성경적 명령뿐만 아니라 사회적 책임까지도 내팽개쳐 버리고 만다. 그런 상황들 하에서, 자본주의가 행하는 것은 법적인 것이지만 좀더 높은 도덕적 기준을 놓쳐버린다. 그것은 성공적인 것이겠지만 적절한 것은 아니다.

이처럼 "적은 투자로 최대한의 수익을 얻는다"는 정신을 가지고 약자를 돌아보지 않으면서도 놀라우리만치 빠르게 성장하는 자본주의의 표출-공산주의의 붕괴 이후로 사회적 양심을 가장하지 않고서도-은 서구적인 것 전반에 대한 적개심과 특별히 자본주의에 대한 극도의 적개심을 불러일으키고 또 가중시킴으로써, 특히 라틴 아메리카에서 아주 위험하면서도 파괴적인 영향을 미치고 있다. 오늘날(2007년) 사회적 분노의 여파로 말미암아, 좌파 지도자들이 '**대다수의**' 중미와 남미 국가들을 이끄는 최고 지도자로 '**민주적인 방법을 통해**' 선출되어 왔다.

그들은 정도의 차이가 있긴 하지만 반미주의자들이며, 그 지도자들은 대중에 의해 선출되긴 했지만 억센 스타일의 정치적, 경제적 리더십을 구현한다. 그것은 진정한 민주주의의 내재적 요소인 견제와 균형의 안전장치로부터의 위험스런 이탈을 의미한다. 이것은 레이건 대통령의 직무기간 동안 그 지역에서 민주주의가 '**전례 없이**' 진보했다는 사실에 비추어 볼 때 대단히 불행한 진전이다.

레이건이 대통령에 취임했을 때는 라틴 아메리카에서 민주적으로 선출된 정부를 가지고 있는 나라가 단 몇 개에 지나지 않았다. 8년 후 그가 백악관을 떠날 무렵엔 대다수의 나라들이 진보적이고, 자유시장 경제를 표방하는 민주적 지도자들의 지도를 받게 되었고, 자본주의가 그 지역에서 받아들여지고 행해지게 되었다.

좌익 성향으로 변해 가는 라틴 아메리카

불행하게도, 오늘날엔 점점 더 많은 라틴 지도자들이 지나치게 반서구적이며, 그 기수는 베네수엘라의 변덕스런 대통령 휴고 차베스 (Hugo Chávez)이다. 그는 서구적 이해관계의 측면에서 가시 같은 존재가 되었다. 그는 변덕스럽고, 격정적이며, 무례하고, 무뚝뚝하지만, 불행하게도 그 지역의 근본적인 문제를 거칠게 표현한 주인공이 되기도 했다. 그 문제는 그 지역에 있는 대부분의 나라들의 활력 회복점이라고 할 수 있다.

그 문제는, 쿠바를 제외하고 라틴 아메리카의 모든 나라들이 지난 25년 동안 자유롭게 자본주의를 시도해 보았지만 결국 공산주의가 존재했을 때보다 더 가난해졌다는 그들의 인식으로 요약된다.

차베스는 나의 영웅이 아니다. 또한 차베스나 그가 표방하는 국가 지원형 사회주의가 이 위험한 딜레마에 대한 해답도 아니다. 내가 이 문제에 관한 그의 입장을 언급하는 것을 양해해 달라. 왜냐하면 그것이 우리에게 충격을 안겨 주어, 지금까지는 공산주의와 자본주의를 포함해 어떤 정치체제도 구조적 빈곤의 난제를 해결할 수 없다는 사실을 깨닫게 해주기 때문이다.

특히 자본주의가 유대-기독교적 윤리에 의해 제공되는 도덕적 안정감이 부족함으로 인해 갑자기 부도덕해질 수도 있는 무도덕적 상황 속에서 기능한다면, 그것은 더욱 더 구조적 빈곤의 문제를 해결할 수 없게 된다.

차베스는 작금의 형세를 '미국산'으로 규정함에 있어서 잘못을 범하고 있다. 사실은 인류 역사의 시작 시점부터 뿌리를 내려 온 전 지구적 규모의 죄문제가 근본 원인이다. 하지만 큰 줄기는 유럽 제국들의 전 세계적 식민화 음모에서 찾을 수 있다.

제국들의 어두운 면과 밝은 면

긍정적인 측면에서, 유럽 제국들은 건강관리와 문명, 그리고 경제적 토대에 있어서 중요하면서도 꼭 필요한 진보를 가져왔다. 영국의 경우에는, 윈스턴 처칠(Winston Churchill)의 획기적인 4권의 책 『영어를 사용하는 민족들의 역사』(History of the English Speaking Peoples)에 상세히 기록되어 있듯이, 식민지들에, 그리고 비식민지들에는 사회적 반향을 통해, 자유에 대한 사랑과 법치를 도입함으로써, 홀로 남겨진다면 문화적으로나 역사적으로 민주주의를 실행할 아무런 잠재력이나 기회도 갖고 있지 못하는 여러 나라들과, 심지어 여러 대륙들 내에서 민주주의의 출현과 확립을 가능케 했다.

내 견해로는, 영국이 가장 특별한 선교운동의 통로가 되어 수억 명의 사람들을 구원했을 뿐만 아니라 전통적으로 이교적인 나라들 안에 기독교적 가치를 집어넣었다는 것이 가장 중요한 공헌이다.

그러나 어두운 측면에서, 그 제국들은 고의적으로 여러 나라들을 흡수하고 식민지화했으며 만들어 내기도 했다. 그래서 그 나라들을 생존할 수 있을 만큼의 큰 나라들이 되게 했지만, 자기들에게는 맞설 수 없도록 충분히 약화시킴으로써 그 식민지들이 지배국가들과의 불공정한 상업계약을 맺을 수밖에 없는 상태로 만들었다.

그 음모의 중심에는, 식민지의 물자들을 유럽 대륙에 수출해 가공하도록 하기 위해 식민지들의 수출을 '도와줄'(그 의도는 "의무 지우기") **'근대적'**(혹은 '서구적인') 지역 기간 시설의 설계와 개발이 자리잡고 있다. 그 목적은 식민지에서 수입한 물자를 가공한 다음, 제국의 상인들에게 유리한 가격에 '나머지를 그 식민지들에 다시 팔려는 것'이다. 그 결과 **'유럽적인'** 사고방식을 가진 **'토착민'** 행정가 계층이 생겨나게 되었으며, 그들은 사회적 비중에 의해 국가적 리더십의 지위에 오르게 되었지만, 그들의 관심은 식민지가 아니라 제국에 있었기 때문에 수많은 지성인들을 모아 제국의 유익에 공헌했다.

미국 독립혁명은 그런 책략에 맞서는 강력한 반발을 의미하는 것이었다. 영국으로부터의 독립을 확보한 후에, 건국의 아버지들은 미국 내 영역에서의 개별 주(州)들의 자치권과 국제 문제에서의 공조 사이의 이상적인 균형을 이루기 위해 힘쓴 결과 그 균형을 획득함으로써, 자국을 영국의 반복적인 책략에 맞서 이길 수 있을 만큼 강력한 나라로 만들었다. 그때까지도 영국은 미국을 자국의 운송경로뿐만 아니라 잘 구축된 시장통제체제에 상업적으로 예속시키려고 계속해서 획책하고 있었기 때문이다.

그러나 세계의 다른 나라들은 그리 좋지 못했다. 심지어 오늘날에도, 과거 영연방(the British Commonwealth)의 회원 국가들은 아주 가련할 정도로 가난하다. 그들은 제국을 떠남으로 인해 가난해진 것이 아니었다. '**그들은 독립국가가 될 때 이미 가난한 상태**'였으며, 후에는 더욱 더 가난해졌다.

왜냐하면 처음부터 제국의 의도는 그들을 경쟁국으로서가 아니라 원료 공급국으로서 개발하는 것이었기 때문이다.[6] 결과적으로 그들은 자기 신뢰를 키워 가는 데 필요한 격려는 고사하고, 거기에 필요한 수단이나 훈련을 한 번도 제공받지 못했다.

제 2차 세계대전 후 그 제국들을 덮친 정치적, 경제적 고갈로 인해 마침내 그 속박에 벗어났을 때에도, 그들은 그들의 경제기반이 '**빈곤의 구조**'로 인해 부패해져 있는 상태였기 때문에 성공을 거둘 수 없었다. 경제적 자유 없이 정치적인 독립만으로는 국가적 안정의 보증이 될 수 없었을 뿐만 아니라 국가적 안정을 획득하는 수단도 되지 못했다.

아프리카: 두 가지 사례 연구

여전히 작업이 진행 중이긴 하지만, 남아프리카에서 일어나고 있는, 인종차별에서 흑인 다수에 의해 운영되는 민주정부로의 지속적인 변천은 지금도 진보해 가고 있는 것처럼 보인다. 왜냐하면 국제적으로 고립된 상태에서 점차 그런 극적인 변천으로 나아가는 동안, 남아프리카는 그 자체의 '**내적인**' 경제력을 연마하고 진보시키지 않을 수 없었기 때문이다.

흑인 지도자들이 민주적으로 투표를 통해 선출되었을 때, 그들은 아프리카의 다른 식민지들에 있던 지도자들과는 달리, 정치적 자유 이상의 것을 얻었다. 즉 그들은 경제적 생존능력을 발휘할 수 있는 자유, 혹은 적어도 자기신뢰를 위해 고안되었을 뿐 아니라 자기신뢰가 가능한 시스템을 자유롭게 운용할 수 있는 권한까지 획득했다.

추가적인 진보는 물론이고, 그들의 지탱 능력은 남아프리카 지도자들이 새로운 유대-기독교적 가치와 윤리를 붙잡는 데 달려 있다. 그들은 현존하는 무도덕성으로의 표류와 새롭게 대두되고 있는 노골적인 부도덕성으로의 압력을 경계해야 한다. 그런 경향들은 최근 동성결혼의 합법화를 통해 그 실체를 드러내고 있다.

우간다. 아프리카의 심장

우간다는 식민주의의 잔재에 맞서 용감하게 싸우면서 진보해 가고 있는 나라이다. 두 개의 이야기는 믿음을 가진 사람들이 나라를 노예로 만들고 있는, 혹은 이 경우에는 그 나라의 훌륭한 천연자원을 노예로 만들고 있는 빈곤의 구조에 맞서 끝까지 싸우기로 결단할 때 변화의 잠재력이 어떻게 활성화될 수 있는지 보여 준다.

앤드류 루가시라(Andrew Rugasira)는 우간다의 부유한 기업가 가정에서 태어났다. 런던에서 교육을 받고 법학과 경제학 학위를 받은 그는 영국에서 편안하게 사는 대신 고국으로 돌아오기로 결정했다. 그의 아버지가 성공을 거두었던 학교 분필 사업에 갑작스런 변화가 닥쳤기 때문에, 앤드류는 우간다의 르웬조리 산맥(Rwenzori Mountains)에 새롭게 투자한 사업에 기대를 걸었다. 그곳에서 그는 커피 농부들의 곤경을 연구하면서 꼬박 2년을 보냈다.

우간다는 풍부한 커피재배 국가이지만 우간다인들이 소유하고 있는 처리공장은 단 하나도 없다. 오히려, 국제 브로커들이 가공하지 않은 커피원두를 중간상인에게서 구입한 다음, 가공을 목적으로 그 원두를 해외로 보낸다. 그리고 우간다에는 완제품으로 만들어 비싼 가격에 다시 들여 보내고, 그 수익은 국제적인 기업으로 돌아간다. 경제학자들은 이 과정을 '착취'라고 부른다.

지역 내 중간상인들은 각 농부에게 약간의 현금을 선불로 지급해 주었지만 농부들은 그 돈을 순식간에 다 써버렸다. 결과적으로 농부들은 자신의 농작물을 겨우 생존이나 가능케 하는 수준의 가격에 팔지 않을 수 없게 되었다.

앤드류는 그 모든 상황을 바꾸기로 결심했다.

우간다 서부에 위치한, 풍부한 커피재배 지역의 곳곳을 도보로 여행하면서, 그는 1만 4,000명 이상의 농부들을 모아 280개의 협동조합을 조직해 그들에게 생산품에 대한 최상의 가격을 보장했다. 커피원두를 해외로 보내는 대신, 앤드류는 우간다 내에서 커피를 씻고, 볶으며, 갈고, 포장하기 위한 가공설비를 세웠다. 그는 더 적은 비용에 더 많은 일자리를 창출했을 뿐 아니라, 지역 협동조합들이 선택할 수 있는 프로젝트에 대한 보조금의 형태로 수익의 50퍼센트를 농부들에게 돌려 주었다. 협동조합들이 유지에 필요한 수입을 창출할 때, 보조금은 건강관리와 교육 및 지역사회 개발에 참여하는 데 필요한 초기자본 용도로 쓰이게 된다.

대부분의 사업체들은 단 하나의 대상, 즉 주주들에게만 최종 수익이 돌아간다. 그러나 앤드류의 사업은 네 종류의 대상, 즉 농부들과 그 농부들이 사는 지역사회들, 앤드류의 종업원들, 그리고 앤드류의 사업의 주주들에게 최종 수익이 돌아간다. 그의 종업원들은 봉급 외에도 회사 수익의 10퍼센트를 배당받는다. 이것은 주주들(이 경우에는 앤드류의 가족)이 수익의 40퍼센트밖에 차지하지 못하게 된다는 것을 의미한다. 그 이유는 농부들과 그들이 사는 지역사회들이 지역사회 보조금을 통해 수익의 50퍼센트를 받게 되어 있기 때문이다.

앤드류는 GPS 시스템을 이용해 커피 농장의 상태를 탐지한다. 그것은 농부들의 수확량 개선에 일조하기 위함이다. 그는 또한 관리정보시스템을 통해 그들의 사회적 발전을 점검한다. 그 시스템을 통해 지난해 초가지붕 오두막에 살았던 사람들 중 현재 양철지붕으로 된 집에 사는 사람이 얼마나 되는지, 그리고 자전거를 처음으로 구입하거나 오토바이로 수준을 높일 수 있었던 사람이 얼마나 되는지 파악할 수 있기 때문이다. 현재 그런 발전이 일어나고 있다!

앤드류는 현재 그 시스템 내에 있는 또 다른 결함을 해결하려고 노력하고 있다. 옛날에는 커피 브로커들이 농부들에게 현금을 지불했는데, 그것은 순식간에 탕진되어 버렸다. 그날 벌어 그날 먹고 사는 사람들에게 가장 힘겨운 명제 중 하나는 '**돈을 저축한다**'는 개념이다.

여러 세대 동안 한 번의 수확으로 근근이 생계를 유지했던 사람들에게, 돈을 저축한다는 개념은 대홍수 전 노아시대 사람들에게 비만큼이나 낯선 것이었다. 앤드류는 최선을 다해 그 개념을 전달하려고 했지만 허사였다. 마침내, 그는 자신이 저축의 개념에 눈멀게 만든 사고방식과 싸우고 있음을 깨닫고서 그것을 증명하기로 결심했다. 일단 그 사실이 뚜렷하게 드러나기만 한다면 좀더 쉽게 동화될 수 있기 때문이었다.

그 목적을 위해 앤드류는 농부들에게 자신이 그들에게 지불하고 있는 것 외에 10퍼센트를 더 지불할 계획을 세운다(그것은 그에게 돌아오는 40퍼센트에서 나가게 되리라는 의미). 하지만 그 10퍼센트 추가수익금은 그들 자신의 마을은행에 그들의 이름으로 개설한 저축예금 계좌에 입금하게 될 것이다. 앤드류는 이미 그 지방의 6개 지역에 은행을 발족시켜 놓은 상태였다. 태양전지가 달린 자동현금인출(ATM, Automated Teller Machine) 시스템은 각 농부에게 제공되는 '스마트 카드'를 사용하게 되며, 거기에 수확물 구매금액이 쌓이게 될 것이다. 그런 다음 마을은행들은 그 자금을 동료 농부들에게 합리적인 이율에 빌려 주는 대출금으로 사용하게 될 것이며, 순이익의 상당 부분은 투자한 농부들에게 돌아가게 될 것이다.

합리적인 대출이자로 앤드류는 연 15퍼센트를 제시하는데, 그것은 널리 성행하고 있는 35~45퍼센트에 반하는 것이다. 그렇게 함으로써, 농부들이 혜택을 누리게 될 뿐만 아니라, 현재 그런 무지막지한 이율에 의해 구조적으로 종속되어 있는 많은 사람들까지 충분히 감당할 만한 대출의 형태로 인해 힘을 얻게 될 것이며, 그 과정에서 공정하게 영업하는 사업시스템의 확고한 본보기를 목도하게 될 것이다.

앤드류의 커피 기업('굿 아프리칸 커피'라는 이름의)은 아직 시작단계에 있지만 장차 생겨날 수 있는 기업들의 흥미롭고 감동적인 모델이 되었다.

개인적인 영역에서 진보가 이뤄지고 있을 뿐 아니라 정부 기관들, 이 경우에는 우간다에서 세금징수를 책임지고 있는 기구 내에서도 진보가 일어나고 있다. 불충분한 세금수익 때문에 필수적인 서비스를 제공할 수 없는 정부의 무능함으로 인해 빈곤이 심화되는 경우가 너무나 잦다. 그런 불충분한 세금수익은 징수과정에서의 결함이나 부패로 인해(혹은 우간다의 경우처럼, 두 가지 원인 모두로 인해) 야기된다.

헌신된 그리스도인인 알렌 카지나(Allen Kagina)는 1992년에 우간다 국세청(URA)에 들어갔다. 14년 동안 내내 국세청은 그 나라에서 두 번째로 부패한 기관으로 평가되었다. 경찰 바로 다음으로 부패했던 것이다. 그 기간 동안, 그 기관은 국제통화기금(IMF, International Monetary Fund)과 중앙정부의 지원을 받은 세 가지 주요 개혁프로그램을 통과했다.

우간다 대통령은 그 분야에서 도덕성을 증진시키고자 심사숙고 끝에 거듭난 그리스도인들을 채용하려고 노력했다. 숙련된 기술이 있으면서 부패하지 않은 것으로 믿어지는 국외 이주자들을 데려와 관리직에 앉혔고, 표준에 미치지 못했던 봉급도 개인사업을 하는 사람들 수준으로 인상되었으며, 잘못을 저지른 직원은 해고되거나 기소되었다. 국세청의 부패를 조사할 뿐만 아니라 부패를 척결할 방법을 마련하기 위해 사법위원회가 설치되었으며, 이사회가 세 번씩이나 바뀌었다.

그 변화들 중 어떤 것도 별다른 영향을 끼치지 못하는 것 같았다. 경영진과 직원들 간의 간격이 도무지 좁혀지지 않았고, 불공정한 인적자원관리가 아무런 제지도 받지 않은 채 행해졌다. 결과적으로, 직업안정성이 존재하지 않았고, 직원 사기가 사상 최저 수준이었으며, 그로 인해 능력 있고 숙련된 직원들이 그 기관을 떠나게 되었다. 세금징수가 폭락했다. 알렌 카지나는 너무나 많은 사람들의 생각 속에 있던 질문을 제기했다. "그렇게 많은 그리스도인들이 그 기관에서 근무하고 있는데, 왜 아무런 영향도 주지 못하는 것인가?"

2002년에, 상황은 최악으로 치닫게 되었으며, 알렌은 사임을 심각하게 고려했다. 운좋게도, 그녀는 제대로 된 사람에게 조언을 구했는데, 그녀의 사촌오빠인 제임스 마가라(James Margara)였다. 제임스는 그녀에게 국세청에 변화를 가져올 유일한 길은 기도제단을 세우고 변화가 일어날 때까지 쉬지 않고 기도할 중보자들을 모으는 것이라고 말했다. 그는 영적 전쟁에 관해서 알렌과 몇몇 다른 사람들을 훈련했다. 알렌과 그녀의 팀은 집무실에 주님께 제단을 쌓고 2년 동안 기도했다.

주님께서 역사하시면서 기도에 대한 응답으로 눈에 보이지 않는 상황과 사람들을 움직이고 계셨지만, 그들은 2년 동안 산고의 기도를 하기까지 그 증거를 보지 못했다. 그러나 변화가 닥치자, 그것은 마치 쓰나미 같았다. 알렌과 그녀의 팀은 하나님께서 국세청에 행하고 계시는 일에 도저히 보조를 맞출 수 없었다. 하나님은 심지어 그들에게 장차 일어날 일의 기초가 되는 성경말씀을 주시기까지 하셨다. "저장한 곡식이 바다 모래같이 심히 많아 세기를 그쳤으니 그 수가 한이 없음이었더라"(창 41:49).

일련의 신적인 개입을 통해, 알렌은 국세청의 수장에 임명되었고 재정부 장관과 대통령에 의해 그 기구를 개혁할 재량권을 부여받았다. 두 사람의 도움과 제단에서 기도하는 기도팀의 후원으로, 그녀는 전면적인 새 조직을 작성해 이사회의 즉각적인 승인을 받았다. 그 후에 그녀는 가장 어려운 일이라고 할 수 있는 상황에 직면했다. 즉 개혁안의 일환으로, 국가적인 시스템에서 근무하는 2,000명 이상의 사람들을 정리해고해야 했는데, 거기에는 경영진의 직원들과 새로운 조직 구성을 돕고 있던 두 사람까지 포함되었다. 하지만 그녀는 그들이 새로운 조직에서의 일자리에 지원하는 동안 세금징수 업무를 계속할 수 있도록 허락해 주었다. 그 과정은 6개월 이상에 걸쳐 단계적으로 시행되었다.

이 모든 일이 진행되는 동안 줄곧 기도팀은, 그 멤버들 역시 해고되는 아픔을 겪긴 했지만, 새로운 조직의 새로운 직위 하나 하나를 위해 금식하고 기도하면서, 천사들을 보내사 잘못된 사람들이 그 자리에 앉지 못하도록 보호해 주시라고 하나님께 간구했다.

그런 변화에 개입하려는 시도들을 포함해 영적이고 정치적인 반대가 강렬하게 일어났으며, 알렌은 너무나 큰 무력감을 느끼기도 하고 때로는 두렵기도 했다. 그러나 하나님의 임재와 기도 역시 강력했다. 알렌은 이렇게 증언한다. "하나님께서 기도를 통해 평생 한 번도 경험해 보지 못한 보호의 장벽을 세우셨다."

2005년 6월경, 구조조정이 기록적으로 빠른 시간 안에 끝이 났으며, 새로운 국세청은 완전히 변화되어 과거의 국세청을 닮은 구석이라곤 전혀 찾아볼 수 없었다. 첫 번째 기적은, 국세청이 변화해 가는 몇 달 동안, 세금수익이 급격히 치솟아 당국이 그에 대한 인간적 설명을 찾을 수 없었다는 것이다. 그 후, 여러 회사의 대표들이 탈세를 뉘우치고 그들의 재정상황을 바로잡기 위해 알렌을 찾아 왔다. 알렌과 그녀의 팀은 정부와 일반 대중, 납세자들, 그리고 심지어 미디어에까지 특별한 호의를 입었으며, 그들 모두가 가장 좋은 협력자가 되었다.

그 변화는 구조적 부패(그것은 항상 구조적 빈곤의 중심축이다)에 강타를 날렸다. 그것을 균형 있는 관점으로 표현해 본다면, 우간다의 세금수입은 무세베니(Museveni) 대통령이 권좌에 올랐던 1986년에 우간다 화폐로 440억 실링에서 국세청 조직개편 후 첫 해인 2005년에는 2조 2,300억 실링으로 증가했다. 이런 기념비적인 증가는 알렌이 받았던 "공급물자가 바다의 모래같이 엄청난 분량으로 저장될 것이라"는 약속의 성취를 입증하는 것이다.

알렌이 국세청의 수장으로서, 그 기관에 공식적으로 하나님의 임재와 능력을 환영해 들였다는 사실은 가장 높은 수준의 변화가 일어날 가능성을 열어 놓은 것이었다. 그 결과 이제는 모든 국세청 부서와 그 나라의 모든 지역에 기도제단이 세워지게 되었다. 알렌이 언급했던 것처럼, 기도가 변함 없는 우리의 토대이다.

우간다 국세청(Uganda Revenue Authority)에서 일어난 일은 어떻게 정부의 핵심 기관이 한 나라를 제자삼는 일의 일환으로서 변화를 경험할 수 있는지 보여 주는 탁월한 실례이다.

이집트: 쓰레기 더미가 변혁적인 도시가 되다

변화의 출발점이 반드시 우간다의 경우만큼 높은 지점이어야 할 필요는 없다. 쓰레기 더미만큼이나 낮은 지점에서 출발해 위쪽으로 치고 올라갈 수도 있다. 이렇게 위쪽으로 향하는 사회적 운동의 역동적인 실례가 이집트, 카이로의 변두리에서 발견된다.

사마안(Samaan) 신부는 오늘날 콥틱교회(이집트 재래의 기독교파-역자 주)의 성직자지만, 과거에는 일터에서 직업을 가진 평범한 그리스도인이었다. 당시 그에게는 쓰레기 더미를 방문해 보아야 한다고 계속해서 주장했던 한 크리스천 청소부 친구가 있었다. 마침내 그가 쓰레기 더미를 찾아갔을 때, 하나님은 그를 사로잡으셔서 그분이 직접 지휘하신 일련의 단계들을 통해 그를 성직자가 되도록 인도하셨을 뿐 아니라 결국 그 쓰레기 더미로 옮겨오도록 인도하셨다!

그가 처음으로 그곳을 방문했을 때는 영구적인 건물이 단 한 개도 없었다. 수천 명의 사람들이 쓰다 남은 판지로 지은 오두막에 살았는데, 그 오두막들은 '쓰레기 도시'로 알려진 언덕 중턱 위에 아무렇게나 던져진 쓰레기 더미 속에 세워져 있었다. 도로는 고사하고 작은 통로조차 없었다. 전기도 들어오지 않았고 수도도 없었다. 갖가지 질병들이 거주민들, 주로 어린이들을 마구 유린했다. 왜냐하면 그들이 **'음식은 물론이고'** 간이침대까지도 돼지들과 개들, 그리고 염소들과 함께 사용하고 있었기 때문이다. 쥐들이 그곳을 마음대로 드나들었다. 그곳은 인간의 존엄성이 가장 끔찍하게 유린당하는 현장이었다!

2007년 2월, 아내와 나는, 한 무리의 일터 사역자들과 더불어, 이제는 전설이 되어버린 '쓰레기 도시 모카탐'(Garbage City of Moqattam)을 방문해 믿을 수 없을 정도의 변화를 목격했다. 오늘날 7,000명의 청소부들 대부분이 자신을 기독교인이라고 밝힌다. 그들은 여전히 카이로의 쓰레기를 하루에 무려 17톤씩이나 그곳으로 가져온다. 그리고 돼지들의 고약한 냄새와 꽥꽥거리는 소리가 주변 환경의 일부가 되어 있다. 하지만 요즘엔 괜찮은 병원과 멋진 학교, 물건을 파는 상점이 딸린 재활용센터, 그리고 산비탈에 구멍을 뚫고 만들어져 '동굴교회'라 불리는 여러 교회들이 있다. 그 교회들 중 하나는 2만 명의 사람들을 수용한다.[7] 전기가 들어오고 하수시설 및 수도도 있다. 그리고 사람들은 변변찮지만 영구적인 구조물에 살고 있는데, 그 구조물 대부분은 맨 밑바닥층에 재활용 시설과 꼭대기층에 가족 숙소를 구비하고 있다.

우리를 사마안 신부에게 소개해 준 남아프리카 일터 지도자 그레이엄 파워(Graham Power)는 그 신부를 "내가 알고 있는 사람 중 마더 테레사와 가장 가까운 사람"으로 묘사한다. 실제로 마더 테레사는 모카탐을 방문해 그 구내에서 집회를 열었다. 사마안 신부는 그 사람들을 사랑하며 그들에게 깊은 사랑을 받고 있다. 그가 우리를 안내할 때, 사람들이 사역을 받으러 계속해서 그에게 다가왔다. 그는 한순간도 놓치지 않고 그들에게 안수하거나 위로의 말을 전해 주며 추가적인 도움을 받을 수 있는 사람이나 장소로 그들을 인도해 주었다.

그는 대단히 만족해하면서 우리를 환하게 불이 켜 있고 훌륭한 장비가 갖춰진 작업장 한가운데로 안내했다. 그 작업장들은 새로 세워진 학교 건물들 안에 있는 마루 전체를 차지하고 있었다. 그곳은 어머니들이 판매용으로 내놓을 아름다운 드레스를 짜면서 자신의 아이들을 부양하는 법을 배우는 곳이었다. 그 학교에서 그는 깨끗한 옷을 입은 어린이들로 구성된 유치원으로 우리를 인도했다. 사마안 신부의 순종 덕택에 이제 그 어린이들에게는 미래가 있다. 그는 우리에게 완전한 장비가 갖춰진 병원을 보여 주었는데, 그곳에서 의사들과 간호사들은 많은 환자들을 돌보는 기쁨에 관해 이야기해 주었다.

그 병원이 지어진 경위는 어떻게 하나님께서 나쁜 것들을 사용해 선한

> 하나님은 나쁜 것들을 사용하여 선한 것을 만들어 내신다.

것들을 만들어 내시는지를 보여 주는 본보기이다. 1990년대 말에 핀란드에서 온 한 여행객이 그 쓰레기 더미 근처에서 한 어린이를 차로 쳤다. 다급한 나머지 그는 다친 어린이를 근처에 있는 사마안 신부의 교회로 데려갔고 거기서 도움을 얻었다. 그리고 그 어린이의 생명을 건질 수 있었다. 눈에 보인 현실에 깊은 인상을 받고 그곳에 의료시설이 전혀 없다는 사실에 주목한 그 여행객은 병원을 건립할 기금을 마련하자고 제안했다. 그는 성공적으로 기금을 모았고 사마안 신부와 그의 팀은 그 기금을 성공적으로 관리했다. 그 일들이 너무나 성공적으로 진행되었기 때문에 작업장으로 쓸 공간을 가진 5층짜리 학교 건물을 지을 만큼 많은 돈이 남았다.

아직도 모카탐에는 해야 할 일이 많이 있지만, 계속해서 희망이 불어넣어져 왔기 때문에, 한때 강력하게 지배했던 빈곤의 구조가 점진적으로 허물어지고 있다. 조금씩 조금씩, 새롭게 열린 영역들이 옛날의 쓰레기 더미들을 대신해 가고 있다. 그뿐 아니라 하나님께서는 우연히 바로(pharaohs, 애굽의 왕-역자 주) 시대의 것으로 추정되는 동굴이 발견되게 하심으로써, 초자연적으로 새로운 공간을 '창조'하기로 작정하셨다.

사마안 신부는 그것이 하나님 나라를 위한 것이라고 주장했으며, 오늘날 그 동굴에는 현대적인 지역문화센터 외에 4개의 교회시설이 자리 잡고 있다. 하나님은 심지어 근처 산 중턱에 성경 속의 장면들과 성경

구절들을 실물보다 더 크게 조각해 온 조각가까지 보내 주셨다. 옛날에는 사람들이 지독한 쓰레기밖에 보지 못했던 곳에, 오늘날에는 성경적인 조각물들과 영감 있는 성경구절들이 주변 경관에 활기를 불어넣고 보는 사람에게 영감을 제공하고 있다.

이 모든 것이 기도의 능력 덕분이다. 사마안 신부는 기도의 사람이다. 그는 하나님께 공급과 돌파를 구하면서 대부분의 시간을 보내는데, 하나님은 그런 헌신을 고귀하게 여기신다. 그의 주변에는 희망으로 부푼 새로운 세대를 양육하고 있는 탁월한 팀이 있다. 그런 희망은 쓰레기 도시에 새롭게 만들어진 거리들로부터 싹터 오르고 있다. 그들은 하나님께서 행하신 일을 보았기 때문에 미래가 과거보다 더 나을 것이라고 믿으며, 그것이 '단지 시작에 불과'하다는 것을 알고 있다.

그 청소부들이 자신의 일을 사역으로 보면서 카이로의 변화를 그들의 궁극적인 목적으로 여긴다는 사실은, 그 특별한 변화의 불길이 거세게 타오르게 만드는 연료라고 할 수 있다. 카이로에, 그리고 궁극적으로는 이집트에 변화를 일으키려는 과정이 진행 중에 있다. 바울이 활동하던 로마시대에 복음이 처음 카타콤에서 번성했던 것과 마찬가지로, 쓰레기 도시가 잔학한 왕 헤롯이 예수님을 죽이려고 했을 때 예수님과 그의 부모를 맞아 준 나라를 변화시키는 것은 당연하다.

새로운 유형

우리는 사람이 주님께 돌아온 후에 가난에서 자유케 되는 것을 목도해 왔다. 그 후에 우리는 그 가족들의 사회적 지위가 개선되는 것을 보아왔다. 그것은 주님의 은총으로 인해 그 가족들에게 영향을 미칠 통로들이 열리기 때문이다. 그런 맥락에서, 주님께 막 돌아온 문맹인은 읽고 쓰는 법을 배워야 한다는 충동을 느끼고, 그런 능력을 기르곤 했다. 그의 자녀들은 고등학교에 진학해 대부분 졸업함으로써 그의 손자손녀들을 전문직업인으로 키워 내곤 했는데, 그것은 두 세대 전만 해도 상상할 수 없는 일이었다. 이것이 바로 우리가 여러 나라들에서 볼 수 있는 강력한 교회에 중심축을 제공한 것이었다. 물론 그 나라들은 서너 세대 전만 해도 전혀 교회가 존재하지 않았다. 선교사들은 하나님께는 불가능이 없다고 열정을 다해 가르쳤다. 사람들을 그것을 믿고서 자신의 개인적인 환경을 변화시켰다. 그들은 하나님께서 사람들을 변화시키실 수 있음을 전혀 의심치 않았다.

그런 토대를 기반으로 삼아, 새로운 유형의 '**일터 선교사들**'(*marketplace missionaries*)이 떠오르고 있는데, 그들은 영혼을 변화시키는 바로 그 구원이 자신의 영향권으로부터 시작해서 전 사회를 변화시킬 수 있음을 담대히 믿는 남녀들이다. 그렇기 때문에 이 책에 기술된 패러다임들이 중요한 것이다. 그 패러다임들은 초점과 지속 가능한 힘을 제공한다.

성경은 가난이 하나님 나라의 일부가 아니라는 것과, 그의 영광이 모든 나라를 덮어 땅을 가득 채울 것이라는 사실을 분명히 말씀한다.

예수님은 에덴동산에서의 타락에서 기인한 구조적 빈곤의 저주로부터 우리를 구속하기 위해 오셨다. 초대교회의 본보기는 확실하다. 우간다와 이집트 같은 곳에서 일어나기 시작한 일은 그것이 지역적이고 국가적인 차원에서도 일어날 수 있다고 믿을 만한 확고한 이유를 우리에게 제공한다.

우리는 아직 거기까지 도달하는 방법을 '**정확히**' 알지 못하지만, 가야 할 방향만큼은 분명히 알고 있으며, 우리가 결국 이길 것이라는 성경적인 확신을 가지고 있다. 이미 성공을 거두었으며 지금은 의미를 찾고 있는 남녀들이 이 새로운 일터 변혁가들의 군대를 이끌고 있다. 그들 뒤 바로 가까이에, 모든 대화에 귀를 기울이며 그들의 행동을 주시하고 있는 젊은 세대가 있다. 그들은 과거의 케케묵은 생각들을 가지고 있지 않으며, 앞을 내다보고 있다. 그들에게는 새로운 것들이 기준이다.

이제 어느 때라도 하나님은 모든 육체에 그분의 영을 부어 주실 것이다. 그런 일은 일반 대중이 거주하고, 살고, 일하며, 고군분투하는 일터에서 일어나야 할 것이다. 그럴 때 우리의 자녀들은 예언하게 될 것이다. 그들은 새로운 질서를 선포하고 환영하면서 하나님의 부흥의 강에 서 있을 것이다. 그날에 젊은이들과 늙은이들이 손을 잡게 될 것이다. 즉 과거의 꿈들을 갖고 있는 늙은이들이 젊은이들의 환상들로 인해 힘을 얻게 될 것이다.

그런 일이 어떻게 전개될지에 대해서는 다음 장에서 개략적으로 기술하도록 하겠다. 나는 그 결과가 너무나 멋지고 장엄하고 아름다울 것이며 온 땅이 하나님의 영광으로 충만케 될 것이라고 믿으며 온전히 확신한다. 그것은 주의 이름을 부르는 모든 자들이 구원을 받도록 하나님의 성령이 '**모든 육체**'에 부어질 때 가능케 될 것이다(행 2:16-21을 보라).

14장 통합

Integration

TRANSFORMATION

자동차는 5가지 중요한 부품들로 이루어져 있다. 그 5가지는 프레임, 엔진, 변속장치, 조향장치, 그리고 바퀴이다. 다른 부품들을 언급할 수 있지만 이 5가지가 가장 기본적인 것들이다. 올바로 연결되면, 그것들은 당신에게 기동성을 제공한다. 사실은 자기 기동성(self-mobility)이다. 왜냐하면 그것이 바로 '자동차'(automobile)라는 말의 의미이기 때문이다. 특별히 매력적인 자동차일 수도 있고 그렇지 않을 수도 있지만 어쨌든 당신을 여러 곳으로 데려갈 것이다!

　　만약 당신이 자동차를 분해해서 프레임은 길거리에, 엔진과 변속장치는 차도에, 그리고 바퀴와 조향장치는 뒤뜰에 놔둔다면, 비록 그 부품들이 가까이 있을지라도, 그것들이 더 이상 연결되어 있지 않기 때문에, 당신은 자동차를 타고 아무 곳에도 가지 못할 것이다.

　　하나님은 교회인 우리가 온 **'세상'**을 변화시키는 도구가 되어야 한다고 명하셨다. 그러기 위해선 **'열방'**을 제자삼고, 가르치고, 세례를 주어야 한다. 그러나 하나님께서 우리들 각자 안에, 그리고 우리가 거주하는 세상 속에, 적절히 연결될 경우 변화를 일으킬 매개체를 제공해 줄 수 있는 연결점을 넣어 두셨음을 이해하지 못한다면, 그것은 무시무시할 뿐만 아니라 이해할 수도 없는 임무이다. 그 연결점들은, 일단 가설되면 거대한 기차들이 질주해 갈 수 있는 선로의 레일과 같다. 하지만 그 선로들이 없다면, 기차는 아무리 강한 엔진이 있어도 꼼짝도 하지 못한다.

변화의 과정에는 다섯 가지 중요한 '**연결점**'이 있다.

1. 당신
2. 교회
3. 하나님 나라
4. 일터
5. 도시

이 다섯 가지 구성요소들이 연결되어 동심원을 이룰 때, 그것들 하나 하나에 내재하는 신적인 DNA가 활성화되고 하나님의 변화가 계단식 연못처럼 흐르기 시작한다. 즉 맨 꼭대기의 물 근원이 되는 연못으로부터 아래로 내려갈수록 점점 넓어지는 웅덩이들로 흘러내려 가는 것이다. 이 구성요소들 간의 연결과 상호의존성이 변화를 성취하고 유지시키는 열쇠이다.

하지만 우리의 일반적인 실패는 그것들을 연결되어 있는 것으로 보지 못하는 것이다. 예를 들어, 우리가 어떤 사람에게 "당신은 누구입니까?"라고 물을 때, 그들의 대답은 "나는 아무개입니다"이다.

"당신은 어느 교회에 다닙니까?"

"아무개 교회에 다닙니다."

"하나님 나라가 언제 땅에 임하겠습니까?"

"새 예루살렘이 하늘에서 내려올 때입니다."

"그러면 하나님 나라가 당신의 도시에 임하는 것은 언제입니까?"

"저는 새 하늘과 새 땅을 기다리고 있기 때문에 그것에는 관심이 없습니다."

극단적으로 단순화하긴 했지만, 이런 가상의 대화는 슬프게도 많은 신자들 안에 널리 퍼져 있는 건강하지 못한 태도를 반영하고 있다. 그런 태도로 인해 그들은 삶의 가장 큰 여정을 놓쳐 버린다. 왜냐하면 그들에게 '**매개체**'가 없기 때문이다. 변화를 일으키는 것은 '**그 중요한 요소들의 통합**'이다. 우리는 항상-단지 주일만이 아니라 24시간/7일-교회의 구성원들이다. 그리고 우리는 도시들을 변화시키기 위해 하나님 나라를 일터로 가져갈 수 있는 영적 권위를 위임받았다.

그 일이 어떻게 이뤄지는지 알기 위해, 이 다섯 가지 핵심 요소들 하나 하나를 좀더 자세히 살펴보도록 하자.

당신(You)

당신은 누구인가? 우리의 정체성-하나님께서 어떻게, 그리고 왜 우리를 만드셨는가-을 깨닫는 것은 변화의 과정이 시작되는 데 있어 결정적으로 중요하다. 에베소서 2장 10절에 따르면, 당신은 "그의 만드신 바라 그리스도 예수 안에서 선한 일을 위하여 지으심을 받은 자니 이 일은 하나님이 전에 예비하사 우리로 그 가운데서 행하게 하려 하심이니라"고 말씀한다. 이 구절은 당신의 정체성을 가장 멋지게 요약해 주는 정의들 중 하나이다. 즉 당신은 하나님이 작품인 것이다. 그것은 지구상에 있는 모든 사람에게 적용되는 것이다. 하지만 그리스도인으로서, 당신은 그리스도 예수 **'안에'** 놓인 존재이므로 그분의 능력을 사용할 권한을 부여받게 된다. 그리고 당신은 어떤 계획을 실행하도록 구별된 존재인데, 그 계획 속에는 하나님에 의해 준비된 선한 일들이 포함되어 있다.

그 선한 일들의 성격은 가장 큰 두 계명, 즉 우리의 마음을 다해 하나님을 사랑하고, 우리의 이웃을 우리 자신과 같이 사랑하라는 계명에 의해 결정된다. 신자인 우리는 일반적으로 하나님을 사랑하는 일은 곧잘 하지만 이웃을 사랑하는 문제에 관해서는 기준에 미치지 못한다. 그 이유는, 대부분의 경우에 우리가 우리 자신을 합당하게 사랑하지 못하기 때문이며, 우리가 우리 자신을 사랑하는 분량만큼 다른 사람을 사랑할 수 있기 때문이다. 이런 편차가 생기는 이유는 하나님께서 우리를 현재의 모습으로 만드셨다는 사실과, 그분은 쓸모없는 존재를 창조하지 않으신다는 사실을 우리가 온전히 깨닫지 못하기 때문이다. 우리가 **'그분의'** 작품이라는 것을 깨닫고 받아들이지 못한다면, 우리는 다른 사람에게 사심 없는 사랑을 베풀 수 있기 위해 필요한 확신을 결코 갖지 못할 것이다.

나는 종종 사람들에게 아침에 일어날 때 약간 특이한 행동을 하도록 권면하곤 한다. 나는 그들에게 욕실에 있는 거울에 "나는 기이하게 만들어졌다"(시 139:14을 보라)라는 말을 쓸 것과, 그 말이 확신으로 자리잡을 때까지 날마다 암송할 것을 제안한다. 물론 우리는 모두 '진행 중인 작품이다.' 그렇기 때문에 우리는 하나님께서 창조하신 우리의 외적인 모습이 조금씩 나아지기를 바라면서 날마다 그 거울 앞에 서야 한다.

그럴 때 우리는 먼저 하나님께서 이미 우리를 위해 행하신 것을 인정함으로써 우리의 현 상태를 건설적인 과정으로 변화시킬 수 있다. 그런 식으로, 우리는 다음 단계로 나아갈 수 있다.

자신의 칸막이 작업공간을 하나님 나라와 연결하다

제시카 오스틴(Jessica Austin)은 스스로 벌어 생계를 유지하는 독신 여성이다. 그녀는 삶 속에 하나님의 공급하심에 대해 항상 감사해 왔지만, 얼마 전에 테네시 주(州)의 유명한 제조회사에서 일하는 자신의 '세속적인' 직업에 불만을 느끼게 되었다.

2000년 초에, 그녀는 토드 벨(Tod Bell)이 주최한 주말 세미나에 참석했다. 그 세미나의 이름은 '일터를 위한 새로운 비전'(New Vision for the Marketplace)이었다. 그곳에서 들었던 말씀은 하나님의 신선한 숨결처럼 그녀를 덮쳤다. 토드는 다음과 같은 표현을 사용했다. "당신의 직업은 **'문제'**가 아니라 하나님 나라를 위한 **'강단'**입니다."

그것은 제시카의 눈을 열어 주고 삶을 변화시키는 체험이었으며, 자신의 영향권 안에 있는 자들을 위해 그녀가 얼마나 많은 유익을 끼칠 수 있는지를 인식시켜 준 체험이었다.

그 시점으로부터, 하나님은 **'일터에'** 있는 다른 사람들을 사랑하고 그들을 섬기라는 그분의 부르심에 대해 그녀의 눈을 열어 주었다. 그녀는 하나님께서 그 영역에서 하고 계시는 일에 관한 책들을 닥치는 대로 읽었다. 그 책들 중에는 릭 히렌(Rick Heeren)의 책 『감사한 월요일』(Thank God It's Monday)과 나의 책 『사업의 기름부음』(Anointed for Business)이 포함되어 있다.

제시카의 새로운 관점이 점점 풍부해지면서 그녀의 기도시간도 풍부해졌다. 그녀는 중보기도 시간에 단순히 자기에게 필요한 것들만을 구하지 않고 다른 사람들과 회사의 필요들을 추가시켰다. 다음 2년 동안, 그녀는 목요일마다 오전 6시에 한 친구와 함께 전화로 기도했다. 뿐만 아니라 그녀는 자신의 영향권을 예수 그리스도께 넘겨드렸다.

제시카의 영향권은 많은 작업공간들로 이뤄진 큰 방 안에 마련된 작은 칸막이 공간이었다. 그것은 대단한 것이 아니었지만 그녀의 직접적인 권위가 미치는 곳이었다. 그리고 그녀는 그곳을 하나님 나라의 전초기지와, 다른 사람들이 그녀 주변에 있는 사람들을 위해 기도할 수 있는 중보지점으로 만들었다. 놀랍고 만족스럽게도, 짧은 시간 안에 그녀의 동료들은 자발적으로 병자들과 어려움 당한 가족들에서부터 고장난 장비에 이르기까지 모든 문제에 대해 기도할 그룹을 만들자고 제안했다.

여러 해 동안 그 회사는 적자를 내고 있는 상태였으며, 경영진은 "일 년만 더 힘을 내서 상황을 역전시키자"고 언급하곤 했다. 암울한 시기였지만 제시카와 다른 사람들은 회사의 짐을 지고서 믿음을 가지고 집중적으로 중보하기 시작했다. 영업이 또 다시 바닥을 쳤을 때, 그녀는 부사장을 찾아가 회복의 기적을 위해 기도해도 좋을지 물었다. 부사장은 이렇게 말했다. "나는 기도의 능력을 믿네. 따라서 어떤 것에든 마음이 열려 있다네." 제시카는 회사의 땅을 밟으며 기도할 3개의 팀을 구성했다.

> 우리는 먼저 하나님께서 이미 우리를 위해 행하신 것을 인정함으로써 우리의 현 상태를 건설적인 과정으로 뒤바꿀 수 있다.

그 무렵에 그녀와 동료 한 사람은 기계공장에 소속된 한 무리의 사람들에게 점심시간 때 성경공부에 참여할 의향이 있는지 물어보기로 작정했다. 제시카는 그 회사의 진짜 소유주가 '**누구**'인지에 대해 나누고 변화를 위한 비전을 던지기 시작했다.

그 그룹은 어떻게 하면 그 회사에 예수님을 주권자로 환영하고 그분의 보좌를 임하게 할 것인지 의논하게 되었다. 마침내 어느 여름날 점심시간에, 모든 사람의 동의를 얻어 그 그룹에서 세 명의 멤버들이 관리인의 안내를 받아 건물 옥상으로 올라갔다. 나머지 사람들이 기도하면서 아래층에 머무는 동안, 그들은 건물 옥상에 기름을 붓고 100년된 그 회사를 주님의 것으로 선포하며 예수님을 초청했다. 그날은 흐린 날이었지만 그들이 기도한 직후에 태양이 구름을 뚫고 나왔다. 마치 그들의 기도가 응답되었다는 시각적인 확증 같아 보였다! 제시카는 '**성자**'께서 그들 위를 비추고 계신다고 느꼈다.

그 순간부터 계속해서 놀라운 일들이 신속하게 일어나기 시작했다. 그 기계공장 집회가 너무나 놀랍게 성장해 더 큰 방으로 옮겨야 했다. 그 공장에서 18년 동안 일해 왔던 동료 데비(Debbie)가 금요일에 구원을 받고서 그 다음주 월요일에 점심시간 성경공부를 시작했다.

제시카는 데비와 만났는데, 거의 하루스밤 사이에 그 회사를 향한 하나님의 비전이 그녀에게 전이되었다. 그녀는 회사를 위해 기도할 열정으로 불이 붙여진 마른 나무 조각처럼 변화되었다. 그 결과 그녀는 공장 내 일꾼들 사이를 대범하게 헤집고 다니면서 그들에게 믿음으로 중보하라고 권면했다. 이내 그 회사를 대상으로 한 '기도구역'("기도지붕"에 해당하는 말)이 구성되었는데, 각 구역은 휴식시간을 이용해 기도할 두세 명의 사람들로 구성되었다.

오늘날 그 회사는 재정적으로 완전히 회복되었으며 감당할 수 없을 만큼 많은 사업을 가지고 있다. 3년의 임금동결 기간 후에, 모든 직원들이 후한 보너스와 임금인상을 받았으며, 그 회사의 총 소득은 그 회사의 역사상 가장 많았다.

제시카의 간증은 변화의 매개체가 되기 위해 굳이 사업을 소유할 필요는 없다는 것을 보여 준다. 전환점은 이미 하나님을 사랑하고 있던 제시카가 그녀의 동료들과 경영진들을 사랑하는 데 초점을 맞추기 시작했을 때였다. 즉 그녀는 '**그들의**' 피부로 느껴지는 필요를 채워 주는 방식으로 그들을 사랑하기 시작했던 것이다. 그녀가 그렇게 했을 때, 에베소서 2장 10절에 약속된 선한 일의 여정이 시작되었다.

비록 작게 시작되었지만-초기에는 2년간 매주 목요일에 동료 한 사람과 간단히 기도함-나중에는 회사 전체를 포괄할 정도로 확장되었다. 제시카와 함께 일하는 사람들은 그녀가 하나님을 사랑하고 이웃을 사랑한다는 것을 전혀 의심하지 않을 뿐 아니라 그분이 그들의 기도를 들으시고 응답하셨다는 것은 더 더욱 의심하지 않는다!

당신과 내가 그리스도의 심판대 앞에 서서 마지막 심문을 받게 될 때, 모든 것이 두 가지 주제를 중심으로 진행될 것이다. (1) 하나님을 사랑하라는 것과 (2) 네 이웃을 사랑하라는 것. 결과적으로, 우리가 이 두 가지 계명을 중심으로 남은 생애를 계획하는 것이 현명할 것이다.

그 두 가지 계명은 우리 자신의 영향권으로부터 시작해 열방을 제자 삼는 길로 우리를 인도하는 여정의 안내지도와 같다. 제시카의 경우도 그랬다.

하나님께서 기뻐하실 것이고, 많은 영혼들이 구원받을 것이며, 우리도 우리 자신이 얼마나 놀랍게 지음받았는지를 깨닫는 지식에서 자라갈 것이다.

교회(The Church)

예수님은 제자들과 함께 가이사랴 빌립보라는 시골마을을 통과해 걷다가 사람들이 자신을 누구라고 하는지에 관해 그들에게 물어보셨다(마 16:13을 보라). 여러 가지 대답들이 있었지만, 베드로가 나서서 이렇게 대답했다. "주는 그리스도시요 살아 계신 하나님의 아들이시니이다" (16절). 예수님은 올바른 곳(아버지)에서 계시를 받았다고 그를 칭찬하시며 그에게 또 하나의 계시를 주셨다. 그분은 말씀하셨다. "내가 이 반석 위에 내 교회를 세우리니 음부의 권세가 이기지 못하리라"(마 16:17-18). 예수님께서 처음으로 교회를 언급하셨을 때, 그분은 새로운 단어를 만들어 내신 것이 아니라 당시에 잘 알려진 단체를 묘사하는 헬라어를 빌어오신 것이었다. 그 단어는 '에클레시아'(ecclesia)였다.

오늘날 우리는 그 용어에 종교적인 의미를 덧붙이지만, 예수님 시대에 에클레시아는 단지 세속적인 공회, 즉 황제에 의해 그의 칙령을 적용할 권위를 위임받은 사람들의 모임이나 회의에 불과했다. 예를 들어, 사도행전 19장 41절에서, 총독이 '공회'를 해산했을 때, '공회'라는 단어는 신약의 다른 모든 곳에서 '교회'로 번역된 것과 동일한 단어이다. '에클레시아'(Ecclesia)는 문자적으로 '모임'을 의미하지만, 목적을 가진 모임이면서 동시에 그 목적을 성취하는 데 필요한 구속력 있는 권위를 가진 모임을 의미한다.

이것으로부터 우리는 교회가 무엇을 위해 존재하고 무엇을 행해야 하는지와 관련된 세 가지 핵심적인 특징들을 추론할 수 있다. 첫째로, 교회는 건물이 아니라 **'사람들'**로 구성된다. 둘째로, 교회는 **'하나님의 뜻을 이행할 권위를 위임'** 받는다. 셋째로, 교회를 향한 하나님의 의도는 방어적인 존재가 아니라 **'공격적인 존재'**가 되는 것이다. 예수님께서 음부의 문(한글성경에서는 '권세'로 번역됨-역자 주)이 이기지 못할 것이라고 언급하셨기 때문이며, 게다가 문이 누군가를 공격한 적은 한 번도 없기 때문이다. 오히려 그 반대로, 전쟁에서는 대적의 문이 습격을 당하는 법이다.

정족수의 문제

교회는 권위를 위임받은 공회이기 때문에 정족수가 요구된다. 정족수란 구속력 있는 결정이 내려지는 데 필요한 사람들의 최소 인원수이다. 예를 들어, 추수복음전도단(Harvest Evangelism, 저자가 소속된 사역단체-역자 주)의 이사회에서는 정족수가 4사람이다. 3명의 이사들만이 참석한다면, 어떤 구속력 있는 결정도 내릴 수 없지만, 4명 이상의 이사들이 참석하고 있다면, 어떤 결의도 구속력을 지니게 된다. 3명과 4명의 차이가 한 사람밖에 되지 않지만, 문제는 정족수가 되느냐 되지 못하느냐이다. 4명이 참석했을 때 내린 결정들은 7명의 이사들 모두가 참석했을 때와 똑같은 구속력을 지닌다.

예수님은 교회에 비교적 낮은 정족수를 제정하셨다. 두세 사람이다.

예수님은 그 정도의 사람만 그분의 이름으로 모인다면 그곳에 친히 함께 하실 것이라고 말씀하셨다. 그래서 친히 그분의 통치를 나타내시며 거기서 내려진 결정들이 구속력 있는 것임을 확증해 주실 것이라고 말씀하셨다. 두세 사람만 모여도, 그들에게는 동일한 예수님, 동일한 권위가 함께 하게 된다. 2,000~3,000명이 모이더라도 그들에게는… 똑같은 일이 일어난다! 20만~30만 명이 모이더라도 결과는 똑같다. 왜냐하면 한 장소에 '**우리**'가 얼마나 많이 모이느냐가 아니라 '**예수님**'이 그곳에 계시느냐가 중요한 것이기 때문이다.

"진실로 다시 너희에게 이르노니 너희 중에 두 사람이 땅에서 합심하여 '**무엇이든지**' 구하면 하늘에 계신 내 아버지께서 저희를 위하여 이루게 하시리라 두세 사람이 내 이름으로 모인 곳에는 나도 그들 중에 있느니라"(마 18:19-20, 강조는 저자가 덧붙인 것).

이렇게 낮은 정족수 요건으로 인해, 교회는 쉽게, 그리고 자연스럽게 기능할 수 있게 된다. 왜냐하면 그 정도 숫자의 신자들이 어떤 것을 위해 연결되는 곳이라면 어디에서든, 그곳이 집이든 거리 한 구석이든, 학교 수업 중간이든 혹은 커피 휴식 시간이든 관계없이, 예수님께서 그곳에 임하실 것이라고 약속하셨다. 그로 인해 그들이 하나님 나라의 사업을 시행할 수 있기 때문이다.

실제로 '**그들은 일터에서 교회를 가동할 수 있는 것이다!**' 바로 사도행전 2장 42-47절에 묘사된 일터들에서 일어난 것이다. 즉 그들은 사도들의 가르침을 받았고, 떡을 뗐으며(함께 식사함), 교제했고, 기도했던 것이다. 이런 유형의 교회(에클레시아)들이 사도행전에서는 '**일반적 표준**'이었다.

일터에서 교회를 가동함

만약 믿는 자들이 정오의 모든 휴식시간을, 그들의 영향권 안에 예수님의 임재를 구축하고 그분의 권위를 행사할 기회로 바꾼다면, 일터에서의 삶의 질에 얼마나 긍정적인 효과가 나타날지 상상할 수 있겠는가? 그것은 마치 영적인 공중, 육지 및 해상 침투와 같을 것이다. 하지만 군대배치와 수많은 군수물자가 포함되지 않기 때문에 동원하기가 훨씬 더 쉬울 것이다. 그렇다. '군대'는 이미 배치되어 있고 자리를 지키고 있다. 우리가 지금 언급하는 것은 '**활성화**'이다. '**교회**'는 이미 일터에 24시간/7일 존재하고 있다. 이제는 주중에 스위치를 '가동 중'(ON) 위치로 돌리기만 하면 된다.

최근에 남아프리카에 사역여행을 가게 되었을 때, 우리는 대륙을 가로질러 아주 바쁘게 움직이는 스케줄 중에서 이틀을 따로 떼어 야생 게임파크를 둘러보는 즐거움을 만끽했다. 첫 번째 식사 때부터, 우리는 음식을 대접하는 이들로 인해 주님께 감사드렸다. 식사를 거듭하면서, 그들의 점잖지 못한 농담과 대화들이 줄어 들기 시작했다. 많은 사람들에게서 그들이 느끼고 있던 큰 고통과 깊은 상처들이 사라지기 시작했고 그 자리가 사랑과 신뢰의 분위기로 대체되었다.

마지막 날에, 우리는 웨이터들과 웨이트리스들을 위해 기도하고 싶다는 의사를 밝혔다. 그러자 그들 중 한 사람이 '도망치듯' 나가서 모든 요리사들과 가정부들, 그리고 여행 안내원들에게 식당홀에서 기도 모임이 진행되고 있다고 알렸다. 우리는 바로 그 숙소에서 즉시 교회를 가동하게 되었다.

우리가 사역할 때, 주님의 임재가 그곳 전체를 가득 채웠다. 주님께서 치유와 소망과 회복을 풀어 놓으실 때 많은 사람들의 눈에서 눈물이 흘러내렸다. 우리가 떠날 때, 그들은 즉석 성가대를 구성해 그들의 마음에서 우러나오는 찬양을 부르기 시작했다. 처음에는 육신을 자극하는 환락모임으로 흘러갈 뻔했던 것이 성령 안에서의 찬양축제로 변화되었다. 교회와 무관했던 곳에 교회가 나타난 것이다.

홍콩에서 한 번은 저녁식사 시간을 이용해 레스토랑에서 교회를 가동시키는 법을 실증해 보였다. 우리는 고급 중국음식을 들면서 식탁 상좌에 앉으시도록 예수님을 초청한 후 그분의 임재를 누렸다. 여러 가지 주제들이 거론될 때마다, 우리는 필요한 지침을 주시도록 예수님을 의지했다. 최고의 시간이었다! 그때 갑자기 나는 공항에 있던 동역자 한 사람으로부터 다급한 전화를 받았다. 그는 문서들과 돈, 그리고 비행기 티켓이 들어 있는 가방을 잃어 버렸다고 했다. 그는 빠져나갈 아무 방도도 없는 상태로 낯선 곳에서 궁지에 빠진 것이다.

그에게 우리가 예수님과 함께 저녁을 먹고 있기 때문에 걱정하지 말라고 말했다. 나는 그분이 그 상황을 처리하실 것을 확신했다. 내가 말했다. "우리가 예수님께 그 문제를 돌아보시라고 간구하는 동안 꼼짝 말고 있게." 우리는 그렇게 한 다음, 맛있는 북경오리 요리를 즐겼다.

몇 분 후에 우리는 동역자로부터 두 번째 전화를 받았는데, 이번에는 흥분된 감정을 감추지 못하고 있었다. 어느 버스 운전사가 그의 가방을 발견했는데, 그 안에 들어 있던 비행기 티켓을 보고서 공항으로 차를 몰고 되돌아와 그가 꼼짝 못 하고 묶여 있는 공항 카운터에서 그를 찾았던 것이다. 단 한 푼의 돈도 낭비되지 않았다! 이런 놀라운 결과를 가져 온 열쇠는, 우리가 레스토랑의 저녁식사 테이블 주위에 모여

교회를 가동시킨 것이었다.

교회냐 회중이냐

'지역교회'(local church)라는 용어는 성경에 단 한 번도 나오지 않으며, '측방교회'(parachurch, 지역교회가 아닌 선교단체 같은 조직체들을 총칭하는 신학적 용어-역자 주)라는 용어도 마찬가지다. 그 용어들은 인간이 만든 표현들로서, 종종 그리스도의 몸안에 모종의 계급차별을 유발시켜 온 용어들이다. 성경에 나오는 '교회'(Church)는 오히려, 한 지역 내에서 성령의 감동과 성자의 명령에 반응하면서 하나님의 지휘를 받는 사람들의 움직임으로 제시된다. 초점은 항상 교회가 무엇인가보다는 교회가 무엇을 **'행하는가'**에 있다.

오늘날 우리가 **'지역교회'**라고 부르는 것은 사실 도시 내에 있는 하나의 교회를 구성하는 **'지역의 회중'**이다. 오늘날과 마찬가지로 성경시대에도, 그 회중들 가운데 많은 회중이 서로 문화적으로 달랐고, 영성의 정도에 있어서 달랐으며, 심지어 교리에 있어서도 달랐다. 하나님은 그분의 무한한 지혜로 그와 같이 무수히 많은 **'지역적'** 표현들을 허용하셨다.

그러나 동시에 그분은 도시나 지역에 오직 하나의 교회만 존재한다는 것을 분명히 하셨다. 그것이 분명했기 때문에, 교회의 머리되신 예수님은 계시록에서 요한에게 편지들을 구술하시면서 에베소와 버가모, 두아디라, 사데 등에 있는 '하나의'(단수) 교회에 보내셨다. 마찬가지로,

성경에 기록되어 있는 장로들은 단순히 지역에 있는 한 그룹의 감독들이 아니라 도시적인 장로들이었다.

저술가인 로버트슨(A. T. Robertson)은 교회를 '흩어져 있는 모임'으로 정의했다. 훌륭한 정의다. 그것은 질서와 협력과 유동성에 관한 언급이다. 그것은 교회가 법적인 능력이나 권세를 갖고 있다는 언급이다. 그리고 흩어져 있기 때문에, 교회는 성령의 지휘 하에 도시 인근의 수십 혹은 수백 곳에서 서로 협력하면서 움직일 수 있다. 그것은 어느 때든 두 사람 이상이 그분의 이름으로 모이면 '진정한 형태의 교회가 구성된다'는 예수님의 말씀과도 일치한다. 성령의 권위와 기름부음, 은사와 열매, 사도들의 교훈, 그 모든 것과 훨씬 그 이상의 것들이 그들에게 제공될 뿐만 아니라 기능을 발휘할 준비에 들어가게 된다. 왜냐하면 '**에클레시아가 가동 중이기 때문**'이다.

기독교 학교의 이사회 모임이든, 구제선교단이 운영하는 무료 급식시설이든, 복음전도자 수련회든, 일터에서의 커피 휴식시간이든, 캠퍼스에서의 성경공부든, 대중전도집회든, 아니면 지역교회에서의 교역자 회의든, 그 모든 것들이 '**에클레시아**'(ecclesia)에 대한 예수님의 정의에 따라 '**교회**'의 모임들로 인정받을 수 있다.

교회가 마침내 모든 지역에서 24시간/7일 가동될 때, 우선순위들이 분명해질 것이다. 일터 지도자들과 강단 지도자들이 함께 기도하며 함께 계획하는 것이 예외적인 일이 아니라 '**일반적인 표준**'이 될 것이다. 공동 프로젝트에 자원을 쏟아붓는 것이 표준적인 과정이 될 것이다. 그리고 "'**온전한**' 복음을 '**전**' 세계에 전하려면 교회 '**전체**'가 동원되어야 한다"는 말이 '**자연스럽게 성취될**' 것이다. 교회여 일어나라!

하나님의 나라

교회의 중요성이 자명함에도 불구하고, 예수님은 교회에 대해 가르치는 일에 많은 시간을 소비하지 않으셨다. 실제로, 그분은 그 주제에 관해 두 번 다루셨는데, 마태복음 16장과 18장에서 '교회'라는 단어를 사복음서를 통틀어 세 번밖에 사용하지 않으셨다. 그때 예수님은 이렇게 말씀하신 것이다. "그것은 '**나의**' 교회이며 '**내가**' 세울 것이다." 그 속에 함축된 의미는 이런 의미인 것처럼 보인다. '**부탁하노니, 그 땅에 머물지 말고 나가라. 하지만 나가면서 천국의 열쇠를 가지고 가라**' 그리고 가서 음부의 문들을 찾으라.

　예수님께서 교회에 관해서는 자주 언급하지 않으셨지만, 하나님 나라의 주제는 그분의 가르침에서 항상 빠지지 않았다. 하나님 나라의 주제는, 그분이 직접 언급한 것이든 혹은 그분과 관련해 언급된 것이든, 총 69번 언급되었다. '**교회**'에 관해 언급한 두 번의 경우에도 그분은 하나님 나라를 언급하시면서 처음부터 그 두 가지를 연결지으셨다. "내가 이 반석 위에 내 교회를 세우리니 음부의 권세가 이기지 못하리라 [그리고] 내가 천국 열쇠를 네게 주리니"(마 16:18-19).

　그분은 교회를 하나님 나라와 연결시키셨을 뿐 아니라 하늘을 땅과 연결시키기도 하셨다. 그분의 말씀이 다음과 같이 계속되기 때문이다. "네가 땅에서 무엇이든지 매면 하늘에서도 매일 것이요 네가 땅에서 무엇이든지 풀면 하늘에서도 풀리리라"(마 16:19, 18:18).

　이것은 '**열쇠**'와 '**문**'이 가져다 주는 심상 때문에 중요하다. 묶고 푸는 것은 문에서 열쇠의 기능을 말하는 것이며, 실제로 "잠그고 푸는 것"으로 번역될 수도 있다. 그러므로 교회의 구성원들에게 맡겨진 하나님 나라의 열쇠는 음부의 문에서 사용되어야 한다. 문의 안전함은 오직 자물쇠에 달려 있으며, 만약 우리에게 열쇠가 있다면, 문은 취약해진다. 신자의 사명은 그 문들이 있는 곳(악한 영이 도사리고 있는 곳)으로 하나님의 나라를 가져감으로써 그 문들을 무력화시키는 것이다.

교회를 세우는 것은 예수님께서 하시는 일이다. 반면에, 그분의 나라를 온 땅으로 가져가는 것은 그분이 우리에게 하라고 명령하신 일이다. 그분이 십자가에서 당당하게 죽으시고 멋지게 무덤에서 살아나셨다면 왜 아직까지 그것이 필요한 것인가? 그것은 악의 제국이 아직까지도 지구 전역에 구축되어 있어서 우리에게 맡겨진 열쇠를 사용해 무너뜨려야 하기 때문이다. 사탄과 그의 앞잡이들은 더 이상 하늘의 영역에서 아무런 권세도 없을뿐더러 땅에서도 아무런 권리가 없지만, 완고한 영적 무단 거주자들처럼, 그들은 자신이 차지하고 있는 자리를 내놓으려고 하지 않는다. 그런 이유 때문에 예수님은 그의 교회(그의 군대)에 그들을 쫓아낼 권세를 위임하신 것이다.

예수님께서 우리가 땅에서 무엇이든지 묶거나 풀면 '**하늘에서도 묶고 풀 것이라**'고 말씀하신 것은 신학자들을 어리둥절케 하는 원리를 제시하신 것이다. 얼핏 읽으면, 우리가 땅에서 행동을 취해 하늘에서 되어질 일들을 결정하는 수단을 위임받은 것처럼 보인다. 본문의 맥락을 보건대 그 말씀은 우리에게 그런 자격을 결코 주지 않고 있다.

하늘에서 구속력을 갖게 되는 결정을 인간이 땅에서 내릴 수 있는가? 이 구절에서 그렇게 말하고 있지 않은가? 하지만 그런 생각은 우리를 당혹스럽게 만든다. 그런 당혹스러움은 여기에 언급된 하늘이 하나님이 거주하시는 곳이라는 가정으로 인해 야기된다. 그런데 여기서 언급되고 있는 하늘은 그곳이 아니다. 사도 바울이 삼층천에 끌려 올라갔다(고후 12:2을 보라)고 언급하고 있기 때문에 우리는 적어도 세 개의 하늘이 있다고 가정할 수 있다. 비록 성경이 그 하늘들의 위치를 자세히 설명하고 있지는 않을지라도, 고린도후서 12장 2-4절에서 삼층천을 '낙원'으로 언급한 것은 삼층천이 하나님의 거처임을 암시하는 것이다. 그렇다면 둘째 하늘은 정사와 권세가 활동하는 곳(임무 수행 중인 천사들을 포함해: 계 12:7을 보라)일 것이며, 첫째 하늘은 인간의 삶이 이루어지는 곳일 것이다.

이런 배경을 염두에 둘 때, 우리는 이제 마태복음 16장 18-19절로 돌아가 '문'과 '열쇠'라는 두 가지 단어에 초점을 맞출 수 있다. 예수님은 우리에게 하나님 나라의 '열쇠'가 맡겨져 있어서 음부의 '문'이 그의 교회, 즉 그의 백성을 이기지 못할 것이라고 말씀하셨다. 단어 연상(聯想)에 의해, 우리는 예수님께서 언급하고 있는 열쇠가 같은 구절에서 언급된 문, 즉 음부의 문을 잠그고(묶고) 열도록(풀도록) 고안되어 있다는 사실을 추론할 수 있다.

그러므로, 만약 그것이 그러하다면, 예수님은 우리가 땅(첫째 하늘)에서 무엇이든지 매면, 그것이 음부의 문이 위치해 있는 둘째 하늘에서 구속력을 갖게 될 것이라고 가르치고 계시는 것이다. 왜냐하면 바울이 에베소서 6장 12절에서 가르친 것처럼, 마귀는 영적인 기지에서 세상을 통치

> 교회를 세우는 것은 예수님께서 행하시는 일이다. 반면에 그의 나라를 온 세상으로 가져가는 것은 그분이 우리에게 하라고 명령하신 일이다.

하고 있기 때문이다. "우리의 씨름은… 정사와 권세와 이 어두움의 세상 주관자들과 하늘에 있는 악의 영들에게 대함이라." 그런 맥락에서 볼 때, **'마귀가 활동하는'** 하늘에서 어떤 것들을 묶고 푸는 권세가 우리에게 있다고 결론짓는 것은 타당한 일이다.

이것은 누가복음 10장 17-20절이 제공하는 배경을 가지고 생각해 볼 때 더욱 분명해진다. "칠십인이 기뻐 돌아와 가로되 주여 주의 이름으로 귀신들도 우리에게 항복하더이다 예수께서 이르시되 사탄이 하늘로서 번개같이 떨어지는 것을 내가 보았노라 내가 너희에게 뱀과 전갈을 밟으며 원수의 모든 능력을 제어할 권세를 주었으니 너희를 해할 자가 결단코 없으리라 그러나 **'귀신들이 너희에게 항복하는 것으로 기뻐하지 말고 너희 이름이 하늘에 기록된 것으로 기뻐하라'** 하시니라"(강조는 저자가 덧붙인 것).

이 구절에서, 제자들은 귀신들이 자기에게 복종한다는 사실에 놀라면서 돌아왔다. 아마도 그들(70인을 가리킴-역자 주)은 사도들이 앞장에서 귀신들을 다룸에 있어서 심한 좌절을 경험했기 때문에 그렇게 놀라워했을 것이다. 예수님은 사탄이 하늘에서 떨어졌기 때문에 그런 돌파가 일어난 것이라고 설명해 주셨다. 거기서 내릴 수 있는 결론은, 그가 더 이상 자기 군대를 통제하지 못하고 뿔뿔이 도망치며 항복하거나 굴복할 수밖에 없게끔 했다는 것이다. 이것은 미식축구에서 쿼터백을 색(sack)하는 것(패스하기 전에 쿼터백을 태클하는 행위-역자 주)과 같다. 그가 넘어질 때, 공격수들은 더 이상 정해진 방식대로 달리지 못한다. 공격수들은 여전히 위협적인 자세를 취하긴 하지만, 잠시 동안 활동하지 못하게 되는 것이다.

다음으로, 예수님은 그들에게 사탄의 추락을 이용해 (땅에 있는) 그의 사악한 하부조직을, 완전히 무너질 때까지 짓밟으라고 지시하셨다. 그러나 바로 그 다음 말씀은 얼른 들으면 모순처럼 들린다. 내가 지금 언급하고 있는 것은, '**마귀에게 권세를 행사할 능력이 있다는 것으로 기뻐하지 말고,**' 오히려 그들의 이름이 '**하늘에**' 기록되었다는 사실로 인해 기뻐하라는 그분의 권면이다(눅 10:20을 보라). 어떤 이들은 그 말씀을 영적 전쟁에 말려들지 말라는 경고로 해석하기도 한다. 그들이 전하는 메시지의 핵심은 당신이 천국에 갈 것이라는 사실로 인해 기뻐하라는 것이다. 왜냐하면 그들은 "하늘에 기록된"이라는 표현을 "생명책에 기록된"이라는 의미로 받아들이기 때문이다. 그때만 해도 예수님은 인류의 죄를 위해 아직 죽지 않으신 상태였다. 따라서 예수님께서 아직 우리를 대적하는 의문에 쓴 증서(골 2:14을 보라)를 폐기처분하지 않으신 상태였기 때문에 생명책에는 어떤 이름도 기록될 수 없었다.

그러면 누가복음 10장 20절에서 하신 예수님의 말씀은 무슨 의미였는가?

그 말씀을 해석하는 데 필요한 도움을 얻기 위해 우리는 다시 한 번 문맥을 살펴야 한다. 예수님은 귀신들이 항복한 이유가 사탄이 하늘에서 떨어졌기 때문임을 암시하셨다(18절을 보라). 그리고 일단 사탄과 귀신들이 떨어지자, 예수님은 이렇게 말씀하셨다. "내가 너희에게 뱀과 전갈[귀신들에 대한 비유적인 표현]을 밟으며 원수의 모든 능력을 제어할 권세를 주었으니 너희를 해할 자가 결단코 없으리라"(19절).

이처럼 마귀를 향해 조준된 적극적이고 의도적인 전쟁의 맥락 속에서 예수님은 다음과 같은 말씀을 하신 것이다. "그러나 귀신들이 너희에게 항복하는 것으로 기뻐하지 말고 너희 이름이 하늘에 기록된 것으로 기뻐하라"(20절). 하지만 이 말씀을 가지고 어떤 이들은 정반대의 결론을 내리기도 한다. 이 말씀을 가지고 우리는 단어연상법으로 해답을 찾을 수 있다. 사탄은 **'하늘'**에서 떨어졌다. 제자들은 예수의 이름으로 나갔고, 귀신들은 그들에게 복종했다. 왜냐하면 예수님은 귀신들이 항복하는 이름이기 때문이다. 결과적으로 제자들의 이름이 사탄이 떨어진 **'하늘'**에서 권세가 있는 것으로 알려지게 되었으며, 이제 사탄과 귀신들은 예수님께 하듯이 '그들에게 복종해야만' 하게 되었다. 주님은 그들에게 단순히 **'능력'** 행사가 아니라 **'권위'**의 원리에 초점을 맞추라고 가르치고 계시는 것이다.

교차로에 서 있는 경찰관은 몇 톤의 강철을 싣고 움직이는 차량에 적수가 되지 못하지만, 팔을 한 번만 흔들어도 그 차를 멈춰 세울 수 있다. 그것은 그에게 더 큰 능력이 아니라 더 큰 권위가 부여되어 있기 때문이다.

마찬가지로, 70인이 행한 것과 유사한 일을 행하게 되면, 우리의 이름(정체성)이 마귀와 그의 귀신들에게 **'그들'**을 제압할 권세가 있는 것으로 알려지게 된다. 그에 대한 성경적인 실례는 에베소에서 일어난 극적인 사건으로, 거기서 바울은 강력한 권세로 귀신들을 쫓아내고 있었다. 그의 성공으로 인해, 믿지 않는 몇몇 마술사들이 그를 흉내내고 싶은 유혹에 빠져 "시험적으로 악귀 들린 자들에게 대하여 주 예수의 이름을 불러 말하되 내가 바울의 전파하는 예수를 빙자하여 너희를 명하노라"(행 19:13)라고 시도했다.

결과는 더할 나위 없이 비참한 것이었다. "악귀가 대답하여 가로되 예수도 내가 알고 바울도 내가 알거니와 너희는 누구냐 하며 악귀 들린 사람이 그 두 사람에게 뛰어올라 억제하여 이기니 저희가 상하여 벗은 몸으로 그 집에서 도망하는지라"(행 19:15-16). 귀신들은 누가 그들을 제압할 권위가 있는지 '**알았다**'. 즉 바울에게는 권위가 있었지만 그를 흉내 내는 자들에게는 권위가 없었던 것이다.

그러므로 예수님께서 누가복음 10장에서 가르치신 것은, 일단 우리가 특정 지역에서 마귀의 권세를 짓밟고 무너뜨리게 되면 우리가 마귀와 귀신들에게 알려지게 될 뿐만 아니라, 그들이 우리를 '**다른 모든 곳에서도**' 그들을 제압할 권세를 가진 사람들로 인정하지 않을 수 없게 된다는 것이다.

이것은 우리가 자신의 은사나 부르심에 의해 영적으로 아주 큰 성공을 거두는 지역에서 특별히 더 분명하게 드러난다. 믿음과 도시 변화, 일터의 기적, 축사 또는 비슷한 영역과 관련해 시종일관 효과적으로 사역하는 사람들도 있다. 그렇지만 그런 수준의 효과를 거두기 위해, 그들은 많은 싸움을 통과해야만 했다. 때로는 싸움이 너무나 격렬한 나머지, 몇 번이고 패배가 임박한 것처럼 보이는 상황도 거쳐야만 했다. 하지만 하나님께서는 그들이 그 특정한 영역에서 마귀의 견고한 진을 무너뜨릴 때까지 몇 번이고 그들을 건져내셨다.

그런 결정적인 승리의 결과로, 악한 자가 그들을 자기보다 더 우월한 것으로 인정하게 되었다. 그 악한 세력들을 쫓아 낸 하늘에 그들의 이름(즉 그들의 정체성)이 기록되었다. 그리고 그들이 다른 지역들로 가게 되면, 그 지역의 악한 세력들은 그들을 알기 때문에 복종하지 않을 수 없다. 이것이 바로 예수님께서 누가복음 10장과 마태복음 16장에서 가르치신 것이다.

나는 이것이 우리의 사역에 적용되는 것을 발견했다. 나의 책 『아무도 멸망하지 않기를』(*That None Should Perish*)에 기록된 것처럼, 아르헨티나의 레지스탕시아(Resistencia, 인구 40만 명)는 현대에 그리스도의 복음이 전파된 최초의 도시였다. 1988년에 복음주의적인 교회에 출석하는 신자들은 5,143명에 불과했지만, 그때 이후로 도시 전체에서 10만 명으로 증가되었다. 마귀가 그 지역에 행사했던 사악한 지배권이 열린 하늘로 대치되었으며, 그리스도의 교회는 도시와 정부, 미디어, 그리고 학교들에 영향을 미치고 있다.

이런 변화의 열쇠는 70인의 제자들이 누가복음 10장에서 했던 일을 하도록 교회를 동원한 강단 지도자들과 일터 지도자들의 사역이었다. 그들은 조직적으로 도시 전역에서 그리스도를 높이고, 수백 개의 기도 등대를 세우며, 40만 명의 주민들 전체를 입양하고, 모든 거리에서 기도행진을 벌이는 등의 일을 했으며, 복음을 들고 모든 가정을 방문했다. 그리고 무엇보다도 가난한 자들을 돌보고 특별한 기적들을 위해 기도함으로써 하나님의 능력을 실제적으로 보여 주었다. 그 결과 실제로 많은 기적들이 나타났다.

이런 종류의 도시 변화 물결에서 지역의 지도자들에게 영감을 불어넣고, 그들을 무장시키며, 지원하고 협력하면서, 밑바닥에서부터 함께하는 것은 우리(추수복음전도팀)의 특권이었다.

> 만약 우리의 작전 본부를 일터로 이동시키지 않는다면, 우리가 하는 일은 영적인 과시에 불과한 것이 될 것이며, 결코 전쟁의 결과를 결정짓는 데 필요한 연합작전은 되지 못할 것이다.

악령의 세력들이 도시를 마구 휘젓고 다녔을 때 우리가 그곳에 있었으며, 그들이 기도전도의 결과로 무너져 내릴 때도 우리가 그곳에 있었다. 실제로 우리는 최종적으로 도시를 그리스도께 돌려놓는 단계적 후속조치를 촉진시켰다. 결과적으로, 지역 지도자들의 이름과 더불어, 우리의 이름이 악의 세력들이 활동하는 하늘에 기록되었으며, 그로 인해 우리는 영적 권세를 가진 사람들로 알려지게 되었다. 그것은 우리 자신의 권위가 아니라 예수님께서 우리에게 위임해 주신 권위였다.

이것을 배웠기 때문에, 어떤 도시에 들어갈 때 우리가 맨 처음 하는 일은 하나님을 찬양하고 그분의 이름을 높이며 그 지역에 평화를 선포하는 것이다. 하지만 그때 우리는 정사와 권세, 그리고 그 도시를 둘러싸고 있는 어둠의 권세들을 향해 이렇게 선포한다.

"우리는 너희를 알지 못하지만 너희는 우리가 누구인지 알고 있다. 다음에 일어나는 일은 깨끗하든지 더럽든지, 편안하든지 비열하든지, 신속하든지 더디든지 둘 중 하나가 될 수 있다. 그것은 전적으로 너희에게 달려 있다. 우리의 이름이 하늘에 기록되었기 때문에 너희는 우리에게 권세가 있음을 알고 있다. 어떤 식으로든 너희는 무너질 것이다!"

이것은 허풍떠는 것이 아니라, 단지 누가복음 10장에서 예수님께서 직접 선포하신 성경의 원리와, "정사와 권세들에게 하나님의 각종 지혜를 알게" 하라는 에베소서 3장 10절에 입각한 사실을 선포하는 것에 불과한 것이다.

바로 이것 때문에 변화의 '원형적 모델들'을 개발하는 것이 중요해진다. 왜냐하면 그런 모델을 확립하는 자들은 하늘의 영역에서 알려지게 되고, 그 결과 원래의 경계선을 넘어 급속도로 팽창해 가는 영적 연쇄반응을 가동시키게 되기 때문이다.

앞에 나온 장(章)들에서, 필리핀의 모텔체인 회복을 이끌고 있는 킹 플로어스(King Flores)와 우크라이나의 초기 돌파를 이끈 켄 보드리(Ken Beaudry)의 이야기들은 이것을 보여 주는 탁월한 실례이다. 처음에 그들은 격렬한 전쟁의 시기를 통과하고 난 후에야 비로소 첫 승리를 거둘 수 있었다. 하지만 일단 마귀가 하늘에서 떨어지고 있다는 조짐이 있고 나자, 그들은 계속해서 모텔과 주변지역 및 감옥에 남아 있는 악한 세력의 드러남을 조직적으로 짓밟았다. 그 이후의 폭발적인 성장은 짧은 시간 안에, 필리핀에서는 너무나 많은 이들의 회심을 가져오고, 우크라이나에서는 국경을 초월해 너무나 많은 교회들의 개척을 불러일으켰다. 다시 말해서, 그런 폭발적인 성장은 귀신들이 자신들을 제압하는 권세를 가진 신자들에게 복종했다는 증거인 것이다.

동전의 양면처럼, 교회와 하나님 나라의 이같은 원투펀치식의 결합은 일터를 그 주된 타깃으로 삼아야 한다. 우리의 작전 기지를 그곳으로 이동시키지 않는다면, 우리가 교회 건물 내에서 행하는 일은 영적인 과시에 불과한 것이 될 것이며, 전쟁의 결과를 결정짓는 데 필요한 연합작전은 되지 못할 것이다.

일터

아이디어들이 개발되고 보급되는 문제에 관한 한, 일터는 가장 비옥한 환경이다. 왜냐하면 일터는 근본적으로 네트워킹에 적합하도록 설계되어 있기 때문이다. 그곳에서 어떤 돌파가 일어나는 순간, 그 파급효과는 즉시 곳곳에서 감지된다. 성경 전체에서, 하나님의 활동은 일터에 초점이 맞춰져 있었다.

구약성경은 세속적인 사회를 철저히 변화시킨 두 번의 기념비적인 하나님의 운동을 기록하고 있는데, 하나는 애굽(Egypt)에서의 변화이고, 다른 하나는 바사(Persia)에서의 변화이다. 두 나라 모두 당대의 주도적인 세계 제국이었다. 두 나라 중 어느 나라도 유대적 배경을 가지고 있지 않았을뿐더러 이스라엘의 하나님은 종교적으로든 기타 다른 식으로든 그들의 세계관에 속해 있지 않았다. 두 번의 경우 모두에 있어서 그런 기념비적인 하나님의 운동이 터져나오게 된 기폭제는 하나님께서 그의 종들에게 맡기신 계시와 관련되었으며, 그 계시로 인해 일터에서의 심각한 문제들이 해결되었다.

애굽의 경우에, 요셉은 그 나라의 경제를 철저히 조사해야 한다는 통찰력을 받았으며, 동시에 기근을 피하고 애굽을 그 지역의 유력한 강국으로 만들 계획을 고안하고 실행할 기름부음도 받았다. 바벨론에서, 왕의 딜레마에 대한 다니엘의 대답들 덕분에 그는 바벨론 제국에서 가장 높은 위치에 오르게 되었으며, 그 자리에서 그는 나라의 업무들을 관할하면서 탁월한 능력으로 세 명의 통치자를 섬겼다. 결과적으로, 두 개의 유력한 세계 강국과 그 나라의 국민들, 그리고 수십 개의 인접 국가들이 영향을 받았다. 그것은 하나님의 능력이 일터로 흘러들어가 확실하게 증명되었기 때문이었다.

하나님은 일터에 초점을 맞추고 계신다. 그것은 일터가 도시와 나라의 중심이기 때문이다. 그리고 그분은 열방을 추구하고 계신다. 히브리서 11장에 제시된 믿음의 영웅들 목록은 '**일터에서**' 부르심을 받고 '**일터에서**' 부르심을 성취한 사람들로 구성되어 있다. 그들 중 아무도 다른 곳에서 하나님의 일을 하기 위해 일터를 떠나지 않았다.

　탁월한 실례는 믿음의 조상인 아브라함이다. 여러 나라들에까지 미친 유력한 리더십에 관한 한, 그보다 더 높은 위치에 올라갈 수 있는 사람은 거의 없다. 아브라함은 어느 날 집에 와서 자기 아내인 사라에게, 자신이 '부르심'(the call)을 받았기 때문에, 짐승들을 다 팔고, 일꾼들도 다 해고하고, 하던 일도 그만둔 다음, 산을 하나 사서는 거기서 여생을 보내며 믿음의 조상이 되는 법을 배워야겠다고 말하지 않았다. 그와는 반대로, 그는 자신의 믿음을 날마다 일터에서 처리해야 할 일들과 결부시키면서 믿음의 조상이 되는 법을 배웠다.

　예수님은 일터에서 태어나고 일터에서 교육을 받았는데, 거기서 그분은 당시에 대단히 존경받는 직업이었던 목수로 인정을 받았다. 그분의 비유와 가르침은 모두 일터에서 벌어지는 일들과 관계가 있다.

　『사업의 기름부으심』(*Anointed for Business*)에서, 나는 그 비유들의 주제를 열거했는데, '그것들은 모두 일터와 관련된' 주제들이다.

- 건축(마 7:24-27을 보라)
- 포도주 제조(눅 5:37-38을 보라)
- 농업(막 4:2-20을 보라)
- 보물 찾기(마 13:44을 보라)
- 방목(마 18:12-14을 보라)
- 경영과 노동(마 20:1-16을 보라)

- 가족 소유의 사업들(마 21:28-31을 보라)
- 악의적인 탈취(눅 20:9-19을 보라)
- 투자에 대한 보상(마 25:14-30을 보라)
- 선물(先物)시장(눅 12:16-21을 보라)
- 곡물 수확(막 13:27-32을 보라)
- 운영 기준(눅 12:35-48을 보라)
- 연구의 가치(눅 14:24-35을 보라)
- 돈의 오용과 파산(눅 15:11-16을 보라)
- 차입자본 이용의 유익(눅 16:1-13을 보라)
- 위험성 높은 상황에서의 위험부담자본(눅 19:11-27을 보라)[3]

더군다나, 예수님은 제자들을 일터에서 모집하셨다. 그리고 성령이 사적인 거처에서 제자들에게 임해 처음으로 3,000명이 도시의 중심부에서 구원받고 세례를 받을 때, 교회 역시 일터에서 탄생했다. 사도행전에 기록된 69번의 신적인 개입사건들 중 68번이 일터에서 일어났다는 것을 깊이 생각해 보라.

오늘날 우리가 '교회'라고 부르는 모든 것이 도시 곳곳에 깊이 끼워 넣어졌고 도시 전역에 흩어졌다. 그것은 복잡하지 않고 자연스러웠으며, 동시에 너무나 많은 열매를 맺은 나머지 도시와 그 이상의 지역까지 변화시켰다. 그것은 교회의 구성원들이 하나님의 임재와 능력을 24시간/7일 일터로 옮겨갔기 때문이다. 이런 이유로, 일터(사업, 교육, 그리고 정부를 합친 것)에 대한 정의를 내릴 때, 나는 교회를 네 번째 실체로 포함시키지 않는다. 그렇게 하는 것은 교회가 하나님에 의해 창조된 유기체로서 일터에 스며들어가야 하는 존재가 아니라 하나의 조직체라는 그릇된 믿음을 강화시켜 주는 결과를 초래할 것이다.

술집을 목회하는 법

필리핀의 택시 운전사 조이(Joey)의 참신한 이야기를 가지고 설명해 보도록 하겠다. 조이는 1999년에 '변혁'에 관한 우리 세미나에 참석했을 때 이제 막 회심한 새 신자였다. 거기서 그는 자신이 사역자이고, 그의 직업은 자신의 사역이며, 그의 고객들은 자신의 회중이라는 것을 온전히 깨닫게 되었다. 그는 자신의 영향권 안에서 영향을 미치기로 결단하고 세미나를 떠났다.

하지만 조이는 실제적인 사람이었기 때문에(일터의 사람들은 실제적이어야 한다. 그렇지 않으면 파산을 당하기 때문에 더 이상 일터에 있지 못하게 된다), 택시를 사역으로 전환하는 데는 심각한 제약들이 있다는 것을 깨달았다. 즉 대부분이 짧은 거리만을 이동하기 때문에 작은 무리에게 단 몇 분밖에 사역할 수 없었던 것이다. 이런 이유로 그는 주님께 더 깊은 인도하심을 구하게 되었다.

하나님은 조이가 전에 감각적인 쾌락을 좇아 자주 들르던 술집에 그의 주의를 환기시키며 이번에는 목사로서 그곳으로 돌아가라고 말씀하셨다. 그곳의 이름은 '달콤한 순간들'(Sweet Moments)이었지만, 거기에 달콤한 것이라곤 전혀 없었다. 그곳의 매니저는 35명의 창녀들의 포주 역할을 겸하고 있는 동성연애자였다. 뿐만 아니라 그는 마약 사용자이면서 마약상(商)이었는데, 마약상이 된 것은 마약 사용자를 더 많이 생기게 하기 위한 것이었다. 분명 그 술집은 목사가 긴급하게 필요한 곳이었다.

조이는 새롭게 믿음을 갖긴 했지만 주님께 불순종하고 싶지 않았으며, 그 메시지를 충분히 이해하고서 마음속에 깊이 새겨 두었다. 그것이 바로 새 신자들의 아름다움이다. 즉 그들은 지극히 순진해서(그리고 본질적으로 현명해서!) 성경에 기록된 모든 내용을 믿어 버린다. 조이는 그곳에서 점심 휴식시간을 가지면서 경영진과 스태프 및 단골 고객들을 대상으로 '근거리' 기도전도를 실행하기 시작했다.[4]

날마다 조이는 조용히 다음과 같이 선포하면서 술집으로 걸어들어갔다. "하나님의 나라가 이곳에 임하였으며 음부의 문이 이기지 못하리라." 날이면 날마다, 그는 구석에서 식사를 하면서 게이 매니저와 창녀들, 고객들 및 그곳에 들어오는 모든 사람을 향해 평강을 선포했다. 그 거룩한 침입에 악의 세력들은 당황하기 시작했음에 틀림없다. 조이는 확신을 가지고 이렇게 선포했다. "내 안에 계신 이[하나님]가 세상[술집]에 있는 자[마귀]보다 더 크시도다."

우리가 시종일관 보아 왔던 것은 기도전도를 실행에 옮길 때 한 단계에서 다음 단계로 나아갈 힘이 생긴다는 것이다. 그리스도인이 잃어버린 자들을 향해 평강을 선포할 때, 영적인 환경이 개선되고 건설적인 교제가 가능해진다. 결국 죄인이 자유롭게 개인적인 필요를 나누고 싶어할 만한 분위기가 조성되어 그를 위해 기도하는 것이 가능케 되는 것이다. 바로 그곳에서 그 일이 일어났다.

매니저가 조이에게 끌리기 시작했다. 처음에는 인사나 간단한 대화를 위해 그의 테이블을 들르더니 마침내 식사를 함께하게 되었다. 그러던 어느 날 그는 개인적인 문제를 나누기 시작했다. 조이는 그에게 기도의 능력에 관해 이야기한 다음 그를 위해 기도해 주겠다고 제안했다.

그가 조이에게 말했다. "하지만 나는 기도를 믿지 않습니다."

조이가 대답했다. "상관없어요. 당신이 아니라 내가 기도할 거니까요. 나는 기도를 믿거든요."

"하지만 나는 예수님을 믿지 않아요."

"걱정하지 마세요. 내가 믿으니까요. 일단 내 기도가 끝나면 당신도 믿게 될 거예요." 조이가 말했다.

> 기도전도를 실행에 옮길 때 한 단계에서 다음 단계로 나아갈 힘이 생긴다.

예수님께서도 기본적으로 자기를 믿지 않는 자들에게 동일한 방법을 사용하셨다. "그렇지 못하겠거든 행하는 그 일[기적]을 인하여… 믿으라"(요 14:11).

며칠 후 매니저는 완전히 어안이 벙벙해진 채 조이의 테이블로 다가왔다. 그 기도가 응답되었던 것이다. 다정한 어조로 그는 물었다. "믿지도 않는 사람을 위한 간구를 허락하시는 당신의 하나님은 누구입니까? 이게 어떻게 된 거죠?"

조이가 설명했다. "하나님의 나라가 당신 가까이 임해 있습니다. 들어가지 않으시겠어요?" 바로 그곳에서 매니저는 예수님을 자기 마음속에 모셔들였다.

그 다음에 일어난 일은 놀라운 것이다. 그것을 온전히 이해하려면 조이에게 큰 약점이 있었다는 것을 염두에 둬야 한다. 그는 정식 신학훈련을 받지 못했던 것이다. 하지만 그에게는 그런 약점에 균형감각을 부여하는 장점이 있었다. 그것은 그에게 정식 신학훈련이 결여되어 있었다는 사실 그 자체였다! 그것은 조이가 성경에 기록된 모든 것을 오늘날에도 실현 가능한 것으로 믿었음을 의미했다. 애석하게도 전통적인 신학은 성경에 기록된 내용을 질식시켜 오늘날에는 되살아나지 못하게 하는 경향이 있기 때문이다.

조이는 사도행전에서 대부분의 경우 믿음으로 이끈 당사자가 곧바로 그들에게 세례를 주었다는 사실을 발견했다. 따라서 조이는 자신이 새로 회심케 한 사람을 해변으로 데려가 그를 세 번 물에 잠기게 했다. 그것은 삼위일체의 세 위격을 상징하는 행동이었다. 조이가 그렇게 한 이유는 세례가 아버지와 아들과 성령의 이름으로 되어야 한다고 성경에서 읽은 적이 있었기 때문이었다.

이전에는 동성연애자였지만 이제 거듭난 그 매니저는 물에서 올라오자마자 하나님의 능력에 사로잡히게 되었다. 그 능력으로 인해 너무나 오랫동안 그를 지배해 온 악한 영의 세력들이 쫓겨나갔고, 그의 정신도 정상으로 돌아왔다. 그 결과 그는 다시 한 번 남자 같은 느낌을 가질 수 있게 되었다. 기쁨과 놀람으로 가득찬 상태에서 그가 조이에게 물었다. "이제 어떻게 해야 되죠?"

조이는 성경을 어린 아이처럼, 그리고 문자 그대로 이해했기 때문에 그에게 이렇게 말했다. "이제는 예수님을 술집에 들어오시도록 초청해야 하는데, 그건 제가 전에는 할 수 없었던 거예요."

"왜 할 수 없었죠?"

조이는 분명하게 설명했다. "그분이 임하시려면 두세 명의 사람이 그분의 이름으로 모여야 하기 때문이죠. 이제 우리가 둘이기 때문에, 그분이 오실 겁니다." 그래서 그들은 예수님을 초청했고 창녀들을 향해 평강을 선포하며 기도하기 시작했다. 그리고 문들이 열렸을 때 그들이 느끼는 필요를 위해 중보하기 시작했다. 머지 않아 창녀들도 주님께 돌아왔다. 그리고 이제 조이와 매니저, 그리고 옛 창녀들은 술집 주인을 위해 중보하기 시작했는데, 그는 접근하기 힘든 변호사였다.

　이 문제를 극복하기 위해, 조이와 그의 영적 동료들이 다음으로 한 일은 어린 아이 같은 믿음의 표현으로만 이해될 수 있는 것이다. 나는 그것이 성경적이라고 확증해 줄 수도 없고 그렇게 하라고 권장해 줄 수도 없다. 그들은 케이크를 구워 거기에 기름을 바르고 손을 얹어 주인을 위해 기도한 다음, 그것을 선물로 포장해 주인이 운영하는 법률회사로 보냈다!

　선물을 받은 주인이 케이크 한 조각 떼자마자 전혀 예상치 못한 능력을 체험하게 되었다. 하나님의 임재가 그를 만지셨고, 그는 몸을 떨기 시작했다. 그것은 유쾌한 경험이었지만 동시에 당혹스런 체험이기도 했다. 자신에게 무슨 일이 일어나고 있는지 몰랐기 때문에, 그는 곧바로 술집으로 달려가 조이와 그의 새로 출범한 회중에게 도대체 어떻게 된 거냐고 물었다. 그들은 기뻐하면서 하나님의 나라가 그 술집에 임했다고 설명해 주었고, 그에게 주님을 영접하도록 권면했다. 그러자 그는 거기서 곧바로 주님을 영접했다.

　다음으로, 그 주인은 그때쯤엔 그곳의 신학자나 다름없이 되어 있던 조이에게 몸을 돌리더니 이렇게 물었다. "술집을 어떻게 해야 되겠습니까?" 조이는 그 술집을 단순히 신자들을 보호하기 위한 목적만이 아니라 죄인들에게 다가가기 위한 목적을 가진 교회로 전환할 것을 제안했다. 당신도 상상할 수 있겠지만, 술집이 교회로 전환될 때는 광고할 필요가 별로 없다. 왜냐하면 죄인들이 자연적으로 그곳에 끌리기 때문이다. 많은 사람들이 주님께 돌아왔으며, 6개월 후에는 두 개의 다른 술집이 교회로 전환되었다!

이야기는 거기서 끝나지 않는다. 새로 회심한 자들은 이웃을 위해 기도하면서 술집 주위 거리들을 걷도록 가르침을 받았다. 2년 후에는 그 이웃의 50퍼센트 이상이 주님께 돌아왔으며, 술집 매니저는 자기 고향으로 돌아가 그곳에서 교회를 개척했는데, 그 교회는 현재 300명의 신자들이 출석하고 있다!

이것이 특별하고 놀라운 일이긴 하지만, 이제는 일상적이고 자연스런 일이 되어야 한다. 조이가 그랬던 것처럼, 점점 더 많은 신자들이 기본적인 원리들을 터득한다면, 우리는 이와 같은 경우들을 좀더 많이 보게 될 것이다. 왜냐하면 하나님께서 이미 인간의 마음속에 변화의 밑그림을 넣어 두셨기 때문이다. 우리가 해야 하는 일은 구성요소들을 정확히 조정하고 연결하는 것이다. 그 요소들은 당신, 교회, 하나님 나라, 일터, 그리고 도시이다.

조이는 자신이 흩어져 있는 모임인 교회의 구성원이며, 그렇기 때문에 음부의 문이 진을 치고 있는 일터로 가서 그 문들을 무너뜨리는 데 필요한 하나님 나라의 열쇠가 자신에게 맡겨져 있음을 알게 되었다. 그렇게 할 때 도시가 변화를 경험하게 될 것이다.

남아프리카: 회사에서 대륙으로

지구 반대편 전혀 다른 환경에서, 나는 아주 성공적인 사업가의 삶 속에 동일한 원리들이 작용하고 있는 것을 목격했다. 그레이엄 파워

(Graham Power)는 파워그룹(Power Group of Companies)의 소유주이자 의장이다. 그 그룹에는 남아프리카에서 개인이 소유한 가장 큰 건축회사가 포함되어 있다.

1999년에, 그레이엄은 하나님과의 만남을 체험해 예수님을 그의 마음속에 영접했다. 당시에 그의 고향인 케이프 타운(Cape Town)은, 그 나라의 다른 지역과 마찬가지로, 심각한 사회적 격변을 겪고 있었다(18개월 동안 22번의 폭탄이 터졌다). 최소한 한 개의 폭탄이 터지지 않으면 한 주가 지나가지 않았다.

흑인에 대한 인종차별이 무너진 상태였지만, 그 이후 흑인 정권으로의 전환은 국가를 위태로운 지경으로 몰고 갔다. 남아프리카는 왼편에서 사회적 격변이, 오른편에서 경제적 혼란이, 그리고 앞쪽에서 도덕적 붕괴가 일어나기 직전에 와 있었다.

그레이엄은 교회에 위임된 권능을 깨닫고, 조지 오티스 주니어(George Otis Jr.)가 제작한 비디오(콜럼비아의 칼리에서 마약 카르텔이 부추긴 폭력이 어떻게 여러 경기장에서 열린 철야기도 후 누그러졌는지 보여 주는)에 의해 영감을 받아, 모든 교파들에 회개와 기도의 날을 갖자고 제안했다. 그 결과, 2001년 3월에, 아주 다양한 교파적 배경을 가진 4만 5,000명의 신자들이 케이프 타운에 있는 뉴랜즈 럭비 경기장(Newlands Rugby Stadium)에서 하나님께 부르짖었다.

폭탄과 폭력이 즉시 중단되었다. 변화가 너무나 분명하게 보였기 때문에 그 다음해에는 남아프리카의 여덟 개 지구를 포함하고 있는 지역을 위해 중보하고자 여덟 개의 경기장이 가득 찼다. 2003년 5월에 그 기도모임은 77개의 남아프리카 지역들과 27개의 아프리카 나라들(66개

도시)에서 동시 집회로 열리게 되었는데, 그때 개최지 수는 총 143개나 되었다.

2004년 5월에 나는 범아프리카 대륙 기도모임의 주강사로 서게 되는 특권을 부여받았다. 그 모임은 56개국의 라디오와 텔레비전을 통해 1,000곳 이상의 개최지를 연결시키는 **'최초의 범대륙 기도모임'**이었다. 남아프리카에서 튀니지(Tunisia)까지, 세네갈(Senegal) 시(市)에서 소말리아(Somalia)까지, 그리고 그 중간에 있는 모든 국가에서, 수백만 명의 아프리카인들이 손을 잡고 한마음으로 기도할 때 풀려난 영적 능력의 크기와 흥분을 도저히 말로 다 표현할 수 없다. 케이프 타운에서 카이로에 이르는 영적인 대로가 만들어졌다.

2005년에 아프리카는 그 횃불을 전 세계로 넘겨 주었고, 그 결과 220개 나라 중 156개국에서 수억 명에 달하는 사람들이 처음으로 '전 지구 기도의 날'(Global Day of Prayer)을 시작했다. 그 다음해(2006년)에는 199개국이 동참했다. 태평양의 통가(Tonga)로부터 시작해서 아시아와 중동과 아프리카와 유럽을 통과해 서쪽으로 이동하면서 대서양을 건너 미국을 휩쓸고 하와이에서 절정을 이룬 그 기도모임에서, 모든 족속과 나라를 대표하는 신자들은 수백 개의 언어와 방언을 사용해 역사상 가장 장엄한 전 세계적 기도의 덮개를 들어올렸다! 그것은 엄청난 일이었다!

그 모든 것은 그레이엄 파워라는 한 사람 안에서 일어난 하나님의 역사로 시작되었다. 즉 자신이 **'에클레시아'**(ecclesia) 내에서의 사역자이며, 권위를 가지고 하나님의 나라를 악이 확고히 자리잡고 있는 곳, 말하자면 세상의 일터로 옮겨 가도록 부르심을 받았고, 그 결과 도시들과 나라들을 구원해야 한다는 사실을 깨달았던 것이다. 그레이엄은 먼저 자신이 그리스도 안에서 정말로 누구인가를 발견함으로써 그 자신의 마음속에서 시작되었다.

얼마 지나지 않아서, 그는 자신이 일터의 사역자라는 사실도 깨닫게 되었다. 그런 취지에서 그는 자신의 그룹을 주님께 봉헌했고, 기도를 직원모임의 **'필수적인 부분'**으로 만들었으며, 본부에 있는 채플에서뿐만 아니라 건축현장에서도 기도하도록 중보자들을 가동시켰다. 그 이후 그의 사업은 예전과 전혀 다른 모습이 되었다.

그 직후에, 그는 그의 믿음과 그의 회사를 변화의 비전과 연결지었다. 그의 회사를 행정의 중심축으로, 그의 많은 이사들을 야전 감독관으로, 그리고 그가 앉았던 럭비 경기장을 개최지로 사용하면서, 그는 첫 번째 기도모임을 장려하기 위해 그 요지를 거론했다. 기도모임은 해를 거듭할수록 커진 결과 전 세계를 포괄하는 데까지 나아갔다. 어떤 의미에서는, 그레이엄이 다섯 가지 요소를 하나로 통합시켰기 때문에, 변화의 역사가 일어난 것이다.

도시

조이와 그레이엄 파워처럼, 우리의 영향권 내에서 앞의 네 가지 구성요소들을 하나로 통합시킬 경우, 하나님께서 도시에 영향을 미치도록 우리를 사용하실 수 있다는 거부하기 힘든 증거를 얻게 될 것이다.

도시들은 하나님께 중요하다. 왜냐하면 그분이 나라들을 지향하고 계시는데, 한 나라의 중심축은 그 나라의 도시들이기 때문이다. 워싱턴 D. C.와 로스앤젤레스, 그리고 페오리아(Peoria)가 없다면 미국이 어떻게 되겠는가? 도쿄와 오사카가 없다면 일본이 어떻게 되겠는가? 혹은 리오 데 자네이루(Rio de Janeiro)와 브라질리아(Brasilia)가 없다면 브라질은 또 어떻게 될까?

하나님은 애정이 가득 담긴 용어로 예루살렘을 언급하시며, 그분의 사랑은 다른 도시들, 심지어 선지자 요나가 멸망당하기를 원했던 니느웨(Nineveh) 같은 죄악된 도시들(욘 4:1-11을 보라)까지도 포용하신다. 그리고 예수님은 도시들을 언급하시면서 위험에 처한 병아리들로 비유하셨으며, 그분 자신은 절박하게 필요한 보호를 제공하기 위해 날개를 펴고 있는 암탉으로 비유하셨다(마 23:37을 보라).

예수님께서 그런 비유를 선택하신 것은 결코 무심결에 하신 것이 아니다. 암탉이 병아리들을 향해 가지고 있는 절대적인 헌신은 대단히 가슴 뭉클한 현상이다. 암탉은 두려움이 없으며 자신의 돌봄 아래 있는 새끼들을 위해 기꺼이 자신의 생명을 내려놓는다.

나는 그런 연약한 새들이 코요테와 뱀에 맞서는 장면을 본 적이 있다. 그들은 이길 가능성이 전혀 없지만 절대로 도망치지 않는다. 그러면서 격렬한 울음소리로 새끼들에게 어미닭의 날개 아래로 피하라는 경고의 신호를 보낸다. 어렸을 때 나는, 화재가 난 후에 '**아직까지 살아 있는 병아리들을 날개 아래 품고서**' 새까만 숯이 되어 있는 암탉을 발견한 농부의 이야기에 감동을 받았다!

복음서는 예수께서 눈물을 흘리신 두 번의 사건을 기록하고 있는데, 한 번은 친구인 나사로를 위해(요 11:35을 보라), 다른 한 번은 예루살렘이라는 도시를 위해서(눅 19:41을 보라)였다. 그 눈물은 그분이 사람과 도시를 얼마나 깊이 사랑하시는지 보여 주었다. 이제 우리는 그분이 그 둘 사이에 있는 모든 것-학교 조직, 사업 공동체, 정부 기관 등 모든 것-을 사랑하신다는 사실도 이해해야 한다.

> 복음서는 예수께서 눈물을 흘리신 두 번의 사건을 기록하고 있는데, 한 번은 친구를 위해, 다른 한 번은 도시를 위해서였다. 그 눈물은 그분이 사람과 도시를 얼마나 깊이 사랑하시는지를 보여 준다.

도시에는 영적인 문이 있다. 그리고 시편은 도시에 애정을 가지고 말하라는 것과, 도시를 향해 영광의 왕이 들어오시도록 문을 열라고 요청하라고 말씀한다(시 24:7-10을 보라). 잠언 11장 11절은 의인의 축복으로 도시가 굳게 세워진다고 말씀한다. 우리는 도시를 향한 사랑의 표현으로 우리의 도시를 축복해야 하며, 하나님의 나라가 임하시도록 우리가 할 수 있는 모든 것을 해야 한다.

6장에서 논의한 바와 같이, 미네소타 주(州), 엘크 리버(Elk River)의 시장인 스테파니 클린징(Stephanie Klinzing)은 그것을 완벽하게 잘 이해하고 있다. 강단 사역자들과 일터 사역자들을 모아 도시를 위해 중보하고자 개최하는 주간 기도모임들 중 하나가 진행되고 있을 때, 그녀는 예수님께서 엘크 리버에 임하시도록 공식적으로 초청했고, 나아가 그 도시의 열쇠를 그분께 넘겨드렸다. 그러자 예수님은 분명하게 그 도시에 임하셨는데, 그것은 그분이 계시록 3장 20절에서 **'누구든지'** 문을 열면 들어오실 것이라고 분명히 약속했기 때문이다. 최고 위치에 있는 공직자가 그런 초청을 할 경우에는 훨씬 더 분명하게 임하실 것이다.

일단 그분이 도시 '안에' 임하시게 되면, 그리스도인들은 홈구장의 이점을 가지게 된다. 그것은 특히 신앙이 없지만 여전히 합법적인 기업들이 엘크 리버에서 작전을 개시할 때 더욱 분명해진다. 시장이 시청에서 도덕적인 근거로 그들을 반대한다는 것은 절차적으로 불가능한 일이었겠지만, 그녀와 동료 장로들이 주님과 만나는 화요일 아침에, 그들은 '**묶고 풀**' 수 있고, '**잠그고 열**' 수 있으며, 하늘의 영역에서 그들이 앞으로 나아가지 못하도록 막을 수 있다.

엘크 리버에서는 자금 부족 때문에 캠퍼스들이 폐허가 된 채로 남아 있는 학교 구역을 위해서도 그 원리가 적용되었다. 학교들에 필요한 돈을 모금하기 위한 채권발행이 유권자들 앞에 제시될 때마다 번번이 거절당했다. 절망적인 상황 속에서, 그 문제가 그 학교의 교장에 의해 화요 기도모임에 제출되었다. 그 후에는 철저한 기도행진이 뒤따랐고, 나중에는 학교들을 하나님께 봉헌하기에 이르렀다. 그 다음 선거에서 채권발행이 통과되었으며, 오늘날 엘크 리버에는 새로운 고등학교 캠퍼스가 자리잡고 있다.

텍사스 세다 힐(Cedar Hill) 시장인 로버트 프랭크(Robert Franke)와 시정담당관인 앨런 심스(Alan Sims)는 도시를 중보하기 위해 강단 및 일터 지도자들을 대상으로 정규 조찬기도회를 주관하고 있다. 그들이 함께 시간을 보낼 때 참가자들 사이에 도시를 위한 진정어린 관심이 생겨나기 시작했다. 시장은 목사들에게 도시에 있는 모든 학교를 입양해 기도와 물질적인 지원을 해줄 것과 뒤쳐진 학생들에게 가정교사를 제공해 줄 것을 요청했고, 그들은 그 요청을 수락했다. 뿐만 아니라 보도 파손이나 울타리 손괴, 혹은 낙서 같은 규범위반으로 소환당할 때, 목사들에게 연락이 가며 회중들이 무료로든지 돈을 들여서든지 수리를 책임지는데, 그것은 눈에 보이는 축복을 베푸는 것이다. 그런 축복은 특히 가난한 가족들을 위해 제공된다.

세다 힐을 찾아오는 많은 방문객들이 그 도시의 거주민이 될 가능성이 높다는 것과, 그들이 그 도시의 '최전선 서비스 제공자들'(레스토랑 종업원, 주유소 직원, 음식점 점원 등)로 알려진 사람들로부터 첫 인상을 받는다는 것을 알고서, 시장은 도시 교회의 지도자들과 더불어 그들을 축복의 사람들로 세우기 위해 성경적 원리들에 기반한 '가치훈련코스'를 개발해 냈다. 그로 인해 그 도시의 영적 공기가 획기적으로 개선되었다. 그것은 그리스도인들이 예수님의 눈으로 도시를 바라보기 때문이다.

인도네시아의 사업가 카야디 쿠말라(Cahyadi Kumala) 씨는 2005년에 그리스도를 온전히 믿기 시작했다. 그 직후에 그는 일터 사역자로서 자신의 역할을 깨닫게 되었다. 카야디 쿠말라 씨는 도시 하나를 건설한 적이 있는 회사의 주요 주주였다. 그래서 그가 말하는 핵심은 도시 전체를 주님께 봉헌하는 것이었다!

우리가 카야디 쿠말라 씨와 그의 아내 스텔라(Stella), 그리고 그들의 자녀들과 함께 변화의 원리들에 관해 나누면서 한 주를 보낸 후, 그는 우리에게 그 봉헌식을 거행해 달라고 요청했다. 그것은 우리가 이미 2006년 8월에 해본 적이 있는 일이었다. 그 장소는 원래 부킷 힐(Bukit Hill, 혹은 Sentul Hill)이라 불렸지만, 한때 개발자였다가 이제는 일터 사역자로 전환한 그 사람은 그것을 센툴(Sentul) 시(市)(하나님의 도시)로 바꾸기로 결정을 내렸다.

그곳은 평범한 장소가 아니다. 그곳은 인도네시아에서 가장 고소득층 공동체들 중 하나로, 수도인 자카르타에서 남쪽으로 한 시간이 채 걸리지 않는 거리에 있다. 그곳은 탁월한 기술로 건설되었다. 나는 '**산업기반에만**' 5억 달러에 가까운 돈이 투자되었다는 이야기를 들었다. 그곳에는 쇼핑 센터와 골프장, 근처의 포뮬러 원(Formula One, 경주차 분류에서 최고 범주에 들어가는 차-역자 주) 경주코스, 그리고 수구(水球) 경기장 등이 있다. 집 한 채의 평균 시세는 수십만 달러에 달한다. 그러나 가장 중요한 특징은 커다란 복음주의 교회에서 지어 제공한 기도탑으로, 그 프로젝트의 핵심은 1만 1,000명의 사람들을 수용하는 집회시설들을 세우는 것이었다. 그 프로젝트의 지도자인 니코(Niko) 목사는 기도할 목적이라면-단순히 도시만을 위해서가 아니라 특별히 열방을 위해-그 나라 안의 모든 교회가 그 탑을 사용할 수 있을 것이라는 사실을 처음부터 분명히 했다.

센툴은 그리스도인들을 '**위한**' 도시가 아니라 '**기독교 도시**'이다. 전자는 느낌상(정의(定義)상 그런 것은 아닐지라도) 불신자들의 출입을 제한하는 격리된 장소일 것이다. 반면에, 기독교 도시는 그 도시 자체가 구원받은 하나의 실체이며, 암탉처럼 그 가운데 거주하는 자들에게 보호를 제공하는 곳이다. 그런 이유로 봉헌식이 행해지던 날, 연합해 활동하기로 다짐하는 주요 강단 및 일터 사역자들이 센툴 시(市)를 나라 전체와 그 이상의 범위에까지 영적인 빛을 비추도록 '**산 위의 마을**'로 만들겠다는 언약에 서명했다. 그 새로운 패러다임을 붙잡도록 회사를 재조정하는 것과 기도전도를 경영의 문화에 맞도록 적절히 배치해 넣는 것은 그 언약을 바탕으로 한 움직임에 있어서 가장 필수적인 부분이다.[5]

봉헌식이 거행되던 날, 루스와 나는 우리가 묵고 있던 호텔에서 도시의 문 근처에 있는 착륙장까지 헬기를 타고 날아갔다. 센툴 시(市) 상공에 들어서자마자, 우리는 머리 위로 엄청난 천사의 움직임을 감지했다. 그리고 나는 주님께서 이렇게 말씀하시는 음성을 들었다. "법적으로 이 도시는 센툴 시(市)로 알려지겠지만, 나는 이 도시에 애칭을 붙여 놓았다. 나에게 이 도시는 벧엘로 알려질 것이다."

내가 그것을 카야디 씨와 나눴을 때, 그가 말을 멈췄다. 카야디 씨는 총관리자에게 가까이 오라고 신호를 보낸 다음, 그에게 그들이 며칠 전에 나눴던 대화를 자세히 얘기해 보라고 요청했다. 총관리자는 그의 상사가 왠지 모르지만 '벧엘'(Bethel)이 이름에 포함되어야 한다는 느낌이 든다고 자기에게 말했다고 얘기했다. 얼마나 놀라운 확증인가!

측면에 클럽하우스와 호수, 골프장, 그리고 멀리서 장엄한 경계선을 드러내고 있는 5개의 언덕이 위치하고 있는 등, 경관이 아름다운 들판에 서 있을 때, 우리는 그때 일어나고 있던 일에 대한 하나님의 기쁨을 느꼈다. 우리는 십자가 모양으로 기름을 부었으며, 강단 및 일터 사역자들의 행렬은 '양각나팔'을 반복적으로 불면서 **'센툴 시(市)-하나님의 도시'**(Sentul City-God's City)라는 문구가 새겨진 막대기를 땅 속에 심었다.

그것이 상징하는 바는 이 땅에 천국이 임하도록 땅에 대한 권리를 선포하는 것이었다. 봉헌식은 도시에 물세례를 베푸는 것과 동일한 행위였다. 왜냐하면 어떤 사람이 자신과 자기 가족이, 전에는 어둠 속에 있었으나 이제는 하나님의 도시가 되도록 구별된 곳으로 하나님 나라를 옮겨 가라는 명령을 위임받은 교회의 일원임을 깨달았기 때문이다. 세계에서 가장 아름다운 도시들 중 한 도시에 구원이 실제로 임했던 것이다.

독자에게 분명히 밝혀 두고 싶은 것은, 내가 지금 언급하고 있는 모든 이야기들은 진행 중이며, 또 반드시 그래야 한다는 것이다. 왜냐하면 하나님의 보좌 앞에서 열방이 행진을 벌이는 순간에 아직 도달하지 않았기 때문이다. 그럼에도 불구하고, 미네소타 주(州)의 엘크 리버에서 텍사스 주(州)의 세다 힐, 그리고 인도네시아의 센툴 시(市)에 이르기까지, 하나님 나라의 사고방식을 가진 하나님의 자녀들이 자신의 도시와 나라를 그 행진으로 데려가기 위한 과정에서 돌이킬 수 없는 정확한 단계들을 밟았다는 사실은 분명하다.

앞에 놓인 길은 아마도 길고도 먼 여정이 될 것이다. 그리고 처음으로 밟아 나가는 여정이기 때문에 확신컨대, 때로는 그것이 험난한 길이 되기도 할 것이다. 승리가 장애물로 인해 일시적으로 뒤집히는 일도 있을 수 있다. 마귀가 다가올 변화를 좌초시키기 위해 가능한 모든 수단을 동원할 것이다. 하지만 스컹크를 조준해 명중시키느니 차라리 빗나갈지라도 별을 조준하는 것이 항상 더 낫다는 사실만큼은 분명하다.

당신과 교회, 하나님 나라, 일터, 그리고 도시를 통합시킬 경우, **'초자연적인'** 변화가 **'자연스럽게'** 일어날 수 있는 영적 통로가 열리게 되는 것이다.

15장

열방의 치유

The Healing
of Nations

TRANSFORMATION

한 나라의 건강(혹은 건강의 부족)은 항상 일터에서 드러난다. 한 나라가 병들어 있다면, 정부는 효율적이지 못하고 십중팔구 타락한 상태이다. 사업은 가난하고 무기력해서 국민의 필요를 충분히 채워 주지 못하고, 교육은 연약해서 해결책을 찾아 낼 수 없다. 그것은 마치 암과 심장병과 당뇨병 등의 합병증에 걸려 한꺼번에 투석해야만 하는 상황과 같다.

우리는 오늘날, 전부는 아닐지라도 지구상에 있는 대부분의 나라들이 어떤 영역에서는 심각할 정도로 건강하지 못하다는 것을 안다. 이제 물어야 할 질문은, 그 나라들이 **'어떻게'** 치유를 받았는가? 하는 것이다. 해답은 '생명나무'의 목적과 효력을 이해할 때 얻어지게 된다.

계시록 22장은 요한이 '미래 장면의 사전 삽입'을 통해 우리에게 하나님의 시나리오를 제공하고 있는 것인데, 그 첫 부분의 내용을 보면, 마치 **'열방이 어떻게 치유를 받게 되었는가?'**라는 질문에 대답하고 있는 것처럼 보인다.

그 내용은 바로 이것이다.

"또 저가 수정같이 맑은 생명수의 강을 내게 보이니 하나님과 및 어린 양의 보좌로부터 나서 길 가운데로 흐르더라 강 좌우에 생명나무가 있어 열두 가지 실과를 맺히되 달마다 그 실과를 맺히고 그 나무 잎사귀들은 만국을 소성하기 위하여 있더라"(계 22:1-2).

강, 실과, 그리고 잎사귀

요한은 계시록 22장 1-2절에서 길의 정중앙으로 흐르는 강을 묘사하고 있는데, 그 길의 양 측면에는 열두 가지 실과를 맺을 뿐 아니라 매달 실과가 달리는 생명나무가 있다. 여기에 사용된 동사의 시제가 진행시제라는 것에 주목해 보라. 그것은 '**지속적인 과정**'이라는 의미가 내포되어 있다.

그것은 생명나무가 열매를 맺었다(과거)거나 맺을 것이다(미래)를 가리키는 것이 아니라 달마다 일어나기로 예정된 과정의 일부로서 열매를 '**맺고 있다**'는 것을 가리키는 것이다.

그렇지만 계시록 22장 2절이 나무의 잎사귀를 언급할 때, '**뉴킹제임스 역본**'(New King James Version)과 '**새미국표준역본**'(New American Standard Version)을 포함한 대부분의 역본은 그 잎사귀들이 열방의 치유를 위한 것 '**이었다**'(were, 과거시제)고 말씀한다. 그런데 헬라어 본문에는 과거시제 동사인 '*were*'가 없다. 하지만 계시록 22장 2절의 문맥은 명백히 치유가 과거에 일어난 일이며, 잎사귀들이 더 이상 그런 치유를 위해 사용되지 않는다는 것을 암시한다.

이런 결론을 뒷받침하는 문맥은 계시록 21장 24-27절의 건강한 나라들에 대한 묘사와, 계시록 22장 3절에 나오는 것처럼, 다시 저주(그리고 그로 인한 질병들)가 없다는 언급에 의해 제공된다. 하지만 그 나라들이 장엄한 행진에서 그들의 특징으로 나타나고 있는 존귀와 영광이 결여된 상태에서 그런 저주의 영향 아래 있었을 때, 그들에게 치유를 제공한 것은 다름 아닌 생명나무의 잎사귀들이었다. 그것은 치유가 그 잎사귀들을 통해 왔다는 것을 분명히 하는 것이다.

여기에 언급된 잎사귀들은 세계를 괴롭히는 문제들에 대한 해결책(치유)을 제공하기 위해 하나님께서 직접 주도하신 과학적, 사회적, 그리고 경제적 돌파를 의미한다는 것이 나의 주장인데, 그에 대한 근거와 성경적 토대는 나중에 제시하도록 하겠다. 그러니 당분간은 인내를 가지고 내가 뒤에 숨은 목적을 위해 그런 주장을 할 수 있도록 허용해 주기 바란다.

지난 2,000년의 세계사에서 가장 팽창력 있는 세기였던 20세기는 두 가지 발견(백신과 항생제)과 네 가지 발명(트랜지스터, 컴퓨터 칩, 자동차, 그리고 비행기)으로 구체화되었다. 그런 놀라운 획기적 사건들이 없었다면, 이 시기는 좀더 유해하고 훨씬 덜 발전적이었던 19세기와 비슷했을 것이다. 하지만 수백만 명의 생명이 구원을 받았고, 평균수명이 기하급수적으로 증가했으며, 모든 종류의 통상이 전 지구적 수준으로 확장되었다.

뿐만 아니라 인간은 달에까지 진출했으며, 강력한 컴퓨터가 개발되어 우리 주변에서 일어나는 일의 대부분을 대단히 효율적으로 관리하고 추적할 수 있게 되었다. 그 여섯 가지 혁신은 그 이전의 어떤 세기보다 훨씬 더 놀라운 돌파구들을 연쇄적으로 만들어 냈으며, 그로 인해 수십억 명에 달하는 사람들의 삶이 개선되었다.

그 모든 진보에도 불구하고, 나라들은 여전히 병들고 건강하지 못한 상태인데, 그 모습이 더욱 분간하기 힘들고 복잡한 양상으로 나타나고 있다. 어떻게 그럴 수 있는가? 모든 창조성이 세상에 풀어지고 있기 때문에, 그리스도인들이 성령과 협력해 좀더 효과적으로 행했더라면 분명 현재 우리가 가진 것보다 더 광범위한 유익을 얻기 위해 그

혁신들을 이용할 수도 있었을 것처럼 보인다. 왜 그런 일이 일어나지 않았는가?

나는 과거에는 하나님께서 비그리스도인들이나, 혹은 그리스도인이라고 공언은 하지만 자신의 '세속적인' 돌파들과 많은 나라들의 영적 부르심 사이에 아무런 연관성도 보지 못하는 사람들에게 그와 같은 돌파들을 맡기셔야만 했다는 견해에 사로잡혀 있다. 그런 엄청난 혁신들이 일어나고 있던 바로 그 시대에, 대부분의 기독교계는 '휴거 사고방식'에 사로잡힌 나머지, 적극적으로 선두에 서서 세상을 좀더 나은 곳으로 만들려는 노력을 하지 못하도록 우리의 관심을 딴 곳으로 빗나가게 만들었다.

여기서 '휴거 사고방식'이란 말의 의미는 신자들이 나라들을 제자 삼고자 노력하는 신학을 가지지도 않고, 그런 신학을 추구하지도 않았다는 것인데, 거기에는 두 가지 이유가 있다. (1) 그들은 세상 나라들을 구원 불가능으로 간주했으며, (2) 그들은 휴거를, 자신들이 지각하는 바, 급속도로 적그리스도에 의해 장악되고 있는 세상으로부터 도피할 수 있는 유일한 방법으로 바라보는 오류를 범했다.

그것 때문에, 그리고 확실히 그것과 더불어, 우리는 열방을 치유하도록 우리 앞에 놓인 엄청난 기회를 충분히 활용하지 못했다.

우리의 현재적 상황이라는 전후관계에서 볼 때, 구조적 차원에서 (그리고 일반적으로 국가적인 차원에서) 해로운 모든 것을 바로잡을 수 있는 새로운 아이디어들과 개념들, 과정들, 발명들 및 발견들에 다가가는 것은 절대적으로 필요한 일이다. 그런 것이 바로 생명나무 잎사귀의 역할이다.

생명나무의 역할

그것이 어떻게 역사하는지 알기 위해서는 성경에서 **'생명나무'**(*the Tree of Life*)를 조사해 보아야 한다. 성경에서 '생명나무'라는 표현을 언급하는 책은 세 권밖에 없다. '생명나무'란 표현은 창세기와 계시록에 등장한다. 약간 다른 '생명나무'란 표현은 잠언에서 네 번에 걸쳐 발견된다.

창세기(2장과 3장)에서의 첫 번째 등장은 그 나무가 동산에 생명을 불어넣었음을 암시한다. 그 시점까지, 아담과 하와는 단순히 동산을 **'돌보기만'** 했으며, 땅은 열매를 풍성히 **'맺었다'**. 그 나무가 동산 정중앙에 있었기 때문에, 땅에 대해 '수고할' 필요가 없었다. 그렇지만 죄가 들어오자 땅은 저주를 받았고, 하나님은 인간이 그 나무에 접근할 수 없도록 하기 위해 화염검을 가진 그룹을 배치하셨다(창 3:24을 보라). 그 순간부터, 동산 전체가 인간에게 접근 금지구역이 되었으며, 얼마 지나지 않아서 에덴은 완전히 상실되고 말았다.

원래 주님은 하나님의 생명의 흐름을 마음껏 받을 수 있도록 아담을 동산 안에 두셨다(창 2:15을 보라). 창세기 2장을 통해서, 우리는 아담과 하와가 동산을 '돌보고 지키는' 과정에서 생명나무와 교감을 계속하는 한, 그 교감으로부터 생명이 흘러나왔다는 사실을 분명하게 추론할 수 있다. 돌보고 지키는 행위가 생명나무와 분리되었을 때, 그 생명은 더 이상 아담과 하와에게로, 그리고 땅으로 흘러나오지 않게 되었다. 그것은 하나님께서 친히 말씀하신 바와 같다(창 3:16-24을 보라).

이런 맥락에서, 모세의 성막과 솔로몬 성전에 있던 지성소의 휘장에 하나님의 임재로 들어가는 입구를 지키는 그룹들의 모습이 그려져 있었음을 기억하라(출 26:31; 대하 3:14을 보라). 십자가상에서 예수의 죽음이 피조물에 대한 저주를 포함해 죄의 권세와 결과들을 도말하셨을 때, 성소의 휘장이 찢어져 둘이 되었다(마 27:51을 보라). 그래서 입구를 지키는 그룹들 역시 제거되어 다시 생명나무로 가는 길이 열리게 되었다. 인간은 자신을 위해서뿐만 아니라 모든 피조물을 위해서도 하나님께 다가가 그분의 축복에 참여할 수 있게 되었다. 왜냐하면 "마귀의 일을 멸하시기 위해 하나님의 아들이 나타나셨기 때문이다"(요일 3:8; 요 10:10도 참조하라).

계시록에서 '생명나무'의 모습은 우리가 이미 살펴본 것과 일치한다. 즉 그것은 생명을 산출하고 지탱(양육)하며, 그럼으로써 열방에 치유를 가져 온다.

계시록 22장 19절에서의 요한의 진술은 그 치유의 차원이 현 시대를 위한 것이라는 사실과, 현재를 살아 가고 있는 우리가 그 치유의 참여자라는 사실을 확증한다. 그의 기록은 이렇게 되어 있다. "만일 누구든지 이 책의 예언의 말씀에서 제하여 버리면 하나님이 이 책에 기록된 생명나무와 및 거룩한 성에 참예함을 제하여 버리시리라." 이 책의 예언의 말씀에서 제하여 버리는 일이 일어날 수 있는 유일한 시대는 우리가 현재 살아 가고 있는 시간대이며, 따라서 "그가 생명나무에 참예하는 것"도 오늘날에 해당하는 것이다.

따라서 문제는 '그 잎사귀들은 무엇이며 그것들에 어떻게 접근하는가?'이다. 잠언이 거기에 필요한 빛

> 지혜는 삶의 질을 개선할 목적으로 고안된 새로운 통찰력, 새로운 개념, 새로운 계시들과 새로운 절차들의 형태로 나타난다.

을 던져 준다. 잠언은 지혜의 덕성과 능력에 관한 책이며, 그런 맥락에서 '생명나무'에 대한 네 번의 언급을 담고 있다. '**지혜**'는 "그 얻은 자에게 생명나무라"(3:18); "'**의인의 열매**'는 생명나무라"(11:30). "'**소원이 이루는 것**'은 곧 생명나무니라"(13:12); 그리고 "'**온량한 혀**'는 곧 생명나무라"(15:4)(각 구절에서 강조는 저자가 덧붙인 것). 이 네 구절에 언급된 모든 것-지혜, 의인의 열매, 소원이 이루는 것, 그리고 온량한 혀-은 활성화될 경우 모든 종류의 변화-정치적, 영적, 사회적, 감정적 등의 변화-를 일으킬 내재적 능력을 지닌 속성과 태도 및 행동을 암시한다.

이 '생명나무' 과정의 토대는 잠언 3장에 놓여 있다. 잠언 3장은 하나님의 지혜를 칭송하면서 그것을 소유할 경우의 유익들을 상세히 설명하고 있다. 5절은 우리가 '**온**' 마음으로 주님을 의뢰하고 우리 '**자신의**' 명철을 의지하지 말아야 한다고 언급함으로써 지혜의 배타적인 차원을 강조한다. 13절에서는 그런 지혜를 발견하고 명철을 얻는 사람이 얼마나 복된지 말씀한다. "이는 지혜를 얻는 것이 은을 얻는 것보다 낫고 그 이익이 정금보다 나음이니라 지혜는 진주보다 귀하니 너의 사모하는 모든 것으로 이에 비교할 수 없도다." 그리고 마지막으로, 18절에서는 "지혜(She)는 그 얻은 자에게 생명나무라"고 말씀한다. "그녀(She)"라는 말은 여기서 지혜를 가리키며, 생명나무로 묘사된다.

잠언 3장에 의하면, 이 지혜는 삶의 질을 개선할 목적으로 고안된 새로운 통찰들과 새로운 개념들, 새로운 계시들과 새로운 절차들의 형태로 나타나는 것 같다. 왜냐하면 지혜가 에덴동산에서 생명의 지탱자와 분배자의 역할을 수행한 생명나무의 모습과 일치하기 때문이다.

AIDS는 마지막 세기까지 전혀 알려지지 않은 천형(天刑)이었다. 여러 나라들이, 특히 아프리카에서 그 통제불가능한 전염병에 유린당하면서 건강회복을 위해 부르짖고 있다. AIDS가 파괴적인 요소들의 조합과 활성화를 통해 세상에 모습을 드러내게 된 것과 마찬가지로, AIDS에 대한 치료법을 개발하기 위해 이런 형태의 지혜가 풀어내야 할 생산적이고 건설적인 자원들이 아직 미개발 상태로 남아 있다. 그리스도인들은 생명나무에 나아갈 권세를 가지고 있기 때문에 이런 형태의 돌파구를 찾아 나서는 개척자들이 되어야 한다.

솔직한 자기평가

이런 견해들을 응축해 5가지의 간결한 문장으로 요약해 보겠다.

1. 1세기 이후의 교회인 우리는, 일반적으로 말해서 적극적으로 열방의 치유를 붙잡는 신학을 가져 본 적이 없었다. 하지만 계시록 22장 3절은 그것이 하나님의 뜻임을 보여 준다.

2. 결과적으로, 우리는 그것이 일어날 수 있다고 믿는 믿음을 기르지 못했다.

3. 우리는 그런 돌파들을 추구하기 위해 지적이거나 과학적인, 혹은 기타 다른 방법을 가지고 의도적으로 애쓰는 사람들이 아니다. 이 지상

에 현존하는 문제들에 부딪힐 때, 우리는 천상적이고 신비적인 자세를 취하며 그것을 '영적인' 것이라고 부른 경우가 너무나 빈번했지만, 변화를 일으키는 모습은 보여 주지 못했다.

4. 무한히 자비로우신 하나님은, 그분의 '일반 은총'의 한 부분으로서, 많은 불신자들을 사용하셔서 변화를 일으키는 창조적인 아이디어들을 세상 속에 풀어 놓으셨다. 그들은 비록 불신자들이지만, 그런 특별한 진보의 필요성을 발견하고 그 일에 자신이 직접 통로가 되는 데 헌신하는 자들이다.

5. 마지막 시대가 다가오면서, 예상했던 대로 악이 증가할 뿐만 아니라 약속된 대로 하나님의 대응전략도 계속 쏟아부어지고 있다. 그러나 하나님은 개인적인 차원뿐 아니라 일반적 차원에서도 훨씬 더 많은 은혜를 내려 주실 것이다. 하나님의 은혜로 말미암아 새로운, 혹은 더 강력한 악의 출현에 맞서는 데 필요한 새로운 돌파들이 이루어질 것이다. 유일한 실제적 질문은, '교회가 어떤 역할을 하게 될 것인가? 참여자가 될 것인가, 리더가 될 것인가, 아니면 한가한 구경꾼이 될 것인가?'이다.

하나님은 교회가 악과 악의 결과들에 맞서는 싸움에서 선두에 서도록 계획하셨다. 하지만 **'우리가'** 선두에 서야 할 필요성을 알기 위해서는 지상대명령의 핵심이 **'궁극적으로'** 열방을 제자삼고 가르치며 세례를 주는 것임을 온전히 깨달아야 한다. 내가 지금 언급하고 있는 것은 단지 복음전도적이거나 천상에 속한 활동만이 아니라 변화를 가져오는 지상적 과업들까지 포함하는 것이다. 그것을 위해서는 위로부터 오는 지혜를 취하는 것이 필수적인 일이다. 그렇게 할 경우, 우리는 세상을 향해 '**복음**'을 운반하는 자들이 될 것이다. 왜냐하면 우리가 미래에 대한 확실한 희망이 될 뿐만 아니라 현재를 위해서도 축복의 통로가 될 것이기 때문이다.

지혜와 열방의 치유

우리가 그 임무를 수행하려면 비성경적인 이분법을 포함한 옛 패턴들을 버려야 한다. 예를 들어, 옛 사고방식을 가지고 "이는 지혜를 얻는 것이 은을 얻는 것보다 낫고 그 이익이 정금보다 나음이니라 지혜는 진주보다 귀하니"라는 잠언 3장 14-15절을 읽을 경우, 우리는 금이나 보석이나 이윤보다 지혜를 가지는 게 낫다고 이분법적인 결론을 내리게 된다. 하지만 그 다음 구절은 지혜가 "그 우편 손에 장수와 그 좌편 손에는 부귀"(16절)를 가져올 것이라고 구체화시킨다.

그런데 '**부와 존귀**'는 계시록 21장에서 열방이 하나님께 드리는 것과 일치한다. 다시 말해서, 14절과 15절의 말씀은 이분법이 아니라 '지혜를 그 열매들과 조화를 이루게 하라'는 권고인 것이다. 그 구절이 말씀하는 바는, 지혜에 반하는 태도를 가지고 금이나 부나 보석을 추구하지 말고, 먼저 위로부터 오는 지혜를 추구하라, 그러면 '**열방을 이롭게 하도록**' 그런 것들까지 얻게 될 것이라는 것이다.

우리는 열방이 궁극적인 수혜자들이라고 추정할 수 있다. 18절(지혜〔생명나무의 잎사귀들〕는 그 얻은 자에게 생명나무라)이 19절을 위한 무대를 설정하고 있기 때문이다. 즉 18절은 땅의 문제들을 해결하는 데 왜 그 지혜(생명나무)가 적용되어야 하는지 암시하고 있다는 점에서 이어 나오는 19절을 위한 무대설정인 것이다. "여호와께서는 지혜로 땅을 세우셨으며 명철로 하늘을 굳게 펴셨고 그 지식으로 해양이 갈라지게 하셨으며 공중에서 이슬이 내리게 하셨느니라."

그 본문은 창조의 여명에 세상의 본래적 상태를 묘사하지만, 생명나무에 대한 접근 권한이 차단되었을 때, 지혜로 말미암아 (땅에) 세워진 것은 더럽혀지고 말았다. 이제 십자가의 이런 측면에서, 우리는 땅을 회복시키기 위해 다시 한 번 생명나무에 접근할 수 있으며, 땅의 나라들은 존귀와 영광을 얻을 수 있다. 그렇게 되면 우리는 계시록 21장 24-27절에 묘사된 행진에서 그런 존귀와 영광을 기쁨으로 주님께 드릴 수 있게 될 것이다.

바벨론: 사악한 제국의 수도

'왜' 생명나무의 잎사귀들이 '이 현 시대에' 열방의 치유를 위해 필요한지 온전히 이해하기 위해서는 바벨론이 성경에서, 그리고 오늘날 세상에서 수행하는 역할을 이해해야 한다.

계시록 17장과 18장을 살펴보도록 하자. 주제는 바벨론인데, 17장은 그녀를 "땅의 음녀들과 가증한 것들의 어미"로 묘사하고 있으며, 술에 취해 땅의 왕들과 더불어 음행한 여인으로 그리고 있다(계 17:2,5; 18:3을 보라). 결과적으로, 그녀는 그들을 유혹해 그들에 대한 통제권을 확고히 해왔던 것이다. 바벨론의 유혹에 빠진 결과 그 나라들이 좋지 못한 상태가 되었음을 발견하지 못한다는 것은 불가능한 일이다. 이것은 실로 대단히 슬프고 비극적인 그림이다.

18장으로 넘어가면 하늘에서 큰 권위의 옷을 입은 천사가 내려오는데, 땅은 그 천사가 비춰 내는 영광으로 밝아진다. 그 천사는 힘찬 음성으로 "무너졌도다 무너졌도다 큰 성 바벨론이여!"(2절)라고 선포한다. 그렇게 장엄한 본문이 입증하듯이, 그것은 결코 평범한 선언이 아니다. 그것은 연극에서 절정의 순간과 흡사하다. 바벨론은 더 이상 큰 성이 아니다. 그것은 쫓겨났다. 그 악한(惡漢)은 정의의 심판을 받았다.

바벨론은 바로 오늘날 일반적인 세상과 특히 일터를 지배하는 악명 높은 세계 체제이다. 그 본문의 어법은 바벨론을 "귀신의 처소와 각종 더러운 영의 모이는 곳과 각종 더럽고 가증한 새의 모이는 곳"으로 묘사하면서 그 왕국의 극도로 악한 성격을 드러내고 있다. 바벨론 체제 배후에 있는 세력은 귀신에게 지배당하면서 세상 장악에 초점을 맞추고 있는데, 그런 시도는 계속해서 성공을 거두었다.

"그 음행의 진노의 포도주를 인하여 만국이 무너졌으며 또 땅의 왕들이 그로 더불어 음행하였으며 땅의 상고들도 그 사치의 세력을 인하여 치부하였도다"(2-3절).

이 그림은 범위에 있어서 보편적이며 모든 것을 포괄하고 있다. 그 이야기는 영적인 범위(귀신들과 더러운 영들의 처소인 바벨론)에서 시작해 물질적인 영역(그녀의 사치의 세력으로 인해 치부한 나라들과 통치자들과 상고들)으로 옮겨 간 다. 계시록 18장 3절에 나오는 '뒤나미스'(dunamis)라는 헬라어는 '부'를 의미하며, '세력'으로도 번역될 수 있다. 헬라어 '스트레노스'(strenos)

는 '호색' 혹은 '사치'로 번역되는 단어이다. 여기에 사용된 단어들은 나라들을 유혹해 그 체제의 노예가 되도록 하기 위해 사용되는 과도한 부를 암시한다.

간통의 관계가 그와 관련된 사람들과 결혼관계를 해치는 불법적인 노예적 열정에 휩쓸려 일어나는 것과 마찬가지로, 상고들과 통치자들은 위험하고 부도덕한 관계에 대한 대가로 그들에게 권력과 쾌락을 제공하는 체제의 유혹에 빠진 것이다. 그런 관계 속에서 그들이 속한 나라들이 희생자가 되었다. 이것은 결국 열방에 치유를 가져오기 위해 생명나무 잎사귀에 접근하는 성도들에 의해 무너져 내릴 구조이다(나중에 상세히 설명하겠다). 천사가 그토록 낭랑하고 장엄하게 외치는 것이 바로 그런 무너짐이다(계 18:2을 보라).

무역과 사탄, 치명적인 결합

그 체제가 어떻게 생겨났고 오늘날 어떻게 움직이는지를 밝히기 위해서는 에스겔 28장을 살펴볼 필요가 있다. 어떤 신학자들에 따르면, 에스겔 28장이 마귀가 어떻게 하나님의 임재에서 쫓겨났는지에 관한 통찰력을 제공하기 때문이다.

에스겔 28장을 읽을 때, 그것이 서구의 문헌이 아니라 히브리 문헌임을 명심하라. 서구의 문헌은 선적인 구조이며, 분명한 시작과 절정으로 나아가는 줄거리를 가지고 있는 반면, 히브리 문헌은 중첩되는 순환 구조를 포함하고 있다.

에스겔은 한편으로 두로의 인간 왕에 관해 언급하면서(겔 28:1-10을 보라) 다른 한편으로 영적인 통치자에 관해 언급하고 있다(겔 28:11-19을 보라). 따라서 우리는 때때로 그 순환구조들에 대한 묘사가 중첩된다는 것을 발견한다. 나는 그 두 가지 모두가 사탄을 언급하고 있다고 믿는데, 앞의 것은 비유적인 형태로, 뒤의 것은 직접적으로 각각 사탄을 언급하고 있는 것이다.

2절은 "네 마음이 교만하여 말하기를 나는 신이라 내가 하나님의 자리 곧 바다 중심에 앉았다 하도다 네 마음이 하나님의 마음 같은 체할지라도 너는 사람이요 신이 아니어늘 네가 다니엘보다 지혜로워서 은밀한 것을 깨닫지 못할 것이 없다 하고"라고 기술한다.

대부분의 성경학자들은 그것이 귀신에 의해 영감을 받는 인간 왕에 대한 묘사로서, 그 왕이 추락 이전 마귀의 핵심적인 윤곽을 반영하고 있다는 데 동의한다. 그는 높은 곳에 있었고 엄청난 지식과 지혜를 지니고 있었지만 "나는 신이라"는 거짓말을 붙잡아 자신을 높였기 때문에 추락하고 말았다.

흥미로운 동시에 '**당혹스런**' 것은, 한 번이 아니라 세 번씩이나 그 추락이 '**무역에 있어서**' 그의 간교함(그의 왜곡된 지혜)으로 인해 촉발되었다고 언급되고 있다는 것이다! 첫 번째 언급은 5절에 나타난다(강조는 저자가 첨가한 것). "네 큰 지혜와 '**장사함**'으로 재물을 더하고 그 재물로 인하여 네 마음이 교만하였도다." 그 재물은 무역에서 그가 성공한 결과물이었다.

두 번째 언급한 16절에서 그것을 좀더 확장시키고 있다. "'**네 무역**'이 풍성하므로 네 가운데 강포가 가득하여 네가 범죄하였도다"(강조는 저자가 첨가한 것). 여기에 나타난 인과관계를 놓친다는 것은 힘든 일이다. 즉 그 구절의 중심인물이 대단히 긍정적인 무역수지를 기록하고 있었는데, 그로 인해 강포로 가득 채워진 나머지 범죄에 이르게 된 것이다.

세 번째 언급은 18절에 나온다. "네가 죄악이 많고 **'무역'**이 불의하므로 네 모든 성소를 더럽혔음이여"(강조는 저자가 첨가한 것). 그의 성소(섬김과 예배의 안전한 장소)에 대한 불경(신성모독적인 행동)의 형태로 성소를 더럽힌 것은 다름 아닌 왜곡된 형태의 무역이라는 사실에 주목하라.

나는 성경에서, 특히 하나님의 구속 계획에서 일터의 중심성을 발견하기까지 무역에 대한 그런 분명한 언급들을 한 번도 발견하지 못했다. 나는 과거에 신학자들이 사탄의 추락 이유에 대해 해설해 놓은 것을 본 적이 있었는데, 그 대부분은 본문에 언급된 것들로, 교만, 자기중심성, 빗나간 마음, 반역, 올라가는 죄, 불의, 그리고 불경 등이다. 하지만 나는 그런 악들이 일어난 환경, 즉 무역에 대해 언급하는 것은 단 한 번도 들어본 적이 없다.

사탄이 무역에 관여했다고? 그것은 정말로 당혹스런 사실이지만 우리는 이 본문이 그의 추락과 관련해 한 번이 아니라 세 번씩이나 구체적으로 '무역'을 언급하고 있음을 부인할 수 없다. 그렇다면 **'왜'** 무역인가? 그리고 **'어떻게'**, **'언제'** 마귀는 추락했는가?

사탄이 추락한 방법과 이유

왜, 그리고 어떻게 그것이 일어났는가와 관련해서 우리는 그 추락이 다른 무엇보다도 교만과 횡령한 부와 그리고 반항 때문이었다고 기술하는 성경의 다른 부분들과 더불어, 여기에서도 몇 가지 정보를 얻을 수 있다.

그러나 무역을 방정식으로 인수분해하지도 못하고, 무역과 마귀를 연결시킬 만한 배경도 발견하지 못했기 때문에, 우리는 정확하게 '**언제**'인지를 결정하지 못했다.

나는 신학자들에게 어느 시점에 사탄이 추락했는지 물어본 적이 있다. 나와 대화를 나눈 신학자들은 그 일이 인간 창조 이전에, 십중팔구 땅이 "공허하고 혼돈하며 흑암이 깊음 위에"(창 1:2) 있던 그 모호한 시기에 일어난 것으로 생각했다. 하지만 그들도 그것이 가정임을 인정했다. 왜냐하면 성경에 그것이 언제 일어났는지 자세히 기술되어 있지 않기 때문이다.

에스겔 28장은 그 시기에 관한 특별한 통찰을 제공한다. 13절은 그 존재를 땅에 생명체가 생겨나던 맨 처음 시간대에 위치시키면서 "네가 옛적에 하나님의 동산 에덴에 있어서"라고 기술하고 있다. 그리고 "각종 보석으로… 단장하였었음이여"라고 하면서 그가 보석들로 장식하고서 존경할 만한 지위에 있었던 것으로 기술한다.

14절은 영예로운 위치인 "하나님의 성산에… 있던" 어떤 존재를 언급하면서, 그가 "화광석(바위) 사이에 왕래하였었도다"라고 묘사한다. 이것은 창세기 2장 12절과 상호 참조할 수 있는 말씀이다. "그 땅의 금은 정금이요 그곳에는 베델리엄과 호마노도 있으며."

그리고 창세기 3장 1절과도 연결지을 수 있다. "여호와 하나님의 지으신 들짐승 중에 뱀이 가장 간교하더라." 이 구절은 뱀/마귀가 간교함과 교활함에 있어서 다른 존재들보다 더 뛰어났다고 분류하는 말씀이다. 그 말씀은 다시 에스겔 28장 3-4절에 나오는 묘사와 맞아 떨어지는 것처럼 보인다. "네가 다니엘보다 지혜로워서 은밀한 것을 깨닫지 못할 것이 없다 하고 네 지혜와 총명으로 재물을 얻었으며 금, 은을 곳간에 저축하였으며."

추락 이전에 사탄이 어떤 식으로든, 어딘가에서 무역에 개입했다는 것은 대단히 당혹스런 가능성이며, 그의 무역이 신명기 32장 8절에 암시된 것처럼, 땅의 일부를 관장하는 임무를 부여받은 다른 천사들과 더불어 진행되었음에 틀림없다는 것은 더욱 더 당혹스런 사실이다.

신명기 32장 8절은 하나님께서 '하나님의 아들들'(천사들)[2]의 수에 따라 미래의 나라들을 위한 경계를 정하셨다는 것과, 땅에 할당된 천사들이 하나님께서 인간과 나라들을 창조하시기 전부터 존재했다는 것을 언급하고 있다. 그것은 하나님께서 이미 하늘의 '만군'(왕상 22:19과 시 103:21을 보라)을 창조하신 상태였다고 말씀하고 있는 창세기 2장 1절에 의해서도 확증되는 내용이다.

만약 사탄이 하나님께 맞서 반역하도록 다른 천사들에게 영향을 미쳤다면-그것은 계시록 12장 4절과 7절에서 분명히 나타나는 사실임-그리고 에스겔 28장이 지적하는 것처럼 무역이 사탄이 일으킨 반역의 주된 요소였다면, 무역은 사탄이 자신과 함께 반역해 추락한 천사들에게 영향을 미친 과정의 일부였을 수도 있다.

논의를 마무리하기 위해, 창세기 2장 10절의 에덴에서 발원한 네 개의 강으로 한 번 가보자.

"강이 에덴에서 발원하여 동산을 적시고 거기서부터 갈라져 네 근원이 되었으니." 그 강들은 그것들이 뻗어 나간 땅들과 거기서 발견된 값비싼 광석들에 대한 언급으로 미루어, 상업적인 목적으로 사용되었음을 암시하는 방식으로 묘사되어 있다. 그 지역·나라들에 대한 진술을 주의 깊게 연구해 보고 그것들이 수송을 위해 사용되었음을 암시하는 내용도 자세히 살펴보라(창 2:9-14).

상당한 세월이 지난 후 육지가 정리될 때까지는 강들이 장거리 무역과 수송을 위해 사용될 수 있는 유일한 통로였다는 것을 명심하라. 무역이 그 본문의 배경인 것처럼 보인다(최소한 부분적으로라도). 그렇지 않다면 강들에 대한 묘사 속에 나타난 그런 구체적인 지리·경제학적 언급은 적절치 못한 것으로 보인다. 왜냐하면 그것이 인간이 에덴동산에서 쫓겨나 그 너머에 있는 지역으로 이주해 가기 전의 시간에 대한 언급이기 때문이다.

하나님께서 인간을 창조하신 바로 그 순간의 그림은 식물이 아주 풍성한 모습이었다는 것에도 주목하라. "여호와 하나님이 그 땅에서 보기에 아름답고 먹기에 좋은 나무가 나게 하시니 동산 가운데에는 생명나무와 선악을 알게 하는 나무도 있더라"(창 2:9). 그것으로부터 유익을 취할 자가 아담 외에 또 다른 누가 있었는가? 그렇게 풍성한 음식은 반드시 물어야 할 한 가지 질문을 불러일으킨다. 한 사람(아담)이 얼마나 많은 음식을 먹을 수 있는가?

동물들도 음식을 소비하긴 하지만 그들은 미(美)를 감상할 능력은 없다. 그리고 그 본문은 식량을 생산하는 나무들이 '**보기에도 좋았다**'고 언급한다. 오직 인간들과 천사의 존재들만이 그런 능력을 가지고 있다. 그러므로 성경에서 먹기도 하고 마시기도 하는 존재로 보고되는 천사들 또한 그 풍성함(아직 아무런 노동도 요구되지 않았기 때문에 은혜에 기초해서 주어진)의 수혜자였을 가능성과, 은혜로 작동되고 있던 시스템에 무역을 끼워 넣음으로써 스스로 타락하기까지 사탄이 그것들의 분배를 관장했을 가능성을 제기하고 싶다.

동산을 지키는 자, 아담

이런 가능성을 심도 있게 검토하기 위해서는, 동산에 배치된 것과 관련해 아담에 대한 약간 다른 두 가지 언급을 좀더 면밀히 살펴보아야 한다. 네 개의 강에 대한 묘사가 나오기 전에는 하나님께서 단순히 동산 안에 "그 지으신 사람을 거기 '**두시고**'"(창 2:8, 강조는 저자가 덧붙인 것)라고 되어 있지만, 두 번째 언급에서는 하나님께서 "그것을 다스리며 '**지키게**' 하시"(창 2:15, 강조는 저자가 덧붙인 것)려고 그를 그곳에 '**두셨다**'라고 상세히 설명한다.

"지키다"라는 말은 동산을 '**호위하고**', '**보호할**' 임무를 담고 있는 표현이다. 만약 사람도, 동산도 아직 더럽혀지지 않았다면 누구를, 아니면 무엇을 보호해야만 했을까? 이것은 틀림없이 아주 흥미 있는 질문이며, 나는 그 대답이 '**사탄**'(Satan)이라고 믿는다. 그 다음 절(하나님께서 사람에게 선과 악을 알게 하는 나무의 실과는 먹지 말라고 지시하시는 대목)은 마귀에 대한 간접적인 언급을 포함하고 있다. 왜냐하면 나중에 사탄이 바로 그 행위를 하도록 아담과 하와를 유혹하는 데 성공을 거둠으로써 땅의 생명뿐 아니라 동산까지 부패하게 만들기 때문이다.

사탄이 동산에 그 모습을 드러내고 주님께 형벌을 받을 무렵(창 3:1-15을 보라), 사탄은 이미 그 나무의 열매를 먹은 상태였다는 것은 분명한 사실이다. 왜냐하면 그가 선과 악에 대한 지식뿐 아니라 영생(immortality, 죽지 않음)까지 소유하고 있었기 때문이다. 그런데 그것은, 하나님의 말씀에 따르면, 두 나무의 열매를 모두 먹은 자들에게 주어지는 특성이다(창 3:22을 보라).

마귀가 에덴동산에 나타나는 모습과 관련해, 그의 영적 상태에 분명히 '**이전**'(죄 없는 상태)과 '**이후**'(죄 있는 상태)가 있다. 에스겔은 먼저 '**이전**' 상태를 묘사한다. 그는 "완전한 인, 지혜가 충족하며 온전히 아름다웠도다… 하나님의 동산 에덴에 있어서"라는 표현에서 드러나는 뛰어난 특성을 가지고 있었다. 뿐만 아니라 그는 하나님에 의해 "화광석 사이에 왕래하며… 하나님의 성산에… 기름 부음을 받은 덮는 그룹"(겔 28:12-14)으로 동산에 배치되었기 때문에 특권적인 지위를 가지고 있기도 했다. 15절에는 계속해서 이렇게 언급한다. "네가 지음을 받던 날로부터 네 모든 길에 완전하더니 마침내 불의가 드러났도다."

그런 다음 에스겔은 '**이후의**' 상태를 다룬다. "네 무역이 풍성하므로 네 가운데 강포가 가득하여 네가 범죄하였도다 너 덮는 그룹아 그러므로 내가 너를 더럽게 여겨 하나님의 산에서 쫓아 내었고 화광석 사이에서 멸하였도다"(16절).

이 구절과 다른 구절들 역시 무역이 마귀의 추락에 핵심적인 요인이었음을 명백히 진술한다. 그러나 세상의 거주자들이 창조되기 전의 무역은 모든 논리를 벗어나는 것이어서 지적으로 이해할 수 없는 것이 된다. 하지만 에스겔 28장에 묘사된 존재가 마귀라면, 그가 땅에 생명체가 창조되고 인간에게 동산을 '**지킬**' 임무가 부여되기 얼마 전에 추락했다고 가정하는 것이 전적으로 억지는 아니다. 그때는 마귀가 앞서 신명기 32장 8절(인류의 구분 및 민족들의 경계 설정과 관련해)의 맥락에서 암시된 바와 같이, 아마도 다른 천사들과 더불어 모종의 무역에 관여했던 때일 것이다.

이제 다음 내용에 깊은 주의를 기울이라. 창세기 2장 1절은 "하늘과 땅, 그리고 '**그 모든**' 무리들이 완성되었다"(강조는 저자가 덧붙인 것)고 말쏨한다. 분명 마귀는 하늘과 '**땅**'에 배정된 천사들의 무리에 속해 있었다. 다음에, 그 이야기의 초점은 땅이 아직 열매를 내지 못했음을 상술(詳述)하기 위해 땅으로 옮겨 간다. "여호와 하나님이 땅에 비를 내리지 아니하셨

> 동산을 보호할 필요성이 생겨난 이유는 은혜로 작동되도록 설정된 시스템 속에 사탄이 무역을 끼워넣었기 때문이다.

고 경작할 사람도 없었으므로 들에는 초목이 아직 없었고 밭에는 채소가 나지 아니하였으며"(창 2:5).

하나님께서 인간을 창조하신 후에야 비로소 땅은 풍성한 산물을 내기 시작했다. "여호와 하나님이 흙으로 사람을 지으시고… 여호와 하나님이 동방의 에덴에 동산을 창설하시고 그 지으신 사람을 거기 두시고 여호와 하나님 그 땅에서 보기에 아름답고 먹기에 좋은 나무가 나게 하시니"(창 2:6-9a). 그리고 이 말씀 바로 뒤에, 두 나무가 소개된다.

"동산 가운데에는 생명나무와 선악을 알게 하는 나무도 있더라"(9절 하반부). 두 나무 모두 장차 일어날 인간과 마귀의 타락에 중추적인 역할을 수행할 것이다.

연대기를 다시 설정해 보면, 첫 아담은 창조된 후에 아무런 지시 사항 없이 동산에 "두어진다"(놓아지거나 임명되거나 혹은 지정받음. 창 2:8을 보라). 다음으로 생명나무와 선악을 알게 하는 나무를 포함한 나무들이 등장하고, 그 다음에 네 강에 대한 묘사가 나온다. 그런 다음 아담은 동산을 '**경작하고**'(to cultivate it, 옷을 입히고 경영하라) '**지키라**'(to keep it, 감시하고 보호하라)는 명령과 함께 동산에 "두어진다"(정착하고 머문다). 그때 생명나무와 선악을 알게 하는 나무에 대한 두 번째 언급이 나오고, 동시에 아담에

게 후자의 열매를 먹지 말라는 명백한 신적 경고가 주어진다.

대담한 제안

나는 사탄의 추락이 창세기 2장 8절에서 아담이 동산에 두어졌다는 첫 번째 언급과, 15절에서 그에게 동산을 '**지키라**'는 임무가 부여되었다는 두 번째 언급 사이의 어느 시점에 일어났다는 견해를 제시하고 싶다. 그리고 동산을 지켜야 할 필요성이 생겨난 이유는 은혜로 작동되도록 설정된 시스템에 사탄이 무역을 끼워넣었기 때문이었다.

한 걸음 더 나아가, 그 무역에는 창세기 2장 1절에 언급된 하늘과 '**땅**'의 무리들인 다른 천사들도 연루되었던 것 같다. 그 천사들은, 신명기 32장 8절에 따르면, 땅을 관리하는 존재들이었다. "지극히 높으신 자가 열국의 기업〔할당된 몫〕을 주실 때, 인종〔인류〕을 분정하실 때에 이스라엘 자손〔천사들〕(영어성경에는 '하나님의 아들들'로 되어 있음-역자 주)의 수효대로 민족들〔나라들〕의 경계〔영역〕를 정하셨도다." 그 천사들 중 일부도 사탄과 함께 추락했다.[3] 그 이후로 땅의 일들에 대한 타락 천사들의 관리역할은 에베소서 3장 10절에 분명하게 언급되어 있다(벧전 3:19-22도 참조하라).

분명히 하나님은 인간을 창조하시던 때에 그분이 땅에 배정해 놓은 천사들의 수에 따라 민족들의 지리적인 경계를 정하셨다. 신명기 32장 8절의 가장 초기 사본들(쿰란 사본들과 70인역)에는 '이스라엘 자손'이 아니라 '하나님의 아들들'로 되어 있는데, 그것은 히브리 성경에서 천사들을 언급하는 표준적인 방식이다. '기업'은 지리적인 배정을 가리킨다. 그것은 사도행전 17장 26절의 바울의 말 속에 반영되어 있는 것이다. "인류의 모든 족속을 한 혈통으로 만드사 온 땅에 거하게 하시고 저희의 연대를 정하시며 거주의 경계를 한하셨으니." '사람의 아들들'은 인류, 즉 인간들을 가리킨다. "민족들의 경계를 정하다"는 지리적인 경계를 말하는 것이다. 왜냐하면 여기에 사용된 히브리어 **'게불롯'**(*gevulot*, 경계들)은 항상 지리적인 경계에 사용되기 때문이다.

우리는 사탄의 추락이 언제, 어떻게 일어났는지 정확히 알지 못하지만, 무역이 그가 배당받은 임무의 주된 부분이었을 뿐 아니라 그가 무너지게 된 계기이기도 했다는 것과, 무역이 창세기 1장과 2장에서 이미 진행 중이었을 수도 있다는 것을 확신한다면, 사탄의 추락이 에덴동산에서 일어났다고 결론지을 수 있을 것이다. 하지만 열방에 치유를 가져오는 방법과 관련해 가장 중요한 요지는, 아담과 하와를 속이고 땅의 생명체를 지배한 후에, 사탄이 왜곡된 형태의 무역에 기초한 전 세계적 지배 체제를 구축하는 일에 자신의 사악한 기술을 사용했다는 사실이다. 사탄이 구축한 전 세계적 지배 체제는 탐욕과 기만, 통제와 두려움 위에 세워진 것으로, 나는 그것을 바벨론 체제라고 부른다.

16장
바벨론 체제

The Babylonian System

TRANSFORMATION

성 어거스틴의 『하나님의 도성』(City of God)과 『인간의 도성』(City of Man)처럼, 성경은 세상을 지배하기 위한 싸움에 연루된 두 개의 도시에 대한 이야기이다. 시간의 시작점에는 어느 도시도 존재하지 않지만 그 뒤에 있는 세력들과 철학들은 거의 땅에 생명체가 존재하기 시작하던 바로 그 순간부터 온전한 모습으로 드러난다.

역사의 경로 속에서, 두 도시 모두 세계의 무대에 등장하긴 하지만, 마지막에는 그중 하나만 남겨진다. 그러나 보이지 않는 도시의 세력과 영향력은 붕괴되는 순간까지도 너무나 강력해서 그 이름이 사람들의 마음속에 두려움을 불러일으킨다. 시간이 끝나기 전에, 선이 악을 이긴다. 하지만 그것이 성취되는 방식은 대단히 흥미롭고 매력적이다. 이것이 성경의 이야기다. 배우들은 당신과 나를 포함한 세상의 민족들과 나라들이다. 그리고 그 도시들은 바벨론과 예루살렘이다.

그 이야기는 성경의 끝부분에서 절정에 도달한다. 거기서 예루살렘은 계시록 20장과 21장에 묘사된 하나님의 영광과 임재를 구현하게 되지만, 반면에 세계의 타락한 상업과 억압의 중심을 나타내는 바벨론은 "땅의 음녀들과 가증한 것들의 어미"(계 17:5)로 묘사된다. 옛적부터, 전선(戰線)은 명확하게 그어져 왔다.

하나님은 예루살렘을 "내가 내 이름을 두고자 하여 택한 성"(왕상

11:36)으로 부르신다. 그래서 항상 이교도 왕들의 통치를 받는 바벨론은 하나님과 그의 백성을 증오한다.

바벨론의 기원은 바벨탑에서 발견되는데, 그때는 홍수 이후의 세상 거민들이 경건치 못한 4중적 목표에 헌신했던 때이다. 그 내용은 창세기 11장 4절에 나타나 있다.

- **'자신들을 위한'** 도시를 건설하는 것.
- 땅의 대(臺)에서 하늘에 도달하는 것.
- 그들의 이름을 존경과 두려움의 대상이 되게 하는 것.
- 온 지면에 흩어짐을 면하는 것.

이 네 가지 목적은 하나님께서 모든 시대를 통틀어 한결같이 그분의 백성에게 의도하셨던 것과 정반대되는 것이다.

- 우리는 한 번도 우리 자신의 도시를 건설하라는 지시를 받은 적이 없다. 오히려 아브라함의 시대로부터 "하나님의 경영하시고 지으실 터가 있는"(히 11:10) 도시를 찾으라는 말씀을 받았다. 우리는 하늘에 도달하려고 애쓸 필요가 없다. 언젠가 그곳에 갈 것이기 때문이다.

- 우리 삶의 목적은 하늘을 땅으로 끌어내리는 것이지 그 반대가 아니다. 바로 그런 이유 때문에 예수님은 우리에게 "〔하나님의〕 뜻이〔우리의 뜻이 아니라〕 하늘에서 이룬 것같이 땅에서도 이루어지이다"(마 6:10)라고 기도하며 그 기도가 이뤄질 것을 기대하라고 명령하셨다.

- 이름에 관한 한, 인정받아야 할 것은 우리의 이름이 아니다. 왜냐하면 단 하나의 이름만이 있을 뿐이기 때문이다. 그것은 곧 모든 이름 위에 뛰어난 이름 '예수'(Jesus)이다. 그 이름에 모든 무릎이 엎드리며 모든 입이 예수를 주로 고백하게 될 것이다(빌 2:9-11을 보라).

- 우리의 사명에 관해 말하자면, 하나님께서는 아브라함의 시대로부터 그의 자손들 안에서 땅의 모든 나라들이 복을 받게 되도록 계획하셨다. 그리고 교회로서, 우리는 사람들과 나라들을 자유케 하기 위해 땅끝까지 가도록 보내심을 받았다(마 28:18-20을 보라).

예루살렘과 바벨론만큼 서로 다른 가치들과 운용철학을 가지고서 상호 대조를 이뤘던 도시 국가들은 결코 존재하지 않았을 것이다. 바로 그런 이유 때문에 그 둘은 공존할 수 없다. 그것을 배경으로 설정해 놓은 상태에서, 우리는 이제 바벨론의 대조적인 모습을 심도 있게 살펴보는 데 주의를 기울이게 될 것이다.

바벨을 탄생시킨 진의(眞意)의 중심에는 땅을 정복할 명령과 통제 센터를 구축하려는 반(反)하나님적인 음모가 자리잡고 있다. 창세기 11장에 묘사된 사람들은 단순히 도시를 건설한 것이 아니라 '그들 자신의' 도시를 세우고 있었다. 그렇기 때문에, 그것은 하늘과 관련해 교만의 태도를 가진 도시였다. 왜냐하면 그 탑을 땅에 충만해 영적으로 땅에 영향을 미치라는 하나님의 명령(창 1:28을 보라)에 대적할 연단으로 만들어 원하는 때는 언제든지 하늘로 올라갈 수 있게 되는 것이 그들의 목적이었기 때문이다.[1] 실제로, 창세기 11장 4절의 "대를 쌓아 꼭대기를 하늘에 닿게 하여"라는 말씀에서 '하늘'(heaven)에 해당하는 히브리어 **'샤마임'**(shamayim)은 문자적으로 '천상'(heavenlies)을 의미하며 신약성경의 헬라어 **'에푸라니오이스'**(epouraniois)에 해당하는데, 바울은 천상의 영역, 즉 땅의 일들을 통제할 목적으로 악령들이 활동 근거지로 삼는 곳을 묘사하기 위해 그 단어를 사용했다(엡 6:12을 보라).

'자신들을 위한 이름'을 내겠다는 그들의 결정은 그들이 얼마나 철저히 자기중심적이고 인본주의적인지를 드러내 보여 준다. 왜냐하면 하나님에 맞서는 명백한 반역행위로서 그런 선택이 내려졌기 때문이다. 그리고 땅 끝으로 흩어짐을 면하려는 그들의 목표는, 그런 취지의 신적인 명령(창 1:28, 9:1, 7을 보라)에 대한 직접적인 도전 행위일 뿐만 아니라, 그들 자신이 자연에 적응하려는 것이 아니라 자연을 그들에게 굴복시키려는 그들의 의도를 암시적으로 드러낸 것이기도 하다.

'일하다' 혹은 '경작하다'를 의미하는 히브리어 **'아바드'**(avad, 창세기 2:15에서 동산에 대한 아담의 임무를 묘사하기 위해 처음으로 사용됨)가 '섬기다'("종"에 해당하는 히브리어 **'에베드'**(eved) 역시 같은 어근에서 유래함)라는 의미도 갖고 있음을 기억하라. 인간은 자연을 섬기고, 돌보고, 관리하도록 부르심을 받았다. 그렇게 할 때 그 자신과 땅을 향한 하나님의 계획과 설계에 맞춰지기 때문이다. 이것이 그러한 이유는, "땅을 정복하라"는 명령이 땅의 자원들을 (고갈시키는 것이 아니라) 풍부하게 할 목적으로 하는 풍성함과 증식의 맥락에서 주어졌기 때문이다(창 1:28을 보라).

바벨에서 분출된 것은, 이기적인 통제 음모를 통해 자신과 다른 천사들을 빗나가게 만든 사탄의 본질적 특성 그 자체이다. 바벨에서, 마귀는 세상 사람들을 장악해 도시를 건설하도록 부추김으로써 하나님에 대해 '성급한 행동'을 하려고 했다. 즉 사탄은 그 도시에 부정하게 획득한, 무역에 있어서의 전문성을 반영시켜 그 자신이 인간을 **'완전히'** 지배함으로써 메시야의 강림을 차단하고자 했던 것이다. 자신의 의도대로만 된다면 땅의 모든 나라가 자신의 **'직접적인'** 통제하에 들어와, 결국 이스라엘이 등장할 길이 봉쇄될 것이기 때문이었다.

하나님께서 그 사람들을 온 지면에 흩으심으로써 그런 시도를 좌절시키신 직후에(창 11:9을 보라), 아브람(그때 그는 부름받았다)이 무대에 등장하고(창 11:26-32을 보라), 그 직후에 하나님께서 지구상의 다른 모든 나라에 축복이 될 한 나라의 설립자가 되도록 그를 부르신다는 것은 흥미로운 사실이다. "여호와께서 아브람에게 이르시되 너는 너의 본토를… 떠나〔라〕… 내가 너로 큰 민족을 이루고 네게 복을 주어 네 이름을 창대케 하리니 너는 복의 근원이 될지라… **'땅의 모든 족속이 너를 인하여 복을 얻을 것이니라'** 하신지라"(창 12:1-3, 강조는 저자가 덧붙인 것).

탁월한 공식

바벨탑이 실제로 인류에게 큰 재앙을 유발할 잠재력이 충분한 움직임이었다는 것과 극도로 위태로운 순간이었다는 것은 하나님께서 그것을 중단시키기 위해 삼위일체(창 11:7에 나타난 "우리")의 모습으로 임하셨다는 사실로 입증된다. 날마다, 지구상에 사는 사람들은 경건치 못한-심지어 하나님을 대적하기까지 하는-계획들을 고안해 실행에 옮기지만, 우리는 바벨탑 사건에서와 마찬가지로 하나님께서 그것을 좌절시키기 위해 직접 개입하고 계시는 것을 보지 못한다. 두 가지 요인으로 인해 그 경우는 아주 달랐다.

첫 번째는 통제불가능한 악의 잠재력(『기도전도』에서 이것에 대해 상세하게 다룸)이었다. 그들이 하고 있던 일이 무엇이었는가? 그들은 핵폭탄을 만들거나 화학전쟁무기를 개발하고 있지 않았다. 그들은 벽돌을 굽고 그것을 역청으로 바르고 있었다.

그렇다면 삼위일체 하나님께서 그들이 중단시킬 수 없는 상태가 되지 못하도록 하기 위해 개입하실 수밖에 없었던 이유는 무엇인가? 그에 대한 대답은 사람들 안에 있는 악의 무제한적인 잠재력에 대한 하나님의 평가 속에 있다. "이 무리가 한 족속이요 언어도 하나이므로 이같이 시작하였으니 **'이후로는 그 경영하는 일을 금지할 수 없으리로다'"** (창 11:6, 강조는 저자가 덧붙인 것).

이 대목에서, 하나님은 일단 결합될 경우 그 사람들을 막을 수 없게 만들 잠재력이 있는 세 가지 요인을 열거하고 계신다.

1. 그들에게는 그들을 통합시키는 강력한 '**공통의 목표**'가 있었다. "이같이 [그들이(*they*)] 시작하였으니." 그들은 여가 시간에 벽을 세우는 것이 아니라 도시를 건설하고 있었다. 그것을 성취하기 위해, 그들은 정착한 상태에서 함께 거주하기로 동의해 놓고 있었다.

2. 그들에게는 '**연합**'이 있었다. "이 무리가 한 족속이요."

3. 그들에게는 '**의사소통**'이 있었다. "언어도 하나이므로."

하나님께서는 한 무리의 사람들에게 강력한 목적과 연합과 의사소통이 있을 경우, **'그들에게 불가능한 것은 아무것도 없다'**고 말씀하고 계신 것이었다. 그것은 지나친 열정을 가진 복음전도자의 과대망상이 아니라 하나님 자신의 평가였다! 이것은 지극히 면밀하게 살펴보아야 할, 아주 심각하고 중요한 문제이다. 무제한적인 잠재력을 만들어낸 것은, 그들이 **'무엇'**을 하고 있느냐가 아니라 그것을 **'어떻게'** 하고 있느냐-목적과 연합과 의사소통의 결합-하는 것이었다.

하나님으로 개입하게 만든 두 번째 요인은, 그들의 행동과 그들의 4중적인 목적이 나중에 세상을 지배하게 될 바벨론 체제의 DNA를 명백히 반영하고 있다는 것이었다. 바벨에서, 삼중적인 연합-세계 인구 전체, 사탄, 그리고 하나된 시스템을 포함하는-이 성공을 거두었더라면, 그것은 이스라엘이 하나님의 백성으로, 그리고 메시야가 세상을 구원하는 데 필요한 매개체로 출현하는 것을 차단하고 말았을 것이다.

시대를 통틀어, 바벨에서 처음 드러난 DNA는 여러 가지 다른 형태로 표현되었지만, **'통제'**와 **'절대 윤리에 대한 경멸'**, **'자기중심성'**, 그리고 **'자연과 사람의 착취'**라는 네 개의 머리를 가진 괴물은 그것이 어떻게, 누구를 통해 표현되느냐에 관계없이 항상 변함이 없었다.

역사의 여명기로부터, 한 집단에 대한 다른 집단의 지배는 전쟁의 형태로 나타나는 원색적인 폭력에 의해 자행되었다. 전리품들은 항상 승자의 것이었으며, 그들이 취할 수 없는 것은 인간의 생명과 가축, 곡식과 도시를 포함해서 모두 파괴했다. 전쟁은 문명을 확장시키기

> 한 무리의 사람들에게 강력한 목적과 연합, 그리고 의사소통이 있을 경우, 그들에게 불가능한 것은 없다.

위해서가 아니라 경쟁상대들을 파괴해 전리품으로 승자를 강하게 하기 위해 일으켜졌다.

그 체제는 점진적으로 더 복잡해지고 세련되어졌지만, 분명 덜 잔혹해지지는 않았다. 통제는 피정복 국가들로부터 공물을 착취하기 위해 군대의 힘을 등에 업은 정치권력(혹은 그 반대)에 의해 자행되었다. 두들겨맞은 나라들은 과거처럼 파괴되는 대신 속국이 되어 제국의 끝에서부터 수도를 향해 많은 자원들을 흘려보내면서 중앙집권화된 권력의 소용돌이를 긍정해야만 했다. 한 제국이 다음 제국의 뒤를 따르면서 인간 파편들로 어지럽혀진 길을 남겨 놓았는데, 그 길은 잔인하게도 한 세기에서 다음 세기에 이를 때까지 계속되었다.

20세기에 두 번의 세계대전을 지나면서, 문제는 과두정치의 통치자들처럼, 땅의 소유권으로 옮겨 갔지만, 그 뒤를 이은 민중민주주의 운동의 도전을 받았으며, 다수의 배고픔을 완화시키고자 놀고 있는 땅을 애써 잡아 두려고 했으나 성공을 거두지 못했다. 마침내 토지개혁이 정착되면서 더 많은 사람들이 토지 소유권을 갖게 되었다.

오늘날 전 세계적인 지배를 위한 새로운 도구는 시장을 통제하고 접근을 제한하기 위해 무역을 사용하는 것이다. 오늘날 세계에서 대규모로 이루어지는 무역은 예속시키고 억압하기 위해 쉽게 이용될 수 있다. 왜냐하면 무역이 반드시 공정한 것은 아닐지라도 기본적으로 교환이기 때문이다. 일반적으로 유동성이 있는 측이 제공되는 물건에 대한 값이 얼마나 치러져야 하는지 결정하기 때문에 무역에서 불공정한 교환이 일어나기도 한다. 무역은 머리 네 개 달린 바벨론 체제의 머리를 덮는 아름다운 장식물이 되어 왔다. 그리고 그것은 오늘날에도 역시 사실이다.

무역은 악이 아니다. 인간의 재생 시스템의 일부인 성(性)과 마찬가지로, 무역은 새로운 것들을 생겨나게 할 뿐만 아니라, 참여자들의 삶 속에 이미 존재하고 **'잠재되어 있는'** 것에 활력을 불어넣고 그것을 증식시키기 위해 하나님에 의해 설계된 것이다. 하나님 나라의 역학을 설명하실 때, 예수님은 무역과 관련된 비유를 직접 언급하셨다. 마태복음 25장 14-30절의 달란트 비유와 누가복음 19장 11-26절의 므나 비유가 바로 그것이다.[2]

타락 이후

엔론(Enron)-지금은 망신을 당하고 사라진 에너지 복합기업인-은 무역이 쉽게 왜곡될 수 있다는 사실을 고통스럽게 입증해 주었다. 왜냐하면 무역업자의 목적이 물건을 나눠 주는 것이 아니라 물건을 유리한 방식으로 사용해 더 많은 것을 얻는 것이기 때문이다. 인간 본성에 내재된 탐욕이 치고 들어올 때, 그것은 다른 사람들의 복지를 훼손하는 지나친 행위를 쉽게 유발할 수 있다. 그런 상태에서, 무역은 에덴동산을 지배했던 은혜 시스템의 적수가 된다. 에덴동산에 존재하는 모든 것은 **'공동의 유익'**을 위해 사용가능한 것이었다.

바로 이런 이유 때문에, 초대교회 성도들은 모든 사람이 필요한 것을 가질 수 있도록 자신의 소유를 공동의 재산으로 여기는 모습을 보여주었다고 믿는다. 그것은 에덴동산의 모습을 아름답게 반영한 것이었다. "믿는 무리가 한 마음과 한 뜻이 되어 모든 물건을 서로 통용하고 제 재물을 조금이라도 제 것이라 하는 이가 하나도 없더라"(행 4:32).

과거에, 그리고 현재 세계무역이 흔히 사용되는(좀더 정확히는 '오용되는') 방식은 긍정적인 행태라고 할 수 없는데, 그 이유는 그것이 은혜를 무시하고 배척했기 때문이다. 은혜는 에덴동산에서 무역의 핵심과 목적에 있어서 필수적인 부분이었다. 오늘날의 세계경제에서는 은행가들과 벤처 자본가들이 능숙하고 기민하게 현금을 통제하고 시장의 규칙들을 작성함으로써 순이익('그들의' 순이익)을 결정한다.

정부들은 자국의 이익을 염두에 두고서 일방적으로 관세와 국내 보조금을 수립함으로써 그들에게 더 큰 힘을 제공한다. 어쨌든 정부들은 세계 다른 나라들의 이익은 고려하지 않는다. 결과적으로 가진 나라들과 가지지 못한 나라들, 부유한 민족과 가난한 민족 간의 격차는 점점 더 벌어진다. 이것은 힘을 공동의 이익을 위해 사용하지 않고 한 곳에 집중하도록 설계된 무역 체제 때문이다. 그것은 쌍방이 이기는(win-win) 결과보다는 한쪽이 이기고 한쪽이 지는(win-lose) 결과를 선호한다.

아프리카를 위한 비극적인 쟁탈

이렇게 자기 잇속만 차리는 무역의 모습이 적용된 사례를 보기 위해, 1884년의 베를린 회담을 상기해 본다면 깜짝 놀랄 것이다. 우리는 그 회담의 내용을 통해 아프리카의 분할이 어떻게 이루어졌는지 알게 된다. 그것은 나라들을 복속시키기 위해, 그리고 이 경우는 대륙 전체를 복속시키기 위해 무역을 어떻게 사용하는지에 관한 끔찍한 지침서와 같다.

그 회담은 당시 독일의 총리였던 오토 폰 비스마르크(Otto von Bismark)에 의해 소집되었고, 아프리카 식민지에 관심을 가진 유럽의 강대국들과 더불어 오토만(Ottoman) 제국의 대표들이 참석했다. 미국도 참석하긴 했지만 대부분은 옵서버(observer, 관찰자)로 참석했다.[3] 이 모임을 통해 유럽 강대국들 사이에서 아프리카의 분할이 공식화되었는데, 거기에는 콩고(Congo)를 벨기에 레오폴드 2세(Leopold II)의 **'개인'** 재산으로 만드는 것도 포함되었다. 후에 그는 1,000만 명이나 되는 원주민들을 죽게 하는 만행을 저질렀다.[4] 8년 후(1902년) 아프리카의 지도를 살펴보면, 아프리카를 구성하는 모든 나라의 90퍼센트가 유럽의 관할 하에 들어간 것을 알 수 있다.[5]

식민지를 관할하는 강대국들은 뻔뻔스럽게도 자국의 경제를 보완하기 위한 목적으로 아프리카 경제의 구조를 조정하는 방향으로 나아갔다. 그 개개의 유럽 국가들은 그 개별 국가들의 필요와 욕구에 따라 엄격하게 분화한 다음, 거기서 생산한 상품들을 유럽의 여러 도시들로 수출하기 위해 아프리카 경제를 예속시켰다.[6] 그 상품들의 추출을 가능케 하기 위해, 제국들은 철도와 도로, 그리고 항구 등과 같은 하부구조에 상당히 많은 투자를 했지만, **'그 지역 사람들의 전문화된 교육과 개발에는 투자하지 않았다.'** 왜냐하면 아프리카가 비산업화된 사회로 남아 있는 것이 그 제국들에게 경제적으로 유리했기 때문이다.

이것은 두 가지 전제에 의해 정당화되었는데, 하나는 틀린 것이고 하나는 맞는 것이었다. 첫 번째 전제는 지독히 인종차별적인 것으로, 아프리카인들은 미개한 사람들이어서 '개발된' 사회에 살기에 부적합하다는 것이었다. 두 번째 전제는 아프리카에 제조시설과 공정시설을 조금이라도 세우게 되면 유럽의 경제가 피해를 입게 될 것이라는 것이었다.[7]

이런 정책들의 결과로, 아프리카 국가들이 마침내 독립하게 되었을 때, 그들은 두 개의 근본적인 핸디캡에 직면하게 되었다. 하나는 교육받은 국민들이 부족하다는 것이었고, 다른 하나는 산업시설이 하나도 없다는 것이었다. 지역의 지도자들이 식민통치자들의 자리를 대신했지만, 경제가 계속해서 농업에 기반을 두고 있었기 때문에 별로 변한 것은 없었다. 탈식민지 시대에, 국제시장에 대한 접근 권한이 옛 주인들 몇몇이 교묘하게 설정한 보조금과 관세를 통해 그들에게 불리한 방식으로 선택되는 복잡한 상황도 거기에 일조했다.

말도 안 되는 보조금

선진국들은 농업관련 산업에 보조금을 주기 위해 **'하루에'** 10억 달러를 사용한다.[8] 이런 수치들과 그것이 최빈개도국(Least Developed Nations, 유엔이 지정한 아시아 아프리카의 극빈국가들. 현재 WTO 회원 32개국을 포함한 50개국이 지정되어 있음-역자 주)-그 나라들 중 대부분은 아프리카에 위치하고 있음-에 미치는 영향은 적극적이고 열띤 논쟁의 대상이 되고 있지만, 논쟁의 대상이 되는 것은 그런 수치들의 존재가 아니라 그런 수치들이 미치는 영향의 크기이다.

전(前) 아일랜드 대통령이자 유엔 인권국장이었던 마리 로빈슨(Mari

Robinson)이 주관한 기자회견에서, 로빈슨 여사는 보조금과 관세에 관한 정책들이 미국과 유럽연합 및 일본에 의해 세워지며 다른 장벽들이 개발도상국에 연 3,200억 달러의 손실을 안기고 있다고 말했다. 이 수치를 세계 AIDS 예산(570억 달러로 추산되는)과 비교

> 미국과 유럽연합에서 농부들에게 지급하는 정부 보조금을 없애는 것보다 더 제 3세계 국가의 농업수입을 증진시키는 행위는 없을 것이다.

하면서, 로빈슨 여사는 세계가 생산성에서 잃고 있는 것이 AIDS를 다루기 위해 지불하고 있는 것보다 더 많다고 결론지었다.[9]

비록 점진적으로 행해질지라도, 미국과 유럽연합에서 농부들에게 지급하는 정부 보조금을 없애는 것보다 더 제 3세계 국가의 농업수입을 증진시키는 행위는 없을 것이다. 미국이라는 나라에 장려금과 보호에 의존하는 많은 농업인구가 있던 시절에 만들어진 그 프로그램은 세계 다른 지역에 있는 농부들을 파산으로 몰아가고 비산업국가들을 더 깊은 파산상태로 밀어넣고 있다. 왜냐하면 그 프로그램이 미국 내에서 대부분의 농업이익을 차지한 거대 복합기업에 불공정한 이익을 제공하기 때문이다. 어떤 경우에는 특정 농작물을 재배하는 농부들이 그 농작물을 시장에 내놓기보다 그냥 갈아 엎어버리도록 장려금을 주기도 한다. 그들이 그렇게 할 수 있는 것은 어쨌든 정부 보조금을 통해 그 농작물에 대한 보상금액을 효과적으로 받고 있기 때문이다.

매년 1,800만 명의 사람들('매일은' 5만 명)이 가난과 관련된 원인들로 죽어 가는데, 예를 들면 비위생적인 물, 불충분한 식량, 그리고 기본적인 건강서비스의 부족과 같은 원인들이다.[10] 그런 조건들은 지역의 경

제가 비틀거리고 있기 때문에 지역 차원에서는 완화될 수 없다.

서구 세계가 구조적 빈곤에 의해 엄청난 생명의 희생에 직면할 때, 좋은 의도를 가진 많은 사람들과 기관들이 더 많은 도움을 제공하려는 지극히 진실한 소원을 가지고 일어난다. 하지만 지금까지 효율적인 도움이 거의 제공되지 않음으로 인해 다른 사람들 안에는 뿌리깊은 회의주의(심지어 절망까지)가 자리를 잡게 된다. 그 회의주의는 피원조국 내의 사실상 모든 단계에서 만연되어 있는 엄청난 부패 앞에서 이내 냉소주의로 바뀐다.

이런 끔찍한 문제에 대한 해결책은 그리 어렵지 않다. 더 많은 원조가 필요한 것이 아니라 공정한 무역이 필요한 것인데, 그것은 제3세계 생산자들에게 서구 시장을 개방함으로써 성취될 수 있는 것이다. 엄청난 원조는 피원조국 측에서 볼 때 자존감이 낮아지고 의존도가 높아지는 결과를 초래한다. 반면에 서구 시장을 개방하는 것은 서구의 자본이 최빈개도국에 투자되는 결과와 더불어, 제3세계의 생산자들에게 산업 시설을 확충할 수 있도록 간접적인 원조를 제공하는 효과도 있다. 그 두 가지 중에서 어느 것을 선택해야 할지는 자명하다.

가난한 나라 사람들은 게으르지 않다. 그들이 나무 아래 누워 빈둥거리면서 유엔 원조차량이 식량을 떨어뜨려 주기만을 기다리고 있는 것은 아니다. 그들은 서구에 있는 대부분의 사람들보다 더 열심히, 더 오래, 그리고 훨씬 더 벅찬 환경 하에서 노동하고 있지만, 하루 일이 끝마칠 무렵 그들에게 남겨지는 것은 그들이 막 심은 씨앗으로부터 기대되는 농작물을 팔 시장을 어떻게 찾을 것인가에 대한 걱정뿐이다. 그들은 열심히 일하는 사람들이지만 여건은 그들에게 불리하게 조성되어 있다.

예를 들어, 옥스팸(Oxfam, Oxford를 본부로 해서 1942년에 발족한, 세계 각지의 빈민구제 기관-역자 주)에 따르면, 미국의 '국내'(domestic) 목화 보조금은 거의 50억 달러에 달했는데, 그것은 40억 달러의 가치밖에 되지 않는 농작물에 대한 보조금이었다.[11] 단 2만 5,000명에 불과한 목화 농부들에 대한 그 보조금은 세계 목화 가격을 떨어뜨려, **'생계를 위해'** 목화에 의존하는 1,000만 명 이상의 서구와 중앙 아프리카 사람들을 포함한 개발도상국가들에 상처를 입혔다. 이것을 좀더 명확하게 표현해 보면, 베냉(Benin)과 부르키나 파소(Burkina Faso), 채드(Chad), 그리고 말리(Mali)의 목화 생산이 국내총생산(GDP, Gross Domestic Product)의 5~10퍼센트를 책임지고 있는데, 그것은 전체 수출 소득의 평균 30~40퍼센트에 상당하는 것이다.[12]

동일한 소식통은 미국이, 지난 5년에 걸쳐, 그대로 방치했더라면 같은 기간에 200억 달러를 손해 보았을 농작물에 대해 옥수수 농부들에게 250억 달러 이상을 지불해 왔다고 주장한다. 이런 보조금이 세계 농작물 가격을 떨어뜨려 왔으며, 옥수수를 재배하는 다른 국가들에서 40억 달러에 달하는 손실을 유발시켰다. 미국 내의 쌀 재배농들은 매년 10억 달러 이상의 보조금을 받는데, 그것은 미국에서 생산된 수확량 전체의 가격과 맞먹는 것이다![13]

관세: 두 번째 강타

뿐만 아니라 외국에서 재배한 생산물에 관세를 부과함으로써, 서구 국가들은 말도 안 되는 가격 책정을 통해 제 3세계의 재배자들이 자국의 시장으로 들어오는 것을 불가능하게 만든다. 그리고 보조금이 책정된 그들의 상품을 국제 시장에서 인위적으로 낮춰진 가격-국내 보조금으로 인해-에 팖으로써, 그들은 제 3세계의 생산자들을 파산으로 몰아가는데, 그것은 지역경제 전체와 수십만 가정에 비극적인 결말을 가져다 준다.

예를 들어, 유럽연합은 내부의 필요를 초월할 뿐 아니라 국제가격 이상의 비용이 들어가는 수확량을 거두도록 설탕농가에 거의 30억 유로를 보조금으로 지불하면서도 **비유럽연합 국가들이 유럽대륙 내에서 판매하는 것을 가로막고 있다.**[14] 여분의 설탕은 국제시장에서 판매되거나 비유럽연합 국가들에 대외원조로 제공되는데, 그 원조를 받는 나라들 중에는 설탕을 생산하는 나라들도 있다! 그렇게 기증된 설탕은 지역경제를 더욱 위축시켜 지역 생산자들을 절망으로 몰아간다.

이런 수치들과 그로 인한 결과들은 계속적인 논쟁의 주제지만, 세계시장에 좀더 쉽게 접근하게 될 경우 최빈개도국의 경제가 향상될 것이라는 사실을 부인하는 사람은 아무도 없다. 한 가지 실례로, 다음에 나오는 비(非)서구 농부의 곤경을 깊이 생각해 보라.

엔제이 쿨리발리(Njay Coulibaly)는 서아프리카, 말리(Mali)의 한 마을, 코린(Korin)의 평범한 농부이다. 그는 13명의 건강한 남자와 여자 및 아이들이 있는 가정의 가장으로, 그들 모두는 목화 농장에서 일한다. 그들은 금년 목화 작물 수확을 위해 6개월 동안 열심히 일했다. 하지만 엔제이가 거둬들인 거의 2,500킬로그램의 수확량 전체가 단 815달러에 팔렸는데, 은행빚과 일꾼 품삯을 갚고 난 후, 그와 그의 가족이 먹고 살 것으로 남은 것이라곤 고작해야 110달러밖에 되지 않았다.[15]

무엇 때문인가? 하버드 국제개발센터(CID)에 의해 발간되는 세계무역기구(WTO) 보고서에 따르면, 부유한 국가들이 자국의 거대한 생산자들에게 막대한 보조금을 준 다음, 초과생산품을 세계시장에 덤핑하고 있기 때문이다. 이런 유형의 보조금 지급이 세계의 공급량을 치솟게 만들어 가격을 전례 없는 수준으로 떨어지게 해왔다.

좀더 심도 있는 보고서는 이렇게 진술한다. "사하라 아래 국가들이 허우적거리고 있는 것은 부유한 국가들로부터 받는 원조 부족 때문이 아니라 그들의 경제가 세계 시장에 막혀 있기 때문이다. 예를 들어, 옥스팸(Oxfam)에 따르면, 말리(Mali)라는 국가는 2001년에 미국국제개발처(USAID)로부터 3,770만 달러를 받았지만, 그 나라의 생산자들은 오로지 미국 보조금 때문에만 4,300만 달러의 손해를 보았다. 명백한 해결책은 보조금을 중단하는 것이다."[16]

세계은행과 국제통화기금(IMF)은 융자와 전문지식을 제공함으로써 경제에 문제가 생긴 나라들을 원조하는 것을 사명으로 삼고 있지만, 그 융자는 흔히 그 국가들이 IMF의 권고를 충실히 이행할 것을 조건으로 삼을 때가 많다. 예를 들어, 오늘날 IMF는 창립되던 때와는 다른 이념적 모자를 쓰고 있다. IMF의 첫 번째 조항은 "높은 수준의 고용과 실수입의 증진과 유지 및 모든 회원국의 생산적인 자원들의 개발에… 기여하는 것"을 목표로 한다고 진술한다. 흥미롭게도, IMF는 오늘날 1945년에 뉴 햄프셔(New Hampshire)에서 열린 브레튼 우즈(Bretton Woods) 컨퍼런스에서 폐기처분하려고 했던 디플레이션(통화수축) 수단의 수호자가 되어버렸다.[17]

때때로 IMF와 세계은행이 약자를 위해 제시하는 좋은 의도와 선의의 충고가 엄청난 재앙을 겪고 있는 지역의 현실과 충돌하는 경우가 있는데, 그 약자는 항상 제 3세계 국가이다. 예를 들면, 2003년에 가나(Ghana)는 수입쌀(흔히 보조금의 원조를 받는)에 관세를 부과함으로써 자국의 쌀산업을 보호하기로 결정했다. 즉각적으로 IMF는 가나에 그 결정을 철회할 것을 요구했으며, 그때 이후로 "미국은 현재 가나의 쌀수입의 40퍼센트를 제공한다. 가나의 국내 쌀 생산은 붕괴되었다. 그로 인해 지역 쌀 농가는 더 이상 생계를 유지할 수 없다. 그런데 가나 같은 나라에서는 대다수의 국민들이 농부이다."[18]

공정무역이 원조를 대체해야 한다

이처럼 불행하고 불필요한 구조적 빈곤의 희생은 서구 국가들의 이기적인 무역 관행을 철폐함으로써 막을 수 있을 것이다. 만약 무역이 은혜의 필수 요소인 윈-윈(win-win, 쌍방에게 모두 유리한) 원칙의 지배를 받는다면, 모든 나라들이 번성할 것이다. 하지만 바벨론 체제는 다원적인 약육강식의 윈-루즈(win-lose, 한쪽이 다른 한쪽을 잡아먹는) 원칙의 지배를 받는다.

나는 진정한 자유 무역의 발전을 위해 관세와 국내 보조금을 철폐해야 한다는 제안이 급진적인 것이며 서구에서 환영받지 못한다는 사실을 알고 있다. 그것은 대부분 생활수준의 잠재적 손실을 우려하기 때문이다. 하지만 두 마리 토끼를 다 잡을 수는 없다. 만약 우리가 자유 무역과 세계 경제의 세계화를 장려한다면 게임의 법칙에 찬성하고 거기에 따라야 한다. 세계무역기구의 모든 모임이 그토록 격렬한 항의를 받는 이유는 이런 모순 때문이다.

이것을 부연설명하기 위해, 서구에서 역사적으로 유리한 위치에 있었던 산업들-자동차, 가전제품 등과 같은-이 경쟁 아래 놓이게 되었을 때, 그 첫 반응이 심하게 반발하는 것, 즉 보호주의였음을 상기하자. 하지만 서구가 그것(보호주의)의 어리석음을 깨닫고 공정한 경쟁에 뛰어들었을 때, 생산품의 품질개선과 좀더 합리적인 가격을 통해 **모두가 이겼다.** 뿐만 아니라 비서구 국가들의 경제가 발전하고 강화되는 효과도 얻을 수 있었다.

도움이 되지 않는 원조

12장에서, 여러 제국들이 식민지들을 어떻게 이용했는지, 즉 식민지들을 단순한 원료 제공자로 개발하려고 계획한 무역체제를 통해 이용하는 한편, 식민지들이 경쟁상대로 부각될 만큼 강한 나라가 되지 못하도록 적극 막아 온 실상을 간략히 다루었다. 비록 그 제국들은 더 이상 존재하지 않지만, 그 불공정한 무역 형태는 가장 부유한 나라들의 국내 경제 내에서 제도화되었다.

심지어 가난한 나라들에 대한 원조 같은 칭찬받을 만한 일들도 왜곡될 수 있다. 아프리카의 여러 나라들의 경우처럼, 해외로부터 받는 원조가 국가 예산의 절반가량을 차지하게 될 때, 그로 인한 의존도는 나라의 주권을 좀먹는다. 즉 기부하는 나라에서 원조를 삭감하겠다고 암시라도 하거나 원조물자의 전달이 조금이라도 지연될 경우, 현지 정부의 자유가 흔들리게 되는 것이다. 혹은 피원조국이 원조국가의 해외정책을 승인하는 조건으로 원조가 제공되는 경우에도 마찬가지다.

'바벨-론'의 목적은 아직까지 살아 있다. 그것은 **'탑이 있는'**(하나님을 대적하는 체제들과 절차들) **'우리의 도시'**(자기의 이익)를 세우는 것인데, **'우리의'** 이름(물건들, 활동들)을 너무나 강력하게 만든 나머지 다른 사람들이 **'우리의 방식대로'** 우리에게 찾아와야만 되게끔 하기 위한 것이다.

이런 상황을 바꾸기 위해 할 수 있는 일이 무엇일까? 아주 많다!

더 나은 방법

『자유에 이르는 머나 먼 여정』(Long Walk to Freedom)이라는 자서전의 마지막 장에서, 넬슨 만델라(Nelson Mandela)는 어떻게 자신이 모든 것을 집어삼키는 인종차별의 본질을 깨닫게 되었는지 기술한다. 그는 인종차별이 흑인들 못지않게 백인들까지도 노예로 만들어버린다는 것을 알게 되었다. 흑인들이 족쇄로 채워졌지만, 인종차별의 폐해를 진행할 수 있기 위해 가장 순수한 형태의 인간애를 저버림으로써 백인 압제자들 역시 족쇄로 채워진 것이었다. 백인의 양심은 혼수상태에 빠졌고, 그런 혼수상태는 결국 삶의 모든 의미심장한 측면에까지 확장되어 갔다.

만델라는 흑백 모두 잔혹한 체제의 희생자이기 때문에 백인들을 자유케 할 때까지는 자신이 결코 자유를 느끼지 못할 것이라는 사실을 깨닫게 된 과정을 설득력 있게 서술한다. 주인과 노예가 같은 족쇄를 공유하는 것처럼, 한쪽은 교육을 받고 비싼 옷을 소유하고 있는 반면, 다른 쪽은 무식하고 벌거벗는다면 문제는 해결되지 않는 것이다. 왜냐하면 그들의 운명이 인종차별을 통해 서로에게 묶여 있었기 때문이다. 흑인을 억누름으로써, 백인은 그 자신의 부르심의 높은 고지에 올라가지 못하도록 스스로 막아 버렸다.

　부와 빈곤, 그리고 부유한 자들과 가난한 자들(그것이 사람들이든 나라들이든) 간의 간격과 관련해 동일한 역학이 오늘날 작용하고 있다. 가난과 불행이 '공중에 떠돌고' 있기 때문이다. 역한 냄새와 마찬가지로, 그것은 어떤 특정 그룹의 사람들에게만 국한될 수 없다. 모든 사람이 그 냄새를 맡기 때문에, 모든 사람이 고통을 당한다. 그 냄새가 어디서 나오느냐는 중요하지 않다.

> 현재 부유한 나라들이 발을 붙이고 거주하고 있는 지구는 가난한 자들과 빈곤한 자들, 그리고 죽어 가는 자들을 더 이상 무시할 수 없는 행성이 되었다.

　부유한 사람들은 한적하고 문으로 차단된 공동체에서 살 수 있지만, 매일 그 문들을 출입할 때는 주변의 빈민굴과 판자촌의 엄연한 실상과 접촉하게 된다. 현재 부유한 나라들이 발을 붙이고 거주하고 있는 지구는 가난한 자들과 빈곤한 자들, 그리고 죽어 가는 자들을 더 이상 무시할 수 없는 행성이 되었다. 한 나라가 얼마나 아름답든지에 관계없이, 세계가 점점 더 가난해지고 있다면, 그리고 그 결과로 점점 더 추해지고 있다면, 그 나라도 결국 그렇게 될 것이다.

　한 걸음 더 나아가, 가난은 모든 사람, 심지어 부자들에게까지 영향을 미친다. 11장에서 가난을 4차원적인 것, 즉 영적이고, 관계적이고, 동기적이며, 물질적인 것으로 묘사했다. 내가 언급했던 것은, 가난한 자들은 첫 번째 두 가지 차원에서 점수가 높고, 부자들은 나머지 두 가지 차원에서 점수가 높다는 것이었다. 하지만 가난을 진짜로 없애기 위해서는 모든 사람이 네 가지 차원 모두에서 점수가 높게 나와야 한다.

물질적이고 동기적인 풍요는 가지고 있지만 깊은 관계가 부족하고 하나님에 대한 능동적이고 '**실제적인**' 믿음이 부족하다면, 머지 않아 그 부분적인 풍요의 '신용'을 상쇄시켜 버릴 문제가 생겨나게 된다. 신문 지상에는 부유한 사람들이 외롭게 죽었다는 이야기와 그로 인해 가까운 사람들이 분노하게 되었다는 이야기가 끊임없이 보도된다. 하워드 휴즈(Howard Hughes)는 많은 사회적 도피자들 중에서 극단적인 사례에 해당한다. 그런 사회적 도피자들은 부자들의 세계에 많이 존재한다. 사람은 많은 소유를 가지고 있으면서도 내적으로는 여전히 가난할 수 있는 것이다.

12장에서 논의한 점수표에서, 나는 에베소서 4장 28절에서 바울에 의해 묘사된 사람의 진보가 어떻게 -1에서 +6으로 올라갈 수 있는지 보여 주었다.[19] 부유한 사람들은 쉽게 +2에 도달할 수 있지만, 궁극적으로 곤경에 처한 사람들과 나누려는 목적을 가지고 선을 행하는 데 초점을 맞추지 않는다면 그 위치에 머물고 말 것이다. 이것이 바로 부자들과 가난한 자들이 마음의 기쁨과 진실함으로 즐겁게 함께 사는, 사도행전 2장 46절의 그림이다. 그곳에서는 '**모든 사람**'이 +6을 기록했다. 넬슨 만델라가 인종차별의 죄악에 관해 이야기한 것처럼, 부자들은 가난한 자들이 구조적 빈곤에서 해방될 때까지는 결코 진정한 자유를 누리지 못할 것이다.

대부분의 그리스도인들은 개인적인 차원에서 하나님 나라의 경제를 실행한다. 그들은 정직하고 근면한 사람들이다. 그들은 자신의 영향권에서 가난한 자들을 돌본다. 그들은 불우한 자들을 돕기 위해 시간과 전문성을 투자한다. 그렇게 생명을 불어넣는 개입이 없다면 세상은 끔찍한 장소가 되고 말 것이다. 그렇지만 문제는 가난의 **'구조'**를 바꾸기 위해 무엇을 할 수 있는가이다. 다시 말해서, 구조적 빈곤을 제거하기 위해 세상의 체제들을 사용할 수 있는가? 하는 것이다.

그에 대한 대답은 절대적으로, 단호하게 **'예스'**이다!

더군다나, 밖에서 볼 때는 거대하고 뚫을 수 없는 것처럼 보이는 것이 내면에서는 이미 무너지고 있는 것일지도 모른다. 러시아 황제를 권좌에서 끌어내려 공산주의의 길을 열어 놓은 볼세비키 혁명 동안에, 전환점은 겨울궁전(Winter Palace)의 습격이었다. 체제의 취약성을 폭로함으로써, 공산주의는 의외로 짧은 시간에 옛 체제의 붕괴를 가져오는 도미노 효과를 가동시켰다. 후에 그 사건을 추억하면서 레닌(Lenin)은 다음과 같이 소회를 밝혔다. "그 일이 끝날 때까지는 그것이 얼마나 쉽게 진행될지 나도 알지 못했다." 그것은 도전받기 전까지는 무시무시해 보였다. 먼저는 사람들의 마음속에, 그리고 나중에는 그 입구에서 그렇게 보였다. 그 혁명의 열쇠는 농부들뿐만 아니라 옛 정권의 권력에 있던 핵심인사들의 생각과 마음속에 도사리고 있던 불만족이었다.

구조적 빈곤과 관련해서도 마찬가지다. 체제 내에서, **'우리 세대에'** 빈곤의 제거를 부르짖는 강력한 소리들이 올라가기 시작하고 있다. 그들은 유대-기독교적 가치가 결여된 자본주의에 의해 생겨난 참상을 보고 있으면서도 그런 가치들의 필요성을 인식하지 못하고 있기 때문에 단순히 원조를 더 늘리라거나 강제로 자원을 재분배하라는 식의 주장에만 그치고 있다.

주님을 알지 못하거나 영원의 관점을 갖지 못한 자들은 그런 접근법을 궁극적인 목적으로 삼는다. 하지만 우리 그리스도인들은 이런 커다란 움직임 속에서 '**특별한**' 기회를 포착해 '**모든 형태**'의 빈곤 타파를 아주 놀라운 친절의 행위로 활용해야 한다. 즉 예수 그리스도의 실상을 깨닫고 가난한 자들에 대한 그분의 복음을 인식하도록 '**수십억**' 사람들의 눈을 열어 줄 절호의 기회로 활용해야 하는 것이다.

그런 일은 (비록 작은 규모이긴 하지만) 전에도 일어났으며 지금도 일어나야 한다. 우리가 전하는 메시지의 신뢰성과 빈곤 타파를 연결시켜 주는 것으로, 사도행전 4장 32-34절에서 나타난 원리는 강력하다. 그 말씀은 예수의 부활에 대한 사도들의 증거가 두 가지 커다란 사회적 돌파들 때문에 신뢰할 만한 것이었다고 말씀한다. (1) 부자들과 가난한 자들로 구성된 회중이 한 마음과 한 뜻이었다는 것과 (2) 그들이 기쁨으로, 사심없이 서로 소유를 공유했기 때문에 그들 가운데 가난한 사람이 없었다는 것이다.

정부가 부자들을 희생시켜 가난한 자들의 곤경을 덜 고통스럽게 만들어 주기 위해 부의 재분배를 실행에 옮길 수는 있겠지만, 오직 복음의 능력만이 사회적 스펙트럼의 반대편 끝에 있는 사람들의 마음을 변화시켜 새로운 질서를 구축할 수 있다. 그 새로운 질서는 정책과 규정의 집행에 의해서가 아니라 그들 안에 거하시는 부활하신 예수 그리스도를 중심으로 결속된 사람들에 의해 하나로 연합되는 것이다.

이 말씀을 다시 읽어 보면 그것을 알 수 있다. "믿는 무리가 한 마음과 한 뜻이 되어 모든 물건을 서로 통용하고 제 재물을 조금이라도 제 것이라 하는 이가 하나도 없더라 사도들이 큰 권능으로 주 예수의 부활을 증거하니 무리가 큰 은혜를 얻어 그 중에 핍절한 사람이 없으니 이는 밭과 집 있는 자는 팔아 그 판 것의 값을 가져다가 사도들의 발 앞에 두매 저희가 각 사람의 필요를 따라 나눠 줌이러라."

우리가 사회적인 영역에만 우리 자신을 제한한다면 우리 자신과 세상을 비극적으로 속이게 될 것이다. 이 본문의 맥락은 초자연적인 것들로 가득차 있다. 실제로 **'그것은 초자연적인 것들에 의존한다.'** 하나님의 말씀 전체를 살펴볼 때, 담대함과 확신, 치유의 기적과 기사와 이적들을 구하는 것은 위협과 핍박으로 인해 촉발된 단체적 기도로부터 시작된다. "주여 이제도 저희의 위협함을 하감하옵시고 또 종들로 하여금 담대히 하나님의 말씀을 전하게 하여 주옵시며 손을 내밀어 병을 낫게 하옵시고 표적과 기사가 거룩한 종 예수의 이름으로 이루어지게 하옵소서 하더라"(행 4:29-30).

그것은 두 개의 펀치로 종결되는데, 첫째는 지진의 형태로 울리는 하나님의 아멘(AMEN)이다. "빌기를 다하매 모인 곳이 진동하더니." 그 뒤를 이어 모든 사람이 성령으로 충만함을 받는다. "무리가 다 성령이 충만하여." 그리고 마지막 결과는 그들이 "담대히 하나님의 말씀을 전하"(31절)게 된 것이었다.

'양방향으로의 끊임없는 흐름 속에서 표현되는, 하늘과 땅 사이의 이런 연결관계가 있을 때에라야 기독교는 모든 형태의 구조적 빈곤을 제거하기에 합당한 자격을 온전히 갖추게 된다.' 누구라도 사회적 문제들을 걸고 넘어질 수 있지만, 오직 성령충만한 그리스도인들만이 기사와 이적을 통해 하나님의 능력을 나타내시는 성령으로 충만한 상태로 생명나무에 접근함으로써 그 일을 행할 수 있다. 그런 기사와 이적들은 **'그들의 손을 통해 행해지기'** 때문이다(행 5:12를 보라). 그 말씀에서 지상의 활동이 어떻게 시작되는지에 주목해 보라.

즉 회중이 하늘에서 귀를 기울이는 기도를 올리자, 하늘은 거기에 반응해 일종의 "지진으로 표현된 아멘"(earthquake amen, 행 4:31을 보라)으로 응답했고, 그 결과 믿는 자들은 하늘에서 먼저 하나님에 의해 선포된 그 말씀을 지상에서 담대히 전할 수 있게 되었다. 놀랍지 않은가!

빈곤에 관한 세 번째 원리: 부패

우리가 빈곤의 문제를 해결하려고 할 때 빈곤에 관해 분명하게 명심해야 할 세 가지 근본적인 원리들이 있다. 이미 두 가지는 언급했다. 첫째는 구조적 빈곤은 저절로 존재하는 것이 아니라 빈곤의 구조를 통해 존재하게 된다는 것이다. 그리고 둘째는 가난한 사람들은 문제가 아니라 빈곤 해결의 중요한 역할을 차지하는 존재들이라는 것이다. 왜냐하면 그들은 아직 열리지 않았지만 가장 거대한 자본의 원천이기 때문이다.

세 번째 근본적인 원리는 이것이다. '**부패**'(빈곤의 구조들을 밀착시키는 접착제)와 '**부패한 사람들**'은 두 개의 서로 다른 범주에 속한다는 것인데, 우리는 그 둘을 계속 분리해서 생각해야 한다. 부패는 구속될 수 없는 것이지만, 부패한 사람들은 구속의 직접적인 대상이다. 부패한 사람들은 부패를 사랑하지 않는다. 마약 중독자들(마약을 사랑하지 않지만 마약의 노예가 되어 있는)처럼, 부패한 사람들은 부패를 증오하고 해방되기를 바라지만 어떻게 해야 할지를 알지 못한다.

예수님은 삭개오를 통해 이런 실상을 분명하게 보여 주셨다. 그는 평판이 나쁜 세금 징수원으로서 변화를 절박하게 바라고 있었다. 그리고 구원이 '**그의 집에**' 임했을 때, 그는 그것을 전심으로 붙잡았다. 그는 그 기회를 열정적으로 붙잡음으로써 자신의 사업들과 부정하게 얻은 이익을 포함해 부패로 인해 상실되었던 모든 것을 회복시켰다.

마찬가지로, 오늘날 영향력과 권위의 위치에 있는 수많은 사람들이 자유케 되기를 바라고 있다. 그들은 다른 길을 찾고자 부르짖고 있지만 그 길을 발견하지 못하기 때문에 절망 속으로 더 깊이 빠져들어가 음녀들의 어미인 바벨론에게 자신을 팔아넘기고 있다. 바로 그런 이유 때문에, 우리 그리스도인들이 패러다임을 바꿔 하나님 나라의 원리를 가지고 **'사업을 행하는 것'**이 절대적으로 중요한 것이다.

바벨론은 자신의 부패한 체제를 가동하기 위해 여러 나라에서 가장 재능 있는 지도자들을 끌어모았다. 우리는 그 "도제살이에 시달리는 일꾼들"에게 다른 길을 제시해 주어야 한다. 적절한 실례가 러시아다. 그 나라는 자본주의가 도입된 후 경제적으로 훨씬 더 나아지고 있다. 그러나 자본주의가 유대-기독교적 가치가 결여된 상태에서 도입되었기 때문에, 사악한 세력들, 특히 마피아가 오늘날 러시아를 움직이고 있다.

철의 장막이 무너졌을 때, 수천 명씩 러시아로 몰려 들었던 설교자들이 바울을 본받아 최고의 사업가들을 데리고 들어가서 작전본부를 일터에 세웠더라면, 그래서 단순히 사람들만이 아니라 회사들과 정당들 및 대학들을 구원하는 일을 진행했더라면 어떻게 되었겠는가?

소련 공산주의의 붕괴와 같은 거대한 사회적 변화가 일어날 때마다, 엄청난 크기의 진공상태가 만들어진다. 우리는 올바른 패러다임을 가지고 있지 못했기 때문에 그 진공상태를 변화의 원리들로 채울 기회를 놓쳐 버렸지만, 바벨론은 놓치지 않았다. 이것은 대단히 비극적인 일이다. 그것은 다름 아닌 우리에게 기름부음과 권위와 능력이 있기 때문이다. 하지만 올바른 패러다임을 갖지 못했기 때문에, 우리는 게임장에 등장하지 못했으며 결국 기권패하고 말았다.

그런 패배로부터 교훈을 얻었기 때문에, 점점 더 많은 강단 사역자들과 일터 사역자들이 러시아에서의 실수를 반복하지 않기 위해 중국에서 하나님 나라의 사업들을 세워 오고 있다. 감시망을 피해 활동하면서, 그들은 더 좋은 서비스와 제품을 제공하기 위해 중국 기독 실업가들에게 투자하며 그들을 훈련하고 있다. 뿐만 아니라 그들은 고객들을 확보하면서 그들로 새롭게 일어나는 경제에서 높이 올라갈 수 있게 하기 위해 재정을 마련하고 있다.

이런 일이 사역으로서 행해지고 있는데, '사역'이란 단어 자체는 한 번도 사용되지 않고 있다. 그리고 그것이 일터에서 초점이 맞춰져 있기 때문에 그것이 사역이라는 사실을 밝혀 낸다는 것은 불가능한 일이다. 특히 정치위원들에게는 더 더욱 발각될 수 없다. 그들의 의도는, 하나님 나라의 회사들을 가지고 중국시장에 침투해 들어가, 공산주의가 무너질 때-점점 증가되는 자유의 분위기를 감당할 수 없기 때문에 공산주의는 반드시 무너질 것이다-그때쯤이면 자신들에게 맡겨진 '므나'로 최고의 유익을 얻었을(눅 19:12-27을 보라) 그 기독교 실업가들로 하여금 그 나라에서 가장 큰 권위를 얻게 하는 것이다.

이런 접근은 예상된 돌파의 전조라고 할 수 있는 많은 열매들을 이미 맺어 가고 있다. 즉 최고경영자들과 회사 소유주들이 목회하는 일터 교회들이 **'공개적으로'** 출현하고 있는 것이다. 그 소유주들 중 다수가 중국에서 추방당했다가 사업가의 신분으로 돌아온 중국인들이다. 이 새로운 현상은 다른 두 교회, 즉 지하교회와 정부의 공식적인 삼자교회 등과 구분하기 위해 '제 3의 교회'라고 불린다.

제 3의 교회는 삭개오 유형의 영향력 있는 중국인들—현재 신자들이 되어가고 있는—뿐만 아니라 정부관료들에게까지 호의를 입고 있다. 정부관료들은 그런 하나님 나라 회사들이 지역 경제에 미치는 영향 때문에 공식적인 중국의 종교정책을 정면으로 위반하는 행위들을 눈감아 주기로 선택하는 것이다. 민감한 사안이기 때문에, 구체적인 사실들을 제시하는 것은 바람직하지 못하지만, 엄청난 회심이 일꾼들의 거처인 주택단지뿐 아니라 몇몇 공장들을 휩쓸고 있다.

한 경우에는 4,000명의 종업원들 거의 전원이 주님께 돌아왔는데, 공장 소유주는 탁월한 지혜를 발휘해 그들을 지하교회로 보내려고 하지 않고 점심시간을 '비공식적인' 예배로 전환했다. 그리고 그 시간에 기적들이 규칙적으로 일어나고 있다. 다른 경우에는 구내에 살고 있는 1만 2,000명의 사람들 중 3분의 1이 주님께로 돌아왔다.

부패와 탐욕과 압제에 대한 대안이 있으며 일터가 즐거운 곳이 될 수 있음을—중국에서뿐 아니라 전 세계에서도—실제로 보여 주는 것이 우리의 신성한 의무이자 특권이다.

그들이 복종해 온 속박의 체제는 무너질 것이다. 그리고 그것이 무너질 때, 그들은 더 이상 그 체제의 정부(情婦)가 될 필요가 없게 될 것이다. 오히려, 일단 예수의 피로 씻김받고 정결케 되고 나면, 하나님의 뜻이 하늘에서 이룬 것같이 땅에서도 이루어질 때, 그들은 영광스런 해결에 동참하게 될 것이다.

17장

바벨론의 붕괴

The Demise of Babylon

전쟁에서 승리하는 비결은

당신의 나라를 위해 죽는 데 있는 것이 아니라

적들로 하여금 그들의 나라를 위해 죽게 하는 데 있다.

조지 패튼 장군(General George S. Patton)

TRANSFORMATION

나쁜 소식은 바벨론 체제가 오늘날 세상 속에 구축되어 있다는 것이다. 기쁜 소식은 그것이 무너져 하나님의 질서로 대체될 것이라는 것이다. 우리가 바벨론 체제의 붕괴를 확신할 수 있는 이유는 그것이 예언되었을 뿐 아니라 세부적인 계시들까지 덧붙여진 상태로 묘사되었기 때문이다. 바벨론 체제의 넓고 광범위한 영향력은 뿌리로부터 완전히 잘려 나가게 될 것이다. 그것은 세 번의 연속적인 강타를 포함하는 하나님의 포괄적인 전략의 결과로 일어날 것이다. 세 번의 연속적인 강타를 준비하신 하나님의 의도는,

1. 그것의 영적 정당성을 종결시키는 것과
2. 하늘에서 그것이 차지하고 있는 위치를 없애는 것과
3. 땅에서 그것이 지닌 기능적 능력을 파괴하는 것 등이다.

　　그런 강타를 날릴 전쟁터는 우주와 하늘, 그리고 땅이며, 그 순서대로 적용된다.
　　실생활에서 이 서사 드라마는 하늘에서 땅으로, 그리고 심지어 땅 아래로까지 이동한다. 거기에는 천사들과 귀신들, 마귀와 천사장 미가엘, 선지자들과 성도들, 성부 하나님, 성령님, 주 예수님, 적그리스도, 짐승과 거짓 선지자 등이 연루된다. 사실 바벨론이 패배하고 예루살렘

이 우주의 영원한 중심이 되는 모든 클라이맥스 중의 클라이맥스에서, 태양과 지구, 달과 모든 별들을 포함해 전 우주는 하나같이 배우들이다. 이 모든 것으로 인해, 계시록 11-20장은 모든 성경에서 가장 깜짝 놀랄 만한 10개의 장들로 손꼽히게 된다.

성경의 너무나 많은 이야기들의 경우에도 그렇듯이, 각본이 항상 직선적으로 진행되는 것은 아니다. 방금 전에 기술된 내용이나 이제 곧 일어날 일을 다시 반영해 주는 영상(映像) 덩어리들이 여기저기에 존재한다. 혹은 그 덩어리들은 곁에 나란히 배치된 이야기 줄기에서 일어나고 있는 것을 살짝 보여 주기도 한다. 그것은 다중 스크린이 있는 제작소와 같다. 그렇기 때문에 모든 것을 우리의 전형적인 시간 순서에 맞춰 넣으려고 하는 것은 혼란스러운 일이 될 수 있다. 하지만 현대 종말론자들은 너무나 빈번하게 그렇게 하려고 시도한다.

마귀가 잃어버린 것

그런 영상 덩어리들 가운데 핵심적인 것이 계시록 11장과 12장의 짧은 부분에 나타난다. 그것은 12장의 나머지 부분에서부터 20장에 걸쳐 전개되고 펼쳐지는 것을 두 단락의 개요로 합성시켜 보여 주는데, 마치 세 시간짜리 연극작품을 하나의 프로그램 속에 요약한 것과 같다. 그것은 사탄을 제압하는 주님의 승리로부터 시작해 하나님의 천사들에 의한 비슷한 결과로 나아간 다음, 마지막으로는 성도들이 그를 격퇴하는 이야기로 마무리함으로써, 뒤에 상세하게 다뤄지는 내용에 대한 일반적인 윤곽을 우리에게 제공한다.

합법성의 상실

첫 번째 패배는 예수님에 의해 가해진 것으로, 마귀에게서 합법적인 세상 지배권을 탈취한 것과 관계가 있다. 천사 합창단이 계시록 11장 15절에서 다음과 같이 선포한다. "세상 나라가 우리 주와 그 그리스도의 나라가 되어 그가 세세토록 왕 노릇 하시리로다." 하나님 앞 보좌에 앉은 24장로들이 거기에 다음과 같이 화답한다. "감사하옵나니 옛적에도 계셨고 시방도 계신 주 하나님 곧 전능하신이여 친히 큰 권능을 잡으시고 왕 노릇 하시도다"(계 11:17, 영어성경에는 '다스리기 시작하셨도다'로 되어 있음-역자 주).

이 대목은 자신의 대속적인 죽음으로 인해 예수께서 세상 나라들에 대한 법적 권한을 취하게 된 정확한 순간을 묘사하는 것처럼 보인다. 왜냐하면 그가 다스리기 **'시작하셨다'**고 한 24장로들의 언급에 나타나 있듯이 그 구절이 그분의 통치의 시작을 지적하고 있기 때문이다. 그 통치는 예수께서 악의 세력들과 맞서 승리하시고(벧전 3:19-22을 보라) 사로잡힌 자를 사로잡으실 때(엡 4:8을 보라) 시작되었다. 이런 갑작스런 권력의 변화로 인해 그분이 막 통치권을 얻게 된 땅의 나라들 사이에서는 부정적이긴 하지만 확증적인 반응이 생겨난다. 즉 그들은 기뻐하기보다 분노하게 되는 것이다(계 11:18을 보라).

예수께서 그들의 주가 되시면 왜 나라들이 분노하게 되는가? 왜냐하면 치명적인 강타를 얻어맞은 것을 알게 된 원수가 교회를 공격하고 무너뜨리는 도구로 만들기 위해 그들에 대한 모든 지배권을 총동원해서 사용하기 때문이다. 그것은 교회가 구속된 것을 되찾도록 예수님께 위임명령을 받은 실체이기 때문이다. 이것이 첫 기독교 시대의 특징이 되었던 사납고 잔인하며 피비린내 나는 핍박들에 대한 훌륭한 설명을 제공해 준다.

당연히 교회시대의 시작에 대한 언급이라고 할 수 있는 땅에서의 현상들이 은혜시대의 시작을 선언하는 하나님의 성전과 언약궤(하늘에서 갑자기 보이는)에 대한 묘사를 뒤따라 나오는데, 그 직전에는 열방의 분노에 대한 묘사가 등장한다. "이에 하늘에 있는 하나님의 성전이 열리니 성전 안에 하나님의 언약궤가 보이며 또 번개와 음성들과 뇌성과 지진과 큰 우박이 있더라"(계 11:19).

이 첫 번째 강타에서, 사탄은 세상에 대한 합법적인 주재권을 상실했다. 왜냐하면 예수께서 자신의 피로 그것을 다시 사셨기 때문이다. 사탄은 죄를 통해 세상을 지배하게 되었었는데, 이제 예수께서 그 죄들을 속죄하심으로써 그것을 되찾으신 것이다. 그 싸움이 벌어진 전쟁터는 우주였다.

전략적인 위치의 상실

성경의 이야기는 이제 이스라엘(여자로 표현됨)의 역할로 옮겨가는데, 그 역할은 예수 탄생의 통로가 되는 것과, 마귀와 그에게 속한 귀신들과 싸움을 벌이는 것이다. 그 이야기에서 마귀와 그에게 속한 귀신들은 상징적으로 용과 그의 지배를 받는 3분의 1에 해당하는 별들로 묘사되고 있다.

아이를 죽이려는 악한 자의 시도가 실패로 돌아가고, 아이는 다스릴 운명을 가지고 태어나 열방을 다스릴 보좌에 앉기 위해 하늘로 올라가게 되는데, 그 사이에 여자는 용의 공격으로부터 그녀를 지켜 줄 광야의 피난처를 받게 된다.

"여자가 아들을 낳으니 이는 장차 철장으로 만국을 다스릴 남자라 그 아이를 하나님 앞과 그 보좌 앞으로 올려가더라 그 여자가 광야로 도망하매 거기서 일천이백육십 일 동안 저를 양육하기 위하여 하나님의 예비하신 곳이 있더라"(계 12:5-6).

그 뒤에 따라오는 잠깐의 사이에, 두 번째 우주적 충돌이 일어난다. "하늘에 전쟁이 있으니 미가엘과 그의 사자들이 용으로 더불어 싸울새 용과 그의 사자들도 싸우나 이기지 못하여 다시 하늘에서 저희의 있을 곳을 얻지 못한지라"(계 12:7-8). 결과는 마귀와 그의 천사들(귀신들)이 위치를 상실한 것이었다. "큰 용이 내어 쫓기니 옛 뱀 곧 마귀라고도 하고 사탄이라고도 하는 온 천하를 꾀는 자라 땅으로 내어 쫓기니 그의 사자들도 저와 함께 내어 쫓기니라"(계 12:9).

사탄과 그의 앞잡이들은 심판날까지 계속해서 싸우겠지만, 더 이상 전략적으로 유리한 위치에서 싸우지는 못한다. 그는 앞선 패배에서 예수님의 손에 이미 합법적 권세를 상실했으며, 이제는 미가엘과 그의 천사들의 손에 전략적인 고지대의 이점을 상실하게 된다. 여기서는 전쟁터가 하늘이지만 통제권의 상실을 가져오는 다음 전투는 땅에서 이루어진다.

이 두 번의 강타는 현대적으로 말하면 국제사법재판소가 전쟁을 선포하고 선제 공격해 적의 공군을 제거한 다음, 그로 하여금 땅에서만 싸우도록 제한한 것과 같은 것이다.

> 승리는 우리 그리스도인들의 것이다. 음부의 문이 주님의 백성을 대적해 이기지 못하기 때문이다.

작전능력의 파괴

그의 다음 싸움은 성도들에 맞서는 것인데, 또 다시 패배할 수밖에 없는 싸움이다. 미래적 관점에서 바라보면서 과거시제로 쓰인 (계시록이 그렇듯이) 그 이야기는 교회인 우리가 바로 지금 이 순간에 참여하고 있는 전투를 묘사한다. "또 여러 형제가 어린 양의 피와 자기의[우리의] 증거하는 말을 인하여 저를[마귀를] 이기었으니 그들은[우리는] 죽기까지 자기[우리의] 생명을 아끼지 아니하였도다"(계 12:11).

나는 항상 이 구절을 마귀에 대한 개인적 승리를 얻기 위한 최고의 수단으로 사용해 왔다. 나의 책 『아무도 멸망치 않기를』(*That None Should Perish*)에서, 나는 영적 견고한 진에 관한 장(章)을 포함시켰다. 예수의 피가 우리를 위해 행하신 것을 주장하고 접근함으로써, 우리가 마음으로 믿는 것을 입으로 선포함으로써, 그리고 생명을 잃을까봐 싸움에 참여하기를 두려워하지 않음으로써 개인의 견고한 진을 무너뜨리는 법을 가르치기 위해 이 말씀을 사용한다. 그 모든 것은 이 말씀이 가르치는 내용을 적용한 것이기 때문에 가치 있는 것이지만, **여기에서 묘사되고 있는 승리는 단순히 개인적인 것이 아니라 특별히 세상의 나라들을 되찾기 위한 것이다. 왜냐하면 전쟁터가 땅이기 때문이다.**[1]

이 모든 것은 승리가 우리 그리스도인들의 것이며, 진실로 음부의 문이 주의 백성을 대적해 이기지 못할 것이라고 선언하는 것이다.

문제는 그 승리가 어떻게 일어나는가이다.

우주적 차원과 천상의 차원에 있는 전선(戰線)이 주님의 지배하에 들어간 상태에서, 계시록 12장 11절은 땅의 싸움이 벌어지는 세 영역을 아주 구체적으로 설명한다. 첫 번째 영역은 '**구속의 행위**'와 관련이 있다. '성도들은 "어린 양의 피"가 값주고 사신 것이 무엇이었는지를 이해했는데, 우리는 이 성경을 통해 그것이 영혼들을 훨씬 뛰어넘는 것이었음을 알고 있다. 그것은 실로 하나님의 아들들의 나타남을 숨 죽이며 기다리고 있는 피조물 전체(세상의 나라들을 포함해)였다(롬 8:19을 보라).

두 번째 영역은 '**되찾는 행위**'와 관련이 있다. "자기의 증거하는 말"이라는 표현은 "내가 어떻게 주님을 알게 되었는지"나 "예수께서 나를 위해 무엇을 행하셨는지"에 관한 증거를 훨씬 뛰어넘는 것이다. 틀림없이 그것이 포함되겠지만, 여기서 묘사된 것은 과거에 일어났던 일에 관한 말이 아니다. 오히려 그것은 현재와 미래에 관한 공적인 선언이라고 할 수 있는데, 그런 선언에 의해 그리스도인들은 어린 양의 피로 말미암아 이미 구속된 것을 자신이 되찾을 수 있게 되었음을 깨닫게 되는 것이다.

예를 들어, 누가복음 10장 2절에서, 예수님은 70인에게 "추수할 것은 많되…"라고 말씀하셨다. 우리들 가운데 "내가 살고 있는 도시는 전도하기가 어려워"라는 말을 들었거나 혹은 그렇게 말한 기억이 있는 사람이 얼마나 많은가. 그 말은 하나님의 관점을 반영하고 있는 것이 아니라 오히려 마귀의 계략에 빠지는 것이다. 우리가 말하는 것을 인간들만이 아니라 흑암의 세력들도 듣는다는 것을 알아야 한다. 하나님께서 이미 선포하신 구속의 목적을 우리가 선포할 때, 그 선포는 침입자들에게 그리스도의 피로 획득된 구내에서 나가라는 퇴거 경고장을 붙이는 것보다 더 뛰어난 것이다. 왜냐하면 그 소유지가 그분의 대리격인 교회에 넘어왔기 때문이다.

세 번째 영역은 **'완전한 자기 부인'**이다. "그들은 죽기까지 자기 생명을 아끼지 아니하였도다"(계 12:11). 우리가 사도 바울과 함께 "내가 그리스도와 함께 십자가에 못박혔나니 그런즉 이제는 내가 산 것이 아니요 오직 내 안에 그리스도께서 사신 것이라 이제 내가 육체 가운데 사는 것은 나를 사랑하사 나를 위하여 자기 몸을 버리신 하나님의 아들을 믿는 믿음 안에서 사는 것이라"(갈 2:20)고 말할 수 있다면, 우리는 영적인 능력에 관한 한 사탄의 권세를 이긴 것이다. 그것은 바벨론 체제 내에서 우리의 시민권을 단념해 그 체제의 관할에서 벗어나는 것과 같은 것이다. 우리는 더 이상 바벨론 체제의 기준에 따라 살지 않는다. 그리스도의 생명 외에는 아무 생명이 없기 때문에, 우리는 두려움 없이 온전히 믿음으로 움직이며 열방의 왕이신 주님의 후원을 힘입어 승리를 얻을 수 있다.

바벨론 체제와 우리의 싸움에서 이것이 어떻게 전개되는가?

바벨론 체제의 4가지 가치는 **'통제'**('우리의' 도시), 뻔뻔스런 **'부도덕함'**(하늘에 도달하기 위해 자아에 의해 시작된 탑), **'교만'**(우리 자신을 위한 이름), 그리고 **'땅을 사람에게 굴종시키는 것'**(땅을 돌보는 것과 반대됨)이다.

그 네 가지 중에서, 통제는 나머지 세 가지가 생겨나기 위한 토대를 구축하는 것이기 때문에 핵심적인 것이다. 마귀는 절망을 통해 통제를 꾸며 낸다. 절망이 효력을 나타내기 위해서는 전적인 절망이어야 하는데, 마귀는 인생을 항상 그렇게 전적인 절망의 모습으로 보이게 하려고 애쓰면서 이런 생각들을 집어넣어 준다. "**'절대로'** 달라지지 않을 거야." "난 '**절대로**' 바뀔 수 없어." "'**항상**' 이런 식이었어." "네가 할 수 있는 일은 '**아무것도**' 없어." 그러나 사실 그 절망이 희망으로-가장 미약한 수준으로라도-꿰뚫어질 수 있다면, 작은 촛불에서 나오는 빛에 의해 갈라진 어둠처럼, 절망은 이내 사라지고 말 것이다.

처음의 한 걸음

우리의 추수복음전도팀이 1988년부터 1990년까지 아르헨티나의 레지스텐시아(Resistencia)에서 처음으로 현대판 도시변화의 흐름을 촉진시켰을 때, 즉각적인 결과는 그리 인상적이지 못했다. 지켜보는 사람들 대부분이 열정적이지 못했고, 어떤 이들은 심지어 비판적인 태도를 취하기까지 했다. 하지만 도시 전체가 복음을 들었고, 낡고 구조적인 견고한 진들이 항구적으로 제거되었다. 교회가 연합해 그 일을 해냈다는 사실은 확실한 첫 걸음이 내디뎌졌음을 의미했다.

레지스텐시아를 덮고 있는 어둠 속에 작지만 예리한 구멍이 뚫렸다. 사람들은 더 이상 도시를 복음화할 수 없다고 말할 수 없게 되었다. 이제 그들은 그것을 "'**한 도시만이**' 복음화되었다"라는 말로 수정해야 했다. 점점 더 많은 사람들이 레지스텐시아 이야기로 고무됨에 따라, 일련의 도시들이 변화를 경험하기 시작했다. 오늘날 사람들은 도처에서 도시들이 그리스도를 위해 복음화되고 있음을 증거한다. 그것은 교회 전승의 일부가 되었다. 마귀가 사람들로 하여금 도시변화에 대해서 생각조차 하지 못하게 만들었던 절망의 견고한 진이 산산이 부서진 것이었다. 오늘날, 동일한 원리가 민족의 제자화에 적용된다. 그리고 그것과 더불어, 그런 제자화의 가장 뛰어난 사회적 지표로서 구조적 빈곤의 제거에도 적용된다.

우리가 해야 할 일은, 지구상 어딘가에서 한 나라 혹은 그 나라의 전략적 지역이 변화되었다는 것을 실증하는 것이다. 그 승리로부터 분출되어 나올 예언적인 메시지는 이내 레지스텐시아가 도시 변화를 확실하게 만들었던 것과 마찬가지로 다른 나라들 속으로 침투해 들어갈 것이다. 그 메시지를 손에 잡힐 듯하게 실증하는 것이 절망을 파쇄할 것이다. 그리고 그렇게 할 때, 지배적인 절망으로 인해 불가능한 것으로 생각되었던 것이 점차 가능해질 것이다.

이제는 부정적인 실례를 사용해 이 원리를 설명해 보도록 하겠다. 1950년대 후반, 피델 카스트로(Fidel Castro)와 체 게바라(Ché Guevara)는 다른 사람들과 더불어 독재자 풀겐시오 바티스타(Fulgencio Batista)를 전복시키고자 멕시코의 유카탄 반도(Yucatán Peninsula)에서 쿠바(Cuba)까지 배를 타고 갔다. 내가 이 문제에 관해 공식적인 기록을 말한다면, 그들은 처음 두 번은 성공을 거두었지만, 세 번째 시도에서는 비참한 패배를 맛보았다. 쿠바에 도착했을 때 그들의 배가 전복되었고, 배에 탄 사람들 중 몇 사람은 거의 익사할 뻔했으며, 많은 장비를 잃어버렸다. 그리고 바티스타(그들보다 더 유리한 고지를 점하게 됨)의 군대가 그들을 기다리고 있었다.

그 야심찬 혁명가들은 언덕 위로 달아남으로써 가까스로 체포를 면했다. 그들은 시에라 마에스트라(Sierra Maestra)라 불리는 곳의 첩첩산중에 은신했으며, 그곳에 작지만 견고한 요새를 구축했다. 그 당시에, 그들은 바티스타에게 아무런 위협도 제기하지 못했다. 왜냐하면 그들과 그들의 사상이 그 나라의 아주 작고 접근하기 어려운 지역에 제한되어 있었기 때문이다. 바티스타는 그들을 추적하려고 했지만 할 수 없었으며, 상황은 교착상태에 빠지게 되었다. **반군이 시에라 마에스트라에 무선 송수신기를 몰래 들여올 때까지!**

그것은 그리 큰 송수신기가 아니었지만 그 섬나라의 광범위한 지역에 방송을 내보내기에 충분한 크기였다. 그들은 자신들의 라디오방송을 **'라디오 쿠바 리브레'**(Radio Cuba Libre, 자유 쿠바 라디오)라고 이름지었다. 매일 밤 그들은 혁명적인 권고의 말들로 시골지역에 공세를 퍼부었다. 그들이 바티스타에게 물리적인 위협을 가하지는 못했지만, 그들의 매일 방송을 통해 입증된 것처럼, 그들이 쿠바의 일부-아무리 작은 부분이라 할지라도-가 더 이상 바티스타의 통제 아래 있지 않다고 선포할 수 있었다는 사실은 바티스타 정권이 쿠바 전역을 통제하고 있다는 오랜 관념을 산산이 무너뜨렸다.

그 순간부터, 바티스타의 지지자들과 심지어 바티스타 자신마저도 그의 지배가 **'시에라 마에스트라'**를 제외한 전 지역에 미친다고 인정하지 않을 수 없게 되었다. 그 정권이 무너지고 쿠바가 가장 비극적인 시기로 접어드는 것은 시간 문제가 되었다. 드러난 결과는 서글프지만, 원리만큼은 분명하다. 절대적 존재가 일단 손상을 입게 되면, 그것은 더 이상 절대적 존재가 아니다.

그것은 4분 이내에 1마일을 달리는 것과 유사하다. 1954년 5월 6일까지, 4분의 벽은 여러 세기 동안 존재해 왔었다. 하지만 그 이후로는 몇 번이고 반복해서 그 벽이 깨졌다.[2] 난공불락이 한 번 무너지게 되면 그것을 깨뜨릴 수 있음을 인정할 수밖에 없게 된다.

바로 이 원리가 오늘날 세계의 가장 혐오스런 질병 중 하나와 관련해 극적으로 작용하고 있다. 대부분의 아프리카가 AIDS와 HIV에 맞선 싸움에서 패배하고 있는 것처럼 보이지만, 우간다는 그 수치를 36퍼센트에서 깜짝 놀랄 만한 비율인 6퍼센트로 낮출 수 있었다. 우간다는 일차적으로 젊은이들에 대한 광범위한 교육을 통해 그것을 달성했다. 그 내용은 절제와 기도를 포함해 성경에 기반한 가정의 가치들을 가르치는 것이었다. 그것은 최근에 이뤄진 가장 특별하고, 가장 희망적인 획기적 돌파 중 하나이다. 즉 감염률을 우간다인 3명 중 1명에서 16명 중 1명 이하로 줄일 수 있게 된 것이다. 아무도 예상치 못하는 진전이 현실로 나타날 수 있다는 것은 반박할 수 없는 증거이다.

세계가 이런 승리에 관해 모른다는 사실은 '아직 그리 밝은' 측면이 아니다. 그것은 무엇보다도 바벨론적 체제들이 고의적으로 콘돔 제조업자들 외에는 아무에게도 유익이 되지 않는 헛된 무신론적 접근방법을 밀어붙이기를 더 좋아하기 때문이다. 한 우간다의 지도자가 내게 그렇게 털어놓았다.

하지만 나는 봄이 도래하면서 호수의 얼음에 첫 번째 균열이 가는 것처럼, 머지 않아 덩어리 전체가 무너지기 시작할 것이라고 믿는다. 그러면 그런 승리로 인도하는 경계선-희망과 절망을 구분하는 미세한 선-이 무너질 것이며, 그 결과 지구 전체의 모든 사회에서 파장이 일어나게 될 것이다.

그리스도인들은 적어도 한 나라의 제자화(현 시대에 아직까지 달성되지 않고 있는 목적)를 위해 세상의 영역에서 적극적으로 시작지점을 찾은 다음,

바벨론 체제가 '**지구상 어딘가에서**' 세상을 장악하기 위해 사용하는 4가지 핵심 가치(통제, 부도덕함, 교만, 그리고 자연의 착취)를 폭로함으로써 그 체제를 무너뜨려야 한다. 계시록 21장에서 두드러지게 묘사되는 구속된 나라들

> 일단 우리가 어둠 속에 구멍 하나를 뚫었다면, 그것을 통해 들어가는 빛이 나머지 일을 행할 것이다.

의 행렬이 어느 시점, 어딘가에서 시작되어야 한다. 우리로부터 시작하지 말라는 법이 어딨는가? 바로 지금, '**오늘**' 그렇게 하지 말라는 법이 어딨는가?

우리는 이 원리를 붙잡고서, 바벨론적인 빈곤 체제를 깨뜨리는 것을 포함해 한 나라를 제자삼을 수 있다는 것을 실증해 보여야 한다. 우리들 가운데 아직 나라를 지배하고 있는 사람은 아무도 없기 때문에, 우리는 우리 자신의 영향권으로부터 시작해야 한다. 일단 우리가 어둠 속에 구멍 하나를 뚫었다면, 그것을 통해 들어가는 빛이 나머지 일을 행할 것이다. 그리고 우리는 이미 성취한 모든 승리를 이용해, 과거의 자리에서 미래의 자리로 나아감으로써 그것을 더 큰 영역으로 확장해 나아가는 교두보로 전환해야 한다.

레지스텐시아에서 일어난 일은 결론적으로 도시들을 복음화할 수 있다는 것을 입증해 주었다. 그리고 세계 전역에서 나타나고 있는 수많은 도시적 변화 모델들에 의해 입증되는 것처럼, 단지 하나의 도시만이 아니라 어떤 도시라도 복음화할 수 있다는 것을 입증해 주었다. 그 도시 변화의 모델들은 그 원리들이 전이될 수 있을 뿐 아니라-그 도시들이 서로 다른 나라들에 속해 있기 때문에-문화를 초월해 적용할 수 있

다는 것을 확고히 해준다. 이제 우리는 국가적인 차원에서 그 원리들을 각색해 적용해야 한다.

알려진 곳에서 미지의 영역으로

과거와 마찬가지로, 이 과제를 붙잡기 위해 우리가 알고 있는 유일한 방법은 알려진 곳에서 미지의 영역으로 나아가는 것이다. 이런 전략적 이동이 어떻게 일어나는지 보려면, 우리가 알고 있는 것, 즉 최초의 도시 복음화 모델이 어떻게 생겨나게 되었는지를 심도 있게 살펴보아야 한다.

레지스텐시아에서, 하나님은 도시 전체를 기도로 채우는 원리를 우리에게 다운로드해 주셨다. 그것은 하나님의 사랑과 예수 그리스도가 하나님께로 나아가는 유일한 길이라는 사실에 그들의 눈을 열어 주기 위한 사전작업으로서 그 도시 주민의 피부로 느끼는 필요들을 위해 기도하는 것이었다. 이런 방법론은 나중에 '**기도전도**'로 알려지게 되었는데, 그것에 대해서는 이미 언급한 바 있다.

기도전도의 핵심에는 잃어버린 자들과 평화하려는 의도적인 시도가 있다. 왜냐하면 우리 어린 양들이 이리들(잃어버린 자들)에게로 가서 그들에게 평화를 선포해야 한다고 예수께서 명령하셨기 때문이다(눅 10:3-5을 보라). 그 다음에는 뜻깊은 교제가 따라오는데, 그것은 특히 그들이 편안하게 여기는 것으로, 누가복음 10장 7절에서 '**그들의**' 집에 들어가 '**그들이**' 우리 앞에 차려내는 모든 것을 먹으라고 하신 명령에 나타나 있다.

다음으로 우리는 그들을 위해 기도함으로써 그들의 필요를 돌보아야 한다. 그런 다음, 하나님께서 그 기도를 들으시고 기도 대상자들이 그분의 임재를 인식하게 될 때, 우리는 그들에게 "하나님 나라가 너희 가까이 임했다"(눅 10:9)고 선포해야 한다.

레지스텐시아에서 대단히 결속력 있는 목사들 그룹이 그 도시를 복음화해야 한다는 사실을 일단 믿음으로 붙잡게 되자, 그들은 자기 교회에 소속된 성도들을 동원해 그들의 영향권 내에 있는 사람들에게 기도전도를 실행하도록 그들을 무장시켰다. 635개의 가정에 635개의 기도등대가 세워졌으며 40만 명의 인구 전체를 위해 24시간/7일 중보하도록 도시 전역으로 분배되었다. 그 도시가 기도로 채워지는 분량만큼, 도시 전역의 영적인 분위기에 극적인 진보가 일어났고, 상당히 많은 수의 사람들이 그리스도께 돌아오기 시작했다. 하지만 특별하고 도전적인 기회가 없다면, 그런 추세는 괜찮은 복음전도사건에 그치고 말았을 것이다.

1980년대에는 목사들이 믿지 않는 공직자들과 교제하는 것이 드문 일이었으며, 그들이 도시의 필요를 돌보기 위해 '교회의 돈'을 투자하는 것은 더욱 더 드문 일이었다. 그러나 영적인 분위기가 향상됨에 따라, 도시에 소망이 생겨났을 뿐 아니라 교회 내에 존재하는 풍부한 기름부음에 관한 인식도 더 높아지게 되었다. 지역의 한 사업가가 군에서 대령으로 복무했었고, 과거 몇 년간 그 지방의 군(軍) 관할자였던 레지스텐시아의 시장과 좋은 관계를 맺게 되었다. 그 '평신도'가 시장을 만나도록 우리를 초청했으며, 나는 우리가 가는 것이 하나님의 뜻이라고 느꼈다.

나의 아버지가 정치가였기 때문에 나는 정치 전문용어를 알고 있었으며, '전문적인 이야기를 하는 데' 그것을 사용할 수 있었다. 시장과 이야기를 나누면 나눌수록, 그가 도시에 얼마나 진심으로 헌신되어 있는지 알게 되었다. 따뜻한 동지애가 우리 사이에 생겨났으며, '불시에'(나중에 알게 된 것이지만, 그것은 하나님이 의도하신 '불시에'였다!) 나는 그에게 도시에 우리가 도와줄 수 있는 어떤 필요가 있는지 물었다. 조금도 주저하지 않고, 그는 여러 명의 이웃 사람들이 도시의 상수도에 연결되지 못해서 수돗물이 부족한데, 그 문제를 해결할 만한 예산이 없다는 사실을 털어놓았다.

여러 가지 이야기를 나누다가, 나는 교회를 대표해서 일시적이긴 하지만 실제적인 해결책으로서 16개의 물탱크를 세우는 일에 헌신하라는 인도하심을 느꼈다. 나는 약간 '기습을 당한' 것처럼 느껴졌지만 그 '기습 공격자'가 하나님이심을 알았으며, 그것 때문에 앞으로 나아갈 용기를 얻게 되었다.

회동을 마치기 전에, 나는 그를 위해 기도해도 괜찮겠느냐고 물었다. 그때까지 나는 그리스도인이 아닌 정치 지도자와 **함께** 기도해 본 적이 한 번도 없었다(그때가 1980년대 후반이었고 교회와 정치의 간격이 넓고 깊었다는 사실을 기억하라). 시장이 동의했고, 내가 그에게 손을 얹고 기도할 때, 그의 눈에 눈물이 솟아 나왔다. 부드럽게 표현하자면, 그것이 나를 놀라게 했다. 왜냐하면 그는 건장한 사나이었고, 군의 대령이었으며, 도시의 주요 공직자이면서 가톨릭 신자였는데 복음주의자에게 기도를 받고 있었기 때문이다! 분명히 하나님께서 그 일을 지휘하고 계셨다.

그 다음날 목회자 회의에서, 나는 고넬료의 집에서 일어났던 일을 예루살렘 지도자들에게 설명하려고 했던 베드로처럼 느껴졌다. 하지만 또 다시, 하나님께서는 기습 공격을 감행하고 계셨는데 이번에는 목표물이 목사들이었다. 회의가 진행되고 있을 때, 시장이 갑자기 예고도 없이 나타났다.

우리의 회의 일정은 그걸로 끝나버리고 말았다. 속담에도 있듯이, 800파운드의 고릴라가 어디에 앉겠는가? 분명히 자기가 원하는 곳 아무데나 앉는다! 목사들은 그 갑작스런 사건으로 잠시 의자에 꼼짝도 하지 않고 앉아 있다가 잠시 후 그를 환영하기 위해 천천히 몸을 움직였다. 우리 가게에 들어온 세금 검사관을 맞이하는 것 같았다는 게 더 맞는 표현일 것이다.

시장이 나에게 이렇게 말함으로써 우리를 놀라게 했다. "어제 당신이 기도해 줄 때 나에게 일어난 것이 너무나 좋아서 **그것을 좀더 맛보려고 왔습니다.**" 그러면서 캔디를 더 달라고 온 어린 아이처럼, 컵모양으로 모아진 손을 내밀었다. 이번에는 목사들에게 함께 기도해 달라고 요청했는데, 우리가 기도할 때 성령께서 시장에게 강력하게 임하신 나머지, 그는 의자에 주저앉았다.

공적으로 복음전도를 시작할 때까지, 우리는 가장 가난한 이웃들에게 물을 공급할 수 있는 16개의 물탱크를 도시에 제공할 수 있었다. 뿐만 아니라 지역 병원에 충분한 의료 장비까지 기증할 수 있었다. 그 무렵 이미 하나님 나라 안으로 들어와 있었던 시장은 도시에 우리와 예수님을 환영했고, 수많은 사람들이 주님을 영접하게 되었다. 거듭난 그리스도인들 수가 네 배로 증가했다. 그리고 무엇보다, 도시를 제자삼을 수 있고 또 제자삼아야 한다는 것을 실증해 보이시기 위해 하나님께서 이 모든 것을 사용하셨다.

피부로 느끼는 필요가 열쇠다

타깃으로 삼은 지역의 피부로 느끼는 필요들을 채워 주는 것이 열쇠다. 수 년 후 하와이에서, 그 필요가 학교 시스템 속에서 구체화되었다. 하와이는 미국에서 최악에 속하는 주(州)로 분류되었다. 학생들과 목사들이 주(州)를 되찾기 위해 힘과 자원을 모았을 때, 공직자들과 유력자들은 그 행동의 가치를 보았으며, 복음이 진실로 좋은 소식이라는 사실에 눈이 열리게 되었다.

이제 우리는 모든 나라들, 실제로 세계의 모든 나라들을 향해 나아가고 있다. 그리고 그 원리는 동일하다. 즉 예수 그리스도의 실재를 볼 수 있도록 그들의 눈을 열어 주기 위해 먼저 그들의 피부로 느끼는 필요를 채워 주어야 한다는 것이다.

세상의 가장 큰 필요가 무엇인가? 물론 그것은 예수님이지만 악한 자가 그리스도의 영광의 복음의 광채를 보지 못하도록 그들의 눈을 가렸기 때문에 세상은 그것을 볼 수 없다. "만일 우리 복음이 가리웠으면 망하는 자들에게 가리운 것이라 그 중에 이 세상 신이 믿지 아니하는 자들의 마음을 혼미케 하여 그리스도의 영광의 복음의 광채가 비취지 못하게 함이니 그리스도는 하나님의 형상이니라"(고후 4:3-4). 그 베일을 제거하려면 세상의 가장 절박한 필요를 채워 주어야 한다. 그 말은 세상이 피부로 느끼는 것이 가장 절박한 필요라는 뜻이다. 그리 많은 토론이 없어도, 우리 모두는 그것이 구조적 빈곤의 제거라고 결론 내릴 수 있다고 믿는다.

그 일을 할 수 있는 사람은 누구든 세상의 주목을 받을 것이며 세상의 마음을 얻게 될 것이다. 그것은 사도행전에 묘사된 경이적인 성장의 반복이 될 것이나(행 2:43-47, 4:32-35을 보라) **'전 지구적 규모로'** 나타나게 될 것이다. 통신수단과 경제가 세계화되어 있기 때문에, 일단 한 지역에서 일어나게 되면, 그것은 세계의 먼 오지에까지 통제할 수 없는 불길로 퍼져 나갈 것이다.

그런데 그 과정이 이미 움직이고 있다!

18장
이미 시작되었다
It's Beginning to Happen

TRANSFORMATION

2001년 12월, 아르헨티나는 해외에서 빌린 돈을 갚지 않음으로써 4,000만 명을 소용돌이 속으로 몰아넣고 세계 시장을 뒤흔들어 놓았다. 강제로 재정을 통제하기 위해, 정부는 월간 최대 200달러의 출금만을 허용한 상태에서 모든 은행의 예금을 전용했다. 어떤 식으로든 모든 사람이 손실의 타격을 입었고, 폭동이 잇따라 발생했다.

슈퍼마켓들은 약탈당했고, 서비스들은 중단되었다. 사회 질서가 자취를 감추었으며, 그로 인해 일어난 대중반란 때문에 데 라 루아(De La Rua) 대통령은 불명예 퇴진을 해야만 했다. 4주간에 걸쳐 4명의 대통령이 그의 뒤를 이었다. 나라가 대혼란 속에 있었다. 그 위기를 가라앉힐 능력을 가진 사람이 아무도 없었으며, 국민들에게는 그 폭풍을 뚫고 나아갈 인내심이나 희망이 전혀 남아 있지 않았다.

나는 그런 사태들로 인해 몹시 슬프고, 당혹스럽고, 혼란스러웠다. 아르헨티나는 현 시대에 가장 오래 지속되는 부흥을 경험해 오고 있던 터였다. 세계 각지의 사람들이 그 부흥의 축복을 받기 위해 다른 집회들뿐 아니라 우리가 주최하는 컨퍼런스에도 참여하고 있었다. 그 위기가 촉발되기 한 달 전에 나는 대통령궁을 방문해 대통령을 포함한 지도자들과 당국자들을 대상으로 사역한 경험이 있었다.

그런 대혼란이 왜 부흥이 일어나고 있는 상황 속에, 특히 우리가 예수님을 대통령궁에 초청해 들인 직후에 일어나고 있는지 주님께 물었을 때, 그분은 나에게 사도행전 19장을 읽으라고 말씀하셨다. 낙천적인 성격의 소유자인 나는 첫 부분만을 읽었는데, 거기에는 에베소와 아시아에 있는 모든 사람이 바울의 손을 통해 하나님께서 행하시는 희한한 기적을 목도하는 가운데 주의 복음을 들은 결과, 깜짝 놀랄 만한 수의 사람들이 회심하게 되는 이야기가 기록되어 있었다.

"이해가 안 되는데요." 나는 하나님께 말씀드렸다. 그분은 나에게 앞부분 절반만이 아니라 그 장(章) '**전체**'를 읽으라고 지시하셨음을 상기시켜 주셨다. 나머지 부분을 읽었을 때, 나는 사도행전 19장의 앞부분 절반에 기록된 특별한 하나님 은혜의 부어 주심이 있은 후에 아시아에서 가장 강력한 조합들 중 하나에 의해 부추겨진 폭동들이 뒤따랐다는 것을 깨닫게 되었다. 그것은 폭력이 수반된 폭동들로서, 바울과 교회를 무너뜨리려고 계획된 것이었다. 그것을 배경으로 한 상태에서, 하나님은 우리가 아르헨티나에서 겪고 있는 것과 같은 대혼란의 이유를 설명해 주셨다.

현상 유지란 없다

첫째로, 일단 예수님을 통치의 자리로 모셔들이고 나면, 우리는 사업이 예전과 같기를 기대해서는 안 된다. 불경건하고 악마적인 세력들이 경제를 몰아갈 때(에베소의 경우처럼), 하나님께서 그것을 심판하실 것이고 그것은 무너질 것이다. 아르헨티나의 경제도 예외가 아니었다. 그렇지만 하나님은 나에게 걱정하지 말라고 안심시켜 주셨다. 그분은 나라를 다루고 계셨던 것이다. 그런 다음 하나님은 이상하게도 치유를 위해서가 아니라 아르헨티나의 '**장례**'를 위해 기도하라고 지시하셨다! "**내가 죽은 자 가운데서 새 나라를 일으키기 전에 옛 나라가 죽어야 한다.**" 주께서 나에게 말씀하셨다.

하나님께서 말씀하시기를, 그 붕괴의 두 번째 이유는 유명한 아르헨티나 부흥이 주로 교회 사람들에게 국한되었다는 것과, 심지어 우리 자신의 변화 추세들조차 나라들이 아니라 도시들에 초점이 맞춰져 있었다는 것이었다. 우리는 '나라 제자화'라는 더욱 높은 목적으로 나아가는 수단으로서의 도시 변화를 아직까지 목도하지 못했다.

그런 다음 하나님은 나라들을 제자삼아야 할 필요성에 대해 나의 이해를 열어 주시기 시작했다. 성경을 읽으면 읽을수록, 우리가 목표를 너무 낮게 잡았다는 사실이 더욱 더 분명해졌다.

2002년 11월, 루스와 내가 신디 제이콥스(Cindy Jacobs)를 비롯해서 오마르와 그라시엘라 올리에르(Omar and Graciela Olier)와 함께 부에노스 아이레스(Buenos Aires)로부터 마르 델 플라타(Mar del Plata)에서 열리는 우리의 국제 컨퍼런스를 향해 차를 운전해 가고 있을 때, 우리는 하늘로부터 계속해서 많은 것들을 다운로드받게 되었다. 우리가 탄 차가 호텔에 들어설 무렵, 우리는 아르헨티나로부터 시작해서 나라들을 제자삼는 운동을 시작할 것과 관련해 정확한 명령을 이미 받은 상태였다.

대략 그 시점에 나는 어린 시절의 한 장면을 환상처럼 보게 되었는데, 그 당시 나는 팜파스(남아메리카. 특히 아르헨티나의 대초원-역자 주)에서 할아버지와 함께 여름을 보내곤 했었다. 그 특별한 기억 속에서 우리는 해가 뜬 후부터 들판에서 밀부대를 운반하고 있었다. 할아버지는 무거운 것을 들어올리시는 동안 나로 하여금 짐수레를 운전하고 윈치(밧줄이나 쇠사슬로 무거운 물건을 들어 올리거나 내리는 기계의 총칭-역자 주)를 작동하게 하셨다. 그것은 힘든 일이었지만 나는 할아버지와 함께 일하는 것이 즐거웠다. 하지만 긴 하루가 끝날 무렵, 나는 집으로 돌아가게 되어서 기뻤다.

우리가 집에 도착했을 때, 할아버지는 그늘에 앉아서 산들바람을 즐기셨다. 할아버지는 나에게 우물에서 물 한 잔을 길어다 달라고 부탁하셨다. 몇 야드 떨어진 곳에 풍차 하나가 있었는데, 그 우물은 땅 속으로 깊숙이 뚫려서 물이 유난히 맑고 항상 시원했던 우물이었다.

나는 할아버지께 물을 가져다드렸고, 그는 만족스럽게 물을 마셨다. 그리고 나선 이탈리아인들이 좋은 음식과 음료를 먹은 다음에 늘상 하는 것처럼 떠들썩한 웃음으로 마무리하셨다. 즐거움을 마음껏 발산하시면서 할아버지께서 이렇게 외치셨다. "하루 종일 이 물이 생각났단다. 한 잔만 더 가져다 다오."

갑자기 그 기억 속에서, 할아버지의 모습이 하나님으로 바뀌고, 한 나라가 물이 담긴 잔을 대신하게 되었는데, 내가 손에 한 나라를 가지고 그분께 다가가고 있었다. 하나님께서 할아버지와 비슷한 즐거움으로 그것을 받으시더니 이렇게 외치셨다. **"누군가가 나에게 한 나라를 가져오기를 너무나 오랫동안 기다려 왔다! 나에게 좀더 많은 나라들을 가져와 다오."**

그것은 심오한 '**카이로스**'(kairos)의 순간이었고, 하나님께서 나라들이 그분께 얼마나 중요하고 그분의 마음이 얼마나 나라들을 갈망하시는지 내 마음에 새겨 주신 특별히 준비된 사건이었다. 나는 깊은 감동을 받고서 그분의 갈증을 해소하기 위해 필요한 것이라면 무엇이든 하고 싶은 열망이 일어나게 되었다.

과거에, 하나님은 무한한 자비하심으로 우리가 도시전도를 개척하도록 허락해 주셨었다. 하지만 이제 그분은 나라들을 대상으로 동일한 일을 행하도록 우리를 초청하고 계셨다. 그것을 감당하기에 합당치 못하다는 마음과 흥분된 감정이 완벽히 뒤섞인 상태에서, 우리는 그 도전을 받아들이기로 결단했다.

이것 때문에 국가 변화에 헌신된 단체인 국제 변화 네트워크(International Transformation Network)가 생겨나게 되었다. 이 네트워크는 국가 변화의 모델들을 세우고자 강단 사역자들과 일터 사역자들의 실제적, 전략적 제휴를 개척하는 일을 선도하고 있다. 그 단체의 구성원들은 이 책의 주제가 되고 있는 5가지 중추적 패러다임을 붙잡고서 자신의 영향권 내에서 변화의 모델을 만들어내는 일에 능동적으로 참여하고 있다.

이 독특한 네트워크의 선도적인 특징들 중 하나는 그 구성원들이 '51퍼센트 서클'이라 부르는 것이 등장한 것이다. 그것은 여러 개인들과 회사들 및 회중들로 구성된 그룹으로, 구조적 빈곤의 제거에 특별히 초점을 맞추고서, 지역사회의 피부로 느끼는 필요를 충족시키기 위해 자신이 소유한 자원의 51퍼센트를 그 지역사회에 지속적으로 투자하는 과정에 능동적으로 참여하는 서클이다. 이 모델을 출범시키는 데 촉매적인 역할을 했던 본보기는 마우이(Maui) 섬의 사업가로서 자기 사업의 50퍼센트를 하나님께 드리기로 결심한 마일즈 카와카미(Myles Kawakami)였다. 그때 이후로, 그와 그의 아내 조이스(Joyce)는 사업 이윤을 그 지역에서 구조적 빈곤을 제거하는 데 사용해 오고 있다. 타히티 대통령을 주님께 인도했던 건축가 프랜시스 오다(Francis Oda)는 마일즈의 본보기에 고무되어, 하나님께서 정말로 절대 주주(株主)시라는 실제적인 증거로 그 수치를 51퍼센트까지 올리고 싶다는 자신의 바람을 나에게 나눠 주었다.

2006년 4월에, 우리의 연례 ITN 모임이 세계의 일터 수도인 뉴욕 시에서 열렸다. 이런 비전을 ITN 회원들에게 제시했을 때, 그 아이디어를 찬성하는 일터 지도자들의 간증이 연달아 알려지면서 회원들의 반응은 폭발적이었다. 그러나 훨씬 더 거대한 획기적 변화는 교회들이 그 비전을 붙잡았을 때 일어났다.

미네소타 주(州), 엘크 리버(Elk River) 출신의 목사인 그렉 페이(Greg Pagh)가 자신의 마음을 나누면서 연쇄반응을 촉진시켰다. "저는 목사이며 지난 25년 동안 즐겁게 목회했습니다." 그렉이 말했다. "뿐만 아니라 저는 교회 성장에 박사학위를 가지고 있어서 그 주제에 관해 가르치기도 합니다. 저는 남은 생애 동안에도 목사일 것입니다. 하지만 51퍼센트 교회의 목사가 되고 싶습니다. 저는 저의 교회와 다른 교회들이 돈을 갖고 있기보다 더욱 더 나눠 주기를 원합니다."

그 예배실에 강력한 기름부음이 있었고 하나님께서 그렉의 말 뒤편에서 너무나 강력하게 역사하셨기 때문에 모든 사람이 경외감으로 압도되었다. 마치 에스겔이 묘사한 강 속을 걸어가는 중에 물이 허리에 차오르더니 갑자기 통제할 수 없는 흐름으로 변해 우리를 휩쓸어가는 것 같았다.

그때 이후로, 수많은 다른 교회들이 함께 참여하게 되었으며, 51퍼센트 교회들의 수는 계속해서 증가하고 있다. 이것이 극도로 중요한 이유는, 많은 지역 교회들이 이기적인 것은 아니지만, 쉽게 자기 중심성 속으로 빠져들어 가기 때문이다. 그들에게 들어오는 수입의 대부분은 교회와 관련된 문제들에 사용되며, 그들이 하는 사역의 초점과 관심, 자원들과 시간은 그들의 도시와 나라보다는 일차적으로 그들 자신의 교인들에게 쏟아부어진다.

마음의 문제

내가 믿기로, 바벨론 체제가 우리 주위에 너무나 일반화되어 있으며, 그 결과 사람들은 그것이 그리스도인들과 지역 교회 안에 얼마나 깊숙이 스며들었는지 잘 분별하지 못하는 것 같다. 우리가 그것을 받아들이는 것이 습관처럼 되어버렸다.

캘리포니아 중부에 있는 주요 교회들 중 하나를 담임하는 목사에게 전화를 걸었던 적이 있다. 그 교회 성도들에게 샌 프란시스코 만(灣) 지역을 기도로 덮는 일에 동참해 줄 것을 부탁하기 위함이었다. 그는 심각한 개인적 위기를 당할 때마다 내가 섬겨 왔던 친구이며, 그와 그의 가족은 나의 도움에 대해 깊은 감사를 표현해 왔었다.

만약 기도할 사람을 모으기 위한 광고를 해달라고 부탁하는 나의 요청에 기꺼이 응할 만한 사람이 있다면, 분명 그 친구였을 것이라고 나는 생각했다. 하지만 그의 대답은 나의 감정을 완전히 멍하게 만들었다. 그는 이렇게 말했다. "미안하네, 에드. 지금은 건축 프로그램에 들어갈 300만 달러 모금에 박차를 가하고 있는데, 우리 교회 성도들의 관심이 흐트러지지 않았으면 하네."

교회 리더십의 이런 자기 중심성은 성도들 간의 이기심으로 쉽게 변화한다. 슬프게도, 나는 지도적인 종교 비영리 NGO(비정부 기구)의 발전 이사로 있는 다른 교회 장로 안에서 동일한 영적 자기 만족을 목격하기도 했다. 그의 임무는 가난한 자들의 필요를 잠재적 기부자들에게 제공하는 것이며, 그는 그 기구를 위해 막대한 돈을 모금하고 있다. 그렇지만 그가 임대용으로 가지고 있던 자신의 집을 파는 문제에 관한 한, 그의 행동은 그리스도의 정신이 아니라 바벨론의 정신을 드러냈다.

그 집은 어린 자녀들이 있는 한 부부에게 임대되어 있었다. 남편이 제대로 된 일을 찾지 못하고 있었기 때문에 그들은 재정적인 어려움 가운데 있었다. 집주인인 그 교회 장로가 그 부부에게 집을 팔려는 계획을 이야기했을 때, 그들은 자신들이 한 달 후에 구할 수 있는 셋방으로 이사갈 수 있도록 기한을 연장해 줄 수 있느냐고 물었다. 하지만 이상하게도 그 '하나님의 사람'은 그 요구를 거절했다. 그러자 그 부부는 일시적으로 호텔에 머물 비용을 지불하는 데 필요한 임대 적립금의 환불을 기대해도 좋을지 결정하려고 그에게 계약 세부사항을 당장 검토

> 사람들이 순종하는 가운데 행하고 지배적인 바벨론 문화에 의도적으로 도전할 때, 하나님께서 필요한 증가를 허락하실 것이다.

해 줄 수 있는지 물었는데, 그는 또 다시 거절했다! 세든 사람들이 떠난 직후에 계약 세부사항을 검토해 달라는 요청을 받았을 때, 그는 시간을 들여 검토한 다음, 그 부부의 적립금을 주지 않는 합당한 이유도 제시하지

않고 환불을 거부하는 불쾌한 편지를 써보냈다.

이 모든 일이 진행되는 동안에도, 그 교회 장로는 여전히 잠재적 기부자들에게 가난한 자들의 어려운 처지와, 그들이 동정심을 가지고 그가 속한 NGO를 도와주어야 할 이유에 대해 설명하는 자신의 임무에 여념이 없었다! 그 교회 장로는 정확히 어느 편에 속한 사람이었는가? 그 자신도 모르는 상태였지만 그는 바벨론 편에 속해 있었다.

ITN은 교회가 제대로 하지 못했다는 사실과 더 많은 일을 해야 한다는 사실, 그리고 더 잘 할 수 있다는 사실에 대한 반응으로 세워진 단체이다. 사람들이 순종하는 가운데 행하고, 지배적인 바벨론 문화에 의도적으로 도전할 때, 하나님께서 필요한 증가를 허락하실 것이다.

진행 중인 변화의 살아 있는 실례들

성경은 심판이 하나님의 집에서 먼저 시작되어야 한다는 사실을 지적한다. 모든 사람에게 공통으로 임하게 될 '불시련' 가운데서, 양떼는 '양무리의 본'이 되는 자들에 의해 '즐거운 뜻으로' 돌봐줘야 한다(벧전 4:17-5:4).

적절한 실례로, 내가 아는 한 사업가는, 그의 동업자의 아들을 주님께로 인도한 직후에, 그의 동업자가 법인 문서에서 자신의 서명을 위조해 그를 파산 직전에까지 이르게 했다는 사실을 발견했다. 그 사기행위를 보고해 자신의 재정적 위치를 보호하기보다, 그는 그 손실을 받아들이기로 작정했다. 내가 무엇 때문에 그렇게 했는지 물었을 때, 그는 이렇게 대답했다. "마귀에게 내 동업자의 아들의 믿음을 무너뜨릴 기회를 제공하고 싶지 않았기 때문이죠." 그는 비록 외적으로는 신의를 저버린 동업자가 밀어넣은 재정적인 구멍에서 벗어나는 데 여러 해가 걸리긴 했지만, 한 영혼이 구원을 받았으며 바벨론 체제가 심각한 타격을 입었다.

호놀룰루의 칼 치넨(Cal Chinen)이 목회하는 교회는 수입의 50퍼센트를 교회 밖의 사역단체들과 프로젝트들에 제공하며, 그 교회 성도들이 사람들을 그리스도께 인도하면서도 자기 교회가 아니라 다른 교회에 등록하게 해서 하나님 나라를 확장시키는 것을 기쁨으로 보고한다. 진실로 칼 치넨은 하나님 나라의 교회를 이끌고 있는 것이다!

아르헨티나의 마르 델 플라타(Mar del Plata)에서 가장 크고 가장 영향력 있는 회중을 대상으로 목회해 온 오마르 올리에르(Omar Olier)는 또 다른 실례이다. 그는 목회적인 성공을 등에 업고서 편안하게 은퇴를 향해 나아갈 수도 있었을 것이다. 그러나 자신의 무관심에 대해 용서를 구하고자 동료들을 만났을 때 그는 바벨론 영의 영향에서 벗어나게 되었는데, 그것은 즉시로 상호간의 반응을 불러일으킨 사건이었다.

결과적으로 오마르는 다른 목사들 모임에 가담하게 되었는데, 그들은 그를 마르 델 플라타 목회자 연합(Ministerial Association of Mar del Plata)의 회장으로 선출했다. 나아가 그는 좀더 성공적인 목회자를 덜 성공적인 목회자와 짝을 이루게 하는 방식으로 목회자들을 둘씩 묶어 조직화했다. 그렇게 묶인 짝에서, 좀더 성공적인 목회자들은 상대방이 성장을 경험할 때까지 회중을 더 이상 성장시키지 않기로 서약했.

만약 한 목사의 봉급이 불충분하면, 다른 목사가 차액을 보충하기로

했다. 만약 한 회중이 건물이 없다면, 다른 회중이 건물을 확보하도록 돕기로 하는 등의 협력관계를 맺었다. 이런 제휴에는 오마르와 그 자신의 사역도 포함되었다. 그는 다른 목사들에게 자신을 쏟아부으면서 자기 교회에 속한 리더들보다 더 많은 시간을 그들과 함께 보냈다. 왜냐하면 그들이 그 도시에는 오직 한 교회와 오직 한 목자장만이 있을 뿐이라는 것을 깨닫게 되었기 때문이었다. 그것은 다른 모든 사람을 예수님의 친구로 만드는 깨달음이었다.

일 년 후, 거기에 참여한 회중들(교회들)은 평균 400퍼센트 성장했다. 오마르의 회중(교회)은 가장 낮은 비율인 '단지' 130퍼센트밖에 성장하지 못했다. 그러나 그런 진보는 단순한 교회 성장 이상의 결과로 나타났다. 시장이 하나님 나라 안으로 돌아오게 된 것이다. 비슷한 획기적 변화들이 변호사들과 판사들, 사업가들, 의사들 및 경찰관들 사이에서 일어났다. 실제로 마르 델 플라타는 '하나님의 도시'로 알려지게 되었다. 그 도시가 지난 12년 동안 우리의 국제 컨퍼런스의 주최 도시였던 것도 결코 우연이 아니다.

ITN은 우리가 더 많은 일을 하면서 지배적인 바벨론 문화에 의도적으로 도전해야 한다는 현실에 대한 반응으로 생겨난 단체이다. 그리고 우리는 부지런히, 끈질기게 그 일을 해야만 한다. 왜냐하면 바벨론의 영이 하나님을 위해 위대한 일을 행하는 자들, 즉 요셉과 솔로몬 같은 영적으로 엄청난 거인들조차 기만할 수 있기 때문이다.

무시무시한 기근의 영향으로부터 지중해 세계를 보호하기 위한 하나님의 계획을 집행한 후에, 요셉은 어리석게도 애굽의 모든 국민들로 식량을 얻는 대신 자신을 바로에게 팔도록 강요했다. 하지만 그전까지만 해도 하나님은 요셉의 경영을 통해 그들에게 식량을 공급해 오셨다! 성전을 지어 하나님의 임재가 거주할 처소를 마련한 후에, 솔로몬은 하나님께서 자기에게 주신 지혜를 남용해 자신을 위한 제국을 건설했다. 하지만 그는 세계 열방에 하나님의 지식을 가져가는 데 그 지혜를 사용했어야 했다. 강건하게 마치는 것이 열쇠이다. 바로 이런 이유 때문에 ITN 같은 연합조직은 단순히 전략적인 합작 투자만을 위해서가 아니라 상호 책임성을 위해서 반드시 필요한 단체이다.

프랜시스 오다(현 ITN 의장)가 타히티에서 열린 건축경연대회에서 다른 참가자들을 제치고 우승했을 때, 그에게는 '그 모든 기회들'과 이윤들까지도 자신의 회사를 위해 취할 수 있는 당연한 권리가 있었다. 하지만 그는 하나님 나라가 승리하고 하나님께서 훨씬 더 영광을 받으시도록 그 거대한 프로젝트를 이용해 '패배한' 자들에게 참가권을 주기로 선택했다.

데이비드 몬로이(David Monroy) 변호사는 그가 취급하는 모든 서류와 법적 소송 사건에 믿음을 적용한다. 그의 목적은 어떤 식으로든 승리를 추구하는 것이 아니라 장기적으로 고객들에게 최상의 이익을 제공하기 위해 관계된 모든 당사자들의 평화를 도모하는 것이다. 그의 태도는 법적 시스템 내에 지배적으로 존재하는 살인적인 문화에 명백히 반하는 것이다.

남아프리카에 있는 '파워 그룹'(Power Group of Companies)의 설립자이자 최고경영자인 그레이엄 파워(Graham Power)는 그의 사업이 '구원받은' 순간부터 번창하고 그의 영향력이 증대되는 것을 목도했다. 그는 케이프 타운(Cape Town) 근처와 너머에 있는 여러 도시들과 마을들의 피부로 느끼는 필요를 채워 주기 위해 솔선수범하며 많은 노력들을 기울이고 있다. 그의 나라와 다른 나라들을 위협하고 있는 구조적 빈곤에 맞서 싸우는 일반 대중의 노력 속에서, 그는 그의 동료들과 추종자들(아프리카에서 영향력 있는 일터 지도자들 중 몇 사람을 포함하는)을 고무시켜 '윤리적으로 부끄럽지 않기로' 서약하도록 하기 위해 자신의 영향력을 사용하고 있다. '윤리적으로 부끄럽지 않음' 서약(전 세계 ITN 회원들에게는 표준적인 자격요건)의 내용은 다음과 같다.

- 질좋은 물건들과 서비스들을 생산하고 배달하기 위해 최상의 정직함으로 일하는 윤리성을 견지한다.
- 뇌물을 받거나 주기를 거부한다.
- 세금을 정직하게 지불한다.
- 합리적인 봉급과 임금을 지불한다.
- 노동자들과 그들에게 속한 가족들의 복지에 의도적으로 투자한다.
- 구조적 빈곤을 제거하는 데 초점을 맞추고서, 더욱 광범위한 공동체에 후하게, 희생적으로 투자한다.
- 세상에 영향을 끼치기 위해 다른 회사들과 직업들 및 개인들과 의도적으로 관계를 형성한다.

아르헨티나의 사업가이자 기업가인 알렉스 콘트레라스(Alex Contreras)는 변화를 위한 비전의 핵심을 붙잡아 아르헨티나의 23개 도(道) 하나하나와 그 나라의 수도에 '51퍼센트 변화 회사'를 실립하려는 목표에 착수했다. 그것은 다른 사람들에게 영감을 불어넣고 그들이 따라올 만한 모델을 세우기 위함이다.

그런 사람들의 목록은 계속해서 늘어나고 있다.

ITN 회원들은 기도전도와 5가지 중추적 패러다임을 삶의 중심요소로 붙잡았으며, 그들 자신을 언제든 해변을 습격할 준비를 갖춘 영적 해병대로 전환했다. 2006년 아르헨티나에서 열린 국제 컨퍼런스 기간 동안, 하나님은 우리가 가르쳐 오고 있는 원리들을 광범위하게 실행에 옮길 수 있는 놀라운 기회를 ITN에 제공하셨다.

그 컨퍼런스에 명예 대의원으로 참석한 후에, 우간다의 영부인은 기근 때에 그녀와 많은 아프리카 지도자들의 마음이 얼마나 무너지는지 우리 네트워크에게 나눠 주었다. 그녀는 거대한 음식 공급품 자루들-헬리콥터에서 떨어뜨린-이 충격으로 터진 결과, 사람들이 오물과 흙으로 온통 더럽혀진 식료품들을 마치 동물들처럼 마구 뒤적여 찾을 수밖에 없게 된 광경을 세부적인 내용까지 생생하게 묘사했다.

그녀는 아프리카 국가들이 사람들과 원료들에 있어서는 너무나 풍부하지만 산업 기반과 관련해서는 너무나 미개발 상태임을 설명했다. 그녀는 다음과 같은 간청으로 말을 마쳤다. "저희 국민은 물고기가 필요한 것이 아니라 '**물고기 잡는 법**'을 배우는 것이 필요합니다."

깊은 감동을 받은 대의원들은 돕겠다는 진실한 서약을 하기 시작했다. 그들 마음속에 있는 것을 파악하면서, 나는 그 상황과 관련해 주님으로부터 온 많은 것을 감지했다. 나는 정중히 말했다. "여사님, 당신의 국민에게 물고기 잡는 법을 가르치는 것이 열쇠긴 하지만, 그들이 연못을 소유하는 것이 훨씬 더 중요합니다. 그렇지 않으면 누군가가 당신에게 낚시 면허증을 팔면서 많은 돈을 벌어 갈 것입니다!"

그런 상황 속에서 전체적인 해결책을 모색하는 후속 대화들이 오간 결과, 우간다에서 변화의 원형적 모델을 만들어 내기 위한 최선의 출발점은 의회에서 영부인이 대표하는 지역일 것이라는 결론에 도달했다. 그곳은 대략 25만 명의 인구가 살고 있는 지역으로, 농산물은 풍부하지만 기본 산업 시설은 형편없는 곳이다.

> 당신의 국민에게 물고기 잡는 법을 가르치는 것이 열쇠긴 하지만, 그들이 연못을 소유하는 것이 훨씬 더 중요합니다. 그렇지 않으면 누군가가 당신에게 낚시 면허증을 팔면서 많은 돈을 벌어갈 것입니다!

우간다를 전적으로 돕겠다는 그 네트워크의 서약을 보증하는 행위로, 건설장비 지원을 포함해 100만 달러의 75% 액수에 달하는 담보들이 제공되었다.

필요들을 평가하고 최선의 전략을 그려내기 위해 그 지역에 여러 번 방문한 결과, 도로를 건설하고 기계들을 제공할 뿐 아니라 지역 주민들이 그것들을 운영하는 데 필요한 훈련을 제공하기 위한 계획이 수립되었다. 수출을 위해 과일을 말리고 포장할 수 있도록 휴대용 건조장치가 기증되었다(과일은 풍부하지만 공정 능력의 부족으로 들판에서 썩고 있다). 건강관리의 질을 개선하기 위해 현존하는 의료 진료소를 확장하겠다는 서약이 이루어졌다. 소액대출을 위한 신용은행의 설립도 포함되었다. 이 모든 계획을 위한 비용은 100만 달러에 달하는 것이었는데, ITN 회원들이 **'아무런 단서도 붙이지 않고'** 전액을 기부했다.

ITN 회원들은 우간다 변화 네트워크(TNU, Transformation Network of Uganda)와 손을 잡고 훨씬 더 포괄적인 계획을 진행하고 있는데, 그것은 결국 그 나라의 모든 지역에 영향을 미치게 될 것이다. 알렉스 미탈라 (Alex Mitala, 1장에 언급된 파인애플 농부인 동시에 1만 5,000명의 회원이 있는 교회연합체의 의장이기도 함)와 앤드류 루가시라(Andrew Rugasira, 12장에 기술된 커피 재배농)가 그 단체의 공동의장인데, 우간다 세무감독관인 알렌 카지나(Allen Kagina)를 비롯해서 다른 많은 강단 사역자들과 일터 지도자들도 그 단체에 포함되어 있다. 변화의 그룹들이 우간다의 수도인 캄팔라(Kampala) 전역에서-은행들과 쇼핑몰, 학교, 그리고 심지어 영부인의 집무실에서까지-생겨나고 있다.

확실하게 이야기하긴 아직 이르지만, 레지스텐시아가 도시 전체를 복음화하는 문제에 있어서 우리의 눈을 열어 주었던 것과 마찬가지로, 우간다는 한 나라가 제자화될 수 있음을 보여 주기 위해 그리스도인들에게 출발점을 제공하는 나라가 될 가능성이 충분히 있다. 한 나라의 피부로 느껴지는 필요를 채워 주는 것은 거대한 문을 열어젖히는 행위로 판명되고 있다.

다른 ITN 회원들도 다른 나라들에 비슷한 일들을 능동적으로 추구하고 있다(프로젝트의 민감성 때문에 이름들과 위치들은 공개하지 않겠다). 다음은 몇 가지 실례들이다.

- 한 회원은 제 3세계 국가가 수백만 달러의 가치가 있는 계약들을 처리할 수 있도록 국제적인 구매 담당자가 되었으며, 거기서 나오는 이윤의 대부분은 그 나라를 재건하는 일에 기부하고 있다. 그런 결정을 내린 이후로, 하나님은 이 사람에게 수억 달러의 가치가 있는 거래들을 추가로 맡겨 주셨는데, 그런 거래들도 역시 동일한 방식으로 사용될 것이다.

- 또 다른 회원은 수십억 달러의 가치가 있는 장기 프로젝트들을 손에 넣었는데, 그는 가난한 자들의 운명을 개선하기 위해 그 이윤의 51퍼센트를 산업시설의 개발과 확충에 재투자하겠다고 규정했다.
- 세 번째 동료는 수백만 달러의 가치가 있는 기술개발 특허들을 소유하고 있는데, 그 모든 것은 하나님 나라의 목적을 위해 사용될 것이다.
- 대단히 성공적인 최첨단 회사의 소유주와 최고경영자는 전도유망한 젊은이들을 위한 멘토링 프로그램을 마련했다. 그것은 그들에게 자신들이 아는 모든 것을 가르치고, 일단 그들이 그 프로그램을 졸업하고 나면 그들 자신의 회사를 세워 주겠다고 제의하기 위함이다. 이것은 산업계에 표준으로 여겨지는 것으로부터의 과격한 단절이다. 왜냐하면 멘토링 프로그램은 대개 졸업자들이 그 회사에 근무해야 한다고 요구하기 때문이다. 그들을 잠재적인 경쟁자로 세우는 것은 훨씬 더 극단적인 일이다!
- 비슷한 일들이 ITN 밖에서도 일어나고 있다. 최근에 사역 여행차 무슬림 국가를 다녀온, 대단히 부유한 어느 기독 사업가는 그 나라에서 수백 헥타르의 땅을 구입했을 뿐 아니라 그 땅에 1만 명의 고아들을 입양해 훌륭하게 양육하는 데 필요한 산업시설을 건설할 계획이라고 말했다. 하지만 음식과 숙소 외에도, 그는 그 고아들이 핵심분야에서 지도자들이 되어 일반 세상에 변화의 역사를 일으킬 수 있도록 최고의 시설이 완비된 캠퍼스에서 최고의 교육을 제공할 계획을 세워놓고 있다. 물론 그 교육은 유치원부터 대학까지 제공하는 것이다.
- 한 국제적인 중개업자는 경영대학원을 졸업하는 수백 명의 그리스도인들을 채용하고 훈련시켜, 하나님 나라의 원리들을 실행하며 국가적 변화를 위해 이윤의 51퍼센트를 기부하기로 서약할 중개업자들로 키울 계획

을 세우고 있다.
- 최근에 루스와 나는 에너지를 발생시키는 획기적인 기술들에 대한 특허를 갖고 있는 사람들과 저녁식사를 함께 한 적이 있었다. 그런 획기적 기술들은 교통산업을 혁명적으로 바꿔놓을 잠재력을 가지고 있는 것들이었다. 두 사람 모두 국가적 변화에 헌신되어 있다.

나는 내 친구 데이브 시바(Dave Seeba)로부터 일터의 다른 분야에서 얼마나 많은 일들이 진행되고 있는지 보여 주는 다음과 같은 이야기를 들었다.

고급 리조트 호텔에서, 120명의 명석하고 성공적인 사업가들이 경쟁자를 이기는 법이나 새로운 상품을 시장에 출시하는 법이 아니라 삶을 '**의미 있게**' 만드는 것들에 초점을 맞추는 법에 관해 논의하기 위해 모이고 있다. 그것은 단순히 사람들을 성공적인 존재로 만들기 위한 의도가 아니다.
이 사업가들 중 많은 이들이 자신이 달성한 성공의 대가로 너무나 많은 것을 포기했다는 것을 깨달았기 때문이다. 또 어떤 사업가들은 자신의 삶이 이 땅에 하나님 나라를 확립하는 데 영향을 미칠 수 있도록 성공과 의미를 하나로 통합시키려고 모색하고 있다.

영광스런 비전

이러한 일터의 그리스도인들은 하나님께서 구체적인 이유를 가지고 특별한 방식으로 그들에게 재능을 주시고 그들의 위치를 결정해 주셨음을 인식하는 가운데 살아가려고 노력하고 있다. 어떤 사람에게, 이 사람들은 실업가적 문제 해결자들이다. 그들은 기회들을 포착할 뿐만 아니라 과감히 모험을 하라고 서로에게 격려한다.

그들이 원탁에 둘러 앉아 자신이 체험한 것들을 나눈 내용들을 보면 영감과 도전정신으로 가득차 있다. 다음은 그 컨퍼런스의 가장 핵심적인 내용들이다.

- 한 사람이 일단(一團)의 사업가들을 세계 개발도상국들로 이끌어 그들이 가진 사업 지식을 개발도상국의 지역 기업가들과 나누도록 한다. 그들은 그 나라들을 돌보도록 자신들에게 동기를 부여하는 것이 무엇인지 나눈다. 그것은 예수께서 가르치신 대로, 동료들에 대한 사랑 때문이다.
- 또 다른 최고경영자는 전 세계를 여행하면서 사업가들에게 그리스도의 메시지를 나타낼 뿐만 아니라 지역사회에 속한 자들을 '**축복**'하기 위해 그들의 사업을 사용하라고 권면한다.
- 한 정력적인 변호사는 어떻게 하나님께서 자신을 일중독에서 건져 내시고 아프리카의 AIDS 고아들을 향한 긍휼의 마음을 주셨는지에 관해 이야기한다. 이것 때문에 그의 아내와의 관계뿐 아니라 두 딸과의 관계도 회복되었으며, 그들도 역시 그 사역에 동참하게 되었다.
- 저녁을 먹으면서, 엄격한 선교사 부부의 아들이 음악과 영화가 친구들에게 미치고 있는 심오한 영향을 보고 어떻게 할리우드에 진출해 영화음악을 만드는 직업을 갖게 되었는지 설명한다.
- 저녁식사 후에, 브로드웨이에서뿐 아니라 할리우드에서도 일하고 있는

한 싱어가 자신이 직접 만든 창작곡들은 연주한다. 그 노래들은 세속적인 청중들을 위해 성경적 소재들을 되살리고자 만들어졌다. 노래들 중간 중간에 그는 할리우드에서 긍정적인 프로젝트들을 진행하고 있는 경건한 남녀들에 관해 나누고, 파괴적인 해석들이 영화 속에 최소한으로 스며들어가도록 하는 일에서 그들이 담당하는 핵심적인 역할에 대해서도 나눈다.

- 다음날, 그 정력적인 그룹은 영화 「어메이징 그레이스」(Amazing Grace)의 사전심사에 참석하고자 버스에 올라탄다. 그 영화는 영국에서 노예무역을 불법화하기 위한 싸움을 성공적으로 이끌었으며, 일반적으로는 영국 전역에서 노예제도를 종식시키는 운동의 촉매역할을 하기 위해 영국 의회에서의 정치적인 경력을 희생한 것으로 인식되고 있는 윌리엄 윌버포스(William Wilberforce)의 삶을 다룬다.

그 특별한 영화는 그 그룹과 깊은 유대관계가 있는데, 그것은 그 그룹의 큰 뜻을 상당부분 공유하고 있는 한 동료 그리스도인이 그 영화 제작을 의뢰한 사람이기 때문이다.

- 그 다음날엔, 아침과 저녁 강의 시간에 유명한 목사가 대부분의 충동적인 A형 성격의 소유자들이 경험하는 결혼과 양육 문제에 관한 말씀을 전한다. 종교 기관의 지도자들이 그 성공적인 사람들을 그들 자신의 프로그램에 자금을 제공하는 수단 이상의 그 어떤 것으로 본다는 것은 특별한 일이다. 하지만 그들이 지닌 독특한 개인적 갈등에 대해 그 강사가 보여 준 진심어린 관심은 대단히 고마운 일로 여겨지고 그의 조언은 마치 마른 땅의 물처럼 빨아들여진다.

- 마지막날 점심식사 시간에, 미국에서 가장 유명한 가문들 중 한 가문의

자손이 어떻게 하나님께서 자신을 가문이 경영하는 사업체에서 끌어내어 중요한 회사를 운영하게 하셨는지 이야기한다. 동시에, 어린 아이들을 입양하기 원했던 그의 아내의 소원을 따른 결과, 그들의 직계 가족은 두 배로 증가했고, 함께 아프리카 사람들을 섬기는 국제적인 사역을 하고 있다.

- 저녁식사 휴식시간을 중단시키면서, 실리콘밸리에 있는 하이테크 회사의 최고 이사가 자신의 기도생활에 관해 나눈다. 그것은 많은 사람들이 그런 위치에 있는 사람에게서 기대할 수 있는 것이 아니었지만, 이 그룹은 하나님과의 그런 연결이 그들이 하고자 하는 일에 필수적인 것임을 안다.

- 컨퍼런스의 마지막날 저녁에는 세계적으로 유명한 목사가 갱신에 관한 말씀을 전하고, 예전의 하이테크 최고경영자가 하나님께서 어떻게 사업을 효과적으로 사용하실 수 있는지에 관해 나눈다. 그 그룹은 여기에서 어떤 이분법도 보지 못한다. 그들은 자신들에게 요구되는 개인적 변화와, 그들의 사업이 일으키고 실증해 보일 수 있는 삶을 변화시키는 메시지에 유심히 귀를 기울인다.

올바로 운영되는 사업들, 즉 일자리를 창출하면서 공동체에 재투자하고 일터 내에서 성경적 가치들을 보여 주는 사업들을 통해 하나님께서 일하실 수 있는가? 그 기업가들은 그렇게 생각한다. 그리고 이런 형태의 모임은 다른 지역들에서도 일어나고 있다.

예를 들면, 나는 최근에 세계에서 가장 부패한 다섯 국가들에 속하는 것으로 분류되기도 하는 부유한 나라에서 세미나를 진행했다. 가르침이 끝나갈 무렵, 47개 일터 그룹들의 대표들이 부패한 일터 문화로부터 시작해 그 나라의 변화를 위해 한마음으로 일할 것을 포함하는 공적인 서약에 서명하고자 온 열심을 다해 앞으로 나왔다. 그런 취지에서 그들은 '**세금을 납부하고 뇌물을 취하거나 받지 않기로**' 서약하기도 했다.

최근에, 기독교인이면서 중국에 사업체를 가진 137명의 거물들이 정보를 교환하고 '영적 합작 투자'를 위한 기초를 놓기 위해 3일 동안 모였다. 그들 모임의 절정은 세금을 납부하고, 적정 수준의 봉급을 지불하며, 종업원들을 돌보고, '뇌물을 멀리하겠노라'는 서약서에 서명하는 시간이었다!

부패가 구조적 빈곤을 지탱해 주는 생명줄이기 때문에, 나는 부패에 맞서는 용감한 대중적 자세를 포함하고 있는 실례들을 선택했다. 구조적 빈곤은 세상이 피부로 느끼는 필요이며, 우리는 복음으로 그것에 접근하도록 부르심을 받았다. 그렇기 때문에 우리는 다음과 같은 질문을 던져야 한다. '**그토록 깊게 뿌리 박혀 있는 거대한 악을 무너뜨리는 데 얼마나 많은 시간이 걸릴 것인가?**'

그런 맥락에서, 비슷하게 세계적으로 깊이 뿌리 박혀 있던 구조적 악-노예제도-을 상기하는 것은 고무적인 일이다. 왜냐하면 그것이 '**비교적 짧은 시간에**' 근절되었기 때문이다.

> 우리는 하나님 나라를 위한 실질적인 자원들을 창출하거나 그 자원에 접근하는 것과 관련된 임계점에 빠른 속도로 접근해 가고 있다.

"18세기 말엽, 세계 인구의 4분의 3이 훨씬 넘는 사람들이 다양한 형태의 노예제도와 농노제도에 갇혀 속박되어 있었다. 하지만 노예제도의 범위보다 훨씬 더 놀라운 것은 그것이 사라지게 된 속도였다.

그 다음 세기 말엽엔 노예들을 소유하는 것이 거의 모든 곳에서 공적으로 불법화되었다. 반노예제도 운동이 한평생밖에 되지 않는 시간에 그 목표를 달성한 것이었다."[1]

내가 보건대, 다섯 가지 요인이 대대적인 노예제도를 그렇게 빠른 시간 내에 근절되게 만들었다.

첫째, 노예를 소유하지 않고 노예제도의 악을 발견한 사람들이 그것에 맞서 소리를 높였다.

둘째, 노예를 소유할 수도 있었을 사람들이 그렇게 하기를 거부했다.

셋째, 노예를 소유한 사람들이 그들을 놓아 주기로 선택했다.

넷째, 이 세 그룹의 사람들이 손을 잡고서 도덕적인 압력을 통해서든 혹은 공공연하게 노예들을 사들임으로써, 거부하는 집단 사이에서 노예들의 자유를 적극적으로 추구했다.

다섯째, 반노예제도 운동의 힘이 좀더 높은 도덕적 위치를 차지하고서 노예제도의 악한 본성을 부끄러움 없이, 그리고 가차없이 폭로했을 때 노예제도가 붕괴되었다.

이 다섯 단계 속에, 구조적 빈곤을 제거하는 데 평행적으로 적용할 수 있는 열쇠가 있다. 그것을 적용한다면, 감히 말하거니와 구조적 빈곤은 반드시 제거될 것이다. ITN 회원들과 비슷한 그룹들은 이미 첫 세 단계를 밟은 상태이다. 나머지 두 단계는 곧 따라올 것인데, 현재 진행되는 세계화는 우리에게 유리하게 작용하고 있다. 우리가 인내한다면 그것은 시간 문제일 뿐이다.

최종적인 돌파

상당히 많은 일터 사역자들이 중추적인 패러다임들을 이미 붙잡았거나 알고 있기 때문에, 이제 우리는 하나님 나라의 실질적인 자원들-단순히 재정적인 자원들만이 아니라 구조적 빈곤을 부채질하는 사회적 질병에 대한 치료법을 제공할 수 있는 새로운 아이디어들과 개념들, 그리고 발명품까지 포함-을 그 자원에 접근하는 것과 관련된 임계점에 빠른 속도로 접근해 가고 있다. 아무도 구조적 빈곤을 좋아하지 않는다. 모든 사람이 그것이 제거되기를 원하지만, 지금까지 해결책을 마련한 사람은 아무도 없다. 이것은 그리스도인으로서 가장 큰 기회이다.

엘크 리버와 하와이 같은 후속 모델들뿐만 아니라 레지스텐시아에서도, 하나님으로부터 온 변화의 추진력은 세 번의 연속적인 파도로 임했다. 첫 번째 파도는 그분의 백성에게 변화가 실행가능하다는 것을 확신시켰다. 두 번째 파도는 그들에게 세상이 평화 중재자와 문제 해결자로서 그들의 나타남을 간절히 기다리고 있다는 것을 보여 주었다. 이것으로 인해 그들은 잃어버린 자들을 먼저 섬기는 자들이라는 평판을 얻어야 할 필요성을 인식하게 되었다. 세 번째 파도는 피부로 느끼는 필요를 충족시켜 줌으로써, 대적의 견고한 진을 하나님의 변화의 모델을 세우기 위한 기초로 변화시켰다. 예를 들면, 레지스텐시아의 물 부족과 하와이에 있는 학교들의 위기는 교회가 가장 손에 잡힐 듯한 방식으로 하나님의 사랑을 보여 줄 기회가 되었다.

예견하건대, 나라들의 제자화를 가능케 하고, 그 과정에서 바벨론 체제를 무너뜨리게 될 돌파에는 다섯 가지 요소가 존재하게 될 것이다.

1. 이 책에 제시된 패러다임을 따라 변화적인 생활방식을 붙잡게 된 그리스도인들은 하나님의 인도하심을 따라 **'성경적 근거를 지닌 사회적 기업가 정신'**의 모델을 개발하기 위해 세상의 서로 다른 여러 분야에서 연합하게 될 것이다.

   우리가 시장에게 도시 문제를 돕기 위해 우리가 할 수 있는 일이 무엇인지 묻는 데 편안해지게 된 것과 마찬가지로, 우리는 머지 않아 세상의 지도자들에게도 똑같이 하게 될 것이다. 아무것도 필요치 않다는 대답이 늘어 가리라는 것만 제외하고, 원리는 동일하다. 그리고 그런 그리스도인들은 **'아무런 조건도 붙이지 않고'** 그리스도의 이름과 성령의 이름으로 잘 해 낼 것이다!

2. 생명나무 잎사귀에 접근하는 법을 터득한 그리스도인들은 적어도 네 가지 핵심영역, 즉 에너지와 상업, 식량, 그리고 의학 분야에서 세계의 주요 문제들을 해결하는 데 필요한 발견들과 발명품들, 그리고 새로운 방식들을 고안해 낼 것이다. 그리고 그런 획기적 변화들이 늘상 가져오는 재정적 보상을 받을 경우, 이런 그리스도인들은 세계적인 연단 위에서 그리스도를 본받음으로써 세상을 깜짝 놀라게 할 것이다.

   즉 그들은 구조적인 악을 제거하기 위해 그 수입을 기업적인 자선단체에 기부함으로써 움켜 쥐는 자가 아니라 베푸는 자임을 드러낼 것이다. 그들은 "주는 것이 받는 것보다 복되도다"(행 20:35)라고 말씀하신 분의 참된 제자들이 될 것이다.

   바벨론 체제의 뺨을 치는 것이나 다름없는 행동을 함으로써, 그들은 바벨론 체제의 탐욕과 통제를 폭로할 것이다.

3. 변화의 기름부음을 가지고 선출된 공직자나 혹은 직업적인 공무원으로, 정부에서 섬기도록 부름받은 그리스도인들은 세상의 지도자들을 괴롭혀 온 끊임없는 사회문제들을 해결하는 데 필요한 초자연적 통찰력을 하나님께 위임받게 될 것이다. 그리고 그들은 다니엘과 같이 관대한 정신으로 그 일을 행할 것이다. 왕이 신비의식에 깊이 빠져 있었던 이교도 술객들을 처형하라고 명령했을 때, 다니엘은 자기 자신과 **'박수들'**을 위해 왕께 중보했다. 후에, 다니엘은 그들 모두의 수장이 되었다(바벨론의 무당 및 점쟁이 연맹의 의장으로 임명된 것과 같음). 다니엘은 그것을 수락했을 뿐만 아니라 그 지혜와 총명이 온 나라 박수와 술객보다 십 배나 더 뛰어났기 때문에(단 1:20을 보라) 그 연맹을 효율적으로 다스렸다.

돈과 사업의 관계는 영향력과 정치의 관계와 같다. 이런 현대판 다니엘들은 자신의 특별한 통찰력에서 나오는 영향력을, 다른 사람들 위에 군림하기 위한 목적이 아니라 그들을 **'섬기기'** 위한 목적으로 사용할 것이다. 그렇게 함으로써, 그들은 바벨론 체제의 두 가지 다른 현상들인 부도덕함과 교만을 폭로할 것이다.

4. 위의 모든 것들은 하나님께서 진정한 사도들의 손을 통해 행하시는 특별한 기사와 이적과 표적들의 방법으로 일어날 것이다. 진정한 사도들은 그들에게 맡겨진 기적의 기름부음 때문에, 그리고 기도에 대한 그들의 헌신과 의존성 때문에 인정받게 될 것이다. 이처럼 인간이라는 그릇을 통해 역사하시는 하나님의 깜짝 놀랄 만한 개입은 위협과 핍박, 그리고 심지어 순교의 상황 속에서까지 일어날 것이기 때문에 기하급수적인 영향을 미치게 될 것이다(마 5:12, 요 15:20을 보라). 이런 특별한 기적의

목적은 삼중적이다. 교회를 담대케 하는 것, 잃어버린 자들의 눈을 여는 것, 그리고 바벨론 체제를 짓밟는 것이다. 과거 시대에 이런 것들이 진실로 변화를 가져오는 기적들이었으며 지금 시대에도 그러할 것이다!

5. 고린도의 그리스보(행 18:8을 보라)와 다시스의 사울의 경우와 마찬가지로, 또한 하나님은 대단히 영향력 있고 촉매적인 지도자들의 극적인 회심사건들을 통해 '인간 가속장치'도 제공하실 것이다. 그들 중 아무도 교회의 레이더망에 포착되지 않았다. 사울의 경우는 기독교의 가장 위험한 적이었지만, 하나님은 그를 '내 이름을 이방인과 임금들과 이스라엘 자손들 앞에 전하기 위하여 택한 나의 그릇'(행 9:15)으로 보셨다.

이런 다섯 가지 흐름의 공통점은 피부로 깊게 느껴지는 필요들의 기적적인 충족을 통해 하나님께서 세상(단지 교회만이 아니라)과 잃어버린 자들(단지 신자들만이 아니라)을 만지시도록 정확하고 순결한 통로 역할을 하는 사람들이다. 그렇게 피부로 느끼는 필요들을 충족시켜 주는 행위는 복음의 기쁜 소식의 위엄과 능력, 그리고 특히 보편성을 확실하게 드러내 줄 것이다. 그것이 바로 하나님 나라의 복음이며, 세상으로 믿게 할 수 있는 유일한 것이다.

예수님은 이렇게 말씀하셨다. "율법과 선지자는 요한의 때까지요 그 후부터는 하나님 나라의 복음이 전파되어 사람마다 그리로 침입하느니라"(눅 16:16). 율법과 선지자를 부인하거나 무시하지 않으면서 변화를 일으키는 그리스도인들은 음부의 문이 아직까지 세워져 있는 모든 곳(바벨론 체제)에서 적극적으로 하나님 나라의 복음에 초점을 맞추고 담대하게 전파할 것이다. 그리고 그들이 그렇게 할 때, 그 문들은 무너질 것이며 '**모든 사람**'이 하나님 나라 안으로 침입해 들어가게 될 것이다.

진실로, 승리가 지평선 위로 떠오르기 시작하고 있다. 힘차게 전진하자!

19장
당신에 대한 하나님의 믿음

God's Faith in You

TRANSFORMATION

"말에 올라 타라." 할아버지께서 동쪽의 초장을 엄격한 눈초리로 바라보시면서 말씀하셨다. "말을 타고 가서 저 녀석들을 잡아라." 할아버지는 밤 사이에 축사를 박차고 나와 그들에게 허락되지 않은 것을 먹으면서 시간을 보내고 있는 소떼를 노려보고 계셨다.

그 특별한 소떼는 말썽부리는 성향으로 악명이 높았는데, 그것 때문에 그들은 밤이면 항상 우리 안에 갇혀 있게 되었다. 그 무리의 우두머리는, 만약 인간으로 태어났더라면 남미의 어느 나라에서 성공적인 혁명을 이끌었을 법한 젊은 황소였다. 그 황소는 체제 내의 약점을 간파해 재빨리 기회로 바꿀 수 있는 예리한 능력과 더불어 특별한 리더십의 능력을 보유하고 있었다. 그 소가 무엇을 하든지, 그 무리에 속한 다른 소들은 아무 의심 없이 따랐다.

그들을 몰아서 모으는 일은 쉽지 않았다. 한 번도 쉬운 적이 없었다. 할아버지와 여름을 함께 보낼 때마다, 나는 비슷한 경우를 당해 할아버지와 함께 말을 타곤 했었는데, 그것은 항상 힘겨운 일이었다. 하지만 그날 아침에는 할아버지께서 나에게 그 일을 **'혼자'** 하라고 말씀하신 것이다!

나의 귀를 믿을 수 없었다. 할아버지께서 여덟 살밖에 되지 않은 어린 '내가' 그 일을 할 수 있다고 믿었을까? 한편으로 나는 울타리를 박차고 나온 그 약삭빠른 황소와 그의 '불한당' 패거리를 대면해야 한다는 생각에 간담이 서늘할 정도였다. 하지만 다른 한편으로는 할아버지께서 내가 그 일을 할 수 있다고 믿으신다는 것을 알고서 기분 좋은 자부심이 파도처럼 밀려오는 것을 느꼈다.

할아버지는 스킨십을 잘 하시는 분이 아니었다. 할아버지는 19세기 말에 태어나셨기 때문에, "사랑해"라고 말하기보다는, 모든 사람을 위한 음식과 양식을 마련하고자 열심히 일함으로써 사랑을 표현하는 세대에 속한 분이셨다. 또한 할아버지는 말수가 아주 적은 분이셨다. 말씀을 하실 때, 할아버지는 얼굴 근육도 별로 움직이지 않으셨다. 다만 그의 눈을 움직이셨다. 할아버지는 목소리를 높인 적이 없으셨지만, 말씀하는 내용을 강조하고 싶을 때면 눈을 움직이셨다.

그런데 그날 아침 할아버지의 파란 눈에는 '뭔가 특별한' 섬광이 있었다. 나는 그것이 확신이라고 느꼈다. 할아버지는 나에게 이런 메시지를 전달하고 계셨던 것이다. **"너는 할 수 있어. 나는 너를 믿는다. 이제 가서 내 믿음이 옳았다는 걸 입증해 보여라."**

할아버지의 눈 속에 있는 희미한 빛을 보는 것이 나에게 필요한 전부였다. 그 눈빛이 할아버지께서 나를 믿으신다는 메시지를 전달해 주었으며, 그것만으로도 나는 할아버지께서 나에게 부여해 주신 임무에 과감히 도전할 수 있었다. 게다가, 나에겐 믿는 구석도 없어서 감히 할아버지의 명령을 거스를 수도 없었다. 나는 직접적인 명령을 받은 것이었다.

나는 할아버지께서 2년 전에 생일선물로 주신 나의 얼룩말, 만차도(Manchado)에 올라타기 위해 집 뒤편에 있는 작은 축사로 힘껏 달려갔다. 만차도에 올라탄 다음, 반란을 주도하고 있는 소와 그의 일당들이 있는 목초지 방향을 가리켰을 때, 나는 내가 영웅으로 여기고 있던 세 명의 만화 주인공인 조로(Zorro)와 슈퍼맨(Superman), 그리고 캡틴 마블(Captain Marvel)을 합쳐 놓은 듯한 기분이었다.

나는 할아버지께서 나에 대해 보여 주신 믿음으로 인해 용기백배한 상태였다. 내 스스로는 그것을 해낼 수 있다는 확신을 절대로 갖지 못했을 테지만, 눈빛으로 형상화되고 강조된 할아버지의 말씀이 나에게 있던 작은 믿음에 활력을 불어 넣었으며, 그로 인해 나는 전에 한 번도 해보지 않은 일을 하려고 말을 타고 달려 가고 있었다.

놀랍게도, 모든 일이 순조롭게 진행되었다. 그것은 쉬운 일은 아니었지만, 잠시 후에 나는 그 소떼 전부를 마땅히 있어야 하는 우리 안으로 몰아넣었다. 만차도를 타고 집으로 돌아왔을 때, 나는 작전을 성공적으로 마치고 돌아오는 당당한 로마 장군처럼 느껴졌다. 그러나 나는 피부 접촉도 잘 하지 않고, 말도 별로 없으신 할아버지로부터 칭찬을 기대할 만큼 어리석지는 않았다. 할아버지는 말이 거의 없으신 분이었지만, 내가 집중하고자 했던 것은… 그의 눈이었다.

내가 만차도에서 내릴 때쯤, 할아버지는 이미 다른 말을 홱 잡아당겨 마차에 매어 놓은 상태였다. 그 마차는 짧은 거리를 달리는 데 사용되는 차량이었다. 할아버지는 황소의 반역을 진압한 나의 성공적인 원정에 대해서는 아무런 말씀도 하지 않으시고, 대신 인정하는 듯한 눈빛으로 "읍내에 가자"라고 말씀하셨다.

작은 푸에블로(pueblo, 돌이나 벽돌로 만든 원주민 부락으로, 미국 남서부에 많음-역자 주)라고 할 수 있는 읍내에 도착하자, 술집에 들어가게 되었다. 그곳에서 할아버지는 우리 두 사람을 위해 마실 것을 주문하셨다. 그것은 특별한 일이 아니었다. 전에도 그런 적이 있었다. 할아버지는 보통 포도주 한 잔을 드시거나, 아니면 나와 함께 그레나딘(grenadine, 석류로 만든 시럽-역자 주) 한 잔씩을 드시곤 했다. 할아버지는, 여느 때보다 더 큰 목소리로, 다른 사람들에게 들으라는 듯이 힘을 주어 말씀하셨다. "나와 '**내 파트너**'에게 평소 마시던 것을 가져오시오."

할아버지께서 친구들 앞에서 나를 '파트너'라고 부르신 것이다! 그날 아침, 할아버지께서 나에 대해 보여 주신 믿음이 나 자신에 대한 나의 믿음에 에너지를 공급해, 그때까지만 해도 내가 불가능한 것으로 여겼던 임무를 수행할 수 있는 능력을 나에게 불어넣어 주었다. 그런 돌파를 촉발시킨 것은 '**나에 대한**' '**그의**' 믿음이었다. 그리고 이제 할아버지께서 우리가 파트너라고 막 선언하신 것이었다! 놀랍지 않은가!

하나님을 믿는 믿음에 관해 얘기해 볼 때, 우리는 종종 부족하다는 느낌들에 시달린다. 그것은 우리가 어리석게도 '**우리의**' 믿을 수 있는 능력에 우리 믿음의 뿌리를 두기 때문이다. 우리는 '**우리가**' 하나님에 대해 얼마나 큰 믿음을 가지고 있느냐로 믿음을 측정한다. 그리고 우리는 '**하나님께서 우리에 대해 얼마나 큰 믿음을 갖고 계신지**'를 계산에 넣지 못하기 때문에 종종 낙담하고 만다. 우리는 그런 가능성에 대해서는 거의 생각하지 못한다.

진실로 하나님은 그분에 대한 '**우리의**' 믿음이 자라는 것을 촉진시키기 위해 우리에 대한 '**그분의**' 믿음을 사용하신다. 성경 전체에 걸쳐, 그분은 우리가 얼마나 존귀하고, 거룩하고, 승리하는 존재인지 감동적으로 기술하신다. 우리가 무가치한 느낌과 죄책감, 그리고 패배감에 사로잡힐 때, 그런 진술들이 우리를 구출해 낸다. 그분이 우리의 승리를 얼마나 확신 있게 기대하시는지를 읽고 나면, 승리를 추구하고 승리를 획득하는 데 필요한 새로운 활력이 우리에게 공급된다.

이 문제는 사사기 6-8장에 나오는 기드온의 이야기에서 감동적으로 제시되어 있다. 구약에 등장하는 그 영웅을 생각할 때, 우리는 대개 끝없는 승리밖에 알지 못하는 용감하고 두려움 없는 사람을 상상한다. 하지만 기드온은 나라가 비참할 정도로 무너진 시대에 살았다. 해마다 추수 때가 도래하고 하나님의 백성이 결실을 즐기려고 할 때면, 그들의 대적 미디안 사람들이 메뚜기처럼 그 땅에 덮쳐 농작물을 약탈하고 포도원을 짓밟으며 동물들을 살육하고 그 땅을 강탈하곤 했다. 그들은 한 나라를 유린하고 종속시키고자 쳐들어와서는 아무런 제재도 받지 않고 그렇게 했다. 그들의 기세에 눌린 하나님의 백성은 근처에 있는 산 동굴에 숨어 무기력하게 자신들이 수고한 열매가 약탈당하는 모습을 지켜볼 수밖에 없었다.

그런 일이 진행되던 어느 시점에, 기드온은 동굴 속에 몸을 숨기러 떠나기 전에 밀을 포도즙 틀에 숨기고 있었다. 기드온은 싸우려고 계획하고 있지 않았으며, 심지어 소극적으로라도 침입자들에게 저항할 계획이 없었다. 두려움에 압도당한 나머지, 그는 새로운 곡식을 심는 데 필요한 뭔가를 확보하고자 약간의 곡식을 숨기고 있었다. 하지만 그의 대적들은 내년에 돌아와서 그것까지 훔쳐갈 것이 분명했다. 그렇기 때문에 그것은 그리 대단한 광경이 아니었다.

바로 그때에 한 천사가 기드온을 방문해 이렇게 선포한다. "큰 용사여 여호와께서 너와 함께 계시도다"(삿 6:12). 그것은 직접적인 사실과 거리가 먼 것이었기 때문에 낯선 인사였다. 기드온은 분명 용사가 아니었다. 그는 도피할 곳을 찾아 도망다니는 일반인에 불과했다.

아무리 상상력을 동원해 보아도 그는 강한 자로 간주될 수 없었다. 오히려 그 반대로, 그의 내면은 무너져 있었고 희망이라곤 찾아볼 수 없었다. 그렇지만 그것이 여호와의 천사의 말이었기 때문에, 우리는 하나님으로부터 받은 메시지를 전달함에 있어서 그 천사의 신뢰성과 정직성을 의심할 수 없다. 왜냐하면 우리는 하나님께서 거짓말을 하실 수 없음을 알기 때문이다. 그렇다면 사실과 전혀 맞지 않는 그런 선언이 어떻게 사실일 수 있을까? 기드온이 진실로 강한 용사로 불릴 수 있었던 이유는 **'우리가 자신에 대해 내리는 평가보다 하나님께서 우리를 더 높이 평가하시기 때문'**이다.

나의 할아버지의 경우처럼, 우리에 대한 하나님의 평가는 아직 실현되지 않은 미래의 승리들에 의해 결정된다. 반면에 우리 자신의 능력(혹은 능력의 부족)에 대한 우리의 평가는 과거의 실패들과 우리가 이루지 못한 것에 의해 형성된다. 하나님은 **'기드온을 미래의 장군으로 보셨으며,'** 포도주통 사이에서 비굴하게 뒹굴고 있는 소심한 젊은이로 보지 않으셨다.

그 당시의 이스라엘처럼, 오늘날 많은 그리스도인들이 단념과 두려움의 동굴 속에 갇히는 경우가 흔히 있다. 그들은 가정과 결혼, 직업, 관계, 가족 등을 세우느라 열심히 일해 왔다. 그리고 이제 막 그들이 수고한 열매를 누리려고 하는 순간에 비극이 들이닥치는데, 한 번이 아니라 여러 번 그랬을 것이다. 기드온처럼, 그들은 희망이 사라지고 믿음이 선택사항으로 내동댕이쳐질 때까지 패배의 회전목마를 타면서 실패의 사이클 속으로 빠져들어 갔다.

만약 당신이 이런 경우라면, 당신은 누구의 보고를 믿을 것인지, 즉 하나님의 보고를 믿을 것인지 아니면 대적의 보고를 믿을 것인지 결정해야 한다. 하나님은 우리가 할 수 있는 것이 무엇인지를 보시기 때문에, 우리에 대한 엄청난 믿음을 갖고 계신다.

> 하나님은 우리가 할 수 있는 것이 무엇인지를 보시기 때문에 우리에 대한 엄청난 믿음을 갖고 계신다. 그리고 그런 취지에서, 그분은 기꺼이 우리에게 투자하기를 간절히 원하신다.

그런 취지에서, 그분은 기꺼이 우리에게 투자하기를 간절히 원하신다. 기억하라. 믿음의 대적은 불신이 아니라 기억이다. 왜냐하면 부정적인 기억들은 우리를 과거에 묶어 두는 반면, 믿음은 장차 일어날 모든 긍정적인 것들을 드러내 보여 주기 때문이다. 히브리서 11장 1절을 인용해 보자. "믿음은 '**바라는 것들**'의 실상이요 '**보지 못하는 것들**'의 증거니"(강조는 저자가 첨가함).

기드온은 분명 하나님께서 자기와 함께 계신다는 것을 확신하지 못했고 자신이 강한 용사라는 것도 확신하지 못했다. 왜냐하면 만약 하나님께서 정말로 자기와 함께 계신다면 왜 그의 조상들이 그렇게 자주 언급했던 기적들을 하나도 볼 수 없느냐고 그가 천사와 논쟁했기 때문이다.

'**왜 그랬을까?**' 궁극적인 질문이다. 그것은 우리가 깊은 개인적 위기에 빠져 있을 때 사탄이 자주 들먹거리는 질문이다. 하나님에 대한 우리의 믿음이 약해지기 시작할 때, 사탄은 오직 하나님만이 해답을 제공하실 수 있다는 것과, 우리의 연약한 믿음으로는 해답에 접근조차 할 수 없다는 것을 알고서 그 질문으로 위기를 저울질한다. 결과적으로, 우리는 절망과 패배감 속으로 더 깊이 휩쓸려 들어간다.

그 질문에 집착하면 집착할수록, 우리는 그만큼 더 하나님의 능력과 기적의 실제를 의심하는 경향으로 치닫게 된다. 하지만 하나님의 능력과 기적이야말로 우리가 곤경에서 벗어나기 위해 반드시 필요한 것이다. 기드온의 경우에도 그랬다(삿 6:13을 보라).

이 시점에서 하나님 자신이 그 이야기에서 천사를 대신하셨다는 것은 대단히 계시적인 사실이다. 우리는 구약에서 '여호와의 사자'가 성육신하기 전의 그리스도를 언급하는 것임을 알고 있다. 그렇기 때문에 우리는 그 다음 목소리가 하나님의 음성임을 아는 것이다. 나는 하나님께서 다음과 같이 말씀하시는 장면을 상상해 볼 수 있다.

"지금은 나의 직접적인 관심을 필요로 하는 어려운 상황이다." 그런 다음, 아무런 소득도 없는 "왜"라는 질문은 무시하고, 그리고 시간이 가장 중요한 문제였기 때문에, 하나님은 한걸음 더 나아가 아무런 설명도 없이 직접적인 명령—비논리적이고, 개연성이 희박한—을 내리셨다.

"너는 이 네 힘을 의지하고 가서 이스라엘을 미디안의 손에서 구원하라"(삿 6:14). 내가 "개연성이 희박하다"고 말하는 이유는, 기드온에게 거의 아무런 힘도 남아 있지 않았기 때문이며, 그가 가진 힘으로는 나라는 고사하고 자기 자신도 구원하기에 충분하지 않았기 때문이다.

여기에 강력한 원리가 역사하고 있다. 본질적으로 하나님은 기드온에게 이렇게 말씀하고 계신 것이었다. "개인적인 생존에 대해 생각하기를 멈추고 나를 신뢰하라. 그러면 너와 네 주변의 모든 것을 구해 줄 뭔가가 있게 될 것이다."

만약 우리가 단기적인 선의의(일시적일지라도) 해결책을 강구하려고 몸부림치면서 단순히 생존에만 집착한다면, 우리는 자신의 궁극적인 부르심에 도달하지 못할 것이다. 산업과 도시, 혹은 나라를 구원하려면 하나님에 대한 전적인 의존과 더불어 새로운 아이디어와 새로운 능력, 그리고 새로운 기름부음을 끌어 쓸 수 있어야 한다. 우리는 자신의 두려움과 의심의 총합에서 나온 보고보다는 주님의 보고를 믿어야 한다.

개인적인 실례

1980년에, 일주일간 건강검진을 받은 다음, 나는 의사와 함께 자리에 앉아, 길어봤자 2년밖에 살지 못한다는 말을 들었다. 신경계통의 질병이 내 몸 안에 생겨났는데, 의학으로는 치료가 불가능하다는 것이었다.

나는 그가 칠판(그때는 1980년이었고 우리는 의대부속병원에서 만나고 있었다)으로 걸어가던 모습을 생생하게 기억한다. 그는 내가 그날 건강상 어떤 상태인가를 표시하기 위해 먼저 X표를 그린 다음, 선을 하나 그렸는데, 그 선은 처음에는 수평으로 진행하다가 잠시 후에 갑자기 아래로 뚝 떨어지는 선이었다. 그 지점에서 그는 이렇게 말했다. "조만간에 이런 일이 당신에게 일어날 것입니다." 그가 아래쪽으로 급격하게 선을 긋는 바람에, 분필은 분필함을 때리더니 두 조각으로 부러져 버렸다. 그중 한 조각이 마루에 떨어지더니 내가 있는 쪽으로 구르기 시작했다. 그때 그 순간의 충격과 놀라운 감정이 내 마음을 사로잡았다. 나는 속으로 생각했다. '이 분필이 오늘 나의 생명을 의미하는구나. 아직까지는 구르고 있지만 이제 곧 멈추겠지.'

의사의 예측은 다른 전문가들과 내가 내 질병에 관해 읽은 대부분의 서적에 의해서 확증되었다. 이 모든 정보가 내 마음속에 저장되어 내 기억 속에 견고한 성채가 되었다. 의사를 찾아갈 때마다 나는 전에 들었던 것을 상기했다. '2년과 시한부 인생.' 만약 두 살부터 열한 살에 걸쳐 있는 4명의 아이들과 아내가 있는 상태에서 당신의 나이가 35세라면 2년은 굉장히 짧은 시간이다.

내가 뇌속에 저장해 놓은 모든 정보가 나의 조기 사망을 가리키고 있었기 때문에, 결국 그 정보가 나의 생각들과 행동들을 통제하기 시작했다. 내가 들은 전부는 어떤 기적적인 개입도 배제시켜 버리는 '의학적 사실들' 이었다. 내가 중보의 능력을 발견하기까지는 그랬다. 나의 책 『아무도 멸망치 않기를』(That None Should Perish)에서 언급하고 있듯이, 나는 하나님을 구하며 과거가 아니라 미래를 묻기 위해 3일을 구별해 드리기로 결단했다. 하나님께 했던 나의 질문은 단순하면서도 직접적인 것이었다. "이것이 죽음에 이르는 질병입니까 아니면 생명에 이르는 질병입니까?"

나는 거의 3일을 꽉 채워 하나님께 간구하고 그분의 얼굴을 구하며 중보했다. 2일 23시간 45분이 지났음에도 하나님은 침묵하시고 이제 15분밖에 남지 않았을 때, 나는 하나님께 이렇게 말씀드렸다.

"당신의 임재가 좋았습니다. 그리고 이 문제를 올려드릴 수 있는 특권에 대해서 감사드립니다. 당신의 뜻에 순복합니다. 나는 비록 싫어하지만 당신의 침묵이 응답이라면 그대로 받아들입니다. 하지만 합당한 모든 공경심을 가지고 말씀드리고 싶습니다. 비록 의사들이 이미 나에게 말한 것을 확증하는 것이었다 하더라도 내가 당신의 음성을 들었더라면 너무나 좋았겠습니다."

나는 차를 운전해 아르헨티나의 산 니콜라스(San Nicolas)에 있는 우리의 수련원을 향해 가고 있었다. 내가 스스로 정해 놓은 시한이 단 몇 분밖에 남지 않았고, 나의 기억이 줄곧 상기시켜 왔던 것에 스스로를 포기하려던 찰나에, 갑자기 하나님의 임재가 그 차를 엄습했다. 그것이 너무나 강력했기에 그분을 만질 수도 있을 것 같았다. 나는 사방에서 그분을 느끼고 감지할 수 있었다. 그 차는 불수레로 바뀌었으며, 마치 천사들의 날개를 타고서 수련원에 도착한 것 같았다. 일단 그곳에 도착하자, 성령께서 내 영을 사로잡으셨다. 그 밤의 남은 시간 동안 나는 로마서 8장 26절이 가르치고 있는 것처럼, 말할 수 없는 탄식으로 '**그분과 함께**' 기도하고 있었다.

새벽이 왔을 때, 나의 몸은 여전히 아팠지만 '**믿음으로**' 하나님께서 나를 치유하실 거라는 약속을 이미 받은 상태였다. 나는 육적으로 그것을 믿을 만한 아무런 근거도 가지고 있지 않았고, 오직 단순하고 순수한 믿음밖에 없었다. 나는 갈림길에 도달해 있었다. 만약 과거를 바라본다면, 나는 죽을 것이다. 만약 나의 현 상태를 묵상한다면, 나는 어느 쪽으로도 가지 못할 것이다. 하지만 만약 나의 새로 발견한 믿음으로 기억 속에 가득 채워져 떠나지 않고 있는 의심의 안개를 꿰뚫고 미래를 바라본다면, 나는 살게 되리라는 것을 알았다.

그리고 나는 '**생명**'을 선택했다!

그 다음 6개월 동안, 나는 의학적인 지옥을 경험했다. 백혈구 수치가 위험할 정도로 낮아졌을 때, 나는 응급실로 급히 실려갔다. 나는 혈장분리반출술이라고 불리는 과정으로 혈액을 정화시키기 위해 일주일에 두 번씩 여러 시간 동안 각종 기계들에 연결되었다. 주사를 맞을 때부터 약물치료 시까지, 그리고 또 다시 주사를 맞는 시간까지의 모든 날들이 계수되었다. 그러나 날마다 나는 미래를 내다보기로 선택해-종종 길에 파인 깊은 홈으로부터-멀리서나마 내가 죽지 않고 살 것이라는 약속을 향해 경례하곤 했다. 그것은 기억과 믿음 사이의 거대한 전투였다. 그리고 믿음이 이겼다. 죽음으로 끝날 수도 있었던 그 2년이 오늘까지 27년이 되었다. 그리고 그 시간들은 가장 흥미진진한 삶으로 채워졌으며 도시들과 나라들을 변화시키는 데 온전히 초점이 모아졌다.

승리를 향해

나는 하나님에 대한 큰 확신과 그분의 말씀으로부터 얻은 확신을 가지고, 나의 경우와 마찬가지로, 대단히 위협적인 거인들이 지키고 있는 길의 끝자락에 진정한 궁극적 부르심이 당신을 기다리고 있다고 말하고 싶다. 그 거인들 중 하나는 두려움이다.

 당신은 '**하나님께서 당신을 아주 긍정적으로 평가하고 계시며 당신에게 생존모드에서 정복모드로 바꿀 것을 명하고 계신다**'는 것을 힘써 알아야 한다. 충만한 믿음을 가지고 아버지의 손을 굳게 붙잡으라! 그분으로 당신을 들어올려 그분이 정하신 곳으로 당신을 데려가시도록 허락해 드리라. 오늘의 일시적인 위기의 불길한 먹구름을 뛰어넘어 하나님께서 당신을 불러 성취하실 영구적인 변화를 바라보라. 하나님은 일터에 있는 당신의 영향권을 변화시키도록 하기 위해 당신을 부르신 것이다. 그분이 당신에게 능력을 주실 것이다. 하나님께서 나라를 구원하라고 기드온을 부르셨을 때 '**두려움에 사로잡힌 기드온을 믿으셨던 것처럼**' 그분은 '**당신**'을 믿으신다.

다음으로, 하나님은 기드온에게 아버지의 집으로 가서 바알의 제단과 그 옆에 있는 아세라 상을 무너뜨린 다음, 바알의 제단에서 나온 돌들과 아세라 상에서 나온 나무를 사용해 기드온 아버지가 가장 아끼는 수소를 희생제물로 바칠 여호와의 제단을 세우라고 명령하셨다.

기드온은 자기 아버지의 집에서 가장 어린 자였고 그의 가족도 이스라엘에서 뛰어난 가족이 아니었기 때문에 또 다시 두려움으로 고민하고 있었다. 그의 아버지는 자신이 가장 아끼는 수소 두 마리가 제물로 바쳐진 것을 발견한다면 길길이 날뛸 것이 뻔했다. 그의 가정경제가 더욱 심각해질 가능성이 높았기 때문이다. 그리고 도시의 장로들은 그 제단들이 무너져내린 것을 발견하는 순간 그의 아버지에게 가장 가혹한 징벌과 보상 요구를 해올 것이다. 심지어 기드온에게 직접 폭력적인 제재를 가할 가능성도 대단히 높을 것이다. 두려움에도 불구하고 기드온은 순종하기로 선택했다. 아직 그 일을 대낮에 할 만큼 대담하지는 못했지만, 사사기 6장 27절은 기드온이 아무도 보지 않는 어둠을 틈타 그 임무를 수행했음을 말해 준다. 어쨌든 그 일을 한 것이다.

그 다음날 아침, 장로들은 제단들이 사라진 것을 발견하자마자 즉각적으로 그것이 기드온의 소행임을 밝혀 내고는 그의 아버지께 알렸다. 기드온이 두려워했던 모든 일들이 막 현실이 되어 나타나려는 순간이었다. 더군다나, 그는 자기 가족의 변변찮은 서열로는 유력한 도시 장로들의 성난 요구에 감히 맞서지 못할 것이라는 것도 알았다.

그러나 뜻하지 않게, 기드온의 아버지는 아들의 편을 들면서, 장로

> 하나님은 당신을 아주 긍정적으로 평가하고 계시며 당신에게 생존모드에서 정복모드로 바꾸라고 명령하고 계신다.

들에게 만약 바알이 자기 아들이 행한 일에 대해 해결한 문제가 있다면 바알 자신이 스스로 변론할 것이라고 조롱하듯이 말했다. 그의 아버지는 기드온의 행동에 너무 기뻐하면서 그의 이름을 '바알이 쟁론해야 할 자'

라는 뜻의 여룹바알(Jerubbaal)로 바꾸었다. 다시 말해서, 그는 이렇게 말한 셈이었다. "내 아들은 바알을 때려눕힐 수 있다. 이제 만약 바알이 그 주장대로 능력 있는 존재라면 일어나서 내 아들이 섬기는 하나님에 맞서 자신을 변호해야 할 것이다"(삿 6:28-32을 보라).

기드온의 삶에 그렇게 극적인 전환이 일어난 이유가 무엇인가? 우리는 두 번째 원리에서 그 해답을 발견한다. 하나님은 당신이 자신을 평가하는 것보다 당신에 대해 더 높은 평가를 내리실 뿐만 아니라 당신이 생존모드에서 정복모드로 전환하기로 동의할 경우, **'그분은 당신의 가족과 장로들의 마음을 움직여 당신이 가능하다고 여기는 것보다 당신을 더 높이 평가하게 만드실 것이다.'**

오늘날 너무나 많은 신자들이 다른 사람들이 자신에 대해 생각하는 것이나 **'다른 사람의 행동이나 생각을 그들 자신이 지레짐작하는 것에 의해'** 묶여 있는 믿음을 가지고 있다. 과거의 실패에 대한 기억들로 인해, 절망의 계곡 주변 언덕들 위에 무기력함의 제단들이 세워져 왔다. 거기서 그들은 영적으로 묶여 갈등하고 있다.

그들이 주님을 향해 눈을 들려고 하면, 과거의 실패들을 추억하게 하는 너무나 많은 기념비들로 가득 채워져 있는 그 언덕들로 인해 그들의 눈이 가리워진다. 게다가 그 사당들을 너무나 무시무시하게 만드는 이유는 장로들이 그것들을 세웠기 때문이다. 그것은 우리가 그것들을 무너뜨리려면 그들이 할 수 없었던 것을 해야 한다는 것을 의미한다. 그것은 본질적으로 사람들보다 하나님을 더 두려워하는 것이다.

견고한 진을 허물라

미네소타 주(州), 엘크 리버(Elk River)의 변화를 핵심적으로 주도한 사람들 중 한 사람이었으며, 『박스에서 나오신 하나님』(God Out of the Box)이란 책의 저자인 척 립카(Chuck Ripka)는 그의 부모 모두를 삼켜버린 술과 그로 인해 자녀들에게 닥친 불행으로 엉망이 되어버린 역기능적인 가정에서 성장했다. 그의 아버지와 어머니 간의 싸움은 척과 동생들이 뜯어 말려야만 했다. 모욕과 학대가 일상적으로 발생했다. 그는 고등학교 이상을 공부하지 못했다. 결혼할 당시 10대였던 그의 아내 캐시는 이미 첫 아기를 임신한 지 4개월이나 된 상태였다. 그는 일자리도 없었고 직업도 없었다.

젊은이로서 그가 주변을 돌아볼 때, 모든 것이 가정의 실패를 상기시키는 크고 작은 흔적들로 얼룩져 있었다. 그러나 척과 캐시는 예수님을 만났으며 그 언덕들 너머에 시선을 고정하기로 결단했다. 그 결과 그들은 그 제단들을 무너뜨리는 데 필요한 힘을 얻었다. 그럴지라도 그렇게 하는 과정에서 가족들의 믿음을 직접적으로 흔들어 놓는 일들이 일어나곤 했다.

오늘날 척과 캐시는 애정 깊은 결혼생활과 소중한 아이들, 그리고 친구들과 손님들의 안식처인 가정을 가지고 있다. 뿐만 아니라 척은 나라들을 변화시키는 데 수익의 51퍼센트를 투자하는 국제적인 은행의 설립자이자 총재가 되었다. 그의 간증과 활동은 여러 대통령들과 장군들, 최고경영자들 및 셀 수 없이 많은 일반인들의 마음을 만지고 영향을 주었다. 하지만 척과 캐시가 담대하게 조상의 저주를 무너뜨리지 않았더라면 그중의 어떤 일도 성취되지 못했을 것이다.

만약 당신이 그와 비슷한 조상 실패의 전당들로 고민하고 있다면, 지금이야말로 하나님께 순종하기로 선택해야 할 때이다. 비록 당신이 두려운 나머지 밤에 그 일을 해야 한다고 할지라도, 그렇게 하라. 그 전당들을 무너뜨리라. 특히 **'하나님께서 하실 수 있는'** 것에 한계를 정함으로써 당신의 가계에 실패를 영구화시키는 조상의 전당들을 무너뜨리라. 과거에 그런 일이 한 번도 일어난 적이 없었기 때문에 그런 일은 일어날 수 없다는 생각을 거부하라. 과거를 믿지 말고 하나님을 믿으라!

소심한 기드온은 이처럼 경건한 용기를 표출함에 있어서 갑작스럽지만 철저한 계산에 따라 행동했음에 틀림없다. 그의 행동이 아버지의 마음속에 남겼을 인상을 상상해 보라. 놀랄 만한 결단력으로 이루어진 그 행동은 그 가족이 가지고 있던 모든 거짓된 영적 의존물을 부숴버렸다. 당신은 주의 말씀에 순종하며 그 도전적인 경계선을 통과해야 한다. 그 경계선은 항상 한쪽에는 두려움이 있고, 다른 한쪽에는 믿음이 있다. 그런데 당신은 주변에 있는 모든 이들에게 **'외적으로는 불가능해 보이지만 하나님께서 그렇게 말씀하셨기 때문에'** 믿음 편에 서기로 작정했다고 말해야 한다. 일단 당신이 그 제단을 무너뜨리고 난 후에 일어나는 예상치 못한 결과에 놀라게 될 것이다. 왜냐하면 실패의 그늘 속에 살면서 믿음을 키우기란 불가능하기 때문이다.

타히티의 대통령으로부터 갑작스럽게, 그리고 예기치 않게, 지난 6개월 동안 13명의 최고 프랑스 엔지니어들이 풀지 못했던 문제에 대한 해결책을 찾으라는 부탁을 받았을 때, 프랜시스 오다(Francis Oda)는 그 그늘들을 뛰어넘어-그것도 신속하게, 왜냐하면 몇 시간 후면 대통령의 관저에서 저녁식사를 하기로 되어 있었기 때문에-보아야 한다는 것을 알았다.

그는 프랑스 건축가들을 의지하지 않았다. 그들은 이미 실패한 상태였기 때문이다. 그는 '불가능'하다는 사고방식을 가진 사람들에게도 묻지 않았다. 대신에 그는 그 임무를 받고서 하나님을 바라보았다. 그것이 전환점이었다. 그는 한마디도 하지 않았지만 그의 태도는 의미심장했다. 그리고 그 도전을 받아들이는 행위 자체가 이렇게 선언한 것이나 다름없었다. "나의 하나님께서 해답을 제공하실 것입니다." 하나님은 그런 어린 아이 같은 믿음을 사랑하시며 담대하게 특별한 기도를 하는 자들에게 특별한 응답을 주시기를 기뻐하신다. 프랜시스의 지혜로운 선택은 대통령과 그의 가족 중의 핵심적인 사람들 및 권력의 핵심 그룹의 구원을 가져왔다. 그의 순종이 그때까지도 복음의 빛을 보지 못하도록 그들의 눈을 가리고 있던 이교도 제단을 허물었기 때문이다.

일단 기드온이 자신에 대해 가지고 있던 이미지와, 가족들을 비롯해 친구들에 대한 평가가 하나님의 관점을 반영하도록 재구성되자, 하나님은 어떻게 하면 미디안 사람들을 이기고 승리할 수 있는지 보여 주려고 의도하신 여정 가운데서 그에게 적진으로 가라고 지시하셨다.

예상했던 대로, 본래 걱정 많은 자였으나 이제는 일시적으로 전사가 된 기드온은 말을 더듬거리다가 멈춰 버렸다. 그러자 하나님은 그것에 반박하기 위해 사사기 7장 10절에서 이해할 수 없고 거의 코믹에 가까운 또 다른 제안을 기드온에게 하셨다. 그것은 기드온이 혼자 가는 것이 두렵거든 그의 종 부라(Purah)를 데리고 가도 좋다는 것이었다! 그 제안은 신적인 유머 감각처럼 비친다. 왜냐하면 기드온과 맞선 적의 수가 정확히 말해서 13만 5,000명이었고, 거기에 그들과 함께 가세한 패거리들까지 있었기 때문이다. 기드온이 혼자 가든 아니면 한 사람을 데리고 가든 그게 무슨 차이가 있었겠는가?

우리가 아는 것이라곤, 기드온이 하나님이 제안하신 선택을 실행하기로 결단하고 부라를 데리고 갔다는 것이다. 한밤중에 적진에 도착하자마자, 기드온은 한 텐트 안에서 진행되는 대화를 엿듣게 되었다. 한 미디안 병사가 꿈 속에서 빵 한 덩어리가 진영으로 굴러와서는 주요 텐트를 때려 넘어지게 만드는 장면을 보았다고 이야기하고 있었다. 그의 동료가 즉시 꿈에 대한 해석을 제공했는데, 확신컨대 그 해석은 다른 누구보다도 기드온을 놀라게 했을 것이다. "이는 다른 것이 아니라… 기드온의 칼날이라 하나님이 미디안과 그 모든 군대를 그의 손에 붙이셨느니라"(삿 7:14). 그리고 정확히 그 일이 그 직후에 일어났다.

그것은 세 번째 원리를 보여 준다. 즉 하나님은 당신이 당신 자신을 평가하는 것보다 당신을 더 높게 평가하실 뿐 아니라, 당신이 가능하다고 여기는 것보다 당신의 장로들과 가족과 친구들이 당신을 더 높게 평가하게 하신다. 하나님은 **'당신의 대적들로 당신을 더 높게 평가하게 만드실 것이다!'** 그러나 그것이 가능케 되려면, 당신이 적진으로 들어가야 한다. 바로 그곳에서 그와 같은 신적 계시가 주어지는 것이다. 당신이 포도주 저장실에서 멀어지면 멀어질수록, 당신과 하나님의 상호

교통은 그만큼 더 담대해질 것이다. 그리고 그분과 당신의 상호교통이 커지면 커질수록, 당신의 믿음은 그만큼 더 강해질 것이다.

처음에 기드온을 무력하게 만든 바로 그 두려움의 영이 **'일단 기드온이 두려움을 순종하는 믿음으로 바꾸자'** 미디안 군대를 덮친 것과 동일한 두려움의 영이었다는 사실은 흥미로운 일이다. 12만 명의 군사들이 그날 밤 300개의 횃불과 300개의 소란스런 나팔소리에 서로를 살육했다. 살아남은 1만 5,000명은 생명을 구하고자 도주했지만 멀리 가지 못했으며 곧바로 죽임당했다. 그것은 모든 인간적 표준으로 볼 때 대단히 예측 불가능한 승리였지만, 인간적 표준은 결코 하나님의 일정이 아니다.

기드온처럼 자신의 부츠를 신은 채 떨고 있다 하더라도, 하나님은 그분의 임무를 수행하는 데 동의하는 자들에게 이미 승리를 선포하셨다. 그들이 순종해 앞으로 나아가는 한, 하나님은 **'당신의 대적들에게 당신이 그들을 이길 것이라고 이미 말씀하셨기'** 때문에 약속된 승리를 가져다 주실 것이다. 예수님은 음부의 문이 우리를 이기지 못할 것이라고 분명히 말씀하셨다. 이것은 그냥 주어진 것이다. 그러나 우리가 그것의 성취를 보기 위해서는 포도주 저장실의 거짓된 보호를 버리고 우리의 궁극적 부르심, 곧 우리나라의 변화를 위해 싸워야 한다. 우리는 내려다보기를 멈추고 하늘과 땅을 만드신 분을 향해 우리의 눈을 들어야 한다.

기억이냐 믿음이냐

우리가 기드온의 이야기에서 놓쳐서는 안 되는 최고의 요점은 이것이다. 즉 믿음의 적은 불신이 아니라 기억이라는 것이다. 왜냐하면 기억은 이미 일어난 일에 대한 기록인 반면, 믿음은 장차 일어날 일에 대한 계시이기 때문이다. 우리가 아직 맛보지 못한 최선의 것이 아니라 우리가 알고 있는 좋은 것에 만족하도록 우리를 유혹해 하나님께서 더 좋은 것을 주시리라는 것을 우리가 믿지 못하게 한다면 심지어 좋은 기억들조차도 나쁜 것이 될 수 있다.

기드온의 믿음은 시간의 회랑을 통과해 메아리치는 시끄럽고 부정적인 옛 생각들에 의해 제한되었다. 그의 기억이 그의 믿음에 매복 공격을 가한 결과, 그는 상황의 노예가 되어버렸다.

어떻게 하면 그런 절망의 협곡들로부터 빠져 나올 수 있을까? 그것은 아주 간단하다. 하나님께서 당신에게 "말을 타고 가서 저 녀석들을 잡으라!"고 하시는 음성을 들으라. 당신이 당신 자신을 평가하는 것보다 하나님께서 당신을 더 높게 평가하신다는 사실을 믿으라. 왜냐하면 그분은 당신이 할 수 있는 일을 알고 계시며 **'당신을 위해 예비된 승리들을 알고 계시기 때문'**이다!

'당신에 대한' 그분의 믿음을 가지고 **'그분에 대한'** 당신의 작은 믿음에 활력을 불어넣으라. 그러면 당신의 중심축은 포도주 저장실에서 당신의 궁극적 부르심으로 옮겨가게 될 것이다. 하나님은 열방이 악한 자의 손아귀에 사로잡혀, 해서는 안 될 일을 하면서 악하고 간교한 '황소'의 인도를 받고 있는 장면을 보고 계신다. 그리고 당신에게 말씀하신다. "가서 저 녀석들을 잡으라!"

하나님은 당신이 그 일을 할 수 있다고 믿으신다. 당신도 그것을 믿어야 한다. 바로 그런 이유 때문에 나는 예수님의 이름으로 당신에게 이렇게 선포한다. "큰 용사여, 일어나 올라 타라. 주께서 당신을 믿으시기 때문이다!"

20장

당신의 남은 생애: 기념비인가 유산인가?

The Rest of Your Life: Monument or Legacy?

TRANSFORMATION

『목적이 이끄는 삶』(The Purpose-Driven Life)에 대한 릭 워렌(Rick Warren)의 고전적인 서문은 이렇게 선포한다. "인생의 중심은 당신이 아니다." 그의 말이 맞다. 인생의 중심은 결국 우리가 아니라, 궁극적으로 하나님이시다. 동시에 하나님은 섬도 아니고 종착역도 아니다. 하나님은 사랑이시며 사랑은 진공 속에 존재할 수 없다. 왜냐하면 사랑은 그 자체의 주는 속성으로 인해 어떤 대상을 필요로 하기 때문이다. 실제로 하나님의 속성 중에서 진공 속에 목적을 갖고 있는 것은 아무것도 없다.

하나님의 핵심은 관계들이다. 하나님 자신이 삼위일체, 즉 세 인격으로 하나 되신 분이시다. 그분은 천사들과 관계를 맺고 자신의 피조세계 안에 있는 모든 것과 관계를 맺는다. 그러나 오직 인간만이 하나님의 형상과 모양대로 만들어졌으며, 모든 성경적, 실제적 증거를 통해 우리는 그분이 인류와 독특한 관계를 맺고 있음을 알 수 있다.

인류 역사의 시작부터, 하나님은 이런 관계적인 의도를 분명히 하셨다. 그분은 아담과 하와에게 생육하고 번성하라(창 1:22)고 명령하셨는데, 그것은 땅에 거주하면서 **'더 많은 사람'**을 생산하라는 명령이었다. 그들의 후손이 가시화될 때, 하나님은 먼저 가족과 종족들로서 그들과 관계를 맺으신 다음, 결국 아브람을 선택하셔서 한 나라를 이루게 하시고, 그 나라를 무대로 삼아 다른 나라들을 만지고자 하셨다.

하나님은 개인들과도 관계를 맺으시지만, 그분의 축복은 단순히 그 축복을 받는 사람만을 위한 것이 아니라 그의 후손들을 위한 것이기도 하다. 구약은, 특히 그 축복이 주어질 때 그 과정의 다세대적 차원을 강조하기 위해 '**아브라함과 이삭과 야곱의 하나님**'(God of Abraham, Isaac and Jacob)이란 언급이 점점이 흩어져 있다. 처음에 아브라함에게 주어진 축복들은 이삭에게 맡겨진 축복들에 의해 증가되었으며, 그것들의 총합은 또 다시 야곱에게 맡겨진 축복들에 의해 증가되었다. 하나님의 의도는 사람들이 후에 태어나는 자들에게 축복이 되는 것이었다.

따라서 당신이 오늘 무엇을 하든지, 그것은 비단 당신에게만이 아니라 당신의 자녀들, 그리고 자녀들의 자녀들에게까지 영향을 미칠 것이다. 우리는 하나님께서 조상들의 죄에 대한 형벌을 4대에 이르는 자녀들에게까지 내리신다는 것은 잘 알고 있지만, 그분이 축복들에 대해서도 그렇게 하실 뿐만 아니라 '**4대를 넘어서까지 축복을 내리실 것**'이라는 사실은 별로 확신하지 못한다.

그러나 하나님께서는 그렇게 하실 것이다.

이 원리는 복리(複利)를 영적으로 적용한 것과 같다. 그것은 시간이 지날수록 기하급수적으로 커진다. 하나님의 뜻을 행하고, 악행 대신 의를 붙들며, 쉽게 저주를 선택할 수 있는 상황에서 축복하기로 선택할 때마다, 당신은 보상을 받게 될 것이다. 더욱 중요한 것은, 그럴 때마다 당신이 후손의 계좌에 예금을 저축하고 있는 셈이라는 사실이다.[1]

하나님은 우리의 경건한 선택을 기억하신다. 다윗의 의로운 결정들은 그의 후손들이 필요한 시기에 끌어 사용할 수 있는 긍휼의 저장고를 만들어 냈다. 솔로몬은 개인적 공로의 결과가 아니라 그의 아버지가 하나님과 맺은 관계 때문에 성전을 건축했다. 후에, 경외감을 자아내는 성전 봉헌식이 진행되는 동안, 하나님의 임재가 그곳을 엄습해 모든 사람을 압도한 것은 바로 솔로몬이 주님과 함께 동행했던 다윗의 삶을 언급한 직후였다. 그것은 그 점을 강조하기 위한 하나님의 방법이었다(대하 6:4-7:2을 보라). 계속적으로 의를 선택함으로써, 다윗은 자기 후손의 계좌에 많은 축복들을 저축해 놓았으며, 솔로몬이 첫 번째 수혜자였다.

그 비축된 축복들은 다윗의 후손들이 죄에 빠졌을 때 그들을 구원하는 원동력이 되었다. 솔로몬이 하나님의 명백한 지시들을 무시하고 이방여인들과 결혼해 그들의 신을 섬겼을 때, 하나님의 심판이 그와 그 나라 위에 임했다. 그러나 그 심판은 다윗으로 인해 일정 분량의 은혜와 더불어 임했다. 하나님께서 그에게 이렇게 말씀하셨기 때문이다. "네가 이것을 행했기 때문에 내가 결단코 이 나라를 네게서 빼앗아 네 신복에게 주리라 그러나 **'네 아비 다윗을 위하여'** 네 세대에는 이 일을 행치 아니하고"(왕상 11:1-12을 보라).

다윗의 손자 르호보암이 죄를 범해 유다에 대한 통치권을 상실할 위험에 처하게 되었을 때, 하나님은 북왕국 이스라엘로부터 제사장들과 경건한 사람들을 대거 이주해 오게 하심으로 그의 입지를 견고하게 하셨다. "무리가 삼년을 다윗과 솔로몬의 길로 행하였음이더라"(대하 11:17).

다섯 세대 후에, 다윗의 후손인 여호사밧은 그의 왕국이 멸절당해 마땅한 악행을 많이 저질렀지만, 하나님은 "다윗으로 더불어 세운 언약 때문에"(대하 21:7) 그 왕국을 파멸하지 않으셨다.

수백 년 후에, 히스기야 왕은 이교도 왕들에 의해 에워싸이게 되었는데, 그들은 확실한 승리를 낙관하고 있는 수천 명의 병사들을 거느리고 있었다. 히스기야는 구원을 간구하고자 하나님께 부르짖었다(왕하 19:34을 보라). 히스기야와 그의 군대는 틀림없이 전멸당할 것이라 예상하고 잠자리에 들었지만, 다음날 아침 깨어나 보니 여호와의 사자가 적군을 모조리 해치운 상태였다. 그 이유가 무엇이었을까? 그의 조상 다윗이 하나님과 동행했기 때문이었다(왕하 19:34을 보라).

일정 기간 번성을 구가한 후에, 히스기야는 죽을 병에 걸리게 되었다. 또 다시 절박한 마음으로, 그는 하나님께 탄원했다(왕하 20:3을 보라). 히스기야의 논지는 확고했다. 즉 그가 하나님 앞에서 의롭게 행했다는 것이었다. 그의 고통은 강렬하고 명백해 그의 간구를 더욱 더 절박하게 만들었다. 하나님은 히스기야의 이력 때문이 아니라 '**수년 전 다른 누군가의 행동**'에 근거해서 호의적으로 응답하셨다. "내가 나를 위하고 또 '**내 종 다윗을 위하므로**'… 내가 너를 낫게 하리니"(왕하 20:5-6, 강조는 저자가 첨가한 것). 다윗은 자기 후손들을 위해 너무나 풍부하고 강력한 유산을 남김으로써, 인생의 핵심은 궁극적으로 '**다른 사람들을 위해 유산을 남기는 것**'이라는 본보기가 되었다.

우리 모두는 우리의 조상 중 누군가가 대가를 지불했기 때문에 공짜로 우리에게 내려온 좋은 것들을 회상해 볼 수 있다.

루스와 나는 우리 부모님과 조부모님으로 거슬러 올라가는 경건한 유산으로 인해 하나님께 끊임없이 감사한다. 오늘날 내가 강단 지도자들과 일터 지도자들에게 가르치는 내용의 대부분은 아버지께서 우리 가정에서 그리스도를 영접한 첫 번째 성인으로서 악한 유산을 깨뜨리고 의로운 유산을 일으키려고 애쓰는 모습을 지켜본 데서부터 시작된 것이다.

기독교인이 된 지 얼마 되지 않은 시점에서도, 나의 아버지는 나와 내 여동생의 계좌에 유산으로 남을 만한 선택들을 하셨다. 게다가 그분은 아마도 진흙탕 같은 영역이라 할 수 있는 정치계에서 그런 선택들을 하셨다. 그분은 후안 페론(Juan Pern)과 그의 전설적인 아내 에비타(Evita)가 1940년대 초에 시작한 혁명과 그 이후의 시민권 운동에 참여하셨다. 그 당시는 공장의 주인들이 일꾼들을 '소유하던' 시절이었다. '주인들'은 회사의 상점에서만 회수될 수 있는 쿠폰들로 노동자들의 임금을 지불했다.

아마도 혜택을 받지 못하는 사람들, **'소외계층'**을 보호하기 위해 만들어졌던 훌륭한 노동법이 책에는 적혀 있었다. 그러나 에비타가 소외계층을 불러 모았던 시기에는 그 법들이 전혀 집행되지 않고 있었다. 그것은 판사와 경찰서장, 시장-즉 도시의 장로들-이 나라를 움직이는 소수 독재자에 의해 임명되었기 때문이었다. 그 체제에 감히 도전한 소수의 사람들은 얼마 지나지 않아 신체적으로, 사회적으로, 혹은 그 모든 측면에서 제거되었다.

나의 아버지는 첫째 날에 그 운동에 가담해 자신의 권리를 위해 투표하고 일어서도록 사람들을 동원하고 조직화하기 시작했다. 그렇지만 당시에는 그들의 권리를 기꺼이 집행해 주고자 하는 사법 시스템이 전혀 없었다. 전례 없이 거대한 사람들이 페론(독재자들이 투옥시켜 놓았던)의 석방을 요구하기 위해 정부 청사가 있는 마요 광장(Plaza de Mayo)으로 행진한 1945년 10월 17일-사람들이 뭉치면 통치권을 쥔 엘리트 그룹은 너무나 연약하다는 사실이 입증된 날-에, 나의 아버지는 행진자들의 행렬을 이끌고 위험하면서도 역사적인 길에 자신을 던졌다.

나중에 페론이 선거에서 승리했을 때, 나의 아버지는 그 당(黨)에서 영향력 있는 존재가 되었다. 추종자들은 그를 '**엘 제너럴**'(*El General*)이라 불렀는데, 나의 아버지가 우리 가문에서 명예로운 위치를 차지한 것을 기념해 페론이 자필서명해 준 아버지의 초상화가 생각난다. 나는 깊은 자부심을 가지고 그것을 바라보곤 했었다. 페론은 '**엘 홈브레**'(*El Hombre*, 그 사나이)라고도 불렸는데, 그가 '**나의 아버지**'를 위해 친히 그것을 새겨 주었기 때문이다.

나의 아버지께서 우리 지역의 빈궁한 사람들을 위한 사회 구제를 제안하고자 에비타를 만났던 여행에서 돌아온 날이 기억난다. 아버지는 우리에게 그녀가 얼마나 아름다웠는지, 그녀가 무슨 옷을 입고 있었는지, 헤어 스타일이 어떠했는지, 그녀의 성품이 얼마나 매력적이었는지, 그리고 그녀가 자기 앞에 놓인 제안들을 얼마나 적극적으로 지원하고자 했는지 말해 주었다. 대중은 존경하는 마음에서 그녀를 '**라 세뇨라**'(*La Señora*)라고 불렀는데, 나는 아버지께 '라 세뇨라'에 관해서 많은 질문 공세를 퍼부었다. 하지만 내 자부심의 진정한 근원은 '**나의 아버지**'가 그녀를 안다는 것이었다.

아버지의 서열은 계속해서 상승했고, 마침내 국가의 주요 노동조합들 중 하나의 사무총장으로 선출되었다. 페론주의 운동의 정신적 지주는 새로 형성된, 혹은 새로 힘을 얻은 조합들이었는데, 그것은 미국 남북전쟁 전의 옛 남부와 다를 바 없이, 최하층을 사회적 동료로 만드는 일에 아무런 가치도 발견하지 못하는 체제에 맞서 약자들의 권리를 변호하기 위해 절대적으로 필요한 조직이었다.

아버지는 정치적으로 말해서 유력한 존재가 되었다. 우리 집에는 많은 세력가들이 찾아왔다. 전형적인 아르헨티나 스타일의 가정에서 우리 어린이들은 방해하지 않는 한, 심지어 밤 늦게까지라도 앉아서 귀 기울여 듣는 것이 허락되었다. 나는 그 저명한 방문객들의 발치에서 사회적 문제들과 정치적 전략들에 대한 교육을 받았다.

그 후에 그 운동은 부패하게 되었다. 처음부터 너무 이상주의적인 성격을 띠고 있었던 것도 한 가지 원인이었다. 개척자들이 싸움을 통해 고수하고자 했던 원리들이 축적된 권력으로부터 나오는 도덕적 무감각에 무릎을 꿇고 말았다. 아버지는 갈림길에 서게 되었다.

어느 날 밤에 나는 아버지가 당직을 사임했다고 어머니에게 말씀하시는 것을 우연히 듣게 되었다. 그날 밤, 아버지는 평소 때보다 더 늦게 귀가하셨다. 왜냐하면 아버지가 당의 차를 이용하기보다 차라리 집에까지 걸어오는 편을 선택하셨기 때문이었다. 이제 아버지께서는 당이 부패할 대로 부패한 나머지 더 이상 치유가 불가능한 상태라고 간주하셨던 것이다.

만약 아버지가 당에 잔류하기로 선택했다면 한 몫 크게 챙겼을 수도 있었을 것이다. 하지만 아버지께서는 자신이 수고하지 않은 것을 취하는 것이 잘못된 것이라고 믿은 단순한 이유 때문에 용감하게 당과 결별했다.

아버지의 결정은 쉽게 이해되지 못했다. 권력을 잡은 자들은 그것을 순진한 어리석음으로 보았다. 그 체제에서 착취를 일삼고 있던 부패한 자들은 나의 아버지를 비난함으로써 그들의 행위를 정당화하려고 했다. 아버지께 그것은 아무런 문제가 되지 않았다. 아버지는 턱을 쥐고서 우리에게 줄곧 이렇게 말씀하셨다. "밤에 나는 깨끗한 양심을 가지고 잠든단다." 페론주의 운동이 무너지고 그 지도자들이 투옥되었을 때 아버지의 진실함은 온전히 입증되었다. 아버지의 이름은 어떤 조사에서도 거론되지 않았다. 페론주의자와 비페론주의자 모두 아버지가 정직한 사람임을 알았다.

나의 두 번째 기억은 아버지가 새로 발견한 믿음에 관해 이웃에게 전하고자 지붕에 확성기를 설치하셨던 것이다. 그때는 전화기나 팩스 혹은 이메일도 없던 시절이었다. 그때는 이웃 사람들이 '앞현관'에 나와 있는 경우가 많던 시절이었다. 저녁식사를 마치고 해가 지평선 위로 넘어갈 때쯤, 사람들은 의자를 집 앞쪽으로 가져와, 거기서 도시를 넌지시 바라보면서 즉흥적인 레저를 즐기곤 했다. 어른들은 그 시간을 아르헨티나의 녹차인 '**마테**'(*mate*, MAH-tay) 차를 마시고, 악의 없는 험담을 주고받으며, 서로가 다 아는 친구의 잘못을 지적하고, 농담을 주고받으면서 보냈다. 어린이들은 픽업 축구나 공기놀이, 혹은 허튼소리를 하면서 보냈다. 그때는 학교 숙제가 가족시간을 침범하지 못하던 시절이었다. 학교는 낮시간 동안에 몰두해야 하는 것이었고, 저녁시간은 가족이나 이웃과 함께 즐기는 시간이었다.

바로 그 시절 중 어느 날, 나의 아버지는 자신의 믿음을 '**공개적으로**' 드러내셨다. 우리의 이웃들은 아버지를 설득력 있는 무신론자로 알아 왔었는데, 사람들의 삶을 상당히 지배하고 있던 '공식 종교'를 가진 나라에서 그런 경우는 결코 일반적인 일이 아니었다. 어리석게도 아버지와 논쟁을 벌였던 자들은 결국 그 논쟁을 후회하게 되었다. 왜냐하면 나의 아버지는 현대판 아폴로였기 때문이다. 아버지는 대항할 수 없는 설득력으로 그들을 압도해 버렸다.

하지만 '**돈 오마르**'(*Don Omar*)–사람들이 아버지를 부르던 이름–가 종교를 가지게 되었는데, 공식 종교가 아니라 외국에서 들어온 어떤 '사이비'라는 소문이 돌고 있었다. 문화적인 견지에서 볼 때, 그 당시 아르헨티나에서 개신교 신자가 된다는 것은 알 카에다 조직원이 펜타곤(미 국방성 건물–역자 주)에서 활동하는 것과 동일한 취급을 받았다.

그 어떤 것도 나의 아버지께는 문제가 되지 않았다. 아버지는 자신의 믿음을 공개적으로 드러내고 있었다. 아버지는 두려움이 없었다…. 하지만 나는 아니었다. 내면 깊은 곳에서 나는 수줍은 성격이며, 어렵거나 논란의 소지가 있는 주제를 다룰 때 교리보다 뉘앙스를 선호하는 편이다. 그 운명적인 저녁에, 나는 사건들이 두려움과 교만이 뒤섞인 상태로 펼쳐지는 것을 지켜보았는데, 그 결과 나는 어느 쪽으로도 도망칠 수 없는 완전한 교착상태에 빠지게 되었다. 불안정한 10대였던 나는 방관자의 위치에 서 있었다. 나는 아버지와 동일시할 만큼 가까우면서도 혼란을 피할 수 있을 만큼의 거리를 유지했다.

볼륨이 최대 수준으로 높여져 있는지를 테스트한 다음, 아버지는 마이크에 다가가서 최상의 대중적인 목소리로 이웃들에게 인사하며 이렇게 말했다. "여러분은 저를 하나님의 존재를 믿는 자들을 멸시하는 무신론자로 알고 있습니다. 그러나 오늘 저는 제 생각이 틀렸다는 사실을 인정하고자 여러분 앞에 섰습니다. 하나님은 존재하십니다. 그래서 저는 여러분의 용서를 구하고 싶습니다. 특히 여러분의 믿음 때문에 저와 토론하시며 저에게 경멸당했던 분들의 용서를 구합니다."

그는 요한복음 3장 16절을 인용하면서 새 신자의 자연스러움과 단순함으로 진짜 예수님에 관해 사람들과 나누었다. 아버지는 누구든 자신이 있는 곳으로 와야 하는 번거로움을 감수한다면 질문들에 답해 주겠다고 하면서 말을 마쳤다. 우리집 건너편에 사는 한 부부가 찾아왔으며, 그날 밤 그들은 그리스도를 영접했다.

나는 아버지가 너무나 자랑스러웠다! 10대 시절의 전형적인 특징인 불안정함에 빠져 있었기 때문에, 나는 아버지처럼 되리라는 기대를 조금도 하지 못했지만, 어쨌든 그날 저녁 나는 소중한 씨앗이 내 영혼 속에 심겨졌음을 느꼈다.

초창기 시절에, 흐름을 거슬러 올라가는 데는 엄청난 용기가 필요했다. 특히 제도화된 부패의 물결을 거스르는 데는 더욱 큰 용기가 필요했다. 부패의 물결이 표준적인 것으로 자리잡고 있는 상황에서 의롭게 행동하는 것을, 아버지의 동료들은 권장할 만한 것이기는커녕 아예 불가능한 것으로 여겼다. 하지만 아버지는 그렇게 했다. 거짓을 말하는 것이 더 유리한 상황에서 아버지가 왜 진실을 말하고자 하는지 사람들은 이해하지 못했지만 그는 개의치 않았다. 그냥 가질 수도 있는 돈을 아버지는 왜 굳이 돌려주려 하는가? 자신의 직위를 높이기 위해 직원 탓으로 돌려도 무방할 실수를 아버지는 왜 굳이 자백하곤 하는가? 아버지는 비가 존재하지도 않았던 상황에서 홍수에 관해 외쳤던 노아 같은 느낌을 자주 받으셨던 것이 분명하다.

나는 나의 아버지가 하나님의 의와 부패 사이에 존재하는 일상적 충돌의 긴장을 강하게 느꼈음을 알고 있다. 당시에 아버지가 활동하는 체제 내에서 부패가 만연되어 있었다. 아버지와 마찬가지로 사회적으로 명망이 있었던 동료 그리스도인들 중 많은 사람들은 자기들이 넘어질 경우에 대비해 위험성을 최소화하기 위해 '은밀한 제자들'이 되기로 선택했다. 그것은 체면을 최대한 깎이지 않으려는 것이었지만, 나의 아버지는 그러지 않으셨다. 아버지는 **'완전주의자'**였다. 그것은 그리스도인이 되기 전에도 그분의 행동양식이었다. 즉 어떤 것을 지지하든지 아니면 반대하든지 아니면 접근하지 않든지 태도가 분명했다. 그리고 그런 경향은 신자가 되면서 더욱 명료해졌다.

아버지는 어떤 것도 적당히 하시는 법이 없었다.

몇 년 후에 내가 도덕적인 딜레마에 빠지게 되었는데, 그런 씨앗들의 열매가 나를 구출해 주었다. 직장에 있는 모든 이들이 내가 그리스도인인 것을 알았지만, 동료들 중 전부는 아니더라도 대부분이 나의 확신과 나의 개신교 신앙 때문에 나를 '이상한' 사람으로 여겼다.

당시에 나는 아르헨티나에서 가장 좋은 국제 호텔들 중 하나를 경영하는 데 필요한 단계를 빠른 속도로 밟아 가고 있었다. 나의 서열은 꾸준히 상승해 가고 있었으며, 나는 마음속으로 모든 사람이 탐내는 직위를 맡을 절호의 찬스를 잡았다고 느꼈다. 하지만 한 가지 어려운 문제가 생겼다. 우리는 미국인 고객들이 국제전화를 걸 때마다 부당한 요금을 부과하라는 명령을 받았다.

나의 확신과 고용주의 명령 사이에서 갈등하면서, 나는 고객들을 위해 국제전화 걸어 주는 일을 재치 있게 피해 갔다. 하지만 피해 갈 수 없는 날이 마침내 이르렀다. 내가 전화를 걸자마자, 모든 사람의 눈이 내쪽으로 쏠렸다. 그들은 마치 이렇게 소리치는 것 같았다. **"정직한 친구, 이제 어떡할 셈인가?"** 고용주의 지시를 무시할 경우, 그가 얼마나 용서를 모르는 사람인가에 대해 나는 준엄한 훈계를 들었다. 그런 다음에는 용서를 모르는 고용주에 대해 겸손한 척하는 훈계들이 계속 진행되었다.

그것은 나 혼자서 다른 모든 사람과 맞서는 것이었으며, 나의 아버지가 이웃을 향해 마이크로 복음을 전했던 그날 밤을 기억나게 하는 순간이었다. 한 가지 다른 점이 있다면 주인공이 아버지가 아니라 나였다는 점, 그리고 위험에 처한 것이 대중의 인식이 아니라 내가 고위직에 오를 가능성이라는 점이었다. 어쩌면 나의 일자리까지 위태로웠다.

그 순간에 내가 아버지의 사례를 떠올렸는지는 확실하게 기억나지 않지만, 본능적으로 턱을 치켜 올리면서 아버지 스타일로 다음과 같이 단호한 목소리로 대답했던 기억이 난다. "정확한 액수를 청구할 것입니다. 나는 기독교인이거든요."

설령 폭탄을 떨어뜨렸다 하더라도, 나의 말이 동료들 사이에 폭발시킨 것과 같은 감정을 터뜨리지는 못했을 것이다. 어떤 이들은 나에게 내 말이 진심이 아니라고 확신한다고 말했다. 또 어떤 이들은 마지막 순간에 내가 겁을 먹고 뒤로 물러설 것이라고 장담했다. 그런가 하면 또 어떤 이들은 나의 승진과 일자리가 걸려 있다고 나에게 상기시켜 주었다.

고용주의 부인이기도 했던 비서는 나에게 다가와서 눈알을 부라리면서 으르렁거리듯 말했다. "사장님께서 말씀하신 대로 하는 게 좋을 거야. 아님 내가 사장님께 말해 버리겠어. 사장님이 당신보다 나를 더 좋아하신다는 것쯤은 당신도 알고 있잖아." 그런 압력에도 불구하고, 나는 옳은 일을 하기로 결심했다. 그리고 나의 동료들은 그들이 약속한 대로 했다. 즉 고용주에게 그대로 말한 것이다.

한두 시간 후에, '엘 제페'(*El Jefe*, 고용주)가 내 사무실로 뛰어들어 왔다. 그의 눈은 불타고 있었고, 그의 전신에 분노가 쓰여 있었으며, 모든 세포 구멍에서 노여움이 스며나오고 있었다. 손가락으로 나를 가리키면서, 그는 큰 소리로 쉴 새 없이 욕설을 퍼부었다. 그 시간은 마치 영원처럼 느껴졌다. 그는 알려진 모든 욕설과 그 자리에서 내가 알게 된 몇 가지 새로운 악담을 총동원해 나를 모욕했다. 그리고 최악의 상황은, 내 사무실의 문이 열려 있었기 때문에 모든 사람이 그 장광설을 은연중에 듣고 있었다는 것이다.

마침내 나의 고용주는 기운이 약화되었다. 하지만 여전히 성난 목소리와 튀어나온 눈으로 이렇게 물었다. "왜 나의 명령에 따르지 않았는가?" 나는 그의 폭발에 너무나 심한 충격을 받은 나머지 뇌가 얼어붙어 버렸다. 하지만 놀랍게도 나 자신이 이렇게 대답하는 소리를 들었다. "사장님, 자기가 무슨 일을 당했는지 절대로 모를 미국인의 돈을 제가 훔치기를 거부한다면, 제가 '**사장님**'의 돈도 '**절대로**' 훔치지 않으리라는 것을 확신할 수 있지 않으시겠습니까?"

그 논리는 천둥 같은 것이었고, 그 주장은 완전히 무장을 해제시키는 것이었으며, 나의 반응은 너무나 갑작스런 것이어서 초강력 펀치와 같은 효과가 있었다. 나는 아직까지도 그의 얼굴을 휩쓸고 지나갔던 충격을 그려볼 수 있다. 그는 큰 소리로 코를 씩씩거리더니 돌아서서 황급히 방을 나갔는데, 방문을 너무나 격렬하게 닫는 바람에 거의 경첩이 부서질 정도였다.

누가 그런 말을 내 입에 넣어 주었을까? 성령님께서 그렇게 하신 것이다. 그리고 내 안에 계신 분이 세상에 있는 자보다 더 크시기 때문에, 패배의 절박한 상황에서 승리를 얻게 되었다. 몇 시간 후에, 전형적인 라틴 마초 패션을 입고 나타난 고용주는 사과하는 대신, 다른 모든 사람이 생생히 보는 가운데, 내 사무실에서 우리 두 사람을 위한 저녁 식사를 마련했다. 확신컨대, 왕이 대적 하만(Haman) 앞에서 자기를 존귀케 하기로 결정했을 때 모르드개(Mordecai)가 비슷한 만족감을 느꼈으리라. 그리고 나는 승진하게 되었고, 내가 일자리를 잃을 것이라고 장담했던 사람들의 상사가 되었다.

그날 나의 반사적인 행동은 나의 아버지가 수년 전에 부패한 체제에 등을 돌리고, 또 나중에는 자신이 새로 발견한 믿음을 선포하기 위해 이웃들과 용감하게 맞서면서 내 안에 입력해 주신 것들의 결과였다.

진실로 인생의 중심은 우리가 아니라 하나님이시며, 하나님의 핵심적 관심사는 다른 사람들이다. 그리고 '다른 사람들'의 첫 번째 집단은 우리의 자녀들이다. 부모들은 어린 아이들에게 세 가지를 제공해야 한다. 그 세 가지는 일어설 수 있는 발, 날을 수 있는 날개, 그리고 어디로 가야 할지 아는 도덕적 나침반이다.

순차적으로 말한다면, 내려앉을 기반을 제공하는 것이기 때문에 발이 가장 먼저 온다. 우리가 잘 한다면, 우리 아이들은 마침내 첫 번째 단독비행을 시도할 것이며, 그럼으로써 건설적인 독립성을 구축하게 될 것이다. 때때로 그들은 날아올랐던 곳으로 돌아와 자신에게 필요한 쉼과 교제와 지도를 얻게 될 것이다. 하지만 건강한 어른 새처럼, 그들은 자기에게 여러 곳으로 갈 수 있는 날개와 그 날개를 사용할 의지가 있음을 알게 될 것이다. 그리고 바로 그때 도덕적 나침반은 결정적으로 중요해진다. 왜냐하면 도덕적 나침반은 그들에게 단순히 어디로 가야 할지만이 아니라 그것을 **'언제'** 해야 할지, 그리고 그곳에 **'어떻게'** 가야 할지까지 보여 주는 것이기 때문이다.

내 아버지는 나에게 그런 모델이 되셨다. 그는 나에게 일어설 수 있는 확신을 제공하셨다. 그는 나에게 날개 펴는 법을 보여 주셨으며, 내 얼굴에 불어오는 바람을 두려워할 것이 아니라 오히려 날아오르기 위해 그것을 사용하라고 가르쳐 주셨다. 그리고 도덕성의 모델이 되심으로써, 그는 나에게 어느 방향으로 가야 할지를 확실히 보여 주셨다. 그는 나에게 항상 정북(正北)을 가리키고 있는 나침반을 주신 것이다.

이 삼중적인 장비는 사춘기가 나를 강타했을 때 시험대에 올랐다. 그것은 단순히 어린이로서 순진했던 시절이 지나가고 있음을 깨닫게 해주는 호르몬만이 아니라 여러 가지 이상들(ideals)로 인해서 그렇게 되었는데, 그 이상들 중 어떤 것들은 잠재적으로 위험한 것들이었다. 그때는 내가 교회에서 들었던 메시지가, 피델 카스트로(Fidel Castro)와 체 게바라(Ché Guevara)의 악명높은 쿠바 점령에 이어 당시 라틴 아메리카를 휩쓸고 있던 설득력 있는 혁명적 목소리에 의해 교묘하게 의심되고 재정의되던 시절이었다.

이상주의는 젊은이들에게 자연스럽게 다가온다. 그것은 폐의 공기이며 동맥의 피이다. 그런 이상주의는 사회의 청춘기이다. 그것으로 인해 영혼의 깊은 곳에 묻혀 있었던 것이 싹을 틔우고 꽃피우게 된다. 그것은 낡아빠지거나 못 쓰게 된 것을 갱신해 줄 것이라는 기대감을 불러 일으킨다.

라틴 아메리카의 젊은이들에게 혁명에 착수해 사회악과 철저히 씨름하라는 쿠바 발(發) 거센 외침은 무시할 수 없는 것이었다.

반세기가 지난 오늘날 화려한 수사(修辭)와 현실, 선동과 실체 간의 차이를 구별하는 것은 쉬운 일이다. 하지만 1960년대의 10년간에 걸쳐 세상을 변화시키라는 외침은 귀청이 터질 듯이 강력했다. 미국은 집을 떠나서 마리화나를 피우고 처녀성을 상실하며 히피족으로 변신한 젊은 이들에 의해 엉망이 된 반면, 우리가 속한 세계에서는 수많은 젊은이들이 게릴라 운동에 참여하기 위해 도시를 떠나 언덕들로 달려갔다.

우리의 미숙한 이상주의에, 그것은 '**너무나 합당한**' 것으로 보였다! 우리 주변의 너무나 많은 사람들의 끔찍한 사회적 상황은 그런 외침에 극단적인 설득력과 절박성을 부여했다. 나도 예외가 아니었다. 나도 세계를 변화시키기 원했다. 나는 날개를 접고서 그들이 하루가 다르게 강해지는 모습을 주목하면서 그쪽 방향으로 날아오르고 싶은 유혹을 느꼈다. 하지만 나의 나침반은 계속 '**아니**'라고 말하고 있었다.

내가 아는 바로는, 젊은이들의 생각 속에서 이상주의와 현실주의보다 더 거세게, 그리고 더 잔혹한 힘으로 충돌할 수 있는 두 가지 세력은 어디에도 존재하지 않는다. 그럴 때는 온 존재가 해체된 느낌을 갖게 되며, 동료들의 압박이 시작될 경우에는 더욱 더 심해진다. 나의 급우들 중 많은 이들이 그 운동에 가담해 처음에는 낭만적이지만 결국 아르헨티나를 대혼란으로 몰아간 싸움의 일원이 되었다. 그런 대혼란 가운데 게릴라들과 정부군 사이에 벌어진 전면적인 시가전에서 수천 명이 학살당했다.

아버지가 내 앞에서 그랬던 것처럼, 그런 경계선상에 서서 동료들의 무자비한 압력을 느끼며 좀더 깊은 확신의 힘으로 부딪히고 있을 때, 나는 '**혼자서**' 집으로 돌아가기로 결심했다.

나는 사회적 변화가 필요하다는 것은 알았지만, 왠지 모르게 현재 일어나고 있는 움직임이 올바른 길이 아니라고 느꼈다. 그래서 나는 거기에 참가하지 않기로 결심했다. 혁명가라는 사람이 스스로 가담하지 않기로 선택한 혁명에 의해 흔들리는 나라에 살 때 그를 포위하는 압도적인 좌절, 심지어 자포자기라고도 할 수 있는 감정을 내가 충분히 설명할 수 있다면 좋으련만 그러지 못해 유감이다.

하지만 날개를 가지고 있다고 해서 반드시 우리가 날아야만 하는 것을 뜻하진 않는다.

그 이후 몇년 간에 걸쳐, 나의 급우들 중 많은 수가 죽임을 당했다. 나는 자리에 앉아 이미 '사라져버린' 자녀들을 위해 더 이상 식사를 준비하지 못하는 부모들을 위로했다. 그것은 일단 보안군에 의해 억류되거나 체포되어 사람들이 그냥 증발해 버린 이후로 사용된 완곡한 표현이었다. 수천, 수만 명의 젊은이들이 약물주사를 맞고 포박당한 채 군비행기에서 대서양의 무자비한 바닷물 속으로 떨어뜨려졌다. 어떤 이들은 아무런 표시도 없는 무덤에 묻혔다.

결국 루스와 나는 공부하기 위해 미국으로 왔으며, 1974년에 아르헨티나에 루이스 팔라우(Luis Palau) 복음전도 사역을 구축하기 위해 그 팀의 일원으로 아르헨티나에 돌아왔다. 그러나 고국은 내전이 극에 달한 상태였고 우리는 서로 싸우는 당파들 틈바구니에 끼게 되었다. 양쪽 모두 우리를 죽이겠다고 협박했다. 좌파 게릴라들은 우리를 '반역자이며 CIA 요원들'로 간주했고, 우파들은 우리를 '국가의 적'으로 분류했다. 그것은 불편한 상황이었지만 이제 우리는 날개를 펴서 날아야 할 때가 되었음을 알았다.

우리는 아르헨티나에 우리가 전하는 메시지가 필요하다는 것을 알

앉으며, 신체적인 안전이 위태로웠음에도 불구하고, 우리는 날아오르기로 결심했다. 격렬한 바람이 정면에서 불어 왔지만 그것은 좋은 것이었다. 우리는 그 바람을 날아오르기 위해 사용했다. 그런 비상은 필요 이상의 효과를 발휘하게 되었다. 실제로 그것은 우리에게 더 높은 관점을 제공하는 데 필수적인 일이 되었다. 당시에 우리는 우리 아이들 중 하나에 대한 납치 시도와 무장강도, 총격전, 인도에서 정부군과 게릴라들 간의 충돌, 그리고 인근에서의 폭탄 공격 등에 직면해 있었다.

나의 아버지는 내가 아르헨티나에 돌아온 지 4년 후에 돌아가셨지만, 그의 마지막 말씀은 비록 직접 하신 것이 아니라 어머니를 통해 전달되긴 했지만 나에게 엄청난 힘을 불어넣었다. 아버지가 갑자기 돌아가셨다는 소식을 듣게 된 어느 날 아침, 나는 쏟아지는 비를 뚫고 두 집 사이에 가로 놓여 있던 40마일을 운전해 갔다. 비가 무자비하게 차의 앞유리창을 때리는 모습을 보면서, 나는 내 자신의 영혼을 때리고 있는 더 큰 슬픔과 의심의 폭풍을 깨닫게 되었다.

나는 아버지가 나를 사랑하셨다는 것을 확신했고 그가 나를 위해 하신 일에 대해 깊이 감사하고 있었지만, 동시에 나는 내가 그의 기대에 미쳤는지 못 미쳤는지 확신하지 못했다. 아버지가 갑자기 돌아가셨다는 사실로 인해, 나는 그에게 중요한 질문을 던질 기회를 빼앗겼다. 아버지를 잃은 슬픔은 그 질문으로 인해 급격하게 증폭되었다. 이제는 그 질문에 대한 답을 다시는 얻지 못할 것이라고 느꼈기 때문이었다.

그렇지만 조상 대대로 살아온 집에 도착해 어머니를 안고 위로하고 나자, 어머니는 나에게 아버지께서 남기신 메시지가 있다고 말씀하셨다. 돌아가시기 전에—34년간 함께 살아 온 아내에게 작별인사를 고하실 때-아버지는 어머니께 다음과 같이 나에게 전해 달라고 부탁하셨다. "에드는 정말로 멋진 '**파이브**'(*pibe*)란다." '**파이브**'(*pibe*)라는 말은 매력적이고 유쾌한 젊은이를 표현하기 위해 사용되는 애정어린 아르헨티나 용어이다. 나이 드신 세대에게, 그 단어는 오늘날 고등학생들이 사용하는 "**근사한**"(*cool*)이란 단어에 해당한다.

그 메시지가 마음에 새겨지자마자, 나에게 쌓여 있었던 중압감이 내 마음으로부터 떠나가버렸다. 히브리서 11장에 묘사된 구름같이 둘러싼 허다한 증인에 참여하기 위해 이 땅을 떠나시는 순간에도, 아버지는 마지막 유산을 남겨 놓으신 것이다. 그것은 나의 계좌에 넣어지기를 내가 몹시도 바라고 있었던 유산이었다. 아버지는 나를 위해 '작은 북소리'를 '기상 나팔소리'로 바꾸셨으며, 그렇게 하는 과정에서 나에게 더 멀리, 더 높이 나아갈 힘을 불어넣었다.[2]

새로운 힘을 얻은 루스와 나는, 우리 아이들과 새로운 사역팀과 더불어 영적인 혁명에 착수했다. 거기에서 현 시대에 그리스도를 위해 복음화된 첫 도시인 레지스텐시아가 나오게 된 것이다. 그것으로 인해 우리의 국제적인 연구소가 출범하게 되었고 기도전도와 도시변화의 원리들을 세계 곳곳에 퍼뜨린 여러 권의 책이 쓰이게 되었다. 우리의 영향권이 커지고 우리의 강단이 확장되어 가면서, 우리는 여러 지역들과 주(州)들이 변화되는 장면을 목격하기 시작했다. 오늘날 우리는 국가적 변화로 인도하는 출발점 위에 서 있다.

우리는 머지 않아 많은 나라들 가운데 첫 번째 나라가 변화될 것이라는 사실을 확실히 안다. 우리는 혁명에 가담하고 있지만, 우리의 지도자는 좌파나 우파에 속한 자가 아니라 하늘에 속한 자, 곧 만주의 주

> 우리는 혁명에 가담하고 있지만, 우리의 지도자는 좌파나 우파에 속한 자가 아니라 하늘에 속한 자, 곧 예수 그리스도시다.

시며 열방의 왕이신 예수 그리스도시다.

우리의 무기와 탄알은 죽이고 멸망시키거나 불구로 만들기 위해 강철로 제조된 것이 아니라 사람들의 생각 속에 있는 영적인 견고한 진을 무너뜨리고 하나님의 나라를 위해 일터를 되찾을 수 있는 하나님의 강력이다. 총과 무시무시한 검 대신, 우리는 바벨론 체제에 의해 사람들의 생각 속에 심겨진 사악한 사상의 종양을 제거하고 심장 이식을 수행하도록 수술용 메스를 부여받았다. 그것은 하나님의 뜻이 하늘에서 이미 이뤄진 것같이 땅에서도 이뤄지게 함으로써 세상을 더 좋은 곳으로 만들기 위해 반군들을 혁명가들로 변화시키는 작업이다.

그 임무는 너무나 거대하지만 우리의 자원은 너무나 턱없이 부족하다! 우리의 뜻대로 사용할 수 있는 적은 자원들을 가지고 우리가 무엇을 할 수 있겠는가? 바로 여기서 다윗의 본보기가 우리를 인도하는 지침이 된다. 그의 삶뿐만 아니라 골리앗과의 영웅적인 싸움은 잘 알려져 있지만, 나는 이 책을 끝마치면서 흔히들 간과하는 중요한 통찰들을 밝히 드러내고자 한다. 그 통찰들은 당신을 스스로 가능하다고 생각하는 것보다 훨씬 더 강한 사람으로 바꿔 놓을 수 있다. 신중하게 읽어 주기 바란다.

다윗은 자기보다 더 강하고, 더 잘 무장되어 있으며, 더 전쟁 기술이 뛰어난 거인 골리앗과 맞섰지만 그를 이겼다. 다윗은 하나님을 사랑했다. 그는 의로웠고 용기 있었으며, 다른 많은 긍정적인 특징들을 부여받았다. 그러나 골리앗을 이긴 승리는 일차적으로 다윗이 '**그 거인보다 더 큰 비전**'을 가진 결과로 그 거인보다 더욱 더 큰 비전을 가지고 있는 자가 더 높은 수준에서 승리한다. 그리고 가장 큰 희망을 제공하는 자가 지도자가 될 것이다. 그런데 다윗은 비전과 희망 둘 다 가지고 있었다.

골리앗은 지극히 좁고 얕은 비전을 가지고 있었다. 그는 다윗에게 이렇게 말했다. "내가 네 고기를 공중의 새들과 들짐승들에게 주리라" (삼상 17:44). 그것이 그의 사명 선언문의 분량이었다. 그 자신이 자기가 가진 비전의 출처이자 수단이며 목적이었다. 반면에 다윗은 하나님의 무제한적인 인격과 목적의 샘으로부터 비전을 끌어왔다. 이것은 그가 다음과 같이 선언했을 때 분명해졌다. "나는 만군[천사들]의 여호와의 이름 곧 네가 모욕하는 이스라엘 군대의 하나님의 이름으로 네게 나아가노라"(삼상 17:45).

뿐만 아니라, 다윗의 비전은 모든 것을 포괄하는 것이었고 초월적인 것이었다. 즉 그의 비전이 하나님을 끌어들였기 때문에 모든 것을 포괄하는 것이었고, 골리앗의 비전과는 달리 눈앞에 있는 것들을 뛰어넘는 것이었기 때문에 초월적인 것이었다. 그는 그 블레셋인에게 이렇게 말했다. "내가 너를 쳐서 네 목을 베고 블레셋 군대의 시체를 오늘 공중의 새와 땅의 들짐승에게 주어 '**온 땅으로 이스라엘에 하나님이 계신 줄 알게 하겠고**' 또 여호와의 구원하심이 칼과 창에 있지 아니함을 이 무리에게 알게 하리라 전쟁은 여호와께 속한 것인즉 그가 너희를 우리 손에 넘기시리라"(삼상 17:46-47).

다윗의 비전은 골리앗처럼 그 자신이나 그의 필요를 중심에 두지 않앗다. 다윗에게 골리앗과의 싸움은 훨씬 더 큰 목적에 이르는 수단이었다. 그 목적은 하나님께 영광과 존귀를 돌리는 것과, 하나님의 백성, 하나님의 원수, 그리고 온 땅으로 그분이 하나님이심을 알게 하려는 것이었다. 전선(戰線)을 향해 달려나갈 때, 그는 하나님께서 구원하시는 것을 세상에 보이기 위한 영웅적인 싸움에 가담했음을 알았다.

비전(vision)은 항상 '**공급**'의 문을 열기 때문에 더 큰 비전을 가진 자가 승리한다. 그는 거인 골리앗에게 이렇게 말했다. "내가 네 목을 베고." 하지만 그때 그에게는 그의 목을 벨 도구가 아무것도 없었다. 그가 손에 든 것이라곤 골리앗이 조롱거리로 삼았던 막대기들뿐이었다. 그러나 그런 결핍에도 불구하고 그는 자신이 믿기로 선택한 것을 선포했다. "내가 네 목을 벨 것이다. 어떻게 벨지는 나도 모르지만 어쨌든 그렇게 할 것이다. 나에게는 검이 없지만 그것은 '**사소한**' 문제다. 나의 비전은 현재 나에게 있는 것에 의해서가 아니라 내가 그 비전을 추구하며 미래로 달려나갈 때 하나님께서 공급하실 것에 의해 결정된다."

그리고 정확히 그런 일이 일어났다. 성경에 따르면, 다윗은 골리앗을 때려눕혔지만 약속대로 그 거인의 목을 벨 검이 다윗의 손에는 없었다. 그런 결핍은 그 젊은 목자에게 아무런 문제도 되지 못했다. 왜냐하면 결정적인 요인은 그의 손에 있는 도구나 무기가 아니라 그의 마음속에 있는 비전이었기 때문이다. 다윗은 골리앗의 검을 '빌려' 골리앗의 머리를 베는 일에 착수했다(삼상 17:50-51을 보라).

이것이 바로 타협하지 않는 믿음, 곧 전능하신 하나님에 대한 믿음에 의해 연료를 공급받는 비전의 아름다움과 위엄과 능력이다. 손에 들린 자원은 중요하지 않다. 믿음은 항상 미래를 들여다보며 우리의 현재적 자원으로는 충분히 해낼 수 없는 일을 넉넉히 해낼 수 있게 해주는 공급이 있을 것이라고 우리에게 확신시켜 준다.

비전이 공급을 창조한다. 하지만 공급이 실제가 되기 위해서는 순종이 선행되어야 한다. 알파벳에서, O라는 문자는 P앞에 오는데, 그것은 '하나님의 알파벳'에서 순종(obedience)이 항상 공급(provision)에 선행한다는 것을 상기시켜 주는 좋은 실례이다. 만약 우리가 거인들―바벨론 체제와 같은―을 죽이고자 전선으로 달려가라는 하나님의 명령에 순종한다면, 하나님은 때때로 그 거인들을 통해서까지 공급이 생겨나게 하실 것이다. **'비전'**(*Vision*)이 열쇠다.

사무엘이 미래의 왕을 찾아내어 기름붓고자 왔던 날, 다윗의 아버지가 다윗을 너무 하찮게 여겨 '깜빡 잊고' 그를 포함시키지 않았을 때, 다윗은 전혀 마음의 동요가 없었던 것으로 보인다. 마침내 부름을 받았을 때에도, 그는 마치 그 일이 주변에 있는 사람들에게 드러나기 전에 먼저 자신의 마음속에서 보았던 사람처럼 행동했다(삼상 16:13을 보라).

사울 왕이 그를 음악가로 채용하고 병기든 자로 활용했을 때에도, 그는 개의치 않았다(삼상 16:21을 보라). 어쨌든 다윗은 왕궁에 있었는데, 그곳은 그가 알기로 자신의 궁극적인 부르심의 장소였다. 사울은 그를 또 다른 신하로 보았지만, 다윗은 마음속으로 자신의 운명이 왕이 되는 것임을 알고 있었다.

다윗이 귀신들린 왕을 시중드는 동안 사울은 여러 번 그를 죽이려고 했다. 하지만 그때도 다윗은 원한을 품거나 복수하지 않았다. 그는 자신이 왕의 자리에 오르는 것이 예정되어 있다는 것과 서두를 필요가 없다는 것을 인식하고 있었다. 그의 비전이 다윗을 지탱해 주었다(삼상 18:10-11, 19:9-10을 보라).

나중에, 사울의 음악치료사로서 휴직 허가를 받아 집에 가 있는 동안, 그의 아버지는 다윗에게 먹을 것을 지워 전쟁터로 보냈다. 그런 비천한 임무에도 불구하고, 그는 다른 아무도 감히 맞서지 못하고 있던 그 거인과 싸우겠다고 자원했다. 자신에 대한 그의 비전은 그의 아버지가 그에 대해 가지고 있던 평가보다 더 큰 것이었다(삼상 17:10-20을 보라).

모든 사람이 '하나님'만이 골리앗을 죽일 수 있다고 믿었을 때, 오직 다윗은 '자신이' 그 일을 해내어 하나님께 영광을 돌릴 수 있다고 믿었다(삼상 17:26을 보라).

다윗이 어리다는 것과 경험이 없다는 이유로 왕이 그를 단념시키려고 했을 때, 그는 하나님께서 자신을 합당한 자로 만드셨기 때문에 기꺼이 골리앗과 싸울 것이며 그를 이길 수 있다고 대답했다. 왕은 그를 믿지 못했지만, 다윗은 하나님께서 자신을 합당한 자로 만드셨기 때문에 자기 자신을 믿었다(삼상 17:32-37을 보라).

다윗이 그 싸움을 위해 가져오는 '무기들'-막대기들-을 보고서 그를 '들개 포획자'에 불과한 것으로 평가하며 그를 모욕했을 때, 그는 겁먹지 않았다. 다윗은 이렇게 대답했다. "나는 무기들보다 더 강하고 훨씬 더 강력한 것으로 너를 대적한다. 나는 하늘과 땅을 만드신 분의 이름으로 너에게 가노라. 나는 비전의 사람이다. 죽을 준비나 해라!"(삼상 17:43-47을 보라).

골리앗은 다윗을 믿지 않았지만, 다윗은 자신을 믿었다. 그 거인은 다윗을 자기 눈에 보이는 것-그의 손에 들린 막대기들-으로 평가했지만, 다윗은 주머니 속에 돌을 감춰 두고 있었다. 그리고 그 돌이, 그의 마음 깊은 곳에 숨겨진 비전처럼, 그 거인을 비참하게 때려눕혔다. 다윗이 골리앗을 이긴 것은 더 좋은 무기가 있었기 때문이 아니라 주변에 있는 모든 사람에 **'상관없이'** 더 큰 비전을 소유하고 있었기-그리고 그것에 의해 소유되었기-때문이다.

비전은 우리 앞에 놓인 과업, 곧 온 세상을 변화시키는 과업을 이루는 데 필수불가결한 것이다. 하지만 비전이 **'세대적인 비전'**, 즉 그 비전을 가진 자를 초월하는 비전이 아니라면 세상을 변화시키기에 충분치 못하다. 왜냐하면 그 비전의 궁극적인 목적은 장차 태어날 자들을 포함해 다른 사람들을 축복하기 위한 것이기 때문이다. 그리고 바로 이 영역에서 다윗은 골리앗뿐만 아니라 사울까지 능가했다. 골리앗은 자신의 임무를 단순히 그 어린 목동을 죽이는 것으로 보았을 뿐이다.

사울과 다윗에게는 근본적인 차이가 있었는데, 그것은 사울의 인생이 자기 자신으로 시작해 자기 자신으로 끝났다는 것이다. 그는 별들과 위성들이 태양을 중심으로 돌 듯이 수많은 사람들이 자신을 중심으로 도는 것으로 보았다. 즉 그는 자신을 태양으로 믿었던 것이다.

그것은 다윗이 전선으로 달려나가고 있는 동안 사울이 군대장관 아브넬(Abner)에게 물었던 질문으로 분명해졌다. "이 소년이 누구의 아들이냐?"(삼상 17:55). 사울은 다윗을 알고 있었지만 그의 아버지가 누구였는지는 잊어버리고 있었음이 분명하다. 16장에서 사울이 다윗의 아버지인 이새(Jesse)에게 그의 아들의 섬김을 받고자 공식 요청서를 보낸 적이 있었기 때문에 그것은 이상한 일이다. 후에 사울은 다윗에게 **'늙으신 아버지를 도우라고'** 왕궁의 임무를 쉬게 하는 휴직 허가를 주었다.

이제 그의 형들이 블레셋과의 전쟁으로 인해 사울의 군대에서 복무해야 했기 때문이다.

가계와 조상이 일상적 활동에 중요한 요소로 작용할 뿐만 아니라 모든 사람이 아무개의 자식으로 알려지는 문화 속에서, 사울이 다윗의 아버지가 누구인지 기억하지 못했다는 것은 이해할 수 없는 일이다. 하지만 사울은 기억하지 못했다. 잊어버렸던 것이다. 왜 그랬을까? 다윗을 맨 처음 데려와 자기를 섬기게 하는 것이 얼마나 유익한지 깨닫자마자, 사울은 더 이상 다윗의 가족에 대해서는 신경쓰지 않았다.

사울은 다윗을 재산으로, **'자신의'** 종으로 보았지만, 두 번 다시 이새의 아들로는 보지 않았다. 그리고 다윗의 승리 후 사울이 다윗 아버지의 신원을 알게 되었을 때(혹은 기억했을 때) 그런 사악한 특성은 명백히 드러나게 되었다. "그 날에 사울은 다윗을 머무르게 하고 그의 아버지의 집으로 다시 돌아가기를 허락하지 아니하였고"(삼상 18:2). 사울의 세계는 자기 자신으로 시작되고 끝이 났으며, 그의 비전도 마찬가지였다.

다윗은 그와 정반대였다. 조금도 망설이지 않고, 그는 탁월하게 사울을 섬겼으며 사울의 아들 요나단과 가장 좋은 친구가 되었다(삼상 18:1을 보라). 그리고 요나단이 죽은 후에, 다윗은 사울 가문에서 생존한 후손들을 찾았으며, 요나단의 아들 므비보셋(Mephibosheth)을 찾았을 때, 그는 그에게 분에 넘치게 왕족 대접을 베풀었다(삼하 9:1-13을 보라).

다윗은 세대적인 비전을 가지고 있었는데, 그것은 그보다 앞서 살았던 조상들로부터 끌어옴으로써 환경을 초월하는 그런 유형의 비전이었다. 다윗의 조상들은 그런 축복들을 미래 세대에게 전수하려는 의도를 가지고 살았던 사람들이었다. 그것이 다윗의 가장 뛰어난 자질이었다.

그는 삶의 중심은 자신이 아니라 하나님과 다른 사람이라는 것을 다른 어느 누구보다 더 잘 알고 있었다.

당신은 어떤가? 당신도 또 다른 아브라함과 부라와 다윗과 바울이 되고 싶지 않은가? 또 다른 척 립카(Chuck Ripka)와 바바라 챈(Barbara Chan), 프랜시스 오다(Francis Oda), 그레이엄 파워(Graham Power), 또는 샤아만 신부(Father Saaman)가 되고 싶지 않은가?

당신은 이 땅을 떠날 때 당신 자신을 기념하는 기념비를 남길 것인가 아니면 당신의 자녀들과 손자손녀들에게 영감 있고 능력 있는 유산을 남길 것인가? 기념비와 유산 사이에는 엄청난 차이가 있다. 기념비는 손에 잡히는 것이면서도 움직임이 없어서 시간적으로 얼어붙어 있고 과거를 가리키고 있다. 그것은 우리에게 과거에 죽은 어떤 사람이 뭔가를 성취했다고 말해 주는 것이지만, 만약 그 기념비가 없다면 우리는 그 사실을 알지 못할 것이다. 기념비가 없다면 우리는 그 사람에 대해 결코 알지 못했을 것이다.

유산은 아주 다르다. 그것은 초월적인 것이어서 시간에 국한되지 않는다. 왜냐하면 그것은 여러 세대에까지 생명을 유지하면서 미래를 향한 여정으로 우리를 몰아가기 때문이다. 유산이 그런 특성을 가지고 있는 이유는 그것이 흡사 유업처럼 우리에게 주어졌기 때문이며, 관심을 가진 누군가가 그것을 우리에게 물려 주었기 때문이다. 그렇기 때문에 우리는 우리의 수고를 통하지 않고 얻은 자본을 더욱 풍성한 삶의 원천으로 바꿔놓을 수 있게 된다.

우리에게는 단 한 번의 인생밖에 주어지지 않는다. 우리는 어린 자녀들에게 딛고 설 수 있는 발과 날 수 있는 날개, 그리고 그들을 인도해 줄 나침반을 제공해야 한다. 그 세 가지 중에서, **'나침반이 가장 중요한 것이다.'** 그리고 그것은 언제나 **'당신'**이 내리는 결정에 의해 '정북' 방향으로 맞춰지게 된다.

당신이 오늘 내릴 수 있는 가장 뛰어난 결정은 당신의 남은 생애와 당신의 모든 자원을 많은 나라들을 제자삼는 일에 투자하는 것이다. 그렇게 할 때 당신은 자녀들에게 삶의 중심이 하나님이심을 보여 주게 될 것이다. 강력한 비전과 하나님께서 불가능을 가능케 하실 것이라는 절대적인 믿음으로 무시무시하고 중무장한 거인들을 향해 돌진함으로써, 당신은 자녀들에게 딛고 설 수 있는 견고한 기초를 제공할 것이며, 그들에게 날개를 펴는 법과 역풍이 불 때 겁을 집어먹는 것이 아니라 오히려 그 바람을 이용해 날아오르는 법을 보여 주게 될 것이다. 그리고 다른 무엇보다도, 당신은 그들에게 자신의 나침반을 하나님의 정북과 일치시키는 법을 가르쳐 주게 될 것이다.

나는 앞으로 싸움이 격렬해질 것이며 순교의 가능성도 있다는 것과 마지막 때가 닥쳐올수록 그런 추세는 더욱 심해질 것이라는 사실을 모르지 않는다. 나는 그것을 믿는다. 그리고 바벨론 체제의 가면이 마침내 벗겨지기 전에는 훨씬 더 많은 혼란이 있을 것이다. 그러나 나는 너무나 오랫동안 우리에게 스며들어온 패배주의에 맞서기 위해 궁극적인 승리의 결말-예수님께서 음부의 문이 교회를 이기지 못할 것이라고 분명하게 말씀하시면서 예언하신 것-을 의도적으로 묵상해왔다.

그런 패배주의는 우리가 마지막 때의 환난에 지나치게 초점을 맞추면서 그 환난의 뒤를 따라올 승리에 대해서는 충분히 고려하지 않았기 때문에 스며들어 온 것이다. 전쟁이 없다면 승리도 없다. 싸움이 없다면 챔피언도 없다. 하나님의 나라는 침노를 당하겠지만 도망치지 않는 자들이 그것을 유업으로 얻을 것이다.

이것이 우리가 자녀들에게 가르칠 수 있는 가장 중요한 교훈이다. 전선을 향해 달려가라. 하나님이 모든 열방의 하나님이심을 온 땅이 알도록 다른 사람들이 정복할 수 없다고 여기는 거인을 죽이라. 계시록 21장 24-27절에 묘사된 장엄한 퍼레이드가 마침내 일어날 때, 당신은 국가의 수장들을 포함해 수백만 명의 다른 사람들과 함께 행진하게 될 것이다. 그들이 포함되게 된 것은 하나님께서 당신을 위해 정해 놓으신 궁극적 부르심에 도달하기로 당신이 선택했기 때문에 가능케 되었음을 알게 될 것이다.

그 목표를 향해 전진하라. **'당신에 의해'** 제자 되기를 기다리고 있는 나라들이 있다!

미주

5장 도대체 예수님은 무슨 일을 하러 오셨는가?

1. 일터에 대한 이런 정의를 깊이 있게 살펴보기 원한다면, 에드 실보소의 『사업을 위한 기름부으심』(*Anointed for Business*)(Ventura, CA: Regal Books, 2006), 1장과 2장을 보라.
2. 이 특별한 이야기에 관한 생생한 보고서를 원한다면, www.harvestevan.org/bookstore에 접속해 보라. 거기서 당신은 다큐멘터리 DVD를 주문할 수도 있고 다운로드할 수도 있다.
3. '속죄'란 죄 있는 자를 대신해 무죄한 자가 죽는 것을 언급하기 위한 신학 용어이다. 예수님의 십자가 죽음의 맥락에서 사용될 경우, 그것은 그분이 세상의 죄를 위해 자신의 생명으로 값을 지불한 것을 가리킨다(요 3:16을 보라).
4. 척 립카(Chuck Ripka)는 『상자 밖으로』(*Out of the Box*)(Lake Mary, FL: Charisma House, 2007)의 저자이다.
5. 이것을 비롯해 다른 변화 DVD들은 www.harvestevan.org/bookstore에서 구입할 수 있다.

6장 강단과 일터에 다리 놓기

1. 이 네 가지 잘못된 믿음을 좀더 상세히 다루기 원한다면, 나의 책 『사업을 위한 기름부으심』(*Anointed for Business*)(Ventura, CA: Regal Books, 2006), pp. 20-21을 보라.
2. 이것에 관해 좀더 상세히 알기 원한다면, 릭 히렌(Rick Heeren)의 『엘크 강 이야기』(*The Elk River Story*)(Minneapolis, MN: Transformational Publications, 2004)를 보라. www.harvestevan.org/bookstore에서 구입할 수 있다.

8장 올바른 장소에서 24시간/7일 교회 가동하기

1. 이 이야기에 관한 추가적인 내용을 상세히 알기 원하면, www.harvestevan.org/bookstore에서 '에드 실보소와 함께 하는 일터의 변화'(Transformation in the Marketplace with Ed Silvoso) DVD, "정부와 선출된 공직자들"을 주문하거나 다운로드받으라.

10장 마귀에게 환상적인 시간을 제공하기

1. 이 이야기에 관한 추가적인 내용을 상세히 알기 원하면, www.harvestevan.org/bookstore에서 '에드 실보소와 함께 하는 일터의 변화'(Transformation in the Marketplace with Ed Silvoso) DVD-교회들의 변화(Transformation Churches)(미국)을 주문하거나 다운로드받으라.
2. 에드 실보소의 『기도전도』(*Prayer Evangelism*)(Ventura, CA: Regal Books, 2000), 2장과 3장을 보라.

11장 구조적 빈곤

1. 에드 실보소의 『기도전도』(*Prayer Evangelism*)(Ventura, CA: Regal Books, 2000), p. 207을 보라.

12장 초대교회와 가난

1. 이 주제를 깊이 있게 다루기 원한다면, 에드 실보소의 『아무도 멸망치 않기를』(*That None Should Perish*)(Ventura, CA: Regal Books, 1994), 3장과 5장을 보라.
2. 사람들의 회심은 곧 그들의 가정이 구원받는 것을 의미하기도 했는데, 각 가정당 10명의 사람들로 추산되었기 때문에, 사도행전 2장과 4장에서 구원받은 것으로 보고된 8,000명의 사람들은 8만 명의 사람들로 이뤄진 공동체를 의미하는 것이었다.

13장 가난한 자들에게 정말로 기쁜 소식

1. 온라인 백과사전 위키피디아(Wikipedia)에 따르면, "저온핵융합이란 비교적 간단하고 저입력 에너지 장치를 이용해 실내 온도와 실내 압력에 가까운 환경에서 일어날

수 있다고 추정되는 핵융합반응 작용들에 대한 이름이다." 그것은 아직까지 가능성 있는 것으로 입증되지는 않았다. 만약 그것이 가능한 것으로 입증된다면, 그것은 모든 시대를 통틀어 가장 특별한 에너지 대풍년을 의미하게 될 것이다.

2. 켄 엘드레드(Ken Eldred), 『하나님은 일터에 계신다』(God Is at Work)(Ventura, CA: Regal Books, 2005), p. 76.
3. 같은 책.
4. 같은 책, p. 80.
5. 같은 책.
6. 캐나다와 호주는 예외이지만, 두 나라의 경우, 원주민들은 백인들에 의해 몰살되고 백인들이 대거 이주해 옴으로써 숫자가 역전되었다. 결과적으로, 독립할 당시에 정부에 진출한 자들은 백인들이었는데, 어쩌면 그것 때문에 영국인 기업가들과 부호들이 이주해 동화되는 것이 더 쉽고 매력적인 것으로 여겨졌을지 모른다.
7. 쓰레기 도시(Garbage City)의 변화에 관한 생생한 보도를 보기 원한다면, www.harvestevan.org/bookstore를 방문하든지 아니면 Mediavillage.com을 방문해 엘 자발린(El Zabaleen) DVD 다큐멘터리를 주문하거나 다운로드받으라.

14장 통합

1. 토드 벨(Tod Bell)은 추수복음전도단 남동부 책임자이다. 그는 테네시 주(州), 네슈빌(Nashville)에 주거하고 있으며 『그것은 이뤄질 수 있다!』(It Can Be Done!) (San Jose, CA: Transformation Publications, 2004)의 저자이다. 이 주제를 심도 있게 다루기 원한다면, 에드 실보소의 『사업을 위한 기름부으심』(Anointed for Business)(Ventura, CA: Regal Books, 2006), 7장을 보라.
2. 로버트슨(A. T. Robertson)은 이렇게 저술한다. "나의 교회를 세우리라(오이코도메소 무 데 에클레시안, oikodomhsw mou thn ekklhsian). 그것은 건축의 비유이며, 그분[예수님]은 신약에서 대개 지역의 조직을 의미하는 것으로 나타나지만 때로는 좀더 일반적인 의미를 가진 '에클레시안'(ekklhsian)이란 단어를 사용하신다. 여기서 예수님께서 사용하시는 그 단어의 의미는 무엇인가? 그 단어는 원래 '모임' (assembly)(행 19:39)을 의미했지만, 사도행전 8장 3절의 경우처럼 '모이지 않는

모임'(unassembled assembly)에 적용되게 되었다." A. T. Robertson, "마 16:18에 관한 주석"(Commentary on Mt. 16:18), 『로버트슨의 신약 단어 심상』(*The Robertson's Word Pictures of the New Testament*), copyright ⓒ Broadman Press 1932,33, renewal 1960. All rights reserved. Broadman Press(Southern Baptist Sunday School Board)의 허락을 받고 사용함.

3. 에드 실보소의 『사업을 위한 기름부으심』(*Anointed for Business*)(Ventura, CA: Regal Books, 2006), p. 37.
4. 나의 책『기도전도』(*Prayer Evangelism*)에서, 나는 기도전도를 "잃어버린 자들에게 하나님에 관해 말하기 전에 하나님께 잃어버린 자들에 관해 말씀드리는 것"으로 묘사하며 누가복음 10장 5-7절에 기초해 4단계 전략을 설명한다. 잃어버린 자들을 '축복하라'(bless), 그들과 '교제하라'(fellowship), 그들의 '필요를 채우라'(minister), 그리고 그런 다음에야 하나님 나라가 그들에게 가까이 왔다고 '선포하라'(proclaim).
5. 이 이야기에 관해 추가적으로 자세히 알고 싶다면, www.harvestevan.org에서 '에드 실보소와 함께 하는 일터의 변화'(Transformation in the Marketplace with Ed Silvoso) DVD, '인도네시아'를 주문하거나 다운로드받으라.

15장 열방의 치유

1. '구원의 은혜'는 전적으로 예수를 자신의 구원자로 믿는 사람에게 달려 있는 반면, '일반 은혜'는 예수를 믿든지 믿지 않든지 지구상에 있는 모든 사람에게 부여되는 하나님의 은총이다.
2. '천사들의 수효를 따라'를 뜻한 구절이 따라옴. 칠십인역이라 불리는 B.C. 3세기 구약의 헬라어 역본과 신명기 32장 8절의 본문에 대한 쿰란 사본이 그렇게 되어 있음. 대부분의 구약학자들에 의한 것.
3. 땅의 문제들에 대한 타락 천사들의 관리 역할은 에베소서 3장 10절에도 나온다.

16장 바벨론 체제

1. 위키피디아(Wikipedia)에 따르면, 바벨론의 타워형 건축물에 대한 고대 명칭은 '지

구라트'(ziggurat)이다. 고대 메소포타미아 건축술에서 지구라트 신전은 높은 악마적 권세들을 숭배하고 그들과 교통하기 위해 사용되었다는 것은 일반적으로 알려진 사실이다. 대(大)지구라트(The Great Ziggurat)는 고대 메소포타미아(30° 57? 46? N, 46° 06? 10? E) 지역 우르(Ur)의 수메르 도시에서 숭배 장소로 건축되어 달의 신 나나(Nanna, 혹은 "신"(Sin))에게 봉헌되었다. 거대한 계단형 단으로 되어 있는 그 신전은 B.C. 21세기경, 우르-나무(Ur-Nammu)에 의해 건축되었다. 수메르 시대에 그것은 에테메니구르(Etemennigur)라고 불렸다.

2. 마태복음에서, 예수님은 '일하다,' 혹은 '장사하다'를 뜻하는 단어 '에르가조마이'(ergazomai)를 사용하셨다. 누가복음에서, 그분은 좀더 강한 헬라어 '디아프라그마튜토마이'(diapragmateutomai)를 사용하셨는데, 그것은 재정적인 세계에서 사용되는 전문용어로서 '장사하여 얻다'란 뜻을 가지고 있다. 피터 와그너(C. Peter Wagner)의 출판되지 않은 글 "돈 관리자들의 비유"(The Parables of the Money Managers)의 p. 4에서 인용함.

3. (A) Pieter Bos, "Europe-Africa; Berlin Congo I: Hist. Overview," November 2, 2002, http://www.servingthenations.org/article.asp?ArticleID=15; (B) "The Berlin Conference," The African Independent, http://www.africanindependent.com/BerlinConf.html; (C) "Berlin West Africa Conference," Encyclopedia Britannica, http://www.britannica.com/eb/article-9078808/Berlin-West-Africa-Conference #34221.hook; (D) "Berlin Conference," Wikipedia.org, wikipedia.org/wiki/Berlin_Conference. 컨퍼런스 본문 문서를 보려면, http://www.homestead.com/wysinger/berlin-conference-doc.html에 접속하라.

4. 킹 레오폴드 2세는 그의 '콩고 자유 국가'를 거대한 강제노동수용소로 바꾸어 야생 고무 수확으로부터 돈을 벌었으며, 1,000만 명에 달하는 무고한 사람들을 죽게 하는 데 큰 역할을 담당했다. 마크 더메트(Mark Dummett)의 "레오폴드 왕이 남긴 콩고 민주공화국 폭동의 유산"을 보라. http://news.bbc.co.uk/2/hi/africa/ 3516965.stm.

5. (A) "Colonialism, Western: The Race for Colonies in Sub-Saharan Africa," Encyclopedia Britannica, http://www.britannica.com/eb/article-25932/colonialism-Western#311557.hook; (B) 더멧(Dummett), "레오폴드 왕이 남긴 콩

고 민주공화국 폭동의 유산"
6. 앤드류 루가시라(Andrew Rugasira), "새로운 패러다임을 위한 주장"(The Case for a New Paradigm), 2007년 2월 1일, 영국학술원, 대영제국의 국립과학학술원에 제출한 논문.
7. 같은 책.
8. (A) Timothy A. Wise, "The Paradox of Agricultural subsidies: Issues, Agricultural Dumping and Policy Reform," May 2004. http://www.globalpolicy.org/socecon/trade/subsidies/2004/05wise.pdf. (B) "Common Agricultural Policy," Wikipedia, June 2, 2007. http://www.wikipedia.org/wiki/Common_Agrigultural_Policy. (C) Mr. James D. Wolfensohn, World Bank president until 2005: "OECD member states spend US$350 billion every year in agricultural subsidies, which is sevens imes their development aid budgets." Merrell J. Tuck-Primdahl, "Commonwealth Secretary-General and World Bank President Call for Reduction in Agricultural Subsidies," speech delivered at D. World Bank in London, ony-General 13, 2001. http://web.worldbank.org/WBSITE/EXTER-AL/-EWS/0,,contentMDK: 20015945～menuPK:34463～pn, PK:34370～piPK:34424～D.Sit PK:4607,00.html. (D) "Statement frem Mr. James D. Wolfensohn, President mes D. World Bank, Delivered onyHis Behalf by Mr. Ujri Dadush, Direc) r, Econemic Policy Greup," World Trade Organization, Ministerial Conference, fourth Session, Doha, November 9-13,2001. http://www.wto.int/english/thewto_e/ minist_e/min01_e/statements_e/st25.doc.
9. Spanish Source: Tercer Mundo Economico: No. 176/177 - Enero/Febrero 2004. Ex Alta Comisionada de Derechos Humanos de la ONU .Subsidios a la agricultura impiden que el Sur salga de la pobreza. por Kanaga Raja. http://www.redtercermundo.org.uy/tm_economico/texto_completo.php?id=2380.
10. (A) Geraldine Bedell, Make Poverty History (New York: Penguin Books, 2005), p. 43. (B) According to the United Nations' World Food Program, 10,000 die of hunger alone. See http://www.wfp.org/aboutwfp/introduction/

hunger_who.asp?section=1&sub_section=1. (C) For the United Nations/Millennium Campaign, see http://www.millenniumcampaign.org/ site/pp.asp?c= grKVL2NLE&b=185518. (D) "Make Poverty History: Live 8 Canada Facts and Stats." http://www.abolissonslapauvrete.ca/e/resources/ live8-factsheet.pdf.

11. 국제 옥스팸(Oxfam International)은 13개의 독립적인 비정부기관들로 이뤄진 국제적 연합체이다. 그것은 1995년에 설립되었다. 영국 옥스팸(Oxfam Great Britain)은 영국 옥스퍼드에 본부를 두고 있다. 그것은 1942년에 영국에서 옥스퍼드 기아구제위원회(Oxford Committee for Famine Relief)로서 설립되었다. 옥스팸은 빈곤과 부정에 대한 영구적인 해결책을 찾으려는 단체적인 노력을 통해 더욱 광범위한 영향을 미치기 위해 100개가 넘는 나라들에서 3,000명 이상의 파트너들과 함께 협력하고 있다. 위키피디아에서 "Oxford"를 찾아보라. http://en.wikipedia.org/wiki/Oxfam_International.

12. "옥스팸은 미국 무명 시장 접근 제의를 '빈 약속'으로 결론내리다," 옥스팸 인터내셔날 프레스 보도, 2005년 12월 15일. http://www.oxfam.org/en/news/pressreleases2005/pr051215_wto.

13. (A) "미국은 농업보조금 프로그램을 개혁해야 한다," 옥스팸 인터내셔널: http://www.oxfam.org/en/news/pressreleases2006/pr060901_wto_subsidies. (B) 앤드류 루가시라(Andrew Rugasira), "아프리카는 원조가 아니라 무역을 필요로 한다. 새로운 패러다임을 위한 주장(The Case for a New Paradigm)," 영국 왕립학술원에서 예술과 제조업 및 상업 장려를 위해 행한 연설(보통 그가 연설을 행한 포럼의 이름을 따서 RSA로 알려져 있음), 2007년 2월 1일. http://www.rsa.org.uk/acrobat/rugasira_010207.pdf.

14. 설탕보조금을 위한 유럽의 예산은 연간 15억 달러에 달하며 그 재원은 납세자들에 의해 나온다. 하지만 대부분의 혜택은 유럽에 있는 소수의 설탕 재배농들과 가공업자들에게 돌아간다. 소비자들은 EU의 설탕제도 때문에 연간 약 75억 달러의 높은 값의 세금을 지불한다. "유럽의 설탕은 환경에 쓴 맛을 남긴다," WWF, 2004년 11월 22일을 보라. http://www.panda.org/about_wwf/ what_we_do/freshwater/news/index.cfm?uNewsID=16618.

15. 윈스턴 보쉬(Winston Bosch)의 인터뷰, CRWRC Mali staff. in Korin. 2003.
16. 수잔 크릭모어(Susan Crickmore), "무명보조금이 아프리카 농부들에게 상처를 입히다," CRWRC West Africa, 2004년 8월.
17. "브레튼 우즈(The Bretton Woods) 국제 금융관리 시스템은 세계의 주요 산업 국가들 사이에 상업적이고 재정적인 관계들을 위한 규칙을 제정했다. 브레튼 우즈 시스템은 독립적인 민족국가들 사이에 금융관계를 제어할 목적으로 의도된, 완전한 협상을 끝마친 금융질서의 첫 실례이다. 제2차 세계대전이 아직 한창일 때 국제 경제 시스템을 재건하려고 준비하면서, 총 44개 동맹국가들에서 온 730명의 대표들이 뉴 햄프셔 주(州)의 브레튼 우즈에 있는 마운트 워싱턴 호텔(Mount Washington Hotel)에 모여 UN 금융 및 재정 컨퍼런스를 개최했다. 대표들은 1944년 7월의 첫 3주 동안 브레튼 우즈 협약을 숙고한 끝에 서명했다." "Bretton Woods System," Wikipedia. http://en.wikipedia.org/wiki/Bretton_ Woods_system.
18. 베델(Bedell), 『가난을 영원히 끝장내라』(*Make Poverty History*).
19. "도적질하는 자[-1]는 다시 도적질하지 말고[0] 돌이켜 빈궁한 자에게[+6] 구제할 것이[+5] 있기 위하여[+4] 제 손으로[+2] 수고하여[+1] 선한 일[+3]을 하라"

17장 바벨론의 붕괴

1. 계시록 11장 15절에서 주님의 왕되심으로 열리는 싸움은 사탄에 대한 천사의 승리(계 12:9을 보라)로 나아가고 계시록 12장 11절에서는 그에 대한 성도들의 승리로 끝이 난다. 그리고 그 승리의 보상은 땅의 나라들이다(계 11:15-18, 12:9을 보라). 내가 파악하기로, 그 대목은 후에 계시록 12-22장에 상세히 묘사되는 것을 요약해서 보여 주고 있다. 그것은 계시록의 나머지 부분의 개요이며 다음과 같은 아주 높은 곡조로 끝이 난다. "그러므로(성도들이 땅에서 마귀를 이겼으므로) 하늘과 그 가운데 거하는 자들은 즐거워하라"(계 12:12a). 왜냐하면 그것은 땅의 나라들이 하나님의 빛 가운데 행하는, 계시록 21장 24-27절에 묘사된 최종적 승리를 서술하고 있기 때문이다. 이 요약 다음에는 13장부터 18장에 걸쳐 마귀가 땅을 무차별 파괴하는 내용이 상세히 기술되며 그로 인한 슬픔이 묘사된다. "땅과 바다는 화 있을진저 이는 마귀가 자기의 때가 얼마 못된 줄을 알므로 크게 분

내어 너희에게 내려갔음이라 하더라"(계 12:12b). 틀림없이 사탄은 머지 않아 짐승과 거짓 선지자를 비롯한 그의 군대를 동원해 바벨론(그의 명령과 통제센터)을 유지하려는 헛된 노력을 감행할 것이지만 결국 실패로 돌아갈 것이다(계 17-18장을 보라). 사악한 삼위일체(마귀, 짐승, 그리고 거짓 선지자)는 그들의 추종자들과 더불어 패배해 영원히 불못에 떨어지게 된다.
2. 1954년 5월 6일, 영국인 로저 배니스터(Roger Bannister)는 영국, 옥스퍼드에 있는 이플리 로드 트랙(Iffley Road Track)에서 최초로 1마일을 4분 이내에 달리는 기록을 세웠다.

18장 이미 시작되었다

1. 제럴다인 베델(Geraldine Bedell), 『가난을 영원히 끝장내라』(*Make Poverty History*)(New York: Penguin Books, 2005).

19장 당신에 대한 하나님의 믿음

1. 척 립카(Chuck Ripka) with 제임스 런드(James Lund), 『상자 밖으로』(*Out of the Box*)(Lake Mary, FL: Charisma House, 2007).

20장 당신의 남은 생애: 기념비인가 유산인가?

1. 나는 텍사스 주(州), 휴스턴에 있는 레이크우드(Lakewood) 교회의 목사인 조엘 오스틴(Joel Osteen)이 올바른 선택의 가치에 관해 메시지를 전하는 내용을 들으면서 이 가르침을 위한 영감을 받았다.
2. '작은 북소리'(Taps)는 군 캠프에서 하루의 끝을 알리는 신호음이다. '기상 나팔소리'(Reveille)는 하루가 시작될 때 군인들을 깨우고 소집하기 위한 신호음이다.

감사의 글

내가 이 책을 출판할 수 있도록 도와준 많은 친구들과 동료들에게 감사하고 싶다. 특히 나에게 자신의 이야기를 나누도록 허락해 준 사람들과 유익한 제안을 아끼지 않은 사람들에게 감사하고 싶다. 그리고 특별히 리갈 북스(Regal Books) 출판사의 스티븐 로슨(Steven Lawson)과 게리 그레이그(Gary Greig), 브렌다 유서리(Brenda Usery), 그리고 마크 와이싱(Mark Weising)에게 감사드린다. 또한 추수복음전도단(Harvest Evangelism)의 데이브 탐슨(Dave Thompson)과 신디 올리베이라(Cindy Oliveira)에게도 감사드린다. 그들의 도움이 없었다면 이 책은 결코 빛을 보지 못했을 것이다.

변혁

지은이 에드 실보소
펴낸이 김혜자
옮긴이 김주성

1판 1쇄 인쇄 2009년 12월 1일 | **1판 1쇄 펴냄** 2009년 12월 5일

등록번호 제16-2825호 | **등록일자** 2002년 10월
발행처 쉐키나 출판사 | **주소** 서울시 강남구 대치3동 982-10
전화 (02) 3452-0442 | **팩스** (02) 3452-4744
www.ydfc.com
www.shekinahmall.com

값 15,000원
ISBN 978-89-92358-39-2 03230

※ 잘못된 책은 바꿔 드립니다.

쉐키나 미디어는 영적 부흥과 영혼의 추수를 위해 책, CD, TAPE, 영상물 등의 매체를 통해 하나님 나라가 7대 영역(종교 · 가정 · 교육 · 정부 · 미디어 · 예술 · 사업)으로 확장되는 비전으로 나아가고 있습니다.

Shekinah

쉐키나 출판 도서 안내

서울시 강남구 대치 2동 982-10 쉐키나기획
02-3452-0442 | www.shekinahmall.com

Shekinah

초자연적 삶을 살라
신디 제이콥스 지음 | 편집부 옮김 | 216면 | 값 9,000원

베스트셀러 저자 신디 제이콥스의 이 책은 성령세례를 갈망하는 새신자뿐만 아니라 목회자에 이르기까지 더욱 강렬한 성령의 역사를 갈망하는 모든 사람들에게 유익하다. 자신의 성령세례의 체험에서부터 성령님의 기름부으심으로 사역했던 많은 사역자들의 예화를 통해 성령님을 향한 우리의 열정을 더욱 불러일으키고 있다. 하나님께서 허락하신 하늘과 땅의 모든 권세, 초자연적 성령의 역사하심이 가장 자연스러운 삶! 초자연적 삶으로의 초대이다.

부흥의 우물을 파라
루 엥글 & 캐서린 페인 지음 | 김영우 옮김 | 304면 | 값 12,000원

이 책에 나타난 루 엥글의 열정은 당신의 마음에 부흥을 가져올 영적 유산을 다시 찾기 위해 하나님께 나아가도록 동기를 부여할 것이다. 우리의 역사 안에 우리의 희망이 있다. 이 책은 영적 유산에 우리의 관심을 돌리게 한다. 20세기 초의 아주사(Azusa) 거리 부흥운동에서부터 토론토, 볼티모어, 그리고 21세기에 들어갈 무렵의 브라운스빌에 이르기까지 루 엥글은 과거의 일이 현재에도 일어날 수 있다는 것, 즉 과거에 물이 마음껏 흐르던 곳에서 오늘날 다시 샘이 솟아날 수도 있다는 사실을 우리에게 상기시켜 준다.

신사도적 교회로의 변화
피터 와그너 지음 | 김영우 옮김 | 238면 | 값 9,800원

제2의 사도적 종교개혁 시대를 맞이해 교회가 이 땅에 하나님 나라를 이루는 데 당신이 어떻게 기여할 수 있는가를 정확히 보여 주고 있다. 교회의 혁명적 개혁을 다룬 이 책은 바로 이 시대에 성령의 능력으로 일어나고 있는 흥미진진한 일들을 조명해 주고 있다. 하나님의 뜻이 이 땅에서 이루어지기 위해 우리는 하나님의 의도를 알고 그것을 성취하기 위해 함께 일해야 한다. 역사를 만드는 자가 되자. 그리고 근본적인 변화를 위한 하나님의 부르심에 응답하자!

당신의 자녀를 영적 챔피언으로 훈련시켜라
조지 바나 지음 | 차동재 옮김 | 214면 | 값 8,500원

어린이의 도덕적 성장이 아홉 살 이전에 완성된다. 그러므로 가능한 한 아주 어릴 때부터 적대적인 세상 사고와 가르침의 공세로부터 그들을 보호할 성경적 세계관을 전해 줄 수 있어야 한다. 교회는 부모에게 아이들을 하나님의 사람으로 양육하는 데 필요한 정보와 유익한 상담을 제공해야 한다. 지금은 부모를 무장시켜 아이들을 '영적 챔피언'으로 길러야 할 때다!

하나님이 말씀하실 때
척 피어스 & 레베카 와그너 시세마 지음 | 214면 | 값 9,000원

하나님의 말씀을 경청하는 법, 꿈과 비전을 해석하는 법, 그리고 우리가 이해한 것을 실천함으로써 궁극적으로 하나님이 주신 비전을 어떻게 실천할 수 있는지를 보여 준다. 우리는 하나님의 음성을 인식하는 것을 배워야 한다. 그렇게 함으로써 우리의 삶을 향하신 하나님의 뜻을 이해할 수 있다. 구별된 하나님의 음성이 현실이 될 때까지, 우리가 하나님의 음성에 따라 행동하는 것은 성공적인 크리스천의 삶을 사는 열쇠이다.

당신을 향한 하나님의 지금 이 시간
척 피어스 & 레베카 와그너 지음 | 권지영 옮김 | 224면 | 값 9,000원

하나님께서 당신을 어머니의 태 속에 만드셨을 때 그분은 당신의 삶을 위한 분명한 목적과 시간을 가지고 계셨다. 하나님은 모든 사람들의 인생을 위해 놀라운 소명을 가지고 계시지만 많은 그리스도인들은 하나님이 그들을 위해 가지고 계신 모든 것을 다 깨닫지도 못한 채 죽음을 맞이한다. 그 이유는 무엇인가? 이 책을 통해 당신의 잠재적인 가능성에 도달할 수 있는 역동적이고 생명을 주는 해답을 찾게 될 것이다.

중보기도 이렇게 하라
더치 쉬츠 지음 | 고병현 옮김 | 212면 | 값 9,800원

중보기도는 어떤 것인가? 쉬운 것 같으면서도 어려운 중보기도, 과연 중보기도는 어떤 것이며 어떻게 시작해 나가야 하는 것인지를 상세하게 표현해 주고 있다.
중보기도의 첫 시작은 하나님과의 관계에 있다. 우리는 하나님과의 사랑의 관계에 초대되었다. 우리가 기도하는 동기는 관계, 즉 하나님과의 소통에 있어야만 한다. 예수님과의 순수하고 명료한 관계 안에서 시작하는 것이 중보기도의 우선순위이다. 중보에는 만남이 있으며 위험으로부터 보호하는 능력이 있으며, 인내하는 아픔과 적을 향한 공격과 선포가 있으며 또한 기쁨이 있다.

당신은 기름부음 받은 자
바바라 웬트로블 지음 | 권지영 옮김 | 248면 | 값 9,800원

많은 믿는 자들이 기름부음에 대해 이야기하지만 기름부음이 무엇이고 어떻게 작용하는지에 대해서는 거의 이해하지 못한다. 이 책은 그것에 대해 다룬 실질적인 지침서이다. 하나님께서는 어떤 목적을 위해 모든 그리스도인들에게 기름부음을 주셨다. 당신의 기름부음은 무엇인가? 어떻게 기름부음을 나타낼 수 있는가? 당신이 기름부음으로 움직이기 시작할 때 어떤 일이 일어나는가?
이 책을 통해 당신의 삶을 향한 하나님의 특별한 목적이 무엇인지 찾으라! 당신이 성공할 수 있도록 하나님께서 어떻게 준비시켜 주셨는지 알아보라!

축복된 삶
로버트 모리스 지음 | 김영우 옮김 | 272면 | 값 11,000원

축복을 받는다는 것은 초자연적 능력이 당신을 위해 역사한다는 뜻이다. 축복을 받은 사람의 하루 하루는 하나님이 허락하신 우연과 하늘에 속한 의미 있는 일들로 가득 차 있다. 하나님은 당신이 드리는 것을 필요로 하시는 분이 아니다. 다만 당신이 축복을 받아야 할 필요가 있다. 드림으로써 받는 축복이 얼마나 대단한 것인지, 그리고 청지기로서의 삶이 어떠한 모습인지 볼 수 있을 것이다. 하나님과의 바른 관계를 먼저 세움으로써 나누어 주고, 드리는 풍성한 삶, 넉넉한 삶으로 나아가는 길을 제시해 준다. 당신은 곧 축복된 삶을 사는 방법을 발견하게 될 것이다.

하나님을 들으라
짐 골 지음 | 권지영 옮김 | 190면 | 값 10,000원

우리 모두는 하나님의 음성을 들을 수 있고 하나님께 말할 수 있다! 개인적으로 하나님의 음성을 듣지 못하도록 막고 있는 장애물을 극복하는 법을 알려 주고, 하나님으로부터 오지 않은 말씀으로 인해 잘못된 길로 빠지지 않도록 피할 수 있는 방법을 가르쳐 준다. 귀를 열어 주고 마음을 열어 주는 짐 골 목사의 책은 쉬운 문체와 함께 자기 자신의 여정에서 겪은 재미있는 이야기들로 우리를 하나님의 마음에 더 가까워지도록 인도해 주는 원리를 매우 쉽고 분명하게 설명해 준다.

Shekinah

긍휼의 리더십
테드 엥스트롬 & 폴 세더 지음 | 메리앤 이 | 208면 | 값 9,800원

'너희 중에 누구든지 으뜸이 되고자 하는 자는 너희 종이 되어야 하리라'
이 책은 긍휼의 종으로서 사람을 인도하신 예수님을 따르려는 모든 기독교 지도자들에게 큰 도전이 되는 내용을 담고 있다. "너희 중에 누구든지 으뜸이 되고자 하는 자는 너희 종이 되어야 하리라." 이 말씀으로 예수님은 긍휼의 리더십의 본을 보여 주신다. 현대에 사는 우리가 이 말씀을 마음에 새긴다면, 리더십 스타일이나 모델, 방법에 대한 우리의 생각이 바뀌게 될 것이다.

엘리야 혁명
짐 골 & 루 엥글 지음 | 권지영 옮김 | 256면 | 값 12,000원

오늘날 전 세계에서는 역사상 유례가 없는 새로운 차원의 거룩한 혁명이 진행되고 있다. 끊임없는 영적 도덕적 타락에 직면하여 수천의 믿는 자들이 그리스도께 완전하고 극단적으로 자신을 내어드리는 거룩한 삶으로의 부르심에 반응하고 있다. 그들은 하나님을 향한 불타는 열정을 가지고, 점점 세속화되는 문화의 가치들과 삶의 방식을 타협하기를 거부하며 그리스도의 편에 서서 단호하게 맞서고 있다.
이 책은 이전과는 다른 극단적인 거룩함과 그리스도를 향한 헌신의 삶으로 당신을 도전케 할 것이다.

하늘 여신과의 영적 대결
피터 와그너 지음 | 권지영 옮김 | 79면 | 값 4,800원

사탄의 위계에서 높은 서열을 차지하고 있는 정사는 오랜 세월 동안 수많은 잃어버린 영혼들의 눈을 가리워 왔다. 이 책에서 피터 와그너 박사는 하늘 여신이 과거에 자신의 목적을 어떻게 이루어 왔는지 그리고 오늘날 어떻게 자기 자신을 드러내고 있는지를 살펴보고 있다. 하나님은 우리에게 하늘 여신과 대결하라는 명령을 주셨다. 이 작은 책은 처음에 이 명령을 어떻게 받게 되었는지 그리고 하나님께서는 그분의 군대가 어떻게 전쟁으로 들어가기를 기대하고 계시는지를 보여 준다.

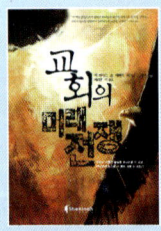

교회의 미래전쟁
척 피어스 & 레베카 와그너 시세마 지음 | 메리앤 이 옮김 | 432면 | 값 14,000원

앞으로 교회가 충돌하게 될 미래의 상황을 예언하는 책이다. 그러나 이것은 단순한 예언서가 아니다. 이 책은 우리가 보고 있는 교회의 통치 질서의 변화와 마틴 루터나 존 칼빈 시대에 경험했던 것보다 더 엄청난 권세에 대해 계시해 주고 있다. 저자는 하나님의 군대가 교회의 미래전쟁에서 어떻게 하면 승리로 나아갈 수 있는지를 보여 주며, 실질적인 전략지침을 우리에게 주고 있다. 우리에게 경종을 울려 줄 뿐만 아니라 어떻게 하면 원수를 이길 수 있는지에 대한 구체적인 방법까지 제시하고 있다.

기도의 용사가 돼라
엘리자베스 알베스 지음 | 김주성 옮김 | 304면 | 값 11,000원

기도가 우리의 삶에 큰 비중을 차지하고 있음을 우리 모두는 잘 알고 있다. 그러나 소수의 사람들만이 기도에 숙련되어 있다고 느낀다. 우리는 열정적이고 능력 있는 기도를 어떻게 해야 하는지에 대한 실제적이면서도 명확한 지침서로부터 유익을 얻고자 한다. 중보기도를 시작하는 사람에서부터 능숙한 중보기도자에 이르기까지 모든 사람들에게, 이 책은 기도의 본질적이고 능력 있는 온전한 지침서가 될 것이다.

사도와 선지자
피터 와그너 지음 | 임수산 옮김 | 224면 | 값 11,000원

예수님께서는 자기 자신을 교회의 모퉁이돌로 나타내셨다. 그분은 직접 자신의 교회를 세우셨고, 지금도 세우고 계시되 성령의 능력을 받은 자들인 사도와 선지자들을 통해 그 일을 하고 계신다.
〈교회의 지각변동〉을 저술했으며 동시에 신 사도적 개혁을 이끌고 있는 저자는 교회 안의 중대한 역할로 사람들이 어떻게 부름받게 되는지에 대한 새로운 통찰력을 제공하고 있다.

오늘날의 사도
피터 와그너 지음 | 박선규 옮김 | 240면 | 값 11,000원

사도적 영역에서 우리 세대의 가장 위대한 권위자라 할 수 있는 피터 와그너는 이 주제들에 관하여 수년 동안 글을 써왔다. 〈오늘날의 사도〉는 1990년대에 시작해 지금까지 지속되고 있는 신 사도적 개혁의 진보에 대해 조명해 준다. 하나님의 뜻이 이 땅에 이루어지는 것을 볼 수 있기 위해, 사도들에게 하나님과의 관계 속에서 올바른 위치를 차지하라고 외치고 있다. 건강한 교회들과 일터와 도시와 각 나라들에서 사도의 역할이 무엇인지에 대해 신선한 비전을 제시해 준다.

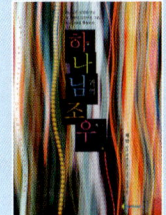

하나님과의 조우
쳬 안 & 린다 M 래드포드 지음 | 김현경 옮김 | 288면 | 값 13,000원 | 포켓판 | 352면 | 값 9,500원

당신은 무언가를 더 원하고 있는가? 인생에서 더 얻고자 하는 것이 있는가? 교회에 대해 더 바라는 바가 있는가? 아직 채워지지 않은 공허감을 충족하길 원하는가? 〈하나님과의 조우〉는 종교적인 책이 아니다. 당신의 삶을 변화시킬 진정한 만남을 소개하는 책이다. 당신이 인생에서 진리와 의미를 찾기 원한다면 그리고 인생의 목적을 찾기 원한다면 이 책을 읽어 보라. 초자연적 실존이신 하나님을 만나게 될 것이다. 현실보다 더 현실적인 세계에 온 것을 환영한다.

하나님과 꿈꾸기
빌 존슨 지음 | 조앤 윤 옮김 | 264면 | 값 13,000원

이 책의 저자 빌 존슨은 당신의 가정과 사회, 직장 혹은 사업, 나라와 세계를 변혁시키시기 위해 필요한 모든 것에 제한이 없는 하나님의 공급함을 사용하는 비밀을 보여 준다. 당신의 세계에는 당신의 특별한 터치를 필요로 하는 곳이 있다
● 당신의 자녀의 학교 교실, 당신의 직장동료, 당신의 이웃의 마음. 당신의 세계에는 당신의 영감을 필요로 하는 사람들이 있다. ● 당신이 사는 지역의 가난한 사람들, 당신이 사는 지역의 정치가, 당신의 국가 지도자들.
하나님께서는 당신에게 더 나은 세상을 창조할 수 있는 백지수표를 주셨다.

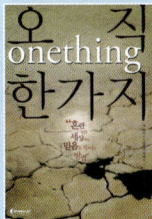

오직 한 가지
척 피어스 & 파멜라 피어스 지음 | 김현경 옮김 | 248면 | 값 12,000원

불확실한 미래를 바라보며 엘리야는 예수님과 같은 행동을 취했다. 그는 잠잠하고 조용한 가운데 하나님의 음성을 들을 수 있었다. 〈오직 한 가지〉는 주님의 음성을 듣기 위해 잠잠한 가운데 머물 수 있도록 매 순간 우리의 영혼을 소성케 할 것이다. 믿음의 도전과 삶의 실질적인 원리들로 가득한 이 책은 당신에게 새로운 힘을 불어 넣어 하나님께서 특별하게 계획하신 사명을 완수하기 위해 세상 속으로 힘차게 걸어 들어갈 수 있도록 격려할 것이다. 잠잠히 들어 보라. 지금 주님께서 말씀하고 계시지 않은가?

Shekinah

영적 전쟁 이렇게 하라
닐 앤더슨 & 티모시 워너 지음 | 진희경 옮김 | 232면 | 값 10,000원

모든 영적 전쟁은 우리의 생각 속에서 일어난다. 우리가 믿는 것이 승리를 취하는 단계를 좌우한다. 새신자든지 오랫동안 크리스천으로 살아 왔든지 간에 대적의 능력에 맞서 매일매일 더 큰 승리의 자리로 나아가야 한다. 영적 전쟁의 기초 훈련에 있어서 탁월한 매뉴얼이다.
다음 단계의 전투로 나아가기 전에 꼭 읽어야 한다.

성령을 이렇게 받으라
퀸 셰러 & 루산 갈록 지음 | 장택수 옮김 | 224면 | 값 10,000원

나는 성령으로 충만한가? 성령이 없다면 예수님이 약속하신 풍성한 삶을 살아갈 수 없다. 이 책은 당신의 신앙생활을 더욱 풍성하게 하는 첫걸음이 될 것이다.
성령을 어떻게 경험할 수 있을까? 방언은 반드시 해야 하는가? 도대체 성령은 누구인가? 퀸 셰러와 루산 갈록은 성경과 경험담과 역사적 배경을 근거로 우리가 성령 받기를 바라시는 하나님의 갈망을 설명한다. 그리고 영적인 활력을 유지하는 실제적인 조언도 전한다.

열방을 치유하라
존 로렌 샌포드 지음 | 임종원 옮김 | 416면 | 값 14,000원

어떻게 상처 입은 세상에 희망과 치유를 가져올 수 있는가?
베스트셀러 저자 존 로렌 샌포드는 하나님의 사람들이 가정, 지역사회(공동체), 나라, 세계에서 커다란 차이를 만들어낼 수 있다고 믿는다. 어떻게 그렇게 할 수 있겠는가? 샌포드는 기꺼이 자기 자신의 문제를 뛰어넘어 상처 입은 사람들을 끌어안으려는 성숙한 하나님의 아들과 딸들이 필요하다고 말한다. 우리는 모두 학대, 민족에 대한 증오심, 또한 인종 청소의 고통을 비롯한 온갖 상처를 치유하기 위해 하나님께서 사용하시는, 기꺼이 서로 짐을 나누어 지는 중보기도자가 될 수 있다.

하나님의 현저한 임재
단 노리 지음 | 고병현 옮김 | 224면 | 값 10,000원

하나님의 현저한 임재는 :
● 하나님과 영원히 친밀함을 누리는 것이다. ● 다가올 폭풍우로부터의 피난처다.
● 하나님의 만지심을 받는 진정한 예배다. ● 솔로몬의 성전에 계시된 하나님의 충만함이다. ● 매일 지속적인 기적을 체험하는 것이다.
우리가 하나님의 충만함을 누리고 다가올 환란 날들 가운데 보호를 받으려면 그 임재가 필요하다. 여기 그 임재 안으로 들어갈 수 있는 방법들이 있다.

스미스 위글스워즈의 기도, 능력 그리고 기적들
로버트 리아돈 엮음 | 고병현 옮김 | 352면 | 값 13,000원

이 책은 전 세계적인 복음 사역자이자 치유 사역자로 알려진, 스미스 위글스워즈의 강력한 설교들을 모은 책이다. 1915년에서부터 1944년까지 있었던, 믿음에 근거한 도전적인 설교들과 놀라운 치유 사역에 대한 영감 있는 이야기들을 상세히 저술한 것이다. 그 결과 스미스 위글스워즈의 가르침, 성령의 권능 안에서 흔들림 없는 그의 믿음을 통한 복음, 또 그 복음에 대한 생생한 사랑을 표현하는 것 등의 고전 모음집이 탄생하게 되었다.

축사와 치유 1
피터 호로빈 지음 | 박선규 옮김 | 408면 | 값 14,000원

제자들에게 귀신을 쫓아내라고 하신 예수님의 분부가 지상명령의 중대한 부분이 었는가? 그렇다면, 교회는 왜 치유와 축사에 대해 거의 가르치지 않고 있는가? 깊은 성경적 가르침을 통해 축사 사역이 지상명령의 필수적인 부분이었다는 것을 효과적으로 실증해 보인다. 1권은 축사와 치유 사역을 위한 성경적 토대를 깔아준다. 호로빈은 예수님과 초대교회 사역을 상세히 분석하며, 천사와 귀신들의 초자연적인 영역을 살펴보고, 또한 어둠의 세력들이 어떻게 사람들의 삶에 영향을 미치는지를 탐구한다.

축사와 치유 2
피터 호로빈 지음 | 박선규 옮김 | 472면 | 값 14,000원

예수님은 모든 형태의 치유를 행하셨고, 십자가를 통해 교회가 그분이 행하였던 치유와 축사 사역을 이어나갈 수 있게 해놓으셨다. 피터 호로빈은 예수님의 시대뿐만 아니라 오늘날에도 지상명령을 성취하기 위해 절대적으로 필요한 사역이라는 것을 확증해 주고 있다. 2권은 지역교회 안에서와 상담 사역 안에서 치유와 축사 사역을 세워 나가기 위한 지침들과 도구들을 제공해 준다. 호로빈은 권위 있고 성경에 기초한 이 안내서를 통해 귀신들의 통로들을 밝히며, 사람들이 어떻게 귀신들에 의해 영향을 입고 그들이 어떻게 자유롭게 될 수 있는지에 대해 설명하고 있다.

새로운 교회의 모델 가정교회란?
래리 크라이더 · 플로이드 맥클렁 공저 | 유정자 옮김 | 296면 | 값 11,000원

교회를 개척하는 새로운 방식이 있다. 성장하고 있는 가정교회 배가 운동이 전통적인 교회들을 통해서는 할 수 없는 방식으로 공동체와 단순성을 제공해 주면서 그들의 공동체의 필요들을 채워 주기 위해서 모든 지역에 있는 기독교인들에게 소망을 주고 있다.
● 직접 가정교회를 개척하는 방법 ● 가정교회를 개척하고 인도하는 이를 위한 실제적 최고의 모델들 ● 소그룹과 셀그룹과 가정교회의 차이점 ● 현재와 미래의 가정교회 배가 운동의 동향 ● 전통적인 지역교회가 대형교회와 동역하는 방법

하나님과 함께 여는 하루 ❶❷
오스 힐만 지음 | 김현경 옮김 | 1권 404면, 2권 344면 | 각권 값 11,000원

하루를 시작할 때 하나님을 가장 먼저 만나야 한다는 사실에 이의를 제기할 사람은 아무도 없을 것이다. 하지만 이러한 인식이 단 몇 분이라도 현실로 나타날 수 있을까? 우리 인생에서 하나님을 항상 우선 순위에 두는 것은 쉽지 않아 보인다. 우리의 일터에서 하나님을 찾을 수 있는가? 오스 힐만은 이러한 상황과 필요를 정확히 읽고 이 글을 집필했다. 그는 하나님의 관점으로 삶과 일을 바라볼 수 있는 눈을 제시한다. 그리고 우리의 믿음과 용기를 고무시켜 하나님을 바라보는 것뿐만 아니라 매일의 삶 속에서 겪는 시험과 고민들 가운데 하나님을 초청하고 있다.

예언의 비밀
킴 클레멘트 지음 | 김현경 옮김 | 312면 | 값 13,000원

킴 클레멘트의 개인적인 삶과 예언 사역으로 부르심을 받은 이야기는 놀라움으로 가득하다. 하나님의 분명하고도 확실한 음성을 들려 주기도 하는 모든 이들에게 필요한 비밀 같은 이야기이다. 침례를 받던 당시 물에서 올라 오면서 새로운 사람이 된 킴을 하나님은 전임 사역자로 부르셨다. 그 날 이후로 하나님은 예언의 은사를 어떻게 사용해야 하는지 가르치기 시작하셨다.
이 책에서 다루는 예언의 영역 안에 있는 실제적인 진리들은 선지자라 불리는 한 사람을 통해 발견될 것이다.

긍휼
짐 W. & 미갈 앤 골 지음 | 홍경주 옮김 | 304면 | 값 13,000원

예수님은 행하신 모든 일들과 만지신 모든 사람들을 통해 긍휼을 드러내셨다. 예수님은 긍휼로 사셨으며 긍휼로 숨쉬셨다. 그분은 어제도 긍휼이셨고 오늘도 긍휼이시다. 하나님께서 모든 긍휼 사역의 근원이시듯 당신은 긍휼의 마음이 하나님의 끝없는 사랑의 그림자임을 알게 될 것이다. 상한 세상 속에서 수백만의 사람들을 섬기며 하나님의 도구로 살았던 아홉 명의 긍휼한 여인들을 통해, 당신은 긍휼의 선구자가 될 수 있는 영감과 격려를 받을 것이다.

역사를 창조하는 기도
더취 쉬츠 & 윌리엄 포드 3세 지음 | 임종원 옮김 | 344면 | 값 13,000원

하나님께서는 과거에 행하셨던 강력하고도 시대를 초월하는 일들에 연결되어 미래를 열어가기 위한 권능을 우리가 부여받을 수 있기를 원하신다. 더취 쉬츠와 윌리엄 포드 3세는 우리가 성경에 나오는 믿음의 조상들을 바라보아야 하는 이유와 하나님께서 그 사람들과 맺었던 언약들을 갱신하시도록 기도해야 하는 이유를 밝히 드러내고 있다. 우리 기도와 우리 조상들의 기도를 결합시킴으로써 나타나는 이와 같은 상승 작용은 우리 자신과 각 나라와 전 세계를 향한 하나님의 궁극적인 목적이 이루어지는 방향으로 훨씬 더 강력하게 나아가도록 우리를 몰아간다.

이스라엘의 소명을 위해 기도하라
짐 골 지음 | 권지영 옮김 | 256면 | 값 11,000원

당신의 기도는 하나님의 예언적 일정표에 영향을 준다! 하나님의 예언의 달력에서 이미 페이지는 넘겨졌다. 하나님께서 다시 한 번 시간과 공간의 세계를 넘어 우리에게로 걸어들어 오실 신비의 날이 다가오고 있다. 이 예언의 성취를 위한 열쇠는 무엇인가? 해답은 이스라엘이다. 이스라엘의 소명에 대한 논쟁은 이 땅의 모든 나라들에 영향을 준다.

변 혁
에드 실보소 지음 | 김주성 옮김 | 508면 | 값 15,000원

영혼 깊은 곳에 , 우리들 모두는 부르심을 위한 청사진을 가지고 있다. 부르심 없이 태어나는 사람은 아무도 없다. 그러나 많은 이들이 부르심을 성취하지 못한다. 그런가 하면 어떤 이들은 부르심을 발견하지 못한 채 살아간다. 종종 우리는 제자리걸음을 하면서 겨우 목숨만 부지하며 살아가기도 한다.

영광에서 영광으로
체 안 지음 | 김주성 옮김 | 272면 | 값 12,000원

하나님의 원리는 우리가 영광에서 영광으로 이르며, 그리스도의 형상으로 화하는 것이다. 그것은 예수님께서 재림하시거나, 우리가 예수님이 계신 본향으로 돌아갈 때까지, 다가오는 모든 부흥의 새 물결에 우리가 잠겨야 한다는 것이다. 나는 하나님께서 그것을 원하신다고 믿는다. 예수님께서 우리에게 "하나님이 성령을 한량 없이 주심이니라"(요3:34)고 말씀하셨다. 그것은 하나님께서 우리에게 아낌없이 성령을 주신다는 의미이다. 하나님의 뜻은 온 땅이 하나님의 영광으로 충만한 것이다. 그것을 위해, 하나님의 영광으로 땅을 채우실 것이고, 모든 육체에 성령을 부어주실 것이라고 약속하신다.